EDUCATION, GLOBALIZATION, AND SOCIAL CHANGE

グローバル化・社会変動と教育 1

市場と労働の教育社会学

［編］
ヒュー・ローダー／フィリップ・ブラウン
ジョアンヌ・ディラボー／A. H. ハルゼー

［編訳］
広田照幸／吉田 文／本田由紀

Edited by
Hugh Lauder
Phillip Brown
Jo-Anne Dillabough
A. H. Halsey

Translated by
Hirota Teruyuki
Yoshida Aya
Honda Yuki

東京大学出版会

EDUCATION, GLOBALIZATION
AND SOCIAL CHANGE 1

Copyright © in this selection Hugh Lauder,
Phillip Brown, Jo-Anne Dillabough and A. H. Halsey
Education, Globalization and Social Change
was originally published in English in 2006.
This translation of selected chapters is published by
arrangement with Oxford University Press.

Japanese edition and translation by Teruyuki Hirota,
Aya Yoshida and Yuki Honda

University of Tokyo Press, 2012
ISBN 978-4-13-051317-3

目　次

（＊の章は抄訳をあらわす）

序　教育の展望 ─────────────────────────── 1
　　個人化・グローバル化・社会変動
　　　　　　　ヒュー・ローダー，フィリップ・ブラウン，
　　　　　　　ジョアンヌ・ディラボー＆A. H. ハルゼー

　1　序　　1
　2　教育の未来についての理解　　10

　第Ⅰ部　産業社会における教育　　10
　1　教育の合意論的アプローチ　　11
　2　教育の葛藤論的アプローチ　　14
　3　ポスト構造主義者の社会思想とその教育への影響：社会化からアイデンティティへ　　19
　4　ジェンダーと教育　　23
　5　国民国家・エスニシティ・教育　　27

　第Ⅱ部　個人化とグローバル化という2つの課題　　30
　1　個人化　　30
　2　グローバル化　　46

　第Ⅲ部　国民国家の再創造と教育　　70
　1　ネオリベラリズム国家とグローバルな競争　　73
　2　結論：2020年への展望　　87

1　新自由主義・グローバル化・民主主義＊ ─────────────── 105
　　教育の課題
　　　　　　　マーク・オルセン

　1　グローバル化　　105
　2　世界市民主義的民主主義　　109
　3　民主主義・正義・「希薄な」コミュニティ　　113
　4　コミュニティ・自由・正義　　119
　5　民主主義と多文化主義　　121

6 教育を通して民主主義を学ぶ　123
7 結　論　127

2　レトリックと実践のグローバル化 ───────129
「教育の福音」と職業教育主義
W. ノートン・グラブ & マーヴィン・ラザーソン

1 序　論　129
2 学校と大学における職業教育化のプロセス　132
3 学校と雇用の結びつきの維持　137
4 教育の功利主義的諸概念　140
5 職業教育主義と不平等の助長　143
6 結論：職業教育主義の将来　148

3　グローバル化・知識・マグネット経済の神話* ───────153
フィリップ・ブラウン & ヒュー・ローダー

1 はじめに：マグネット経済の興隆　153
2 評　価　156
3 結　論　174

4　知識経済の特徴とは何か？ ───────179
教育への意味
デイヴィド・ガイル

1 はじめに　179
2 知識経済にとって不可欠な理論知　180
3 知識経済の必要条件としての暗黙知　182
4 知識経済に関する科学的リアリズムとポストモダンの概念　184
5 知識・文化・知識経済　188
6 認識文化と知識経済　192
7 知識経済のなかで「知識」のもつ教育上の意味　194
8 結　論　197

5　ヨーロッパの大学 ―――――――――――――――――――― 199
　　　　　　　A. H. ハルゼー

　1　拡　大　199
　2　高等教育のモデル　211
　3　入学選抜　214

6　学生のエンパワメントか学習の崩壊か？ ―――――――――― 221
　　　高等教育における学生消費者主義のインパクトに関する研究課題
　　　　　　　ラジャニ・ネイドゥ & イアン・ジャーミソン

　1　はじめに　221
　2　消費者主義の理論的な理解にむけて　224
　3　教授・学習の商業化　225
　4　消費者主義のちぐはぐなインパクト　226
　5　教育的な関係性のゆがみ　227
　6　大学人の専門職概念に対する消費者主義の影響　228
　7　信用低下とリスクテイキング　231
　8　知識構造の変化　232
　9　研究課題　235
　10　結　論　237

7　学習社会における歴史・経歴・場所 ―――――――――――― 239
　　　生涯学習の社会学に向けて
　　　　　　　G. リース，R. フェーブル，J. ファーロング & S. ゴラード

　1　学習社会の公的な言説　240
　2　人的資本論への社会学的批判　241
　3　生涯学習の社会理論に向けて　244
　4　結論的なコメント　253

8 教育の拡大と不満の調停 ———————————— 255
アラブ諸国における学校教育の文化政治
アンドレ・エリアス・マザウィ

1 序 255
2 教育拡大と公立学校システムの興隆 258
3 市民社会, 地域コミュニティと教育拡大 262
4 結論 268

9 ワシントン・コンセンサスからポスト・ワシントン・コンセンサスへ ——— 273
国際的な政策アジェンダがマラウイの教育政策・実践に及ぼした影響
ポーリン・ローズ

1 はじめに 273
2 人的資本革命 274
3 ワシントン・コンセンサスと教育：人的資本論の台頭 276
4 ポスト・ワシントン・コンセンサスと教育：人間の顔を持った新自由主義 284
5 ポスト・ポスト・ワシントン・コンセンサス？：「グローバル教育産業」 291
6 結論 292

個人化・グローバル化と日本の教育 ———————————— 295
解説にかえて
広田照幸・吉田文・本田由紀・苅谷剛彦

1 はじめに 295
2 個人化・グローバル化と国民国家の教育：日本の文脈 298
3 欧米諸国と日本の〈教育と労働市場〉 308
4 高等教育の教育社会学研究 315
5 教育社会学研究のこれから：取り残されてきた3つの主題 323

文献リスト 329

翻訳者一覧 354

第 2 巻 目 次

1 新しい家族とフレキシブルな労働　　マーティン・カーノイ
2 社会的相続と機会均等政策　　G. エスピン‐アンデルセン
3 社会的紐帯から社会関係資本へ　　E. M. ホーヴァト, E. B. ワイニンガー & A. ラロー
　　学校と保護者ネットワークの関係における階層差
4 バイリンガルをめぐる政治的駆け引き　　パク‐サン・ライ & マイケル・バイラム
　　再生産論による中国返還後の香港における母語教育政策の分析
5 モダニティの歩兵たち　　ポール・ウィリス
　　文化消費の弁証法と 21 世紀の学校
6 民主主義・教育・そして多文化主義　　カルロス・アルベルト・トーレス
　　グローバル世界におけるシティズンシップのジレンマ
7 「ジュリアには問題がある」　　エヴァ・ヒョルン & ロジャー・サーリョ
　　スウェーデンの学校における ADHD の症状・カテゴリーとその適用のプロセス
8 教育における市場　　ヘンリー・M. レヴィン & クリーブ・R. ベルフィールド
9 教職の専門性と教員研修の四類型　　アンディ・ハーグリーブス
10 教育の経済における成果主義と偽装　　スティーブン・ボール
　　成果主義社会に向けて
11 パフォーマンス型ペダゴジーの枠づけ　　マデリーン・アーノット & ダイアン・レイ
　　学校知識とその獲得に関する生徒の視座の分析
12 教育的選別と D から C への成績の転換　　デービッド・ギルボーン & デボラ・ユーデル
　　「処遇に適している」とは？
13 統治性と教育社会学　　キャメロン・マッカーシー & グレッグ・ディミトリアディス
　　メディア，教育政策そしてルサンチマンの政治

　　文化・権力・不平等と日本の教育　　苅谷剛彦・志水宏吉・小玉重夫
　　解説にかえて

凡　例

1. 本書は，Hugh Lauder, Phillip Brown, Jo-Anne Dillabough, and A. H. Halsey, eds., *Education, Globalization, and Social Change*, Oxford University Press. の抄訳である．原書には Introduction に加え 71 編の論文が収められているが，このうち Introduction に加えて編訳者が選定した 22 編の論文を，第 1 巻・第 2 巻に分けて訳出し，さらに各巻の巻末には編訳者による解説論文を収録した．個々の論文の出典は「原典一覧」に掲げた．
2. 訳出にあたって抄訳にした章は，目次の章名に＊をつけて示した．
3. 各章の節・項には，読みやすいように，訳出にあたって見出し番号を付した．
4. 各論文につけられた「注」(原注) は，訳者が必要と思われるもののみ訳出し，また必要に応じて「訳注」をつけた．
5. 各論文で引用・言及されている文献については，巻末に「文献リスト」としてまとめて掲載した．
6. 原書のイタリックの箇所は，強調を示す場合は原則傍点をつけ，書名を示す場合は『　』とした．
7. 人名など固有名詞の表記は本文中はカナで表現し，一般的に使われているものを使用した．
8. 訳者による訳語の補足は，原則として，[　] などで示すのではなく，そのまま本文に組み入れた．

原典一覧

序 ヒュー・ローダー，フィリップ・ブラウン，ジョアンヌ・ディラボー＆A. H. ハルゼー「序　教育の展望」Hugh Lauder, Phillip Brown, Jo-Anne Dillabough and A. H. Halsey, "Introduction: The Prospects for Education: Individualization, Globalization, and Social Change"　本書初出．

1 マーク・オルセン「新自由主義・グローバル化・民主主義」Mark Olssen, "Neo-liberalism, Globalization, Democracy: Challenges for Education", *Globalization, Societies and Education* 2/2 (2004).

2 W. ノートン・グラブ＆マーヴィン・ラザーソン「レトリックと実践のグローバル化」W. Norton Grubb and Marvin Lazerson, "The Globalization of Rhetoric and Practice: The Education Gospel and Vocationalism"　本書初出．

3 フィリップ・ブラウン＆ヒュー・ローダー「グローバル化・知識・マグネット経済の神話」Phillip Brown and Hugh Lauder, "Globalization, Knowledge and the Myth of the Magnet Economy"　本書初出．

4 デイヴィド・ガイル「知識経済の特徴とは何か？」David Guile, "What is Distinctive About the Knowledge Economy?: Implications for Education"　本書初出．

5 A. H. ハルゼー「ヨーロッパの大学」A. H. Halsey, "The European University", (draws on material from) Hilde de Ridder-Symoens, ed., *A History of the University in Europe* (Cambridge: Cambridge University Press, 2000).

6 ラジャニ・ネイドゥ＆イアン・ジャーミソン「学生のエンパワメントか学習の崩壊か？」Rajani Naidoo and Ian Jamieson, "Empowering Participants or Corroding Learning?: Towards a Research Agenda on the Impact of Student Consumerism in Higher Education", *Journal of Educational Policy* 20/3 (2005).

7 G. リース，R. フェーブル，J. ファーロング＆S. ゴラード「学習社会における歴史・経歴・場所」Gareth Rees, Ralph Fevre, John Furlong and Stephen Gorard,

"History, Biography and Place in the Learning Society: Towards a Sociology of Life-Long Learning", *Journal of Educational Policy* 12/6 (1997).

8 アンドレ・エリアス・マザウィ「教育の拡大と不満の調停」André Elias Mazawi, "Educational Expansion and the Mediation of Discontent: The Cultural Politics of Schooling in the Arab States", *Discourse: Studies in the Cultural Politics Education* 23/1 (2002).

9 ポーリン・ローズ「ワシントン・コンセンサスからポスト・ワシントン・コンセンサスへ」Pauline Rose, "From the Washington to the Post-Washington Consensus: The Influence of International Agendas on Education Policy and Practice in Malawi", *Globalisation, Societies and Education* 1/1 (2003).

序
教育の展望——個人化・グローバル化・社会変動

Introduction: The Prospects for Education: Individualization, Globalization, and Social Change

ヒュー・ローダー，フィリップ・ブラウン，ジョアンヌ・ディラボー & A. H. ハルゼー
HUGH LAUDER, PHILLIP BROWN, JO-ANNE DILLABOUGH AND A. H. HALSEY
（吉田 文・本田 由紀・広田 照幸 訳）

> どの国でも教育学者と政治家は，現代社会の構造において生じた変化，その国内経済および対外関係における変化が，われわれの学校組織のこの特殊な部分においても，それと平行した，しかもかなり根本的な変化を必要とすることを意識している．　　　　　　　　エミール・デュルケーム
> (Emile Dulkheim, 1904=訳書 1981: 29-30)[1]

1——序

　われわれは，教育が個人と国家の双方の福利に影響をおよぼすという楽観主義が氾濫している時代に生きている．親や保護者は，教育というものを，わが子が社会における自らの地位を知り，自らの人生をよりよきものにしていく手段とみなしている．若者にとって，教育は，何度もの試験を経て学歴を獲得し，労働市場で有利な地位につくための主要な手段でもある．教員は常にそうなのであるが，生徒に将来への準備をさせ，何世代にもわたって受け継がれてきた叡智を伝達することに望みを託す．

　教育というものは，まるで何ら変化しないものであるかのようにみえる——なぜなら，生徒は校門をくぐって学校へ通い，大学の講義は大教室に詰め込まれた学士課程の学生に向かってなされていることに変わりはないからである——が，過去30年にわたる経済，政治，社会の変化のなかで，教育の特性や見通しは根本的に変化した．本書は，これらの変化を，そしてこれらの変化が教育の将来に対して何を意味するのかを扱うものである．

教育は，近代社会において特異な位置づけをもつ．なぜなら，大多数の人間は，教育は社会に対して利益をもたらすとともに，生徒や親のアスピレーションをも満足させると信じているからである．フォーマルな教育に対するこうした信念は，近年，強化されている．それは，先進国，発展途上国どちらにとっても，物質的および社会的進歩を維持する上で，知識や科学的理解の高度化が決定的な役割を果たすとみなされているからである．

　われわれは，科学を通じて物質的な意味での福利を改善するための技術開発を行い，人文学を通じて道徳的および社会的進歩が達成されることに期待をかける．だが，こうした信念を強化しているのは，教育は社会正義と国家の経済的効率の源泉であるという考え方である．いいかえれば，教育は，経済に対しては教育された労働力を提供しつつ，他方で，学生に対しては，その社会的背景や性別やエスニシティにかかわらず機会の平等を約束するという理念を内包している．

　教育と進歩のこのリンクには，誰もがそう思っている，鍵となる1つの仮定が存在している．それは，教育機関はある意味，その他の社会から分離，あるいは除外されているというものである．そして，校門の外には学生が居住している対照的な世界があるにもかかわらず，この相対的な自律性のために，個々人はその潜在的能力を発達させることができる．規律正しい勉学を通じて，学生は狭隘な私利私欲や世界観を超越した見方を発達させる術を学習できると考えられている．この考え方には，啓蒙期までさかのぼる，理性は教育を通じて付与され，「人間の完全性」(perfectibility of man) (Passmore, 2000) というプロジェクトに対する基盤をなすという思想の伝統が反映されている[2]．

　しかし，われわれは，教育に関するこうした信念が実現したのか否かを問う必要がある．学校，大学という形態をとる教育は，制度，政策，実践，アスピレーションの集合体であり，保険制度や法体系などの他の社会制度と同様に，誤りを免れえないものである．アメリカの保守的な知識人であるアラン・ブルームは，教育システムが直面するある主要な問題について，次のように的確な指摘をしている．

　　どの教育システムにも，到達しようとする道徳的目標があり，それはある種の人間を生み出すことを求めている．こうした意図は，多少なりとも明示的な場合もあれば，多少なりとも熟慮された結果である場合もある．しかし，

読み，書き，算盤といった中立的な教科でさえも，教育を受けた人間に関しての見方をもつ．……常に重要なのは政治体制であり，それは体制の根本原則に合致する市民を必要とする (Bloom, 1997: 498–499)．

いうまでもないことだが，教育にとっての難題とは，様々な集団や政治的な党派が，望ましい人間の質はどうあるべきかについてそれぞれの見方をもつということである．そのため，教育は将来の世代にとって希望の宝庫であるかもしれないが，どのような形態をとるべきかについては激論が交わされる．教育は常に政治的および社会的葛藤の源泉になるのである．

こうした葛藤がどれほど深いかに注目してほしい．たとえば，ブルームは，読み，書き，算盤といった，一見，中立的な教科でさえこうした論争に巻き込まれるのは，それらの教科には，生徒が読み書き算盤ができるという必要性をはるかに超えたところで，社会的な意味が付与されているからだと論じている．これは，論争の渦中においては忘れられることが多いが，社会の変化につれて教育の基準や教育に対するアスピレーションも変化するという重要な事柄を教えてくれるものである．

教育システムがどのようなタイプの人間を生産すべきかに関する論争は，国家という文脈のなかで枠付けられてきた．教育がどのように組織化されるかについては，国家間で大きな差異があり，教育「システム」についての理念は，国境内で定義されるのが典型である．フランスでは，カリキュラムに関する中央集権国家の統制の度合いが高く，他方，アメリカでは，近年になって「落ちこぼれを作らないための初等中等教育法」(No Child Left Behind Act) が導入される以前は，カリキュラムや評価について連邦政府はほとんど統制をしてこなかった．

こうした違いはあるものの，フォーマルな教育の発展という問題が，国家の建設や発展という課題からまったく除外されてしまうことは決してない．教育システムの少なくとも中等学校の修了段階までは，納税者が資金提供することは当然とされてきた．教育から得られる恩恵は，個人にもたらされるばかりではなく，国家全体にももたらされるとみなされており，教育から得られる経済的利益は，国家と個人との互恵的な関係のうちにある．それと同時に，教育は，合理性，寛容さ，他者への共感といった民主主義に必要な性向を涵養することができ，そのことで個人と社会の社会的結合の紐帯は強化されるのである

(Dewey, 原著第4章).

　この私有財かつ公共財としての教育がどのように目的を達成すべきかに関しては，常に論争の的であり闘争が繰り返されてきたが，近年「国家」の教育システムの財政，機構，目的は，新たな課題に直面し，それらの解決の糸口はみえていない．その課題とは，増大する個人化と社会の断片化，社会を「科学する」ことによって明らかになった事柄を実行する「唯一最善の方法」という理念の喪失，グローバル化の進行，グローバル化政策およびそれにもとづく実践である（Held et al., 1999）．それゆえ，国家が，伝統的かつ確定的なものに挑もうとする諸力を理解しようとするとき，また，グローバル化や後期モダニティの文脈で国家自身を再創造しようとするとき，教育は闘争の中心的な場となるのである（Beck, 1992; Giddens, 1998）．

　グリーン（Green, 1990）は，もし，われわれが国民国家の開始期およびその後の発展における教育の役割に立ち返るならば，国家形成の契機には3つの要素，すなわち，国外の軍事的脅威，経済再生の要請，国内の社会不安や革命があるという．フランスの偉大な社会学者であるデュルケームは，普仏戦争後のフランス国家の再建における教育の役割を明確に論じた初めての人物であるが，それ以来，教育の経済的役割は，教育のいくつかの役割のうちの1つとみなされるようになった．そして今，状況は更に変化した．政策立案者は教育には幅広い目的が重要だというが，教育の経済的役割が首位にあることは疑うべくもない．

　教育が，近代における国民国家再建の中核にあるとみなされるようになることは，驚くべきことではない．というのは，リア・グリーンフィールド（Greenfield, 2003）が論じるように，国民国家の形成プロジェクトは，経済成長と緊密に結びついたものだからだ．教育は，以前は社会的に望ましくないとみなされていた，個々人の利潤獲得という動機を高め，その動機を国家の経済成長として正統化した．いまや，経済競争における知識の中核的位置は高まり，また，グローバルな経済競争が激化するにつれて，教育の経済的役割がいかに大きいかが理解されるようになった．他方で，われわれは，2001年9月11日の事件とその後の「テロとの戦い」で明らかになったように，ナショナリズムの涵養の手段としての暴力が，外在的脅威となってしまったことの重要性についても目をつむるべきではない[3]．

　グローバルな知識経済に関する支配的な見解（Guile, 第1巻第4章），少な

くとも先進国側に有利な見解とは，革新をもたらす科学的知識や技術の競争において他国に勝つために教育が主要な役割を果たす，そのような国家間での競争がなされるというものである．国家の繁栄，正義，社会的結合は，知識，進取の気性，洞察力をもった高度な熟練労働力を養成することにかかっており，そうした労働力には，高度な熟練に対して高賃金が支払われる仕事が世界中から供給されるという．このレトリックはいまや常識となっており，グラブとラザーソン（Grubb and Lazerson，第1巻第2章）は，「教育の福音」と呼ぶ．

　しかし，国民国家の再創造における教育の役割は矛盾し，対処すべき根本的問題と葛藤することが多い．本書の序章を構成するにあたってはこうした点を中心に考察したい．こうした点の解明が重要なのは，それにより，現在，個人と社会が直面する根本的問題に光をあてることができるからである．おそらくこれらの問題には，個人的行動よりは集団的行動によってのみ対処することができ，また，教育の福音が普及させた自己本位の経済的対応，および国家主義的対応ではなく，国際的共同が求められよう．以下，これらの問題について述べることとしたい．

(1) グローバルな破局の兆候を示す技術的経済的諸力の制御

　われわれは，教育の経済的機能や学歴をめぐる競争にあまりにも重点を置くために，教育がもっと広い意味で，社会の進歩に影響を与える可能性を軽視している．エリック・ホブズボウム（Hobsbawm, 2005: 19）は，「新石器時代から核の時代の人間性へと人類を変容させる諸力と，人類が住む社会環境のなかで不変の再生産と安定性を目指す諸力」との間の均衡について論じており，次のように記している．「歴史のなかで変化を抑制する諸力は，たいてい全面的な変化をうまく相殺してきた……．現在，この均衡は，一方向へ偏ってきている．そのうえ，この不均衡状態は，制御するための人間的，社会的，政治的能力をほぼ確実に超えたものになってしまっている」．

　ホブズボウムは，われわれ人間が解放した諸力を，自ら制御できない時代に入ってしまったかもしれないと指摘している．それには，核による大量虐殺や地球の持続可能性の問題だけでなく，遺伝学の進歩，国家間あるいは国家内の分断の脅威となるグローバルな経済の登場といった問題がある．教育の主要な役割は，これらの諸力の特性と，われわれが個人であれ集団であれ，どのようにしてそれらの諸力を民主主義の領域に持ち込むことができるかを，批判的に

検討することである[4].

(2) 繁栄のパラドックス

このパラドックスとは，グローバル経済がこれまでになく繁栄するとき，国家内部の不平等と国家間の不平等が同時に増大することをいう．20世紀を通じて，イギリスのGDPは7倍に増大したが，イギリス内部の所得の不平等は，19世紀後半よりも拡大している（Halsey and Webb, eds., 2000）．このギャップは，また，富裕国と貧困国の間でも拡大している．ランデス（Landes, 1999）は，スイスとモザンビークの格差は，おおよそ400対1であるが，250年前の最富裕国と最貧国との格差は5対1にすぎなかったと指摘している．

教育学者にとっての根本的な関心は，教育は不平等をどのように拡大するのか，その不平等を縮小させる教育改革ができるか否かということにある．教育の将来に関する議論の中心には，発展途上国を荒廃させる子供の貧困という問題がある．ユニセフの報告書によれば，発展途上国では4人に1人が絶対的貧困状態にあり，1日に1ドル以下の所得で家族が暮らしている．毎年ほぼ1100万人，1日あたりにすれば3万人が，15歳の誕生日を迎える前に死んでおり，その大半は，予防可能，治療可能であるにもかかわらずである．このグローバルな不平等と，子供への影響の大きさは，次のような数字からも明らかにされている（Unicef, 2005）．

2000年に生まれた100人の子供のうち
・30人は，5歳まで栄養失調気味である
・26人は，どの子供でもかかる病気の予防接種をうけていない
・19人は，安全な飲料水が得られない
・40人は，十分な衛生状態にない
・17人は，学校へ通うことがない
（合計が100人以上になるが，それは窮乏状況が重複しているからであり，その不利益は1人の子供に集中する場合が多い）

過去20年以上にわたり，アメリカ，イギリス，ニュージーランド，カナダなどの国々においても，子供の相対的貧困が劇的に増加してきた．貧困状態におかれた子供の生活は，発展途上国における絶対的なものであれ，西側諸国にお

ける相対的なものであれ，教育達成に関しては大きな障害である（Feinstein，原著第 28 章）．

　しかし，教育関係者や研究者の多くは，文化的差異には敏感になったが，不平等には目をつむってしまう．個人のライフチャンスは教育に左右される場合が多いため，その点で教育は重要な役割をもつ．そして，不平等が教育達成にもたらす影響力の条件は，社会によって異なる．絶対的貧困という点からいえば，「アジアの虎」の経済の事例は，急速な経済成長と教育へコミットする文化をもつことが，絶対的な貧困を解消する上で大きく寄与しうることを示している．発展途上国においては，女性の置かれている条件が，経済的および教育的福利にとって決定的な意味をもつという（Unterhalter, 2003）．しかし，発展途上国のこうした課題を扱う世界銀行などの主要な援助機関の成果に対しては，問うべき課題がある（Rose，第 1 巻第 9 章）．他方，西側諸国においては，英米のような柔軟な労働市場が，富や所得の不平等と子供の貧困の増大をもたらす，決定的な役割を果たしている（Bradbury, Jenkins and Micklewright, 2001）．

　これらの課題の中心には，2 つの相互に関連した問題がある．第 1 は，センによって提唱されたように（Sen，原著第 66 章），意味ある人生を送る方法について，個々人が熟慮のうえで選択する能力をもつための，経済的，社会的，教育的条件をどのようにして創造するかということであり，第 2 は，再帰的な連帯である（Brown and Lauder, 2001）．いったい人々は，どのようにして，自分自身の長所や学業達成度を認め，それでよしとするだけでなく，それとともに，自分の社会に対する責務，および，自然界の維持に必要な責任を自覚する教育を受けることができるのだろうか．人類は，社会や自然界の存在を自明のものとするきらいがあるが，本書において検証するように，われわれのもっている潜在可能性を形成し顕在化させるのも，また，誰が「勝者」になるか「敗者」になるかを決定するのも社会である．言うまでもなく，教育は，「個人」の地位達成と，われわれと他者との関係を熟考する能力の形成との双方に役割をもつのである．

(3)　機会の罠（Opportunity Trap）

　機会の罠とは，社会が人生の機会と報酬との配分をどのように編成するかという問題について論じたものである．たとえば医者，法律家，ごみ収集人などさまざまな職業の報酬には相当な差異があるが，誰が何をなすか，誰が何を得

るか，なぜ労働の分業内部なのかということである（Brown，原著第26章）．この問題は，資本主義と民主主義の交差する位置にあり，教育，職業，報酬間の結合を強化することで問題は解決すると信じられてきた．機会は，教育を通じて誰に対しても拡大することができたため，職業と報酬は，個々人の達成度における差異を反映するものであった．経済先進社会では，20世紀のほぼすべてを通じて，教育，職業，報酬の緊密な関係が維持されてきた．それは高等教育へのアクセスが厳しく制限されており，教育は，大半の学生を「冷却」（cooling out）するために用いられていたことによる．それと対照的に今日の経済先進社会では，高等教育は，中産階級や向上心をもった労働者階級にとっての規範となるに至った．

しかし，「知識」をもった労働者に対する需要は，大学卒業者の供給が急激に増加するほどには伸びていない．そのため，大学卒業者は，労働市場にとって供給過剰となり，同じ学歴をもつ他の求職者から懸命に差異化を図ろうとする．こうして学歴のインフレーションが進行し，教育上の成功で報酬を得ることは次第に困難になる．目先のきく雇用者は，国際的な労働市場で人材を雇用しようとするため，学歴をめぐる競争はさらに厳しさの度合いを増す．その結果，以下の2つの事態を招くことになろう．一方で，富裕な両親は，その財力をもってして子供のための利益を獲得しようとし，他方で，国民国家は，社会正義という点から学歴競争のルールを制御することができなくなるかもしれない．

こうしたなか，学生は，「知識欲に駆られた」学習ではなく，「金銭欲に駆られた」学習をするようになり，教育の目的も経済的な機会もどちらも縮小していくのではないかという疑問が生じる．

これら一連の事態は，まさに，この地球上で教育と関わりをもつ者に，甚大な影響をおよぼすことになるのだが，支配的な政策によって形成された教育機関は，われわれが現在直面している課題に対応するには，まったく不十分であるように思われる．しかし，われわれの目的は，特定の教育を提唱することではない．そうではなく，目的は，現在，教育におよんでいる経済的，政治的，社会的諸力を理解し，われわれが概略を示した根本的問題に関して想定される結果を判断することにある．

第1の疑問は，教育は進歩的な変化の源泉になりうるのか，教育は既存の観念，行為，利権の配分方法をそのまま再生産することになるのかということにある．多くの人は，ただちに悲観的な反応をするであろうし，そうすることが

正しいだろう．しかし，そうした結論に達する以前に，多くの分析を行わねばならない．われわれは，これまでに成し遂げられたある種の社会的進歩を指摘することもできる．たとえば，西欧諸国では，奴隷制度はすでに廃止されているし，ジェンダー，エスニシティ，性的な性向に関する差別への闘いは，目にみえるものになっている．

　20世紀の産業社会における教育の歴史は，学校教育へのアクセスを進歩主義的に民主化する闘いでもあった．拡大のための主要な原理について，ある教育大臣は次のように表明している．

　　政府の目的は，広く表明しているように，すべての者が，学力がどのようなレベルであれ，富者であれ貧者であれ，居住地が都市であれ田舎であれ，市民として，本人にとって最適な無償教育を受け，もてる力を最大に発揮する権利をもつことにある．もともと選抜と特権を基盤に構築されていた学校システムを，すべての者が生涯においてできるだけ長い期間，必要に応じて享受できる，真に民主主義的な形態に変換することが必要である[5]．

　普遍的な初等教育を求める闘いの後には，すべての者に中等教育を求める動きが続き，それは，ついに高等教育にまで達した．これらは前進の歩みである．当然と思うかもしれないが，重要な進歩である．

　しかし，20世紀における国家の教育システムによって達成された進歩に，いまや，疑問が投げかけられている．それゆえ，教育の未来を方向づけることになる主要な課題を探究することが重要である．これらの課題の背後には，国家の教育システムがこれまで理解されてきたようにやっていけるのかという根元的な問いがある．問題は，既述の根本的問題に対処することのできる国民国家や，よりグローバルな組織の自律性を何とか保とうとする時代にいることにある．グローバルな規模で教育を検討する権限をもつ，世界銀行，WTO，OECDといった機関は，これら根本的問題を熟考する調整力や知力を喪失している．ここに，考慮すべきいくつかの課題を提示しておこう．

・経済的文化的なグローバル化が進む時代において，国民国家が教育に対して有する自律性の程度
・様々なグローバル化政策や実践とは独立した国民国家内の変化が，機会の

不平等につながる子供の貧困や学歴獲得競争といった課題に対処する力に影響をおよぼす程度
・グローバルな経済競争の要求とみなされるものに対する国民国家の対応．それは教育の福音と関連した政策にあらわれる
・経済的教育的不平等の課題に取り組む，世界銀行，WTO，OECD などのグローバルな（多国間）機関の効果

2 教育の未来についての理解

　これらの問題について，以下の第 I 部から第 III 部にわたって検討する．第 I 部では，資本主義国家における教育と国民国家の発展について，教育に対する「合意理論」的アプローチと「葛藤理論」的アプローチをみたのち，1990 年代まで教育社会学に支配的であったこれらの構造主義的理論に異議を唱えた理論的な考え方のいくつかを検討する．第 II 部では，個人化，社会の分断化，現代のグローバル化に関連する政策・実践・エージェンシー（主体的行為）が提起した，教育の国家システムにとっての課題を検討する．ここでは，WTO のような多国間組織の重要性が増大していること，アメリカ合衆国が支持しているネオ・リベラリズムのグローバルな影響について議論する．第 III 部では，国民国家の再創造における教育の役割について検討する．とりわけ，教育の進歩とは両親の選択，評価，標準，新しい経営管理主義にもとづくとする，教育のネオ・リベラル理論を支持する「国定の学習理論」を批判的に検討したい．第 III 部の 2 の結論においては，来るべき時代の世界において，教育の未来を形成する可能性のある主要な課題のいくつかを再検討する．

第 I 部　産業社会における教育

　過去 100 年間の産業社会[6]における教育の最大の特徴は，その途方もない規模の拡大である．近代教育システムは，国民国家を強化するために発展したことはいうまでもないが (Gellner, 1983; Green, 1990, 1997)，それが発展した理由やそれぞれの社会における教育の目的に関しては，多様な解釈がある．21 世紀

の教育が直面している主要な課題を考えるにあたって，教育の「合意理論」と「葛藤理論」を対比することからはじめよう．教育システムが発展した歴史的な文脈について考察することは，教育と人間についての永続する議論を，短命で表面的なおしゃべりから区別する上で役立つ．

1 ── 教育の合意論的アプローチ

「合意論」的な見方は，原始的な社会から複雑なそれへといった社会の進化モデルにもとづく．そこでは，人生のほぼあらゆる領域において，人間関係，経済的活動，社会観といった日常生活の特殊性が，自身の存在，考え方，他者との関係に関して普遍的なものに置き換えられると主張される．また，社会とは社会的な有機体であり，そこでは家族，教育，法律，国家などの諸制度が，有機的な社会統一体を創造するうえでそれぞれ異なる機能を果たすという理解を前提とする[7]．

それゆえ，教育の拡大は，労働者，市民という将来の大人の役割に向けた，子供の「社会化」と「選抜」という役割の延長として説明される（Durkheim, 1956; Parsons, 1961）．社会化という点からは，ゲルナーは，産業社会はいわゆる共通の高級文化を必要とし，そのなかで，生徒は，読み書き，計算能力，科学といった抽象的なシンボル体系の操作が可能になる，普遍的な形態の教育を教えられると論じる（Gellner, 1983: 34）．

　正当に雇用され，完全で有効な精神的市民権を享受したいと考える場合に，この社会の構成員に要求される規格化された媒体，概念的共通通貨として用いられる読み書き能力，技術能力の水準は，親族および地域単位（家族や地域コミュニティ）の程度では供給することがまったくできないほど高度である（Gellner, 1983: 34=訳書: 57）．

専門をもった教員，特定の目的をもった学校，大学への責任の移譲は，家族や地域コミュニティが教えることができない，教育に対する要求を反映したものであった．それはまた，労働者が新たな雇用を得るために，住み慣れた土地を離れて生活を変化させねばならないほどに，技術や技能の変化のスピードが速い，近代社会の流動性の高さという見方も反映していた．ゲルナーも同様に，

知識の役割や地位は，近代産業国家では激的に変化するということを指摘している（Gellner, 1983: 34）．彼は，「近代秩序の土台に立っているのは，死刑執行人ではなく大学教授なのである．ギロチンの首切り役人ではなく，（その名に相応しい）国家博士号こそが国家権力の主要な道具であり，中心的な象徴なのである」という．このため，正義を管理し，恣意的に社会を統制し続けるのは，試験のシステムの頂点に立つ近代の大学教員である．「いまや正当な教育の独占は，正当な暴力の独占よりも重要で集権的である」（Gellner, 1983: 58）．

合意論の中心には，国家は効率と公正の砦という役割を引き受けるという考え方がある．国家は，特定の利害に奉仕するのではなく，すべての者が法のもとで平等という国家民主主義の勝利を代表する．エミール・デュルケームは，国民教育は，個々人に人生の手段と意義との両方を与えると論じている（Durkheim, 原著第2章）．また，国民教育は，自己本位と私利私欲という単純な本能を監視する．デュルケームによれば，社会の存続は，人生を送ることを運命として定められている社会的な環境に，子供を適応させることに依存するという．それゆえ，

　子供がやがて生活しなければならない環境に調和させるためには，いかなる観念，感情を子供に刻みつけなければならないかということを不断に教師に想起させることが社会に課せられた義務である．もし社会が不断に関与してつねに教育事業を社会的方向において行使するよう周到に義務づけるのでなければ，教育事業は必然的に個々人の信念に奉仕することになり，祖国愛という偉大な精神は相互に拮抗する無数の一致しない断片的精神に分裂し，分解しさるであろう．このことほどあらゆる教育の根本目標に対して完全に違背することはできないだろう（Durkheim, 1956: 79=訳書: 69）．

社会化の問題とともに，教育システムは，経済効率と社会正義とを確実にするためにもっとも優秀な者を「選抜」する責任の増大を引き受けることになる．ハルゼーとフロードが観察したように，技術革新を昂進させるのは教育である．「教育は，近代的な技術の開発にとって決定的な投資である．このことは，主要な産業社会すべてにおいて近年の教育発展の根拠となる……．教育は技術革新の源泉として，予期せざる経済的重要性を持つようになった」（Halsey and Floud, 1961: 1）．技術が労働市場へ流入するにつれ，非熟練の仕事は減少し，他方で専

門的知識を必要とする仕事が増大することが予測された (Kerr, Dunlop, Harbinson and Myers, 1973)．それゆえ，雇用者は，学歴所有者がそれぞれの領域で能力があることを保証するための資格システムを要求するようになり，教育における選抜の役割は一層重要になる．これは，高度な専門的知識が新たに発展するにつれ，科学者，医者，法律家，その他の専門的職業へと順次適用されていった．

しかし，教育には，選抜過程において社会正義を経済効率とどのように結びつけるかという古くからの問題を解決する役割があるとも信じられていた．以前は，効率は，型通りの仕事をする大多数の者に必要だとみなされていた．確かに，『諸国民の富』において，アダム・スミスは，18世紀という時代，教育の主要な役割は，多くの者が賃金の上昇と引き換えに引き受けることが求められた退屈な仕事の結果として生じる「大多数の堕落退廃」を，補償することであると考えていた (Smith, 1976: 781)．

合意論的な見方によれば，産業主義が進展する過程で，経済は変容し，「人的資本」が土地，機械，肉体労働よりも重要とされる地点に到達する (Becker, 原著第19章; Drucker, 1993)．その結果，効率とは，技術的な要求水準がもっとも高い仕事に対して，もっとも優秀な学生を選抜することを意味するようになる．すべての学生が，社会において少しでも報酬の高い仕事に到達する機会をもつことが，唯一，公平とされる．「業績主義」的な競争は，それゆえ，個々人の能力は，社会的な背景やエスニシティやジェンダーをもとに予測することはできないという理念に根ざしている．

このようにして，教育の重要性が普及，増大するにつれ，教育は，全学生に個々人の価値を表明する機会を平等に付与し，業績主義的正義を執行する中核的な制度としての役割をもつようになる．そこでの個々人の「価値」とは，知性と動機との結合したものとされる．マイケル・ヤングは，「メリトクラシーのイデオロギー」という造語でもって，例の有名な式を提示した (Young, 1961)．

知能＋努力＝メリット（業績）

メリトクラシーという理念は，教育に関係するすべての者の合意を引き出す主要なアスピレーションである．なぜなら，その理念は，社会移動が可能な産業社会においては，遺産として受け継いだ特権ではなく，個人の業績にもとづく教育上・職業上の成功に道を開くからである．タルコット・パーソンズは，

業績主義的な競争へのコミットとは，1つには，産業社会が，属性ではなく「業績という軸」を基盤にしているという事実を，もう1つには，成人の人生における不平等は，誰もが最高の報酬を得る仕事に到達する平等な機会を付与されたなかで生じる，個々人の業績の差異にもとづくという事実を反映していると論じた (Parsons, 1961)．

教育機会に関する障壁は，社会階級，エスニシティ，人種，ジェンダーを問わず様々な社会集団間の業績に焦点をあてることによって，除去することができると信じられた．ジェームズ・コールマンが，集団間の教育達成の平等という目的を想定して，「結果の平等」という概念を創造したのはこうした理由による (Coleman, 1968)．これは，右派が主張するような，すべての者が同等の資格をもつことを意味するものではなく，それぞれの社会集団が，集団の構成比にしたがって，同等レベルの教育資格に到達することを意味した．

しかし，教育機会が開放されたにもかかわらず，社会階級 (Halsey, Heath and Ridge, 1980; Esping-Andersen, 第2巻第2章)，ジェンダー (Arnot, David and Weiner, 1999; Arnot and Dillabough, 原著第11章)，人種やエスニシティ (Ladson-Billings and Tate, 原著第39章) などの社会的な出自や相続財産は，依然として強力な影響力をおよぼしているのではないかという疑問が呈せられている．

教育制度が業績主義的な理想に到達しない理由を説明するために，社会集団間の葛藤が，どのようにして勝者に利益を敗者に不利益をもたらすのかについて検討がなされ，その結果，教育の「葛藤論」的アプローチが発展した．教育を葛藤の側面からみることは，驚くことではない．われわれは，アラン・ブルームの議論を引いて，社会の諸集団は教育を受けた人物について多様な理想をもっているということを指摘した．同様に，教育上の成功は才能によって決定されるべきという意見に，原則では，同意する者もいるだろうが，大半の親は，自分の子供に対しては教育の恩恵を最大化しようとするだろう．

2──教育の葛藤論的アプローチ

葛藤論的アプローチの中心には[8]，社会階級の問題がある．ハルゼーらが行った研究のように，社会背景の異なる学生が，高い報酬が約束されている専門的・管理的職業に到達する機会には，偶然では説明できない差異がある．そうした事実から，社会的上昇移動に対するシステマティックな障害や障壁があり，そ

れが社会階級を生み出していると推測される．ハルゼーらは，高報酬の職業に就くことに関して，専門的・管理的職業出身者には，非熟練のマニュアル労働出身者の4倍の機会が開かれているという，1対4ルールという言葉をつくった．この経験的な証拠から，いわゆる社会階級の有利な立場の再生産に教育は深く関連しているとみる可能性がうまれた．

　葛藤理論には，教育研究で用いられる階級に関してはネオ・マルクス主義とウェーバー学派という2つのアプローチがある．ネオ・マルクス主義は，過去20年以上にわたってあまり注目されなかったが，近年のグローバル化をめぐる議論は，マルクス (Marx and Engels, 原著第1章) のグローバル資本主義とそれの社会に対する含意に関する見解が，現代においても妥当性をもつことを，あらためて証明した (Allman, McLaren and Rikowski, 2003)．葛藤理論のこの2つのアプローチを概観し，その後にそのフェミニスト理論とポスト構造主義理論の含意について考察する．

(1) ネオ・マルクス主義的アプローチ

　ネオ・マルクス主義者は，「産業社会」，「ポスト産業社会」，「知識経済」といった言葉を用いた特徴付けを排除する．それは，これらのラベル貼りは，資本主義的な関係の実態をあいまいにするからである．生産手段の所有と統制にもとづく経済関係こそが，教育システムとともに国家の役割を規定すると考える．ネオ・マルクス主義者にとって，国家とは，特権の再生産と共通の見解となって教育の不平等の正統性を確固たるものとする支配的イデオロギーとを通じて，資本主義的支配階級の利益に奉仕するものである．そして教育は，このイデオロギーを普及促進する上で決定的な位置を占める (Althusser, 1972; Dale, 1989)．

　マルクス主義者は，労働者階級出身の学生の教育における失敗を，教育機会に対応する能力において不利な条件を負っているという個人的属性の観点から説明するのではなく，資本主義社会の不平等な特性を指摘し，労働者階級出身者の教育の失敗が不可避であることを論証しようとする．この観点からすれば，教育システムは，もっぱら，社会的教育的不平等の現存の構造を再生産する手段である．ボウルズとギンタスは，「教育制度は，経済の分野から起こってくる不平等や抑圧の度合いを強めたり，弱めたりすることはない．むしろ，教育制度は労働力の教育と階層化の過程においてすでに存在しているパターンを再生

産し，正当化する」(Bowles and Gintis, 1976: 265=訳書: 205) と主張する．

　ネオ・マルクス主義者は，教育は業績主義的な競争にもとづく社会化と選抜の二重の機能を果たして拡大するという見解を否定する．社会化に言及するのではなく，支配階級の経済的利害のなかで，大多数の者の自由，創造性，能力は犠牲にされているという考え方を強調して，「イデオロギー」と「ヘゲモニー」という概念を用いる．また，業績主義的競争にもとづく選抜という理念は神話だとして退け，システムは中産階級の趣向に応じた形態に不正に操作されると論じる．ブルデューは (デュルケームに対して)，次のような見方をしている．

　　教育は，実際には現存の社会的なパタンを永続させる，もっとも有効な手段の1つであるという傾向が示される場合でさえ，おそらく文化的慣性のために，われわれは，自由にする力，社会移動を増大させる手段としての学校というイデオロギー的な観点から教育を見てしまうのである (Bourdieu, 1974: 32).

　この観点からは，教育システムは，業績主義的な選抜過程の中立的な審判員ではなく，主に労働の社会的分業の再生産にもとづいて学歴，職業，報酬の不平等な配分の正当化に奉仕するものとなる．しかし，資本主義的「民主主義」において，その程度は，現存の不平等を正当とみなす道徳的風土 (ヘゲモニー) の創出状況に依存する (Gramsci, 1971)．こうしたなかで，学生は自分の教育上の成功や失敗はそうなって当然だと信じるようになるのである．結局のところ，近代社会が，それがよって立つ正当性の支柱を1つだけもつとすると，それは，教育上の成功はメリットにもとづいて達成されるということになる．

(2) ウェーバー学派のアプローチ

　もう1つのウェーバー学派によるアプローチは，社会的排除という問題に焦点を当ててきた．しかし，排除する力の行使は，生産手段の所有と統制のような単一の源泉から生じているという見方をとらない．それとは別の形態の権力や特権とは，時代による変化に左右される経済的，政治的，社会的地位の分化を考慮したものである (Parkin, 1979).

　ウェーバー学派は，専門職集団がその社会的地位や所得を維持したり強化したりするために，専門的職業へのアクセスを統制する排除的な権力をどのよう

に行使するのかに焦点を当ててきた (Collins, 1979). また，彼らは，競争者集団の有利な社会的地位をめぐる葛藤として，生計の手段をめぐる競争にも焦点を当ててきた (Weber, 1968: 341). 競争者は，「報酬や資源の，集団の取り分を多くしたり保護したりするために，権力を」動員しようとする (Murphy, 1984: 548). こうしたことは，身分集団が「専門職」へのアクセスを制限するために入職要件を独占しようとする方法，強力な社会集団が家族の構成員に有利な場を求める競争を構造化しようとする方法にみることができる (Collins, 1979; Bourdieu and Passeron, 1977).

ネオ・マルクス主義者とともに，ウェーバー学派も，教育や高地位の職業を求める競争は業績にもとづいており，すべての者は，技術的，管理的，専門的職業に就く平等な機会が付与されているという考え方に反対する．また，これらの葛藤論者は，高等教育に対する需要の増大は，職業が技術的により複雑になり，技能が高度化したことへの対応であるという合意論的見解にも反対する (Collins, 1979).

近代の試験システムの発達は，ウェーバーが資本主義の官僚制化とみたものを象徴している (Weber, 原著第3章). 専門的訓練を経た技術者や事務職員が必要になるにつれて，「全世界にそうした試験を広める」標準化の必要性が高まった (Weber, 1948: 241=訳書: 71). ウェーバーは，「あらゆる部門における教育免状の要請」は，知識への渇望とは何ら関係ないと論じている (Weber, 1948: 71).

　　われわれが，あらゆる分野で一定条件の学習課程と専門試験方式の採用を要望する声が高くなりつつあることを耳にするならば，むろんその根拠は，突如として目覚めた「知識欲」ではなく，教育免状の所有者のために地位の提供を制限しその地位を彼らだけで独占しようとする欲求である (Weber, 1948: 72).

社会的地位の特権の源泉としてのこの資格競争は，資格が付与される勉学への需要をあおる「資格インフレーション」をもたらす．生計の手段をめぐる競争において，教育市場や職業市場における地位は，他者の達成度との関係で決まる．したがって，大学にアクセスする人が多くなるにつれ，学位は，次第に，職業市場における差異の証明として役立たなくなる．このため，さらに高度な

勉学や，周囲の人間よりも有利になる「人間資本」の別形態に対する需要が一層高まる (Brown and Hesketh, 2004)．コリンズは，次のように記している．

> 学歴インフレーションは自動的に進むものであり，自分で自分にえさを与えて育てているといってよい．あるレベルの教育は，ある時点では，エリート的な職業に就く可能性があった．しかし，学歴取得者が増大するにつれ，その学位の社会的示差性は減少し，その職業市場における価値は低下する．そのため，一層高い段階の教育に対する需要が拡大する (Collins, 2002: 24)．

ウェーバー学派のアプローチの強みは，本来的に「再生産の束縛」を受けていないことである．それは，一般的に「葛藤」理論に共通した弱点でもあった．排除の戦術は社会関係に埋め込まれているが，権力や特権をあまりもたない集団は，排除の障壁を粉砕するために資源を動員する可能性を常に模索する．さらに，国家が，影響力や権威を求める他のどの要求よりも，エリートの経済的利益に対して常に有利な操作を行うという保証はない．とはいえ，国家は，中立的な機関とみなされているわけではない．国家は，権力や影響力をめぐって競争する諸利害の葛藤の調整を常に行い，権力の所有者は，それを維持するために排除的な戦術をとる．ネオ・ウェーバー学派にとって，教育という観点から，国家は重要な位置を占める．なぜなら，国家は，よきシティズンシップという行為に関する基本的規則を設定する，道徳上の監視人として主要な役割を果たすからである．国家はまた，生計の手段をめぐる競争をどのように調整すべきか，強力な利益集団がどの程度まで自分の利益のために選抜の規則を不正に操作するかを管理統括する (Hirsch, 1977; Brown, 2000)．

ネオ・マルクス主義者と対照的に，ネオ・ウェーバー学派にとって，社会階級とはライフチャンスの構造化過程だとされ (Giddens, 1984)，社会のなかでの上昇移動の程度と，その反対に，世代間での特権の伝達の程度に影響を与える構造的・制度的要因を研究しようとする．

合意論者は，社会に対して「補償」をし (Bernstein, 1971)，かつ高度な熟練労働力への需要を強調する教育の力を過大評価してきた．他方で，葛藤論者は，資格をめぐる競争と職業構造との関係における変化を過小評価してきた．雇用者の「資格をもった」労働力に対する需要の増大は，入職要件を高くして専門職集団への入職者数を制限しようとする，専門職集団の排除の戦術からだけで

は説明できない (Collins, 1979; Friedson, 1986; Weedon, 2002). 20世紀において高度な教育を受けた労働力に対する需要とは, 技術的, 管理的, 専門的職業が大半であった (Neef, 1998). こうした技能水準に関する需要の変化は, 科学技術の複雑さが増したことだけでなく, 組織の効率性のモデルが変化したことをも反映しており, そのため問題解決能力, コミュニケーション能力, チームワーク, 自己管理能力に力点が置かれるようになっている (James, Veit and Wright, 1997; Thompson and Warhurst, 1998). しかし, 技能に対する要求水準が今後も上昇し続けるか否かは, 議論の余地があろう (Brown and Lauder, 第1巻第3章).

同時に, 教育方法, カリキュラム, 評価といった教育のプロセスは, 資格を求める競争と密接に結びつくものであることについての検討が重要である. ブルデューは, 教育は, 公正なものではなく特権の再生産であり, カリキュラム, 教育方法, 評価は, 専門職中産階級の子弟のしつけに合致する規範, 儀礼, 期待, 実践を反映していると論じる (Bourdieu, 原著第5章). 彼の理論によれば, 教育が養成しようとする人間をめぐる葛藤は, 資格競争をめぐる葛藤と区別すべきでないという.

3 ポスト構造主義者の社会思想とその教育への影響：社会化からアイデンティティへ

過去20年間, アルチュセール, ボウルズ, ギンタスといったネオ・マルクス主義者の構造主義的理論は, ポスト構造主義やポスト近代主義が表明している「文化論的」転回から挑戦を受けてきた[9]. 一般的にいえば, この理論的な展開は, 初期の構造主義の支配や「モダニティという大きな物語」から, より流動的で多面的なアプローチへの移行という特徴をもつ. 1980年代からのフランスの社会思想および社会理論に関する議論の影響力は強く——なかでもミシェル・フーコーの業績は傑出しているが——, 教育理論や社会変動に対するそうしたアプローチが, 大きな力をもちはじめた[10]. 文化論的転回の教育面におけるもっとも重要な特徴は, 国家は教育を通じて個々人を社会化し, 市民という単一の形態にすることができるという考え方に挑んだことにある. そうした批判は, 初期のネオ・マルクス主義者の著作に満ちており, とくにウィリスの業績にはそれが顕著である (Willis, 1977). しかし, ウィリスの研究は, 階級に基盤

をおく教育に対して男性的な勇敢な抵抗という以上の視点を提出するものではなかった．文化論的転回の力は，1つには，学校の教育実践とその結果におけるジェンダー間の差異についてのフェミニストの関心と，もう1つには，植民地化された教育システムに直面して，自らの権利を主張する有色人種やポスト植民地主義者の要求とが強く共鳴しあうなかにある．どちらの場合においても，差異という理念は，白人男性というカテゴリーをもとにして作られた市民という支配的な観念への強力な対抗として登場した．それゆえ，差異とは，女性，有色人種，ポスト植民地の人々の闘争を，批判的に系統だてた概念となった．

文化論的転回の重要性は，また，社会的不平等に関してアイデンティティの確立した記号表現——人種，ジェンダー，階級，身体障害者——に対して疑問を投げかけたことにあった．それらは，概念が明確に定義されたカテゴリーとして，研究や政策立案の際に研究者や政府の役人が広く用いてきたが，このように確立した前提は，新たなる主張から攻撃を受けたのであった．すなわち，長い間納得されてきたアイデンティティというカテゴリーは，実はそう単純に容認することのできない抽象概念であり，それはもはや，社会的不平等に直結する経済関係という名のもとで，あらゆる集団や個々人のことをうまく語ることができないという（Arnot and Dillabough，原著第11章）．要約すれば，差異やアイデンティティに関する文化の政治学は，女性，有色人種の闘争を前面に押し出し，教育を含む日常生活の諸言説を文化的な所産とし，彼／女らの抑圧を説明した．

文化論的転回内部からすれば，近代主義者の伝統を引く教育についての葛藤論的な見方は，国民国家の「大きな物語」にすぎないと批判することができた．ネオ・マルキストやウェーバー学派の葛藤理論も——社会的不平等を再生産する政治経済学の役割に主に焦点を当てているとして——，同様の言辞でもって批判された．ポスト構造主義者の多くは，近代主義者が社会的不平等の主たる原因として階級および物質的な構造を強調してきたことを，社会的成層からもっとも影響を受けるジェンダーやエスニック・グループの利害や関心をあいまいにするものだという（Arnot and Dillabough，原著第11章）．

文化論的転回は，アイデンティティ，言語，職業生活の文化的側面に付着している権力を，新規に概念化することに注力したのであり，合意論，葛藤論の双方に挑むものであった．こうした挑戦によって，教育における国家権力の特性は，徐々に増大する国家の監視機構——その好例が試験だが——のなかに隠

蔽されているものとして再考されることになった．

　この劇的なパラダイム展開は，明らかに時代遅れの構造主義的不平等理論，国家の近代理論に訣別して，権力をより今日的な意義のある文化的な概念に移行することに力を注いだ．19 世紀後期から 20 世紀初期を通じて，社会学では，国家，経済，社会のグランド・セオリーを構築することが中心であった．しかし，この新たな理論が登場し，その目標は，文化的現象としての権力が，家族，教育，国家を通じていかに多方面に力をおよぼしているかについて，より深い理解を得ることとなった．

　教育社会学は，文化論的転回に関連した，とりわけフーコーの研究によって普及した認識論的枠組みを受容すべきとする大きな圧力のもとにあった．教育社会学に対するフーコーのもっとも重要な寄与は，「統治性」という過程における，言説，隠れた統治技法，主体形成に関する分析にある．フーコーが，真理と権力は不可分なものだと論じることができるのは，こうした枠組みを国家分析へ応用するからである．

　フーコーは，権力の概念化そのものは自分の研究の中心ではない，「人間」を作ることにおいて権力の様態を理解することが必要だと論じた．

　　過去 20 年の私の研究の目標は，権力という現象を分析することでも，そうした分析の基盤を精巧に作り上げることでもなかった．私の目的は，われわれの文化のなかで，人類が主体になるその諸様態の歴史を書くことであった．したがって，私の研究の全般的なテーマは，権力ではなく主体である (Foucault, 1980: 208–209)．

　こうした説明のもとで展開する教育のポスト構造主義理論は，社会化に関する合意論的説明に批判的である．なぜなら，ポスト構造主義理論は事物への関心から，言語と権力形成の関係を黙殺するからである．また，ポスト構造主義理論は，文化的アイデンティティやシティズンシップそれ自体は，国家形成に際して単純に利用できる一貫性があって安定した物語をもっていないと論じる．

　社会構造の不確実性という主張は，「人間」についてのフーコー流の批判と結びつき，その結果，多元化した権力の源泉という新たな議論をもたらした．その権力の源泉は，単に国家や経済に由来するのでなく，「市民の形成」をめぐる文化的影響にある．ここから，支配的な白人，男性，大都会というグランド・

セオリー，女性や有色人種を従属と抑圧の地位に追いやる社会的経済的世界像といったものを批判する文化の政治学が登場した．

この理論的文脈においては，デュルケムの立場が反映された社会化を通じて獲得されるシティズンシップや共通の価値観といった理解が「共有される」ことはありえなかった．共有された国民性，国家の安定性は，まさにデュルケムの概念であるが，多くのポスト構造主義者は，アイデンティティや多様性の問題をより顕在化させようとして，それを批判した．

以下では，ポスト構造主義者の思想が教育に応用されているそのいくつかの方法について詳細に説明しよう．しかし，あらかじめ，社会学理論における文化論的転回とその教育への影響に関しては，多くの限界があることを確認しておきたい．第1に，もっとも顕著なものとして，教育機会の社会的配分という問題を含んだ，階級構造と教育の成層化理論に対する関心が希薄になっていることを指摘したい．言説，文化，アイデンティティ／自己についての様々な要素が重視され，社会的不平等に関する中核的社会問題に対しては注意を向けなくなったと論じる者もいよう．すなわち，教育の成層化は，多くの場合，フーコーが強調した「主体」にとって代わられたのである．

第2には，文化論的転回に対する関心を，教育理論のなかに位置づけて見取り図を描こうとすると，教育社会学の実践的な課題に対する理論的な結びつきが弱くなることである (Shain and Ozga, 2001; Lauder, Brown and Halsey, 2004 参照)．

第3に，教育におけるエイジェンシー（主体的行為）の問題を述べる際に困難が生じることである．文化論的転回が過度に強調された結果，構造とエイジェンシー（主体的行為）の融合 (Archer, 1995)，それとともにエイジェンシー（主体的行為）の自由との合成がもたらされたと論じられている．このため，エイジェンシー（主体的行為）の概念は，文化，政治，社会の制度の複雑に絡んだ網の目のなかで実践する社会生活の様態として認識されるのではなく，アイデンティティと混同されることになった (McNay, 2000)．換言すれば，行為に影響を与える労働，収入，富などの物質的条件は，もはや，エイジェンシー（主体的行為）の議論の中心にはない．結果として，これら経済条件と関連する不平等の側面が，とくにグローバル市場の発展の文脈において軽視ないし無視されてしまった．ブラックモアは，女性に関する進歩は，市場に対峙するものとしての国家を通じて実現されてきたため，この問題はフェミニストにとってとりわけ

重要であると論じる（Blackmore，原著第 15 章）[11]．

　最後に，知識とは真理ではなく，諸集団の闘争における武器にすぎないという考え方は，フェミニストやポスト植民地主義者の関心を引きつけるものである．その考え方は「恵まれない人々」を，解決すべき問題，自身の無能力の犠牲者とみなす自由社会に根強くある見方に反論する．こうした魅力にもかかわらず，真理を権力と結びつけることが困難なために，先住民にとっては自身の幸福にとって本質的な傑出した真性の過去の文化という主張は葛藤を引き起こしかねない．同様に，徹底した相対主義は，抑圧されている人々が自身の立場を説明するためにもちだす抑圧の理論の立場を危くする．結局のところ，知識とは権力者の単なるフィクションに過ぎないと常にみなしていくならば，植民地抑圧の理論はどのような地位を得るというのだろうか[12]．

4 ジェンダーと教育

　フェミニストの批判は，国家の教育は伝統的な男女の役割を強化し，男性の公的領域（政治と労働市場）と女性の主婦としての私的な役割の間の分化を固定しているという観察から始まった．さらに，女性の教育という場面における処遇方法や，その結果生み出される教育の成果における性差を不平等とする問題を導いた．公的／私的領域の分化という問題は，女性にとってより多様な教育機会へのアクセスという問題を提起しただけでなく，戦後の民主主義国民国家における自由な平等という前提そのものを掘り崩すものでもあった．女性運動の視点からは，教育は，「市民社会の家父長制理念」を支持するものとみなされた．なぜなら「市民社会の家父長制理念」は，教育を基盤にし，教育を通じてその実現を図るからである（Dietz, 2003 参照）．1970 年代に，教育の目的に関して女性が提起した主要な問題を以下に提示しよう．

・教育のリベラルな民主主義モデルと，それが現代の国民国家におけるジェンダー秩序を創造し維持しているその役割とに挑戦することは，何を意味するのか
・民主主義教育のプロジェクトは，女性が新たなより平等主義的な女性のシティズンシップをもつことができる，もっとも効果的なメカニズムを保持しているか

・そうしたプロジェクトは，全女性にとっての平等への道に通じるものか
(Dillabough and Arnot, 2001)

　フェミニストは，これらの問いに答えるかたちで，学校は女性に対してより教育機会を拡大すべき，カリキュラムは女性を公平に扱うべき，女性は，国家の正当で平等な市民とみなされるべきと教育を批判した．そして実際にも，学校教育は，男性支配の構造からもっと平等主義的な構造へと変化させることが求められた．こうした変容が成し遂げられるならば，女性の教育への参加が増大して，民主主義の意味や国民国家の概念を拡張した進歩的かつ全面的な社会変化がもたらされるだろうと考えられた．

　この方向への進歩があったことに疑問の余地はないものの，議論で用いられる基本的な用語の多くについては，フェミニストの教育界では論争が続いている．「進歩」のおそらくもっとも顕著な例は，西欧の国民国家の多くでみられる男女間の教育達成における明らかな差異である．この差異については，今でこそ，多くの教育研究者による充分な研究蓄積があり (Arnot et al., 1999)，女子はどの教科においても男子よりよくできることが示されている．しかし，以前は，女子の成功とは，家政的な技能と特定の種類の女性らしさ，すなわち「少女に教えるべき女性らしさ」の獲得という点から定義されていた (Harris, 2004: 3 参照)．近年では，若い女性は，男性中心的な学校教科へのアクセスによって公的な領域へ参入するようになった．「女子の教育上の成功」に対するかたちでの「男子の失敗」によって，「西欧」における教育の平等主義的な前提は明確に変化しはじめている．

　女子の学校における学業達成のパタンの変化にともない，女性の大学および労働市場への参加度が上昇した．そのことが契機となって，個人化と新たなグローバルな政治経済学の進行を背景としたときの，女子や男子の将来形成における教育の役割に関連して，2つの方向で幅広い分析が進んでいる．第1の議論は，女子は，21世紀の西欧において教育の「新たな勝者」だというものである (Harris, 2004)．これは，女子は，社会の範囲を拡大するという点において，また，世界的な規模での労働市場への参加の増大が社会秩序を安定させるという点において，国家から主要な行為者だと認知されるようになるという見方である．以前はデュルケーム学派の用語で表現されていたように，青年期の管理とは，民主主義の将来を確実なものにする鍵とみなされていた．ハリスは次の

ように記している.

　青年期の行動, 態度, 発達は, 近代国民国家のために, 合理的で, 愛国的で, 生産的な市民を育成するという点から綿密に監視された. そのため, 19世紀後期には, 国家, 科学者, コミュニティは, 若者の道徳的社会的発達に強い関心を払った. それは, 若者は国家の進歩の理念を具現するとされたからである. ……青年は, 責任感, 強靭さ, 犠牲心などの近代の市民的価値を体現し, 新たなスタイルの国家を守る市民のモデルを構築することが期待された (Harris, 2004: 2).

　しかし, ハリスは, 新たな世界秩序のなかで, 青年全体というよりも女子のみが, グローバルな競争において, また将来の安定においても, 国民国家の成功の中心とみなされるようになるだろうという. 女性は, もはや, ただ家政的な知識を注入する容器でも, 国家への従属物でもなく, 活動的で自己実現をめざし, いつでも新たな仕事につくことのできる者と認識されるようになった. ハリス (Harris, 2004) によれば, 若い女性についてのこうした見方は, 20世紀的な産業化と断絶しており, むしろ, ベックとベック-ゲルンシャイム (Beck and Beck-Gernsheim, 原著第9章) がいうところの後期モダニティと関連している. 国家的文脈では多くの場合, 教育の目的は, 女子が新規でより柔軟な労働力, すなわち「ニュー・エコノミーの理想的で柔軟な主体」の基盤を形成するという考え方にそって再構成されている (Harris, 2004: 2). 後期モダニティにおける若い女性は, したがって, 主たる「社会変化の推進者であり擁護者」とみなされよう (Harris, 2004).
　しかしながらこうした分析には, 一定の注意を払って取り組む必要がある. そのもっとも顕著な問題として, 21世紀における女性の個人化という考え方があるために, 実は個人化や伝統的な役割の拒否というものが, 階級と深く関連した青年の発達についての理解だということを認識できなくなっている, ということを指摘できる. 青年の発達についてのこうした理解は, 現代のネオ・リベラル的な思想から強い影響を受けつつも, 本質的には学校教育や国家に関する中産階級の概念の産物である. 女子を伝統的な性別役割から引き離そうとする考え方は, すべての女性は (国籍, エスニシティ, 階級, 宗教にかかわらず) 自立的な決定を行う平等な地位にあるという前提をもつ. さらに重要なことに,

若い女性が，空前の規模で大学（そして，労働市場）に入っていることは明らかだが，彼女たちは，雇用の公平性や労働市場での成功という点で，決して男性と同等の利益を得ているわけではないのである．実際，利用できる分析結果は，労働市場におけるジェンダーの不平等が，女子の教育上の成功という初期利益を侵害していることを示している．

　第2は，第1と正反対の議論である．それは以前のフェミニストの女子の教育のみへの関心から，いまや，男子「と」女子双方の教育の失敗についての議論へと転換したことである（Arnot et al., 1999）．女子の学業達成の改善は，多くの国に共通した現象であり，そのため，労働市場において将来男子は失敗するのではないかということが多くの人々の関心事になった．西欧民主主義の教育セクターからは，女子と比較した男子の教育上の失敗というサイクルを切断するために，男子の教育に再び力をいれることが必要という議論が登場している．男子のあからさまな失敗については，多くの説明がなされてきたが，もっとも有力な説は，サービスセクターの労働が増加し，他方で，ブルーカラー労働が減少するという脱産業化がインパクトを与えたというものである（Harris, 2004; Willis, 第2巻第5章）．男子は伝統的な雇用構造からの距離ができるにつれ，学校教育システムからも撤退していった．近年，男子中心のリテラシー訓練のような試みや，男子中心のスポーツ活動の再度の重点化が，提案され，実践されている．しかし，議論の余地はあるものの，男子にとって中心の問題は対処できないままである．というのは，市場経済は柔軟で自立的な労働者を好むが，男子のなかには，時代遅れとみなされる労働や男らしさへの期待に固執している者がいるからである．

　女子の教育での成功，高等教育を受け労働市場へ参入する女性の増加が，21世紀における多くの課題を提示していることは明らかである．女性の新たな雇用の可能性が上昇するにつれ，同時に，雇用の安全性や公平性に関する障壁も高まる．女性が男性よりも稼得が低い状態は継続し，労働市場における終身の地位を得ることも容易ではない（Lauder, Egerton and Brown, 2005）．こうした状況におかれた女性は，柔軟な労働市場の特色である臨時の雇用形態から抜け出すために必要な教育資格を獲得することができない場合がよくある．企業は他のすべての条件を平等にしてもっとも廉価な労働力を求めるという労働市場のグローバルな変化のために，女性は職業や階級によって分断され，女性運動の結果として獲得した多くのものが危機にさらされているのである．フェミニ

ズムが，教育，民主主義，職業機会に関する議論にあまりインパクトをもたない国々において，こうしたことが生じる．

ベンハビブ（Benhabib, 原著第10章）は，社会変動と関連した教育におけるジェンダーの議論の拡大について時宜を得た分析を行っている．彼女は，民主主義は，それがすべての女性の政治的要請を組み入れるならば，拡大し深化するに違いないと説いた．彼女の関心は，教育フェミニストによって支持されてきた．たとえば，ミルザ（Mirza, 1992, 1997），ブラーとミンハス（Brah and Minhas, 1985）は，国家の教育システムは，文化，エスニシティ，人種の間の関係に十分な配慮をしてこなかっただけでなく，異性愛に対しても配慮してこなかったと論じた．このことは，ミルザ（Mirza, 1992, 1997）とダイツ（Dietz, 2003）が明らかにしたように，「白人中産階級の異性愛の女性の人生を，あらゆる女性にとっての模範とすることによって」（Dietz, 2003）生じたのである．

すべての女性が，同じ社会的条件や機会を共有しているわけではないという認識は，人種，エスニシティのより広い文脈とグローバル化のインパクトのなかで教育を考えるための道を拓くことになる．

5 ──国民国家・エスニシティ・教育

近年の，ポスト植民地の状況をめぐる教育論議においては，多様性，包摂，シティズンシップの間，関係が中心である．イギリスの文脈では，「福祉主義」という戦後のイデオロギーは，学校教育を通じての包摂と平等なシティズンシップを意味していた．しかし，マイノリティであるエスニック・グループが，教育達成においても，包摂のレベルにおいても平等にならないことは，十分すぎるほどに明らかにされてきた（Gillborn and Youdell, 第2巻第12章）．そのために，教育を通じて達成可能で平等なシティズンシップという考え方に対する懐疑主義が生じている．同様の見解はアメリカでもみられ，とくに，学校教育における人種差別に対する判決の結果に関連してみることができる（たとえば，ブラウン対教育委員会裁判）．グロリア・ラドソン-ビリングスは，次のように言う．

ブラウン判決は，もっとも有害な悪霊のような人種差別主義や「白人の優越」を国民国家から除去する，長期にわたる困難な過程における最初の段階

として位置づけることができる．われわれはその潜在力については賞賛するものの，その限界について明らかにする必要がある．国民国家は，「人種」問題を，これまで十分にも正直にも扱ってこなかった．われわれの歴史理解の不足は，気が遠くなるほど厄介な事実をみえなくしているようである．たとえば，北アメリカでは，奴隷制は約250年も合法的に存続していた．社会的に分離する人種隔離政策は，さらに100年，合法的に存在していた．国家としてのアメリカ合衆国は，建国わずか228年でしかない．自由国家として存続していたよりも長期にわたって，奴隷制を敷く国家として存続していたのである．……われわれの学校を通じて人種問題を扱おうとする試みは，戦略としては完全ではないのである……居住地域における人種間の隔離が課題である限り，学校における人種差別はきわめて困難な現実であり続けるだろう (Ladson-Billings, 2004: 10)．

　ラドソン－ビリングスは，人種差別の撤廃を通じての実質的な進歩や民主主義は，人種差別撤廃に有利な裁定によって必然的にもたらされるものではなかったと指摘している．平等な市民という概念も，たとえば，イギリス，ニュージーランド，オーストラリアのどこであれ，教育を通じての自立的な文化的アイデンティティを確実に保護するものではなかった．市民権や市民的自由の理念は，国民国家を構成する多数派の権利を侵害するものとみなされてきた．
　これまでの議論を要約すれば，現代社会は，教育と民主主義についての考え方とグローバルな経済変化の間での，高まる緊張や矛盾でもって刻印されていると指摘することができよう．この新たな文脈のなかには，教育において鍵となる2つの理論的かつ実践的な課題が，教育の帝国／ポスト植民地システムと関連して登場した．
　第1に，国民国家が，グローバルな経済競争における教育の役割，とりわけ「基準」の上昇に焦点を当てるにつれ，包摂のような進歩主義的な学校教育と関連する理念の多くは消滅することが次第に明らかになった．こうした背景のもとで包摂や公平性という課題が看過されるようになる．確かに，20世紀後半の文化的アイデンティティをめぐる闘争は，ある意味，グローバルな経済競争に対する従属であると議論する者は多い (Cox, 2003)．第2には，スキル獲得に基盤を置く教育に焦点化することで，学生が学校や高等教育の場で得られる文化的知識の多様な形態が周辺化され，労働市場の周辺に置かれた人種およびエス

ニシティのコミュニティが排除されたことを指摘できる．

　これらの関心から，ポスト植民地の人々や近年の経済移民のための包摂的な教育に関して，多くの重要な問いが発せられる．どのようにして教育的知識は，より包摂的で，より適切なものになり，植民地に関するこれまで正当とされてきた習慣や規範に挑戦するだろうか．移民の増加は，伝統的な同質社会における教育の目的に，どのように挑戦するだろうか．

　この文脈において，多文化主義が，人種差別に関連する問題，第2次世界大戦後の公平性に対する関心，「寛容」の理念の促進に取り組もうとして登場したことは多くの知るところである．主流の公教育システム内部において，議論の中心は適応か同化かにあり，そこで多文化主義は，植民地主義者の教育実践に関しても，戦後の移民に関しても，万能薬と認められるようになった．不寛容を根絶するための進歩的な試みとして多文化教育を強調することは，トレス（Torres，第2巻第6章）が指摘したように，次第に多様化，多元化の度を増す国家の「交渉力のジレンマ」を際立たせることになった．おそらく，この文脈におけるもっとも重要な問題は，シティズンシップがどのようにして，多文化教育と関連して理解されるべきかということにある．トレスは，さらに，多文化主義が前提としている多元化は，「市民とは何かという単純な問いに挑む」ことになると論じている．多元化は，多文化教育のある側面に関するイデオロギー的な基盤として貢献することができるが，シティズンシップのモデルには（とりわけ，T. H. マーシャル（Marshall, 1950））によって明言された類のものには）容易には合体できない．文化的自立性に関する闘争は，国民国家の教育システムがフレイザー（Fraser, 2000）のいう「承認をめぐる政治」への関与の失敗を認めて，世界規模で拡大した．

　こうした関心は，「第1級国民」の学校および高等教育機関のような文化的に自立した学校だけでなく，ムスリムやユダヤ教徒の学校やそれ以外の文化的に自立した教育形態に，再度向けられた．しかし，そのような学校は，公教育システムとは異なり，生存という難題に直面する．財政面での生存可能性，国家によって規定された教育基準への適合性といった問題をはらんでいる．このことは翻って，生徒をテストのために訓練する主流学校に従属させるという圧力を生み出し，こうした問題をのりこえられない場合は，子供の親たちは主流学校を好んで，文化的に自立した学校教育から離脱するという結果を招く可能性がある．

われわれは，こうした見解や理論を，個人化とグローバル化という双子の課題の文脈に位置づけたとき，これらの社会の「破断面」が深まるのか埋まるのかを問わねばならない．

第II部——個人化とグローバル化という2つの課題

われわれは，個人化とグローバル化に関する分析を通じて，21世紀の教育の目的，過程および展望に関する諸問題を浮かび上がらせることができる．それらの問題を考える際には，現在の教育が直面している社会的・経済的・政治的な変動について，さらに理解を深める必要がある．これらの変動は複雑で，不均等で，しばしば互いに相矛盾している．不確実性とリスクが現代を特徴づけていることは確かである．このような変動の大きさを把握するために，「個人化」と「グローバル化」のそれぞれについて検討を加えることにしよう．

個人化とは，個人間の差異と，人々が自分の個人史やアイデンティティを自ら形作ってゆかねばならない状況に置かれているということに焦点を当てた概念である．さらに，個人化という概念を取り上げるとき，リスクや不確実性という問題，そして連帯やシティズンシップの形成という教育の目的に対してそれがつきつけている脅威について，考察することが不可欠になる．またグローバル化は，教育と国民国家の間にくさびを打ち込む働きをする．すでに述べた通り，国民国家は，教育の経済面での目的と道徳面での目的を統合する枠組みを提供し，個々人をより広い社会に結びつけることに貢献してきた．個人化とグローバル化のプロセスにより，まさにこの枠組みが揺らぎつつあるのである．

1——個人化

(1) 個人化とは

個人化とは目新しい概念ではない．それは産業資本主義の出現，進展およびそれが宿命的にもたらす危機に焦点を当てた概念として，社会学の発展の中核に位置してきた (Fletcher, 1974: 3)．20世紀の黎明期においてデュルケームは，急速に産業化が進む世界の中でいかにして社会統合が可能なのかという問題に，

正面から取り組もうとしていた．デュルケームは，自らの著作『社会分業論』について，「この本の初発の問いは，個人と社会的連帯との関係ということにあった」と述べている．社会がますます複雑化するなかで，社会秩序の維持が問題化しつつあった．なぜなら前近代においては，社会秩序は単調に繰り返される堅固な日常生活を通じて自然に成立しており，改めて問題視されることはほとんどなかったからである．デュルケームは，そのような形の連帯を「機械的連帯」と呼んだ．この種の連帯が社会生活の隅々にまでゆきわたって社会をまとめあげており，それは政治的に正当化される必要すらほとんどなかった．ただ単に，物事はそういうものだとみなされていたのである．そのようにして確立されていたルールや役割や儀式から個々人が離脱してゆくにつれ，新しく「有機的連帯」が立ち現れて，市民の行為を統御するようになると，デュルケームは考えていた．

現代の文脈で，このような変化がおそらくもっとも顕著に観察されるのは，経済の領域である．男性の稼ぎ手の賃金が減少し，逆に消費は増大してゆくことから，女性もまた雇用労働に従事する必要が高まった．その結果，家庭における性別役割分業のあり方についての再調整や交渉が不可欠になっている．しかし，様々な調査は，家族をもつ男性の中で，家庭内での役割をパートナーと同等に受け持つ者は，いまだ少数派であることを明らかにしている．ただし，変化のきざしもある．コンネル（Connell, 1997）は，男性性の変化に関する議論のなかで，学校に子供を迎えに来て門の外で待っている労働者階級の男性について記述している．しかしながら，雇用の世界における構造変容と，家庭内での諸活動に関する再調整は，社会の本質的なあり方に生じている深く大きな変化の，ごく一部でしかない．

ウルリッヒ・ベックは，個人化へと向かうこれらの変化が，後期近代社会の際立った特徴であると述べている（Beck and Beck-Gernsheim, 原著第9章; Giddens, 1994）．ベックによれば，個人化とは「第1に，産業社会的な生活様式の脱埋め込みを意味しており，第2に，個々人が自分の個人史を自分自身で作りあげ，演じ，取り繕わなければならないという，新しい生活様式の再埋め込みを意味している」（Beck, 1992: 95）．それゆえ個人化は，旧来の確実性の解体と，それがもはや存在しない状態での新しい確実性への希求ということと，密接にかかわっている．その結果，個人の生というプロジェクトは，再帰的であるとともにリスクを含んだ営みとなっているのである．

それだけでなく，科学技術が日常生活に浸透しそれを支配していることも，不確実性の源泉となっている．かつての確実性は，科学的真理やその進歩を素朴に信じることに由来していた．しかし，原子力，軍事技術，そして遺伝子操作技術などの発展が，地球温暖化やその他の環境を脅かす「諸悪」(Beck, 1992) という意図せざる帰結をもたらすのではないかという論争がますます活発化するにつれ，従来の確実性はもはや雲散霧消しつつある．われわれの知識は増大し，過去よりいっそう多くの科学的研究が行われているにもかかわらず，それらはさらなる不確実性や脅威を生み出しているのである．

個人レベルでも制度レベルでも，科学的知識をいかに用いるべきかについての決断が求められているが，その決断が何千マイルも遠くにいる誰かに対して影響を及ぼす場合も珍しくない．それゆえわれわれは，そのようなはるか彼方の誰かに対する関係性に加えて，家庭や職場での様々な関係性についても，いっそう反省的・自覚的（再帰的）にならざるをえない．ギデンズ (Giddens, 1994) はこうした傾向に注目し，社会的再帰性が後期近代社会の特性であると論じた．ギデンズは次のように述べている．「私たちは，意思決定を，みずからの行為の諸条件にたいするほぼ連続した省察にもとづいて下していかなければならない．この場合，『再帰性』とは，活動条件についての情報を，その活動が何の活動であるのかをつねに検討し直し，評価し直すための手段として活用することをいう」(Giddens, 1994: 86=訳書: 114)．そのような決断は，収入や，地位や，消費面での選択など，何らかの「よいもの」を選びとるということだけに焦点化されるのではなく，「拒否，廃棄，そしてリスクと危険についての再定義」(Beck, 1992: 30) をも，その範疇に含まざるをえない．

個人化は，個々人の自由の拡張と同義であるとみなされてはならない．西側の民主主義諸国に生きる人々は，根強い階級再生産や，ジェンダー・ステレオタイプや，性的な禁忌や，誰を結婚相手として選ぶかの選択（あるいはそもそも結婚するか否かという選択）からは，確かに解放された．しかし彼らは，教育，雇用，および個々人のニーズや需要に応える消費市場などの，様々な社会制度への依存をいっそう深めている．これについてベックは次のように述べている．

　個人化は，個々人の自由な決断をその基盤としているわけではない．サルトルの言葉を用いるならば，人々は個人化という宣告を下されるのである．

個人化とは，個々人のその時々の選好やライフステージの変化に応じて，自分の個人史のみならず帰属する場やネットワークまでをも作り出し，自ら設計し，自ら演ずるよう，逆説的にも強要されることを意味している．もちろんそのような事態は，（学歴資格を与える）教育システム，労働市場，労働と福祉に関する法制，住宅市場等々の，福祉国家が提供する包括的な諸条件や行動範型のもとで生起する．婚姻や家族などの伝統的な領域ですら，個々人の意思決定に依存するようになり，そこにおいて生じるすべての矛盾や葛藤は，個人的なリスクとして経験されることになる（Beck, 1992: 96）．

ただし，ベックが十分に明らかにしていないのは，後期近代社会にも様々な類型があるということである．すべての社会が，英米のようなアングロ－サクソンモデルに従っているわけではない（Estevez-Abe, Iversen and Soskice, 2001）．多くの国では，雇用や福祉国家の面で過去とのより大きな連続性がみられ，それらを通じてリスクが軽減されている．また，北欧のように，リスクの一部に対してはるかに充実した保障を提供している点で，アングロ－サクソンモデルとは対照的な国も存在する．もちろんその場合も，家族形成に関わる今日的な諸リスクが縮減されているというよりも，たとえば家族の崩壊がもたらす帰結が，それほど過酷なものにはならないということにすぎない．このような社会間の相違は，教育システムの編成のされ方や，それが生み出す結果に対しても，大きな影響を及ぼしている（Estevez-Abe, Iversen and Soskice, 2001）．

(2) **個人化とネオリベラリズム**

おそらく，後期近代に関するベックやギデンズやその他の人々の議論がいかなるものであれ，当今におけるもっとも本質的な変化は，利潤動機やマーケットシェアの拡大への欲望に駆動されたネオリベラリズムおよび経済グローバル化と結びついていることは確かであり，それらは市場メカニズムをわれわれの生活のあらゆる局面に浸透させようとしている．もしこの分析が正しいならば，教育という領域における主要な係争点の多くは，個人のリスクという問題にあるのではなく，あいかわらず現代の資本主義が生み出す新しい社会階層という問題に根ざしたものであり続けるであろう．

第2次世界大戦以降，権威に対する敬意や服従のあり方，教育，雇用，キャリア，結婚，家族構造などは劇的に変化したにもかかわらず，同じ時期に収入

やライフチャンスの不平等は拡大し続けてきた．同じ国の住民であっても，富裕層と貧困層は，物質的富やライフチャンスの点で，まったく別の世界に生きている．1970年時点で，フォーチュン社が選んだ100社の米国企業の社長たちは，平均的な労働者の39倍の収入を得ていた．1990年代の終わりには，この格差は1000倍にまで拡大した（*The Economist*, 2003）．同時期に，所得税の累進課税率は引き下げられた．なぜなら，アングロ－サクソン系の資本主義社会における高所得者たちが，高い累進課税を支払うことを拒否する姿勢を強めたからである（Reich, 1991）．

こうした事実は，「もはや，労働と生産のプロセスにおける個々人の（職業的）地位から，彼らの生活様式，生活状況，ライフスタイルなどを推定することは不可能になった」というベック（Beck, 1992: 26）の主張に対して，疑問を突きつける．個人化や再帰性や選択性が進展するプロセスのもとでも，大半の人々は社会階層の影響や桎梏を逃れることができていないのである．実際に，親の収入と子供の教育達成との関連性は，どちらかといえば強まってさえいる．たとえば，エルミッシュとフランセスコーニ（Ermisch and Francesconi, 2002）は，子供の収入の50％は親の収入によって説明されるが，富裕層に限定すればその説明力は70％にまで上昇するという分析結果を示している．さらに，個人化が新しい形態の階級関係の出現と連動している可能性に対しても，ベックは顧慮を払っていない．

バジル・バーンスタイン（Bernstein, 1997）は，ある試論的な論文において，中産階級の内部においても旧来の専門職層と新興のシンボル操作に従事する層とは区別されるべきであると論じている．すなわち，旧来の専門職層は，比較的明確な役割アイデンティティをもつ個人という人間像に当てはまるのに対し，シンボル操作に携わる新しい階層は，柔軟で非固定的な人格アイデンティティと役割遂行を特徴とする人物という概念に適合的であるというのがバーンスタインの見方である．バーンスタインによれば，この両者はそれぞれ自らにとってもっとも益のある資質を形成・獲得しようとして，互いに異なるタイプの教育を求めるため，両者の間には葛藤が生じる．ブラウンとヘスケス（Brown and Hesketh, 2004）もまた，中産階級の内部において，ますます文化的な混乱が増大していると述べている．なぜなら，労働市場における競争で勝利を収めるために，「個人プレイヤー」戦術を採用する学生が増大しているからである．この種の戦術は，個々のプレイヤーの人格に依存しているため，従来は中産階級の

利害に資してきたメリトクラティックな競争という原理を掘り崩してしまうのである．

　しかし，これらの批判を考慮に入れてもなお，ベックやギデンズは個人化と科学技術に関わるリスクの管理という問題を社会分析の中核に据えることにより，教育に対しても重要な問いを提起していることは確かである．「善」と「悪」との関係を改めて問うということは，いったい何が教育を通じて教えられるべきであり，「再帰的な」教育とはいかなるものかという問題を浮上させる（Dewey，原著第 4 章を参照）．それは，事物の確実性についての旧来の信念や，「真理」を基盤とする教育というものを，疑問視することに他ならない．このような問いかけは，科学技術や経済成長政策に基づいて作成されてきた「善悪」のバランスシートをただ生徒に教え込むことに留まらず，それらの背後にあってそれらを支えてきた経済的社会的な諸条件を再検討することをも含む，活動的シティズンシップの形成を目的とした教育の必要性を暗に示している．たとえば，われわれは環境の持続可能性への脅威に対して，なぜ特定の解決策や対応が公認された政策オプションとみなされ，他の解決策や対応はそうではないのかといったことを理解する必要があるのである．

　個人化というものの本質や程度について，われわれがどのような理論的解釈や経験的把握を行うかということが，現下の教育改革の方向性を大きく左右することは明らかである．しかし，そのように述べるからといって，教育のみを通じて人々の思考や行為を変化させうると想定するような罠には陥らないよう，あくまで注意する必要がある．特に，若者にとっても年長者にとっても，アイデンティティを形作る上で大きな力をもっている消費生活を，教育が否定してしまうことには慎重でなくてはならない（Kenway and Bullen，原著第 36 章）．また，われわれが個人を「打算的に快楽を追求する自動機械」とみなすか，それとも，社会の存続を最優先するとまではいかなくとも自らの長期的な利益のためには目下の要求や欲望を抑制すべきことを理解しうる市民とみなすかによって，教育のあり方は変わってくるであろう．

　さらに，個人化をめぐる様々な理論は，若者がいかにして家族関係や職業キャリアを調達し形成するかという，重要な議論にも道を開くことになる（Ahier and Moore, 1999）．それらの理論は，学習者が社会的に置かれている状態やニーズはいかなるものか，そして教育システムがそれらに対応しうるためにはいかに編成されるべきかという，新しい問いをも提起する．

しかも，社会的なアスピレーションは，特に人々の自己実現への志向という面で，ますます高まりつつある．ギデンズ（Giddens, 1991: 6=訳書: 6）によれば，「実際，階級分裂，およびジェンダーやエスニシティと関連しているような他の不平等は，部分的には……自己実現やエンパワーメントの可能性における格差，という点から定義することができるのである」．このように，もはや不平等という問題を，収入や資産などの側面に限定して論じるだけでは不十分になっているのである．

(3) 個人化・家族・子供

　教育をめぐる不平等は，個々の家族がもつ資源，実践および構造に強く影響されてきた．ブルデュー（Bourdieu, 原著第5章）は，家族の（文化的，社会関係的，経済的）資本が，いかに教育達成を左右するかということを強調してきた．しかし現在，家族というものの性質自体が，大きな変化にみまわれつつある．カーノイ（Carnoy, 第2巻第1章）は，OECD諸国に見られる長期的趨勢を整理することにより，家族の性質が変化していることを描き出している．そうした変化には，離婚の増加，少子化，拡大家族からの支援の減少などが含まれる．国によってその度合いに相違はあるが，そうした趨勢はすべての国で明らかに生じている．カーノイは，これらの変化の原因を，伝統的な父権主義的上下関係への反発やフェミニズム，女性の労働力率の上昇などに求めている．

　個人化は，子供期の性質（Holloway and Valentine, 2000）や，若者が家族の中での自分の役割をどのように見出すかということ（Ahier and Moore, 1999）にも変化を及ぼしている．若者文化が大人の文化とはますます一線を画したものとなるにつれて，たとえば若者がグローバルな消費文化との相互作用から受ける影響の大きさにも注意を払う必要が生じている（Kenway and Bullen, 原著第36章）．なぜなら，若者のアイデンティティは，そうしたグローバルな消費文化やそれが流通させる商品を通じて形成されている場合が珍しくないからである．そして，これらすべての変化が，個人の教育達成に対して，社会階層，ジェンダー，人種，エスニシティなどとは独立の影響力をどれほど発揮しているかということが，検討されるべき課題となる．

　ますます多くの女性が労働力に参入するようになると，国家財政によって運営される幼児教育への需要が増大する．この趨勢は，社会的に不利な状態にある家族の子供の教育ニーズに対して幼児教育がどれほど応えることができるの

かという，重要な問題を浮上させる（原著第5部を参照）．

さらにまた，地球上で多くの子供たちが紛争や危険にさらされ，そのなかで生きざるをえなくなっているということ，さらには難民となって家族とともに暮らすことさえできない場合があることをも，考慮に入れる必要がある（Davies, 原著第71章）．デイビスは，個々の国家ごとの教育システムが存在することが，紛争を悪化させるように働くのか，それともその緩和に寄与することができるのかという，深刻な問いを投げかけている．

(4) 個人化と市場個人主義

個人化と市場個人主義がしばしば混同されがちであることには注意が必要である．前者はポスト産業化ないし後期近代の段階にある資本主義社会における根本的かつ不可逆的な趨勢であるのに対し，後者が意味するところの市場の規制緩和は先進国と途上国のいずれにも共通に観察される．自らの人生に責任を負うものとしての個人を強調することは，個人は自分のエンプロイアビリティ（就業能力／雇用可能性）[1]についても責任があるという解釈を容易に引き起こし，そうなれば望む仕事に就けない人々は単に彼ら自身に問題があるとみなされることになる．この点は重要である．なぜなら，個人化という現象は，教育や仕事やシティズンシップについてのわれわれの考え方に，ポスト産業社会的な新しいバージョンが生まれる可能性を導くからである．確かに，階層性や差異の非合理的なあり方を脱却することにより，世界が直面する先述のような種々の根本的な諸問題について，教育の内部でより豊かな省察が行われる機会は増大するという議論も成り立つかもしれない．しかし，市場個人主義は，個人の自由や社会の未来についてのわれわれの理解のあり方に，厳しい制約を課すことになる．その場合，教育はエンプロイアビリティへと，自己の尊厳は市場価値へと，市民は消費者へと，そして社会的連帯は私利私欲へと，矮小化されてしまう．

今日の教育改革の動因となっているものが何かについて考えてみるならば，市場個人主義が支配的な力をもっているという結論を否定することは難しい．そして，欧米諸国にみられる市場個人主義モデルが世界の他の地域にも輸出されつつあるとすれば，民主的な教育の「再帰的な」形態と，消費者至上主義モデルとの間には，赤裸々な対立とまではいかなくとも，緊張関係が生じることは明らかである．

マルクスとエンゲルスは,『共産党宣言』(Marx and Engels, 原著第 1 章) の中で, 資本主義の特質とは, それがいっときも静止することなく, 常に新しい市場を求めて「すべての堅固なものを気体化させるほどの勢いで」運動し続けることであると述べている. 従来は市場を通じた交換という世界の外部に位置づいていたはずの生活の諸側面が, ますます商品化されるようになっている. そのなかには, われわれの身体や, 外見や, 衣服や, 感情と知識や, そしてもちろん教育も含まれている. そしてこの飽くことを知らない運動が, 既存の市場を世界のすみずみにまでゆきわたらせてゆく.

ロバート・スキデルスキーは, 保守派の政治経済学者として名を馳せているにもかかわらず, 社会を解体させる諸力を資本主義が解き放ったことがそれまで社会統合を維持させてきた権威という膠(にかわ)をいかに溶解してきたかを説明する際に, マルクス主義的分析を援用している. マルクスとエンゲルスは次のように述べている.

> ブルジョア階級は, 支配をにぎるにいたったところでは, 封建的, 家父長的な, 牧歌的ないっさいの関係を破壊した. かれらは, 人間を血のつながったその長上者に結び付けていた色とりどりの封建的きずなをようしゃなく切断し, 人間と人間とのあいだに, むきだしの利害以外の, つめたい「現金勘定」以外のどんなきずなをも残さなかった. ……かれらは人間の値打ちを交換価値に変えてしまい, お墨つきで許されて立派に自分のものとなっている無数の自由を, ただ 1 つの, 良心をもたない商業の自由と取り代えてしまった. ……(Marx and Engels, 原著第 1 章=訳書 1951: 42).

(5) 市場個人主義・ネオリベラリズム・教育市場

イデオロギーとしてのネオリベラリズムは古い歴史をもつが, ここ 30 年の間, 多くの——しかしすべてではない——国の政治家や政策立案者たちの間で, 再び隆盛を誇ってきた. むろん, ネオリベラリズムの理念が政策に適用される際の仕方や, その理念に対する反応が, 国によって異なる形態をとっていたということは, あくまで強調しておく必要がある. ネオリベラリズム革命の要諦は「適者生存」という言葉に集約され, しばしばチャールズ・ダーウィンとハーバート・スペンサーによる進化と自然淘汰の理論が引き合いに出される[13]. それはまた, アダム・スミス (Smith, 1976), フリードリッヒ・ハイエク (Hayek,

1976）およびミルトン・フリードマン（Friedman and Friedman, 1980）らの論者が提起してきた「原始」資本主義への回帰を掲げている（Brown and Lauder, 2001）[14]．

　ネオリベラリズムは，次のようないくつもの前提をその核としている．

- 経済システムは，個人が自由に私的利益を追求することが認められている場合に，もっともうまく作動する．私的利益の獲得を求める行動から自由な試みや挑戦が生まれ，市場メカニズムは政府による計画よりも常にすぐれた成果をもたらす
- すべての人々が法の支配の下に平等であるならば，国家はいかなる社会集団の——富裕層であれ貧困層であれ——利害にも干渉してはならない．国家は自らの介入を，様々な契約の履行と，いかなる者も他者の権利を侵害しないよう監視することに限定すべきである
- 人々は本質的に自己の利益に沿って行動するため，市場競争は「最適な」事業が生き残り「最適な」人々が栄えることを保証する．それが個人の自由を侵害することなく社会を組織するための，唯一の効率的かつ公正な方法である
- 人々の間には，知性，動機，倫理等々をめぐる生来の相違が常に存在する．それは動かしがたい事実であり，社会はそれを前提として編成されなければならない．平等全般はもちろんのこと，機会の平等をも実現しようとするいかなる試みも，必然的に失敗することになる
- クリームは常に上に浮かぶ（優秀な者は常に高い地位を得る）．しかし，それをより確実にするためにもっとも適切な方法は個人間の競争であり，それは教育，訓練，そして仕事の市場への平等なアクセスを基盤としている
- ある人々が「不適格な」存在であることが判明し，失業や貧困等々に陥って国家の経済的支援を必要とする場合，彼らが受ける支援は最低限の水準のものでなければならない．なぜなら，国家による支援は，経済的に不利な状態にある集団に「依存の文化」を形成し，彼らが自立しようとする意欲を弱めてしまうからである
- 人々が自らの私利私欲に即して自由に行動したとしても，そうした個々人の企図の総和であるところの市場の「見えざる手」は，すべての者の効用を最大化する結果をもたらす．貪欲こそが社会進歩の源なのである

ネオリベラリズムの信奉者たちは，これらの教義に基づいて，20世紀を通じて多くの国で発展してきた「共通の」(common) ないし「総合的な」教育という考え方を退ける．公立の共通学校 (common school) が体現している理想とは，階級，ジェンダー，エスニシティなどによる分離と差別を撤廃し，いかなる出自をもつ生徒をも同じ教育の場に包摂するということであった．それを通じて，民主的社会にとって不可欠の態度である寛容さや共感が培われると考えられていた (Dewey, 原著第4章)．また，「共通の」ないし「総合制の」学校は，生徒が将来いかなるキャリアを歩みたいかについての決断を先延ばしにすることを許容し，同時に「学習面での発達が遅い生徒」が能力を開花させる余裕を与えることで，より大きな機会の平等を実現しようとするものであった (Turner, 1961; Halsey and Floud, 1961)．しかしながら，ネオリベラリストたちは，公立学校は生徒の教育達成を低下させると主張する．彼らによれば，教育達成水準を上げるために必要なのは，生徒間や学校間の競争を強化することである．競争を強化すれば，成果のあがらない学校は廃止され，すぐれた成果をあげた学校はその成果を維持向上させるために，より潤沢な資源を与えられる．

　国家が財源を提供する公教育の問題点は，「校区制」や「地域指定制」により生徒の供給が保証されているために，向上への動機付けが働かないことにある．すなわち，生徒の供給が一定であるならば学校の閉鎖や失職のおそれがないことから，教師は教育成果をあげるよう努力する必要がない．

　ここで，ネオリベラリズムは，教師を「打算的に快楽を追求する自動機械」程度のものとみなしていることに注意を払うべきである．教師たちを動機づけているものは，個人的利害か，あるいはその職に就いている者全体にとっての共通利害である．教師の主要な関心は職の確保，地位，収入であるとみなされている．言い換えれば，教師を動機づけているものは，教えるという行為に対して外在的なものであると考えられている．生徒が徐々に成長していったり行動や学習面での困難を克服していったりする様子を目の当たりにすることの喜びや達成感などは，まったく考慮されていない．

　そしてまた，ネオリベラリズムは「選抜」過程への国家の介入を退けることから，メリトクラティックな競争という理念をも疑問視する．ネオリベラリストたちは，いかなる子供も社会的境遇にかかわりなく教育上の成功の機会を手にしているべきであるという信念をもっているにもかかわらず，親が自分の子供にいかなる教育を受けさせるかを「選択」する権利をもつと主張する．彼ら

は，すべての子供を居住地の校区の学校に通わせることによって公平な教育環境を作り出そうとするような，国家のいかなる介入をも否定する．すなわち，親が行う選択と「多様性」こそが，教育に関するネオリベラリストたちの構想の核心に位置づいているのである．

アメリカでは，チャータースクールや私立学校，さらにはホームスクーリングまでが登場して教育の供給構造を変化させてきたが，イギリスでも，特定目的に特化した学校や，民間資金によって国家が運営する学校などが，同じ目的を果たしてきた．そのような多様化は，親が行う選択の範囲を総じて広げることから，教育市場にとって不可欠のものとされている．

教育に市場メカニズムを導入するという考え方は，激しい論争の的となってきた．その論争は，3つの段階を経てきている．第1段階では，教育の市場化が行われ，その提唱者たちは市場化が教育達成の水準を全体的に引き上げるだけでなく，教育の平等性をも向上させると主張していた．その根拠は，都市中心部に居住せざるをえないエスニックマイノリティ集団が，自分の子供を中産階級の子弟が多い郊外の学校に通わせるという選択ができるようになることで，校区という鉄の檻を抜け出すことができるということにあった．

市場化の批判者は，物質的・文化的な資源が中産階級の親に偏在しているため，教育市場は本質的に不公正なものになると論じた．それらの資源により，中産階級の親は自分の子供にもっとも適した学校を選ぶ上でより大きな機会を手にしており，自分の子供の足を引っ張るおそれがあるような社会的出自の生徒——経済的に富裕でない層，移民，特定のエスニックグループなど——を排除する力ももっている．それゆえ，教育市場の批判者は，子供に適した学校の選択が，子供の才能や能力ではなく親の経済力や願望に支配される結果になると論じていた (Brown, 1995)．なかには，専門職的中産階級は教育的選抜の基本原則を市場原理に基づいたものへと変更するよう圧力をかけることによって，競争のゴールを自らにとって有利な位置へとずらしたと論じる者もいた (Wilson, 1997)．

第2段階においては，こうした相対立する仮説を検証するために，様々な実証研究が行われた．それらの研究から明らかになったのは，教育の市場化がもたらす帰結は特定の文脈的要因によって左右されるということであった．しかし，そのような文脈的要因の複雑さが判明するのは，実証研究が第3段階に入ってからのことである．イギリスのように，教育市場の批判者が危惧していた問

題の多くは，学校が現状より多くの生徒を受け入れる余地をもっていなかったために親が自分の子供の通学先をほとんど選択することができず，不利な社会背景をもつ生徒の親が選択権を行使しようとしない場合には学校は彼らを受け入れざるをえなかったことから，実際にはそれほど重大な問題とならなかったケースもあった (Gorard, Fitz and Taylor, 2003)．しばしばネオリベラリズムの実験室とみなされるニュージーランドでは，特定の学校に中産階級出身の生徒が集中したため，それ以外の労働者階級出身の生徒が多くを占める学校は悪循環に陥る結果になった (Lauder, Hughes et al., 1999)．

　これら一連の教育改革の開始期には，ネオリベラリズムの提唱者たちは市場が教育達成水準の低さや不平等に対する万能薬であると考えていた (Chubb and Moe, 1997)．改革の第3段階に入った現在においては，市場化の帰結がより明確に姿を現しつつある．レヴィンとベルフィールドによる実証データのレビューによれば (Levin and Belfield, 第2巻第8章)，選択の自由，教育達成水準の向上および社会統合などの指標で見る限り，教育の市場化は，意気揚々たるネオリベラリストの主張も，市場批判論者が描く暗澹たるシナリオも，どちらもほとんど支持しないような結果をもたらしている．ニュージーランドについてレビューを行ったナッシュとハーカー (Nash and Harker, 2005) も，同様の結論を導き出している．しかしながら，そうした一般的結論は，特定の文脈におかれた学校や地域がどのような事態に見舞われたかについての考慮を欠いているために，慎重に取り扱う必要がある．

　ルース・ラプトン (Lupton, 原著第45章) は，選択，社会的文脈，そして競争の間の複雑な相互作用に焦点を当てている．ラプトンによれば，特に社会階層，エスニックカルチャー，学校組織，地域の地理的特性と競争との相互作用が，異なる文脈のもとではまったく異なった帰結を生み出すことを指摘している．

　一見同じような社会経済的文脈に置かれている学校がなぜ異なった帰結にいたるのかについてのラプトンの議論は，市場システム内での個々の学校の教育成果をいかに評価すべきかという問題を浮上させる．従来は，学校の社会的文脈に関して信頼性のある量的指標を作成することによって，文脈変数を統制した上で個々の学校の教育成果を測定・評価し，それが思わしくない学校に対しては種々のペナルティを与えることが可能であると想定されていた (Thrupp and Hursh, 原著第44章)．そうした手法を含む一連の様々な指標が作り出されて

市場で流通することにより，親や政策立案者は個々の学校の教育成果の良し悪しを判断できると考えられていた．

　学校の教育成果についてのランキング表（league tables）は，この種の市場的指標としてもっともよく知られたものであるが，イギリスではそれ以外にも種々様々な指標が存在し，それらはいまや，国定の学習理論ともいうべきものにおける教授法や学習システムについての論じられ方にも影響を及ぼすようになっている．教育の市場化が逆説的にも中央集権的な学習理論を生み出すという見方は，例外的な異常事態にすぎないと考えられがちだが，実はそれこそがイギリスで生じており，アメリカでも生じつつある現実なのである．この問題は，教師の専門職性，学校の自律性や改善などにとってきわめて重要な意味をもつため，後節で改めて論じることにする．

　中等教育の市場化政策がもたらす影響について包括的に検討した諸研究においても，十分に検討されてこなかった3つの側面がある．その第1は，生徒集団の構成が及ぼす影響である（Thrupp, 1999）．たとえば，貧困地域出身の生徒が比較的多数を占める学校では，個々の生徒の教育達成はそれぞれの出身家庭の特性から予測される水準を下回るのか？　同様に，専門管理職の家庭の子供が多く集まっている学校では，そうした家庭背景から予測される以上の教育達成をあげているのか？　第2の側面は，市場化政策が親の行動にいかなる影響を及ぼしたのかということである．もっとも重要な問いは，市場化の導入によって親たちは子供の教育に関してより利己的な選択をするようになり，かつては地元のコンプリヘンシブスクールに子供を通わせることに満足していた親が，いまやもっとも業績のよい学校に子供を行かせようとするようになったのか，ということである．ル・グラン（Le Grand, 1997）が指摘するように，われわれは政策が人々の思考や行為に及ぼす影響を軽視しがちである．第3の側面は，市場化の必然的帰結として，ある学校は勝者になり他の学校は敗者になるのかということである．もしそうならば，勝者となった学校は，いかにしてその地位を獲得したのかということが，重要な問いとなる．問うべきは，そのような状況のもとでは，勝者の学校の生徒が得をした分，敗者の学校の生徒は損をするのかということである．この問いは，すべての教育選抜システムに関わる，より大きな問いを浮かび上がらせる．すなわち，成功している学校は，そうではない学校の犠牲のもとに成り立っているのか，という問いである．ニュージーランドについて研究したナッシュらによれば（Nash and Harker, 2005），システ

ム全体として教育水準はいくらか向上したが，それは同時に，もっともすぐれた生徒とその逆の生徒との間で，獲得される教育水準が二極化するという負の帰結をも伴っていた．

(6) 市場個人主義・学習障害・「正常」の再構築

　市場個人主義の導入により，親が行う選択が教育を侵食することになったが，同時に自由が制限されるようになった部分もある．それが明らかに見出されるのは，学習障害をもつ者と市場の圧力との接点においてである．様々な原因から，多種多様な学習障害が発生しているが，ここではそのなかで，行動面での問題から学習に遅滞が生じているとみなされる生徒に注目する．実証データを入手するのは困難ながらも，この分野の研究者の大半は，生徒の行動面での問題の多くが，貧困や人種差別から発生していることを認めている．

　しかしながら，表面に現れる徴候がその原因よりも強調されるとき，そうした社会背景の影響は看過されてしまう．徴候への対処として採られる戦略は，そのような生徒が脳に欠陥を抱えているとみなし，医学的な治療の対象として取り扱うということである．しかし，ローズ（Rose, 2005）が指摘するように，そのような診断にはいくつもの不可解な点が含まれている．まず，この種の一見医学的な障害の中には，近年になって初めて発見されたものもある．それならば，このような問題行動の増加を引き起こすような何らかの環境の変化が生じたのか，あるいはそうでないならば，それらがなぜこれまで見過ごされてきたのか，という問いがもち上がる．また，注意欠陥・多動性障害（ADHD）などをはじめ，この種の一連の障害は，アメリカにおいてイギリスよりもはるかに早い時期に（60年代に）症例が現れていたことをローズは指摘している．ではなぜ，アメリカではこの種の障害をもつ子供がそれほど多いのか？

　問題は，そうした診断の社会的な位置づけにもある．社会的世界は，人種，階級，性別，そして障害など，構築された様々なカテゴリーによって成立している．障害の中には，診断結果と脳の機能との間に明らかな対応が存在する場合もあるが，そうではない場合も多いことから，そうした障害カテゴリーの妥当性について論争が繰り広げられている（Hjörne and Säljö, 第2巻第7章）．ADHDに関して，ローズ（Rose, 2005: 254）は次のように述べている．「子供が異常であると判定される状況があるならば，いったい何が正常と定義されているのかを明らかにする必要がある．そして，正常とされるものの範囲が狭けれ

ば狭いほど，より多くの子供がそれに当てはまらない存在とみなされることになる．イギリスの学校では，正常の範囲がアメリカのそれよりも広いことはおそらく確実である．少なくとも白人のイギリス人の子供に関しては」．ローズはさらに，次のようにも指摘している．統計学的な専門用語ではない「正常」とは，「子供というものがいかにふるまうべきか，あるいはいかにふるまうことが期待されるかについての価値判断を含んでいる．その価値判断は，本質的に個人の主観や社会的な諸力によって規定されるものである．この意味での『正常』なふるまいをしない子供は，明らかに『異常』であるとみなされるのである」(Rose, 2005: 255)．「ADHDの原因が脳にあることはいまや疑いを容れない」とする医学的な見解も存在するが，ローズは，「それを障害としてではなく，問題の所在を社会から個人へと転移させようとする社会における文化的な構築物とみなす」(Rose, 2005: 256)ほうが適切な理解であるという見方を採っている．

　イギリスにおけるもっともすぐれた生物学者のひとりであるローズは，ADHDが脳の異常に由来することを支持する医学的なデータは存在しないと主張している．にもかかわらず，ADHDとみなされる症状はリタリンなどの薬物による治療の対象となっている．アメリカでは，リタリンの処方例は80年代の数百件から現代では約800万件へと激増している．1989年から1997年までの間に，「学習障害」と診断される者の数は37％増加した．こうした増加が生じた時期は，1学級当たり生徒数が増やされ，学校における体罰が禁止され，学校がADHDなどの「障害」の発見と対処を行うことへの特別な財政補助が制度化された時期と一致している (Rose, 2005: 260)．そのような診断を受けた子供に対する薬物投与の効果は明らかであるとされているが，それによって製薬会社がどれほど莫大な利益をあげたかについての情報は公開されていない．

　フーコーが論じたように，われわれは，「周縁」へと追放された存在に着目することによって，この社会というものの実像をもっともはっきりと把握できることが珍しくない．上記の事例は，科学技術や薬物が，教室における社会統制の問題を解決するために利用されたケースである．教育における市場個人主義を理解する上で重要なのは，それが教育達成をめぐる地位獲得競争であるということである．そのような厳しい競争状況下で，他の子供の学習を阻害するとみなされる子供は，対処を要する問題として取り扱われる．しかし，対処と統制とを区別する境界はきわめて薄弱である．教育に関する論争のなかで社会的な「差異」が非常に注目されるようになっているのとまさに同じ時期に，個人

化された非社会的で医学的な行動モデルに基づいて「正常」とは何かが再構築されつつある過程を,われわれは目の当たりにしている.それはまた,教育達成をめぐる競争において敗者となることがもたらす不利さが増大しつつあるなかで,中産階級が自分の子供の勝利を確実にしたいという切望が高まっていることをも反映している.

2 ── グローバル化

(1) 教育とグローバル化

　グローバル化の性質や影響について考える際の問題のひとつは,グローバル化という言葉そのものにある.いくつもの理由により,グローバル化についての一致した定義はいまだ存在しない.グローバル化とは,不均質なプロセスが終わりなく進行するさまを表現している.グローバル化を,社会組織や経済組織が単純なものから複雑なものへと変化する進化的な過程と考えることは誤りである.特に自由貿易や金融市場の側面では,プロセスが容易に逆行しうることを,歴史が教えてくれている (James, 2001).グローバル化は政治的プロジェクトである.ヨーロッパに住む者であれば誰でも,地域レベルでそれが当てはまることを十分に認識している.なぜなら彼らは,EUが互いに対立する福祉国家の政治経済モデルを統合することにいかに苦労してきたかを目撃してきたからである.

　もうひとつの問題は,グローバル化について議論や研究を行ってきた人々の大半が,国際貿易や文化面でのグローバル化など,特定の側面に焦点を当ててきたということである.グローバル化の性質や意味,それが世界の様々な地域における個人や集団や国家に対していかなる帰結をもたらしたかについて,包括的な理解や共通認識はいまだ得られていない.ヘルドらは,グローバル化を次のように定義している.「グローバル化とは,社会関係や取引関係の空間的編成に変化を生み出す(一連の)プロセスである.それは大陸間ないし地域間において,活動,相互作用,権力の行使などの流れやネットワークを発生させる.その変化の広がり,深さ,速さ,影響などは多様でありうる」(Held and McGrew, 2000: 16).いかなる定義が与えられるとしても,グローバル化という概念には通常,次のような見方が含まれている.

・国家という「城壁に囲まれた」経済ないし地域経済から，世界的規模の「自由な」商取引と市場への変化
・地理的，国家的，文化的な境界線の重要性が減退し，世界中の人々や国家間の相互依存が高まること
・インターネットなどの情報技術や，船舶・航空機など，かつてよりも安価な交通手段を通じて，連絡や双方向的な関係性が増大すること
・企業，大学，学生，移民，信仰集団等々の世界的なネットワークの密度が高まること
・商品，貨幣，サービス，音楽，映画，知識，人々，情報，観念，観光客等々の世界的な流動性が指数的に増大すること
・技術，知識，アイデアなどがより広範囲かつ急速に普及すること
・地球上の時間と空間が圧縮されること

　さらに考慮するべきは，グローバル化は客観的，主観的およびイデオロギー的な側面をもつということである．グローバル化を，明確に把握しうる客観的な現実であり，物事のあり方がかつてとは量的・質的に変化した事態として示すことは可能である．しかしまた，ウォーターズ（Waters, 1995: 3）による「グローバル化とは社会的・文化的な布置に対する地理的制約が後退し，その後退を人々がますます認識するようになる社会的プロセスのことである」という定義が表しているように，グローバル化には主観的な側面も存在する．このような，人々が世界の変化をますます認識するようになるという主観的な側面は，グローバル化が人々によっていかに経験され，個人のアイデンティティや帰属意識にいかなる影響を及ぼすかという問いを浮かび上がらせる．グローバル化は，自分自身や自分が住む世界についての人々の考え方を，どれほど変化させつつあるのか？　グローバル化によって，国家的アイデンティティや，従来教育が人々に植え付けてきた国家への忠誠心は弱まっているのか？　そうだとすれば，国民国家はそのような事態にいかに対処しているのか？
　グローバル化をめぐる論争は，不可避的に，社会の未来像についての論争とならざるをえない．たとえば，もしわれわれが国民国家はその統治力のほとんどを失ってしまったと考えるならば，それは社会や教育についての諸目標を含む「国益」を推進する国家単位の政治が及ぶ範囲についてのわれわれの理解に，大きな影響を及ぼすことになる．こうした点から，グローバル化とはネオリベ

ラリズムの教義を支えるために広められつつある「イデオロギー的な」構築物であると述べる論者もいる．ハーストとトンプソンは，次のように論じている．

> 現在の高度に国際化された経済は，先例のないものではない．それは，1860年代に近代産業技術に基づく経済が普及し始めて以来，つねに存在した国際経済の，種々多様な局面のひとつである．ある面では，現代の国際経済は，1870年から1914年にかけて支配的であった体制に比べて，開放性や統合の度合いは低くさえある（Hirst and Thompson, 1996: 2）．

それゆえ，グローバル化に伴う様々なプロセスについて合意が欠如している状況のもとでは，それが教育に及ぼす影響を判断することは難しい．ハーストとトンプソンのような論者は今日の経済的なグローバル化の度合いを低く見積もっているが，そのような見方は，世界的自由貿易時代の到来が国民国家の終焉をもたらすと主張する先鋭的なグローバル化主義者に対する重要な中和剤の役割を果たしている．

その概念が含むこれらの問題にもかかわらず，グローバル化は依然としてわれわれの発想を刺激する有用な装置であり続けている．なぜなら，それによってわれわれは，資本主義の新しい発展段階を構成する様々な政策や，実践や，プロセスについて理解することができるようになるからである．しかし同時に，われわれはグローバル化を，いま世界のなかで生じつつある事態に対する万能の説明として用いることについては慎重である必要がある．グローバル化は，現在の教育政策や教育制度を形成している多面的な政治的・経済的な諸決定とは無関係な，それ自体として独立した作用であるというわけではないのである．

われわれがグローバル化を，ある国から他の国へと仕事が輸出され，人々が仕事を求めて地理的に移動することにより，国民の人種的・文化的構成が変化しつつある状況として考えがちであるのも無理はない．上海のショッピングモールに行けば，サンフランシスコ，シドニー，ロンドンにあるものと同じ店や商品が並んでいる．衛星テレビやインターネットを通じて，われわれは様々な他の場所に「存在する」ことができ，地球上に散らばる友人や，同僚や，見知らぬ人とリアルタイムで会話することができる．同様に，それらの画面を通じて，われわれの居間に素晴らしい出来事や悲惨な事件が持ち込まれることになる．そして教育の分野でも，学生たちは学習の機会を求めて国や言語や文化の境界

を越えて移動する．これらすべての変化の速度があまりに急速であるため，何か外からの強い力がわれわれを突き動かしているかのような感覚をもってしまうのも，驚くにはあたらない．

　さらに，グローバル化を形作る政治的・経済的な諸決定の帰結は，地球上で不均等に生じているということも認識されるべきである．それらはヨーロッパや北米の豊かな国々をいっそう繁栄させるように働いたが，それ以外の国々はこのような世界的な潮流から取り残され，グローバルな情報社会の「ブラックホール」に吸い寄せられてきた (Castells, 1998: 345)．洗練された情報通信技術のインフラやその広範な活用が欠落している国や地域は，経済的に不利な位置に置かれがちである．なぜなら，そうした国や地域は，より豊かな諸国とは異なり，知識や情報の膨大な集積を利用することも，コミュニケーションや知識伝達の速さがもたらす諸便益に浴することもないからである．デジタル・ディバイドの境界線の不利な側に住む人々は，自分がどんどん遅れをとっていることを痛感せざるをえない．

　ここでグローバルな変化に関わる政治や，実践や，政策について見取り図を描こうとしている理由は，それらが教育の国家システムに及ぼす影響を明らかにするためである．事実，グローバル化が経済や国家にもたらす帰結については，多様な立場の論者による幅広い論争がなされているが，それが教育に及ぼす影響についての議論ははるかに少ない．それゆえ，将来労働者となり市民となる世代の社会的アイデンティティや社会化，そして選抜に対して，グローバル化が何をもたらすかについて，検討する必要がある．さらに，教育というものが従来は国民国家の枠内で組織されてきたからには，教育と国家との関係がいかに変容を遂げているかについても，検討の俎上に載せる必要がある．これらの課題を追究するために，グローバルな変化を現在生み出している主要な要因について，より詳細な検討を加えておくことにしよう．

(2)　グローバル化の推進力

　技術と知識経済，帝国とアメリカ合衆国，そして多国籍企業の成長という，少なくとも 3 つの重要な要素が，グローバル化をめぐる政治と経済に関わっている．グローバル化論者の多くは，これら 3 つのうち 1 つか 2 つを強調しがちである．これらの要素をどのように理解するかによって，グローバル化のプロセスを，そのなかでの教育の役割についての一致した見解を生み出すような一

種の進歩とみなすか，それとも新しい形態の圧政や，教育をめぐる葛藤を生み出すものと捉えるのかが，左右されることになる．

① 技術と知識経済

観念，仕事，商品，サービスおよび資本が流通する世界市場の形成は，ネオリベラリズムの政治的プロジェクトの産物とみなすことも，あるいは情報技術の進展が生み出すものとみなすことも，いずれも可能である．世界の主要な経済圏が互いに結びあわされたことによって，国家単位の資本はグローバル資本へと変容した．ニューヨーク，ロンドン，フランクフルト，東京，シンガポール，香港の金融ブローカーたちは，いまや1日24時間，世界のどこからでも，日本の先物やグーグルの市場占有率やユーロに関する取引を行うことができる．1日当たり外貨取引額は，120万兆ドルの域に達している．

われわれは技術革新に駆動された新しい経済革命のさなかにいるという考え方がいたるところで見られるようになり，衣類からコンピュータまですべての生産を担うグローバルなシステムの存在によってますます強化されつつある．トマス・フリードマン (Friedman, 2005) は，彼が使っているDELL製のラップトップ・コンピュータが，台湾，メキシコ，タイ，インド，コスタリカ，中国，フィリピン，ドイツ，シンガポールの各所で製造された部品をマレーシアで組み立てて作られていることを述べている．そのコンピュータはテキサスと台湾で設計されたものである．世界的な物流の洗練されたシステムや，インターネットや，様々な部品が国境を越えて移動することを妨げる政治的諸力の不在などの条件がもし揃っていなければ，そのようなジャスト・イン・タイムの生産は不可能であっただろう．

フリードマンのコンピュータの部品の大半が，賃金水準の低い国で作られているということには留意が必要である．適切なインフラストラクチュアと，やる気があり進んで学習しようとする労働者さえ確保できるならば，場所を選ばずに高品質な生産物が製造できるようになっていることから，多くの生産物に関して「生産の問題」はすでに解決されたかのように見える．その結果，政治家たちは国家の競争力の源を，研究開発と，労働者が新技術を活用できるスキルを向上することに見出すようになっている．

先進的な経済においては，もはやフォーディズムの生産原理とは別物であるような高スキルの仕事を大量に創出しうるか否かが，個々の国の繁栄の度合いを左右するようになっている[15]．労働者が仕事から生活を維持するに足る賃金

を手にできるかどうかは，その仕事が購買者や顧客のニーズにぴったりと適合した高品質な商品やサービスを作り出せるものであるかどうかにかかっている．そしてまた，適正な賃金をもたらす仕事を創出するには，生産や投資やイノヴェーションの新しい源泉を調達できることが，不可欠の条件となる．その種の仕事は，マイクロエレクトロニクス，電気通信，バイオテクノロジー，金融，コンサルティング，広告，マーケティング，メディアなどに従事する企業に集中している．それらの企業は自らの商品やサービスに対する固定層向けのニッチ市場を作り出すことができ，それによって競合他社は同種の商品を大量生産することも，個々の顧客向けの特別仕様のサービスを提供することも，より困難になる．

知的財産権を獲得した場合，企業は独占的生産に従事でき，競合他社よりも有利な位置に就くことが可能になるため，研究開発はきわめて重視されることになる．事実，研究開発は知識経済における富の源泉の中で，最も重要なものとみなされている．ただし当然ながら，知的財産権を主張しうるような知的ブレイクスルーを生み出すためには最高水準の研究開発が必要であり，そうした研究開発の多くは大学の中で行われている．

今日の経済の中で生み出されつつある知識の性質について，教育学者らはいくつもの問いを抱えている．ガイル（Guile，原著第24章）は，知識経済というものに対する把握の仕方は多様であり，それをどう理解するかによって教育への含意は異なってくると論じている．しかも，この種の知識は，従来考えられていたところの知識のあり方とは，ある意味で質的に異なっているのではないか？

また，文化や集合的アイデンティティが，国家形成や，産業化期における普遍主義的共通標準の発展と緊密に関係しているのであるならば，われわれはそれらがいかに変化しつつあるのかについても問う必要がある．グローバル経済の発達やその統合性の高まりを可能にしているのは，どのような文化なのか？アパデュライ（Appadurai，原著第12章）は，社会的な「幻想」によって成立している国民国家というアンダーソン（Anderson, 1983）の考え方を展開することにより，最新技術や地理的移動の可能性によってわれわれの社会的な想像力がいかに拡張されたかについて分析を加えようとしている．それは，われわれが今生きている時代の文化の性質を解き明かそうとする試みの嚆矢であるが，アパデュライは同時に，この文化が流動的で不均質なものであり，様々な角度か

ら把握しうることをも強調している．

アパデュライの分析は，従来，国民国家の発展という枠組みのもとで考えられてきた教育の目的を再検討する上で，明確な示唆を与えてくれる．もっとも重要なのは，新しい形の社会的想像力が，シティズンシップに関するいかなる特定の見方とも合致しないであろうということである．国家内部の，あるいは国家を横断する様々な集団は，自らが何に対して忠誠を誓うべきであり，また教育がいかにしてそれを強化しうるかについて，それぞれに固有の考え方をもっている（McCarthy and Dimitriadis, 第 2 巻第 13 章）．

最後に述べておくべきは，教育が適切にスキルを身につけた労働者を作り出しさえすれば，最新技術とグローバル化の組み合わせは広範な利益をもたらすと，政治家たちが主張しているということである．しかしながら，教育がそのような期待の重荷を担いうるかどうかということが大きな問題なのである．

② **多国籍企業の成長**

金融規制緩和と情報技術革命の主たる受益者は，多国籍企業であった．1970年代半ば以降，多国籍企業は世界経済の成長率を上回る速度で発達を遂げてきた．多国籍企業の予算額は，しばしば小国の国家財政を超える規模になる．多国籍企業は強大な政治的・経済的な力を持ち，富裕者と貧困者を問わず雇用の構造に対する決定権を握ってきた．国連の推計によれば，農業以外の生産活動に従事する世界人口の 10% に当たる 7300 万人が多国籍企業に直接雇用されており，それらの企業の間接的な支配下にある仕事に従事している人口は，さらに 1 億 3000 万人にのぼる．

多国籍企業は，世界の労働人口に対する最有力の雇用者として，先端的な技術や組織経営方法を，世界の隅々にまで伝達する役割を果たしている．多国籍企業の性質，それがもつ力，および世界的な勢力範囲や，それが資本主義社会に与える影響については，多くの論争がある（Doremus *et al.*, 1998; Hirst and Thompson, 1996; Rugman and Verbeke, 2004）が，世界市場の規制緩和によって，多国籍企業が新しい市場への接近力を増大させ，収益と支出を世界中に広げることが可能になったということは疑いえない．多国籍企業は，商品やサービスへの需要の変動がもたらす「リスク」を生産者や契約企業や労働者に転嫁することによって固定支出を削減するために，アウトソーシング，生産の海外移転，下請け，フランチャイズ，ブランド認可，ネットワーク生産などを，最大限に活用しようとする．

多国籍企業の勢力範囲が世界的なものになるにしたがい，それらは資源調達，製造，ブランド管理，流通，金融，ガバナンス，事業目標，人材管理，経営者育成など，自らの活動のすべての側面をグローバルな規模で再編成し始める．ライシュ (Reich, 1991: 95–96) によれば，このような変化により，企業は，より小規模な企業，ビジネスユニット，プロフィットセンター，連携企業および新しい一連の起業的活動などの網の目へと変容する．

新しい経済においては，中核企業とはもはや「大」企業ではないし，小企業の単なる集合体でもない．企業の組織網自体が中核企業なのである．その中枢部は，戦略的な洞察力を持ち，全体としての組織網を維持している．しかし，組織網の接点においては，他の組織網と連結することによって利益を得るため，十分な自由裁量権が与えられている場合が多い．すなわち，企業の「内部」と「外部」の区別はないのである．戦略中枢からの距離がそれぞれ異なるだけなのである (Reich, 1991: 95–96=訳書: 129)．

グローバルな網の目ないしネットワークの形成によって，会社や商品や仕事や労働者に関する「国内産」か「外国産」かという従来からの区別は曖昧になる．それに伴って，多国籍企業は組織化された労働力との交渉を有利に運べるようになる．労働組合は工場レベルや国内レベルでは一定の圧力を行使しうるが，国境を越えた組織を欠いており，また同じ親会社に「所有」されているのであっても複数の異なる企業と一度に交渉しなければならなくなると，行動の調整が困難になる．その結果，労働組合が労働者や地域コミュニティの利害を代表する形で多国籍企業と対抗する力は，著しく弱まる結果になった (Fairbrother, 2000)．

対照的に，多国籍企業はどこに生産拠点を据えるかに関して，大きな選択の余地を手にしている．多国籍企業のねらいは，生産の労働コストが低く，労働者のスキルや交通機関や通信手段など生産活動を支えるインフラがもっとも整っているような場所を世界中から選び出し，そこで生産を行うということである．それによって仕事をめぐるグローバルな競売状態が生み出され，先進諸国の労働者の生活水準と雇用保障が脅かされることになった (Brown and Lauder, 第1巻第3章)．実際には，グローバルな競売は，企業投資家が自分の儲けを最大にするために国やコミュニティや労働者を互いに競わせるような，「逆競り」の

様相を呈している．競り値は下がる一方であり，その土地に仕事を創出してもらう代わりに賃金水準や地代や税金の面で譲歩しなければならない地域コミュニティや労働者の間では，ますます貧困の度が深まっている．

　このことが教育に及ぼす影響はきわめて大きい．なぜなら，グローバルな競売の発達は，特定の一国内部における教育・仕事・報酬の関係を，危機に陥れるからである．ライシュ (Reich, 原著第21章) は，同じ国に住む労働者でも，個々人の学歴やスキルや知識がグローバル労働市場においていかなる商品価値をもつかによって，まったく異なる運命をたどることになると述べている．「教育の福音」に基づくならば，この問題への解決策は，先進諸国の若年労働者の知的水準を均等かつ確実に高めるような教育システムを作り上げ，彼らが高スキル・高賃金の職を獲得できるようにすることにある．しかし，最安値で買えるスキルを求めて多国籍企業が世界中を漁りつくすことができるならば，中国，インド，ロシアなどの低賃金経済圏において高等教育が拡大することにより，我々は高スキル・低賃金の仕事が増大するという時代に直面することになるだろう (Brown and Lauder, 第1巻第3章)．

③ 帝国とアメリカ合衆国

　2001年9月11日にニューヨークのツインタワーが攻撃されて以来，共和党のジョージ・W・ブッシュ政権は，アフガニスタンとイラクへの侵略を推進してきた．それによって，帝国としてのアメリカ合衆国，そしてそれが世界の他の地域に及ぼす影響という問題が，大きく浮上してきた．9.11以前からすでに，ブッシュ政権は「気候変動に関する京都議定書」のような多国間合意から離脱する動きを見せていた．しかし，そのような動きに続いて中東に対する軍事行動が起こったとき，世界の主要な軍事力のひとつとしてのアメリカ合衆国が，石油や貿易を支配するだけでなく，文化的にもマルクス (Marx and Engels, 原著第1章) が述べるところの「自らが思い描く通りの世界」を作りだそうとしているのではないかという見方が現れることになった．

　このような見方は，新保守主義 (ネオコン) を掲げるブッシュの側近が「新たなアメリカ帝国」と「新たなローマ帝国」について語ったことによって，いっそう強化された．市場の自由と自由貿易を強調するネオリベラリストと比べて，新保守主義者たちは政治と文化をより強調する傾向がある．新保守主義は，他国の内政に対して民主主義の特定の考え方や平等な個人の権利を強く求めるような，強硬な世界的外交政策方針と密接に関連している．新保守主義者は，国

民に愛国心を形成し一国の利害に基づく外交政策を推進するために，国家権力を発揮するべきであると主張する．それゆえ彼らは，国益を阻害しかねないような多国間組織に対して嫌悪を表明する (Kristol, 2003)．

アメリカ型の民主主義を，特に中東へと輸出することによって，自らが思い描く通りの世界を作り出そうとする試みには，それらの地域における現存の権威主義的システムが不安定であるという懸念に裏付けられている面がある．逆説的なことに，彼らは民主主義を，石油供給を維持するための前提条件となる政治的安定を生み出すものとみなしているのである．経済的な動機は，民主主義という政治面での野心と切り離しがたく結びついている．なぜなら，新保守主義者の思考の中では，リベラルな民主主義と自由市場経済とがセットで「輸出」される必要があると考えられているからである．

その実践のしかたはさておき，民主主義を普及させるという理屈そのものは，賞賛に値するとみなされるかもしれない．しかし，それを輸出する際のやり方には，きわめて問題がある．それが大量の銃によって遂行されるならば，なおさらである．そのような強引な方針が困難に遭遇するのは，ある一国の内部で，諸制度や実践や文化や慣習が複雑に入り組んでいるからである．教育を例にとるならば，マザウィ (Mazawi, 第1巻第8章) は，教育と社会との関係についての従来の西欧産の諸理論は，アラブ諸国ではまったく当てはまらないと論じている．さらには，「伝統の力」対「変革の力」というような決まり文句もまた不適切である．政治家や学者は，西洋の思考様式を反映したイメージで東洋を見ること，すなわちサイード (Said, 原著第8章) の言うところの「オリエンタリズム」の罠に陥らないように，あくまで注意する必要がある．

他の社会に民主主義を無理やり強要することは，アメリカ合衆国が他国の内政に干渉することがはらむ重大な倫理的・法的問題を蔑ろにしているだけでなく，その国の国民が背負っている複雑な歴史や，相対立する伝統や，既得権益 (Todorov, 2003) をも蹂躙している．このような視点に立つことにより，互いに結託して市場社会の形成を推進しようとすることが多い新保守主義とネオリベラリズムの関係について，より批判的な認識が可能になる．エイミー・チュア (Chua, 2003) は，広範な論争を呼び起こした著書の中で，国民が複数の民族から構成されているような発展途上国では少数派の民族が経済面での支配を握っていることが多いが，民主主義的な諸制度が発達することによってより貧しい多数派の民族が力をもった場合，紛争はいっそう悪化すると述べている．

経済支配的少数民族は，自由市場民主主義のアキレス腱といえる．こうした少数民族のいる社会では，市場経済の恩恵を受ける人々と民主主義の恩恵を受ける人々が異なっている．社会階級が違うだけでなく，民族まで異なっているのだ．市場経済が経済支配的少数民族の手に富を，それも往々にして莫大な富を集中させる一方，民主主義は貧しい民衆の政治力を増大させる．こうした状況のもとで市場経済民主主義を追求すれば，大惨事を誘発しかねない民族主義が拡大する（Chua, 2003: 6=訳書: 17）．

　チュアは，東アジア，アフリカ，南アメリカなどの様々な国の事例に言及し，そうした国々においてはこのような緊張が現存し，ときにはルワンダのように暴動や大量虐殺を引き起こしたことを述べている．ただし，南アフリカは，富裕な少数の白人による支配を成功裏に脱却した例である．しかし，その南アフリカにおいても，いまや教育が貧困からの脱出ルートとみなされているにもかかわらず，黒人の若者の間で高い失業率が続いていることから，不穏な空気は払拭できていない（Unterhalter *et al*., 原著第40章）．仕事が得られない限り，紛争や高い犯罪率などの脅威は残り続ける．
　チュアは，リベラルな民主主義と市場経済への支持を表明している．しかしながら，アメリカの新保守主義の文脈の中では，彼女は次のように述べざるをえない．

　世界的な反米感情にはさまざまな原因があるが，そのひとつは，皮肉にも自由市場経済と民主主義のグローバル化である．世界各地で，市場経済のグローバル化はアメリカ人の富と支配力を増大させるものとして苦々しく受け止められている．同時に，世界的な人民主義と民主主義の運動によって，市場から締め出され，いら立ちを抱えた全世界の貧しい大衆が，勇気や正当性，発言力を得ている（Chua, 2003: 7=訳書: 18）．

　帝国という問題は，新保守主義者が提唱するよりもずっと複雑で微妙な影響を，発展途上国に対して及ぼしている．現在のアメリカ合衆国の力は，軍事力のみならずその経済力を源泉としているが，ロバート・ウェイド（Wade, 2003）はそのようなアメリカの経済力は逆説的なものであると論じている．アメリカ合衆国は，歴史上もっとも多くの負い目を持つ国家であるにもかかわらず，世

界的な経済システムの構造がアメリカの放恣を支え，その影響力を増大させていると，ウェイドは述べている．

　今日の世界的な市場の諸力が日々作動することを保証している国際的な経済アーキテクチュア——われわれはそれをグローバル化と呼んでいる——は，アメリカ国民に対して著しく偏った経済的利益を生み出し，他のすべての者の自律性を犠牲にしつつ，アメリカの経済政策立案者が自律性をひとり発揮することを可能にすることにより，アメリカ合衆国の強大な力を支えている (Wade, 2003: 77)．

このようなアメリカの戦略は，ネオリベラリズムのイデオロギーとそれが世界銀行，WTO，OECDなどの国際機関におよぼす影響を通じて，教育システムに対しても影響をおよぼしかねない．ウェイド (Wade, 2003: 80) によれば，自由貿易を推進するネオリベラリズム的な政策方針は，アメリカ合衆国が国際協力によりオープンかつ公正な競争を実現しようとしているという外見の陰で，自国の国益を追求することを可能にしてきた．

　あなたが国際的な枠組みを掌中に収めたいと思うならば，一連の国際機関をうまく使う必要がある．そうした国際機関は，その参加国の協力のもとに成立しているような外見をとり，そうした多国参加による決定の正統性を主張することができる．しかも同時に，あなたが自分にとって都合のよいルールを定め，都合の悪い結果は排除しうるような形でそれらの国際機関を牛耳ることができるならば，それ以上にうまい話はない (Wade, 2003: 80)．

もしウェイドが正しいとすれば，ネオリベラリズムのレトリックの背後にあってそれを駆り立てているものは，自由貿易というよりも重商主義にほかならない．だからこそ，ある国が，輸入を制限しつつ輸出を進めるというような形で経済競争のルールを手玉にとることにより，自国の経済的利益を高めたりするのである．ただしウェイドは，上記の引用部分の直後に，アメリカの意図がそこにあるとしても，国際機関の行動やその帰結はそうした意図とは相当に異なったものになると指摘している．それゆえ，アメリカは国際貿易に関わるすべてのルールや規制を自らの思い通りにするほどの力は，もつことができないので

ある．他の国民国家は，慎重な取引交渉を要するような個別の事案を提示してくる．たとえば，アメリカ企業であるボーイング社と，ヨーロッパの財団であるエアバス社との間で目下進められている契約交渉は，その一例である．中国が今後世界最大の経済国になると見込まれていることも，アメリカの支配的な経済的地位を脅かす一要因となる．トヨタ，ホンダ，BMWなどがアメリカの「母国」市場で幅を利かせており，GMやフォードが苦戦を強いられていることもまた，同様の例である．

マンディとマーフィー (Mundy and Murphy, 原著第69章) は，NGOや市民団体，労働組合などが連携して，発展途上国の教育システムの変革に国際機関が乗り出すよう要請し始めているということを，新しい展開のひとつとして指摘している．このような進展がもつ重要性は，それらが，市場自由主義の過剰な支配に抗うものとして作り出されてきたグローバルな市民社会の一環をなしているということにある．しかしながら，「自由貿易」の利点を主張するネオリベラリズムの考え方は，いまだに多くの国際機関の政策や規制を支配し続けており，そうした国際機関が，世界中の貿易や国際支援や知識の創造と分配を統率しているのである．

④ **国際機関と教育**

それらの国際機関が各国の教育システムに及ぼしている影響は，個々の国の政府による教育政策に比べて，関心が向けられる度合いがはるかに低い．それゆえ，そのような影響について理解を深めるために，以下ではWTO（世界貿易機構），世界銀行およびOECD（経済協力開発機構）のそれぞれについて，概略を示しておくことにする．

[WTO] 国民国家と国際機関との関係のあり方は，個々の機関やそれに関与している国によって，異なっている．WTOに関する文献の冒頭には，貿易に関する合意をめぐって交渉するのは国民国家と地域貿易ブロックであるという前提が述べられている (Dale and Robertson, 2002)．むろん，国家や貿易ブロックの中には，他よりも大きな力をもっているものがあり，そうした力関係が教育と関連の深い国際合意にも反映されている．その典型の最たるものは，高等教育に関わる知的財産権と商取引についての国際合意である．富裕な国々は，電子工学やバイオテクノロジー等々の分野で高い付加価値をもつ商品を研究開発する上で，自らが支配的な力をもっていると自負している．それゆえそうし

た国々は，自国が作り出す商品やサービスの独占権を保証するような知的財産権（IPRs）のシステムを通じて，自らの支配力を確かなものにしようとしている．そうしたシステムの影響力に対して，発展途上国は，特に医薬品やワクチンをめぐって，抵抗せざるをえない．たとえば HIV／AIDS の治療については，知的財産権を保有する国々が課す独占価格によって，国民の生死が左右されかねないのである．しかし，マックシェリー（McSherry，原著第 59 章）が示すように，大学は知的財産権をめぐって複雑な利害関係に絡めとられており，ときには知的財産権の争奪競争において妥協的な行動を示さざるをえないこともある．

同様に，WTO 内の会議で策定される「サービスの貿易に関する一般協定」（GATS）は，高等教育や民間教育企業の世界市場を普及させる上で，大きな意味をもっている．このように高等教育の貿易が発達してきたことは，高等教育の性質に対して，財政，機会の平等（Marginson，原著第 62 章），学問の自律性，教授と学習の中身（Naidoo and Jamieson，第 1 巻第 6 章）などの点で，重大な影響を及ぼしている．しかしながら，高等教育をめぐる商業主義は，多国間合意とは独立に歩を進めている面がある．マンディとイーガは次のように述べている．

> GATS は，それ自体としてはきわめて不公正で問題の多い合意である．医療や教育の提供など，人間にとって重要な諸々の営みについての諸国家の考え方を，国際競争力を持つサービス産業のそれと同様のものへと再編させるように GATS が働きかけていることは明らかである．……GATS は規制緩和を強要するのではなく，様々な国の政府が特定の市場を選択的に開放するためのルールを制度化するのである（Mundy and Iga, 2003: 286）．

ここにおいて教育は，国家的に保護されてきたサービスのどの部分を商取引が侵食しうるかに関する，多国間の議論における賭金となる．一方で，欧米の大学で学ぶ発展途上国出身の学生をめぐる商取引の利得が，特に英語圏の諸国にとって，莫大なものとなることは疑いようがない（Marginson，原著第 62 章）．他方で，こうした発展途上国から欧米の高等教育への学生の流入が，より広い意味で益のあるものであるかどうかははっきりしない．たとえばリズヴィは，そのような学生のアイデンティティが，留学経験によってどれほど再構成され

ているのかと問いかけている (Rizvi, 2004). 彼らは自分をグローバル・エリートないし超国家的階級とみなしているのか，それとも母国の市民とみなし続けているのか？

以上では，WTO が教育に及ぼす影響に焦点を当ててきたが，より広いグローバルな交易システムと，それが発展途上国の貧困をむしろ拡大していることについても，われわれは看過すべきではない．ストロムキスト (Stromquist, 原著第 67 章) が論じているように，貧困と女子教育の関係を理解するためには，国民国家とグローバルな政策の双方を検討する必要がある．なぜなら，ストロムキストの言葉を引けば，「ラテンアメリカでは……貧困とは教育や訓練を欠く人々の財布にいつまでたってもお金が貯まらないという問題ではなく，その地域の社会構造や経済構造に深く根ざしたものである」からである．南アメリカやその他の地球上の諸地域における貧困の問題に対して，グローバルな貿易システムが深くかかわっている理由は，まさに先述の重商主義的諸政策にある．

その結果，明らかに不公正な貿易システムの存在により，発展途上国が貧困から脱出する道を切り開くことが困難になっている．このような大きな文脈に目を向けることが不可欠である．なぜなら，これらの国々において教育を拡大するだけでは，経済発展という課題は達成されえないし，むしろ教育を受けた若者が失業や低賃金の仕事にしか就けなければ，不満の高まりや社会不安をもたらすおそれがあるからである．

[世界銀行] WTO が国民国家や貿易ブロックの間で交渉がなされる会議の場であるのに対し，世界銀行は第 2 次世界大戦後の各国の復興のために設立された機関である．しかしながら，1980 年代にレーガンとサッチャーが米英で実施したネオリベラリズム革命の影響によって，世界銀行の使命は変容することになった．スティグリッツは，端的に次のように述べている．

IMF と世界銀行は新たな伝道機関となって，融資と補助金はぜひとも必要としているがこの思想（訳注：自由市場イデオロギー）には気乗りのしない貧しい国々に，それを押し付けた (Stiglitz, 2002: 13=訳書: 32)．

世界銀行は，発展途上国に対して，特定の要請を満たすことを条件に資金を提供する．それらの要請はネオリベラリズムのイデオロギーに則ったものであ

り，構造調整プログラムという名で知られている．それらは概して，福祉，医療，教育など，従来は国家が提供してきたサービスの民営化や，民営化が不可能なサービスの地方分権化，国内市場を国際競争に開放することなどを求めてきた．しかし，このような経済発展を目的とするネオリベラリズム的な公式規格が，純粋な形で適用されることはほとんどない．ときには交渉を通じて妥協が取り付けられる場合もある．そして，一方では世界銀行に関する文献の多くが，世銀の諸施策が失敗してきた理由を，ネオリベラリズムの流れに与しない者からすれば不適切で奇怪にすら見えるようなトップダウンで「お仕着せの」イデオロギーに求めているが，他方では事例研究により，世銀の提供する資金の使われ方には発展途上国内部の国内政治や論争が大きく影響していることが明らかになっている（たとえば Girdwood, 2004 を参照）．しかし，構造調整プログラムに対する批判が蓄積されてきたことによって，多少の変化が生じつつある．ただしそれは今のところ，世界銀行がこれまでに何を達成し，いかに変化してきたかに関する，論争の域に留まってはいるが（Rose，第 1 巻第 9 章）．

　世界銀行と，それが「支援」しようとしている国々との間の不均衡は，金銭的なものにとどまらない．経済的富を作り出す上で知識というものが鍵を握っているとしばしば主張される現代において，世界銀行は発展途上国の進歩に役立てうるデジタルな知識基盤を熱心に発展させようとしている．サモフとストロムキスト（Samoff and Stromquist, 2001: 632）が述べているように，多くの場合，「物質面で貧しい者がもはや情報面でも貧しいとは限らなくなっている．情報面で豊かになることによって，自分自身と自国を物質的に豊かにすることができる」のである．しかし彼らは，情報は知識とイコールではないとも述べている．知識は学問分野や理論によって構造化されているのに対し，情報は知識へと転化もしうるが，単なる瑣末で断片的な物知りにも終わりがちである．情報通信技術に関する議論において，知識と情報の区別はきわめて重要である．なぜなら，知識はその解釈のために，より幅広い理解を必要とするからである．ここから，サモフとストロムキストは，経済的に遅れた段階にある諸国における情報と知識の形成および伝達に関する効率性について，次のように疑問を投げかけている．

　　まず，何についての（誰による）情報（および知識）なのか？　それは誰によって，どのように獲得されるのか？　誰が，何のためにそれを身につけるの

か？　誰に対して，誰によって，どのように，いかなる目的で，伝達されるのか？　……知識の創出には，選択，振り分け，ふるい落としが必ず伴っている．人々はそれらを解釈し，意味を読み取る (Samoff and Stromquist, 2001: 643).

　彼らは，発展途上国に対する世界銀行の情報提供政策をめぐって，これらの問いを提起している．しかし，世界銀行は発展途上国にとって有用であると自らがみなす知識を選択し，振り分け，ふるい落としているがために，それらは必ずしも貧しい国々の利害に資することがなく，むしろ現存するグローバルな不平等を強化してさえいる．ここにおいて，マルクスやサイード (Smith, 原著第 38 章も参照) が，権力と知識の非対称性について，かつて立てた問いを思い起こす必要がある．——強者が知識を作り出すのか？

　[OECD]　この多国間組織は，富裕な国々にとってのグローバルな「シンクタンク」としばしばみなされてきた．また，それは教育に対する関心を近年になるほど増大させており，知識経済という考え方をも強く打ち出してきた (Rizvi and Lingard, 原著第 17 章)．1960 年代には，OECD は経済成長に貢献するものとして教育拡大と教育機会の平等を提唱していた．それは，第 2 次世界大戦以前の産業社会では多くの才能が無駄に失われ続けていたという認識に基づいていた．この点では，OECD が現在は知識経済に関心を寄せていることも，教育と経済発展についてのその従来の考え方の延長線上にあるといえる．

　教育に関して，OECD は国別およびテーマ別の現状報告を刊行し，国際的にみた「ベストプラクティス」は何かを発見しようとし，より最近では加盟国の間で学校教育の成果を比較するデータを公表するようにもなっている．WTO や世界銀行と比べて，その影響力はより微妙なものである．まず政策決定主体として見た場合，OECD は，世界の諸国が互いに交流しあう非公式のネットワークの一環をなしており，それは教育や経済に関する共有された前提をいっそう強化するように機能している．それがもっとも明らかに表れているのは，OECD が打ち出す政策提言に，教育の質，多様性，柔軟性，説明責任および平等性を強調する，ネオリベラリズムの考え方が反映されていることである．これは，OECD が刊行する報告書類がネオリベラリズム的な前提を明らかに支持したり主張したりしているという意味ではなく，OECD が行う研究や分析のテーマや領域の選択に，ネオリベラリズムの考え方が影響を与えているという意味であ

る．

　国際機関に関する以上の概観からわかるのは，アメリカ合衆国がこれらの機関を通じて「ソフトな」力の形で影響力を行使し得ているとしても，これらの機関は操り人形であるにはほど遠いということである．ただし，この序文の執筆中に，アメリカの主導的な新保守主義者のひとりであるポール・ウォルフォウィッツが世界銀行の総裁に就任したため，その結果として今後の世銀の政策がどのように動くかは予断を許さない．

　教育に関する商取引が世界的に拡大してきたのは確かであるが，その責任をただ WTO ひとりにのみ課すわけにはいかない．確実に言えるのは，こうした国際機関が支持する多くの諸政策の背後にある理論は，ワシントン・コンセンサスと呼ばれるようなネオリベラリズムを基底としているということである (Stiglitz, 2002)．市場と個人の選択を重視するオーソドックスな経済政策を採用する小さな政府こそが，教育であれ他の領域であれ，普遍的な効率性をもたらす基盤を提供するという考え方は，絶えることなく存続している．このようなものの見方は，表面的にはもっと口当たりのよい形に姿を変えつつも，これらの国際機関に従事するエリートたちの間で常識化してきたのである．

⑤　グローバル化と教育達成水準の指標化

　近年のグローバル化がもつ特徴的な様相のひとつは，従来は国民国家の内部に集中していた教育に関する意思決定やガバナンスが，EU や地域，あるいは市場，コミュニティ，非公式の世界的ネットワークなどの，超国家的な諸組織へと一定程度拡散してきたということである (Robertson, Bonal and Dale, 原著第 16 章)．

　グラハム・ルーム (Room, 2000) は，こうした拡散に関わる諸要素を，大学を対象として検討している．それによれば，大学は，国際的な学生の流動を促進することにより教育のグローバル市場を発展させることを目的として，学歴のような形で教育達成水準を明示する方法を追求し始めている．ルームが指摘するように，このような形で教育達成水準を設定することは，教育に関する合意論的見方と葛藤論的見方の双方から解釈することができる．合意論的見方からすれば，グローバルな教育達成水準設定は，国家レベルから国際レベルへと教育産業が発展した結果とみなされる．葛藤論的見方からは，教育達成水準の設定のされ方は，関係当事者たちの戦略的利害を反映したものとみなされる．そ

れには特に，大学間の地位競争や威信競争が，深く関わっている．

ルームは，教育達成水準設定のプロセスを始動させてきた諸要因として，社会的・市場的・政治的要因を挙げている．社会的要因としてルームが指摘するのは，「国境を越えた学習は……，かつての帝国主義自体の宗主国－植民地間関係と，より近年におけるアメリカ合衆国の文化的覇権を土台とした，文化的影響力のグローバルなネットワークによって生み出されてきた」(Room, 2000: 109) ことである．このような学習の多くは，大学間の非公式のネットワークや合意によって成立してきた．ベストプラクティスを発展させるための政策の相互参照もまた，OECDによって奨励されてきた．なぜなら，学生の国際的な流動が増大することは，様々な国の大学の教育の質や名声を反映した巨大なランキング表を形成するような圧力として働くからである．さらにルームは，統一的なヨーロッパ市場の形成を刺戟する上でEUのような地域ブロックが及ぼした影響力や，そうした市場の形成によって教育達成水準の比較可能性をめぐる問題が逆に浮上してきたことについても指摘している．

ルーム (Room, 2000) の分析は，2つの理由で重要である．それは大学の水準の指標化をめぐる政策や実践において，いかなる主体が支配的な力を行使しているかを把握することの複雑さに対して，注意を喚起する．ルームによれば，市場の利害に資するような形で作り出されたベストプラクティスという考え方を推奨してきたのは，政治的な諸力である．しかし，彼はまた，教育達成水準の指標化に関する非政治的な大学間の合意形成に対しては，多くの主体が関与していたことをも指摘している．それらの主体は，グローバルな水準設定体制を推進する諸要素について，それぞれ独自の認識や見通しをもって関わってきたのである．ルームの分析が描き出しているのは，不可避で必然的なプロセスについてのきれいな絵ではなく，かけら同士がぴったりとうまく嵌まっていないモザイク画のような現実である．

(3) グローバル化と教育の課題

グローバル化の主要な推進力についての以上の議論により，教育をめぐる重要な問題が浮上してくる．多国籍企業の陰謀によるものであれ，企業や消費者の需要によるものであれ，制度的な自律性が損なわれつつあることは確かである．大学が知識経済に組み込まれたことによって，多くの研究はもはや諸利害から超然としていることはできなくなり，企業の富の形成と緊密に結びついた

ものとなっている．同様に，大学教育がグローバルな消費者の需要に対して開かれたものとなってきたことから，教育方法や知識や学習の性質もまた，変化を遂げている (Naidoo and Jamieson, 第1巻第6章)．より一般的な面では，国際機関からの資金援助に依存せざるをえない発展途上国にとっても，自律性の喪失は重大な問題である．たとえ，先に検討したように，世界銀行を批判する者の目に映るよりは大きな交渉の余地が残されていても，である．

メリトクラティックな競争という理念もまた，グローバル化によって揺るがされつつある．なぜなら，国民国家は，教育上の選抜にかかわるいくつかの重要な要素をコントロールすることができなくなりつつあるからである．メリトクラシーという理念は，通常は国家内部で共有されたシステムの中で，学生・生徒が互いに競争し合うことを意味している[16]．高等教育に関していえば，グローバルな消費者主義は，教育機会へのアクセスをめぐる平等について，問いをつきつける結果になる．なぜなら，そうした消費者主義のもとでは，どれほど富を手にしているかが，アクセスを左右するもっとも主要な条件となるからである (Marginson, 原著第62章; Levin and Xu, 原著第63章)．中等教育についていえば，教育機会に関する論争の多くは，国内での競争において中産階級が有利な位置に就くために採る戦略に焦点を当ててきた (Ball, 2003; Power and Whitty, 原著第31章)．このテーマは今後さらに研究がなされるべき重要な領域であるが，有利な位置に至るグローバルな道筋がいまや形成されつつあるのではないかということについても，検討を加える必要がある．

ここでは，学歴資格システムについての検討を切り口としたい．国際的な学歴資格の一例は国際バカロレアであり，その取得者は増加を遂げている (Lowe, 2000)．国際バカロレアを取得できる教育は，様々なインターナショナルスクールにおいて提供されており，その中には，政府や多国籍企業や国際機関やNGOなどで働く親をもつグローバルなエリートである子供たちが多く学んでいる学校も含まれている．しかし，国際バカロレアは世界中のトップレベルの大学への入学資格として優良株であるとみなされていることから，国内エリートの中でも強い上昇意欲をもつ層は子供をそれらの学校に在学させている．国際バカロレアの取得を目指して学んでいる生徒の約半数はアメリカ国籍をもっており，合衆国内部のエリート学校の多くは，国際的な教育水準の高さの証として生徒に国際バカロレアを取得させている．

極めて国家主義的性格の強い国のひとつである韓国では，親の財産や願望に

よって子供が学歴や人生上のチャンスをめぐる競争において不公正に有利な位置を得ることは望ましくないという考え方から，以前にはインターナショナルスクールへの就学を禁止していたが，その規制は近年撤廃された．ソウルでは，海外の多国籍企業を誘致するために，インターナショナルスクールの新設が，自治体によって奨励されている．なぜなら，多国籍企業の従業員は，インターナショナルスクールに子供が在籍できることを，労働条件の一部として要求するようになっているからである．

短期的に見る限り，このような動きは，学歴競争がもつ国家的な性質を，実質的に変化させるにはいたっていない．大半の生徒や学生は，国家内部の教育達成評価システムの内部に封じ込められたままでいる．彼らの教育達成水準は，国家単位の教育の枠組み（学校施設への財政支出，教職の教育訓練のあり方，生徒ひとりあたり教職員数および教育方法などを含む）の中で，地域の様々な学校や大学などがどれほどすぐれた教育を施しているかによって左右されている．しかし，もし学歴競争の結果が国家の文脈に埋め込まれたままならば，様々な国の中産階級がグローバルな労働市場における同じ職務をめぐって直接に競い合うようになったとき，何が起こるのか？

高いスキルを要する仕事をめぐるグローバルな競争のなかで，国際バカロレアのような学歴資格からもっとも利益を得ることができるのは，自らがもつ物質的・文化的資源を，そうした資格の取得のために注ぎ込むことができるエリートたちである（Lowe, 2000）．メリトクラティックなルールに基づいた競争システムは，生計を維持できる仕事をめぐる国内競争においては，機会の平等を保障することができるかもしれない．しかし，そのようなシステムの中に置かれた社会的エリート（あるいはそうなりたいと望む者たち）は，市場的な教育システムの中で教育エリートとして密度の高い手とり足とりのサービスを受けることができる生徒たちに比べて，グローバルな競争に際して自分たちが遅れをとっていると感じるだろう（Brown, 2000）．

その結果，ドイツ，フランス，スウェーデンなど，伝統的な国家単位の教育システムを維持している国々における専門職的中産階級は，国家の境界を越えた公平な競技場を確保するために，市場の自由をより強く求める圧力をかけてくると考えられる．彼らにとってもうひとつの選択肢は，国際的な教育システムへの「離脱」である．それゆえ，教育の市場化改革は，様々な国のエリート同士の間では，より大きな平等を作り出すが，ある社会の内部では，社会的排

除や二極化という問題をより深刻化させるだろう．英語を母国語としない諸国では，エリートか否かを分ける重要な要素は，教育を通じて英語力を獲得しうるかどうかということにある（Lai and Byram, 第 2 巻第 4 章）．いまや英語はグローバル化における国際語となっているため，英語ができるかどうかは重大な違いをもたらす．多くのインターナショナルスクールでは英語を使って授業をしていることも，国家エリートにとってもうひとつの魅力と感じられている．

ライシュ（Reich, 原著第 21 章）は，経済のグローバル化がシンボリック・アナリストという新たな階級を生み出していると論じる．彼らは，抽象的なシンボル体系を操作し，ネットワーク化し，売買することに長けており，知識基盤経済の中核として高額の収入を得ている．彼らはニュー・エコノミーの主力選手として，商品やサービスの生産コストのますます大きな部分を掌中に収めている．ライシュによれば，1 万ドルの製造コストがかかる自動車の場合，そのコストの約半分は，設計技師，技術者，法律家，広告制作者の懐に入っている．シンボリック・アナリストたちは，生計を立てる上で国内経済にもはや依存してはいないため，他のアメリカ国民と運命を共有していないとライシュは述べる．そのあげく彼らは，自分たちだけの保障や医療や教育の私的システムをもつようになり，国家の教育や福祉のシステムを脱退するようになるというのが，ライシュの見方である．

グローバル経済がこのような形で発展してきたことにより，グローバルもしくは超国家的階級についてのネオ・マルクス主義の諸理論への関心が高まってきた（Sklair, 2001; Robinson, 2004; Sassen, 2005）[17]．ネオ・マルクス主義者は，教育についても注目を向けることになるだろう．なぜなら，教育は優越的な地位を再生産する手段のひとつであり，そうした階級は恵まれた出身家庭やエリート的学校教育という共通経験を通じて，自らの内部の結束を強固にし，世界観を共有することができるからである．この点からすると，国際的な学校教育システムに属するエリート学校は，優良株の学歴資格のみならず，支配的意識の醸成につながるような共通経験をも提供していることになる．

シンボリック・アナリストたちがグローバル経済の中でもっとも利を得ているとしても，かれらは最大多数派ではない．富裕な経済圏は，そこで不足している様々なスキルをもつ多様な労働力を招き寄せている．ジャンボジェット機や電気通信の出現は，貧しい国々から大量の移民が流出することを可能にした．1970 年から 95 年までの間に，世界最大の 600 万人の移民がメキシコから流出

し，それに次いでバングラデシュとアフガニスタンからは400万人強，そしてフィリピンからは300万人弱の移民が，国外に出た．アメリカ合衆国が最大の移民受け入れ国であった(18)．

　欧米諸国は，そのような移民によって明らかに利益を得ており，アメリカ合衆国や，おそらくイギリスでも，移民受け入れが生産性上昇の一要因であった．しかし，移民を送り出してきた国々にとっては，熟練スキルをもつ労働者の喪失が，重大な問題となっている．それはあたかも，それらの国の教育システムが，より豊かな国に人的資本を供給してきたかのごとくである．移民の送り出し国は，移民が海外で得た収入を本国に送金するという面では見返りを得ていたが，スキル労働者の不足により，自国をさらに発展させる余力を失ってきた．これは，グローバル経済における教育面での選抜の，もうひとつの形態であるといえる．なぜなら，それによって，貧困国の国民の中で教育を受けることができた者にとっては，富裕な国に移動して社会移動を達成するチャンスが手に入ることになったが，それは彼らの母国にとっては人材資源の喪失を意味していたからである．

　欧米でますます多くの移民を目にするようになったことは，地球上で労働者の流動性が増大したことの証であるが，彼らの存在は，外国人恐怖症や排除や怨嗟を喚起するという影響をも伴っていた（McCarthy and Dimitriadis, 第2巻第13章；Gitlin *et al.*, 2003）．トレス（Torres, 第2巻第6章）が述べるように，それは同時に，欧米諸国の民主主義の性質やシティズンシップに対しても，問題をつきつけている．移民に対する反動的な排斥運動は，同時に産業空洞化に対する反対運動でもあるとみなされるべきである．なぜなら，製造業の仕事は，賃金が安価で労働組合が組織されていない南半球や東半球（メキシコや東アジア）へと移動し，欧米には失業や頽廃に満ちた「荒廃地帯」のコミュニティが取り残される結果になったからである．製造業の仕事の減少と，低賃金のサービス職や荒廃地帯における失業の増大という，欧米諸国の労働市場の変容は，若者文化の根底的変化や，労働者階級が多く住む地域において学校が直面する問題の深刻化をもたらした（Willis, 第2巻第5章；Thompson, 2002）．ロイス・ウェイスとミッシェル・ファイン（たとえばWeis, 1990; Fine and Weis, 1998などを参照）は，丹念な調査研究を通じて，産業空洞化が教育やコミュニティにもたらす影響を検討してきた．彼らが見出した調査結果，すなわち黒人男性は自らの状況を経済や人種差別のせいにし，白人男性は黒人男性を元凶とみなす

という結果は，特に人種間の関係という点から見て，大きな危惧を抱かせるものである (Weis and Fine, 1996).

(4) グローバル化が教育システムに及ぼす影響の理論化

ここまでわれわれは，教育と平等の問題に絡めつつ，グローバルな動向を概観してきた．しかし，各国の教育システムは複雑であり，これらの動向が様々な教育システムに対して及ぼす影響は均一ではないと考えられる．われわれはむしろ，教育の編成のされ方に応じて，こうした動向の影響が媒介される個別のあり方について，考察する必要がある．たとえば，高等教育はグローバルな動向からもっとも影響を受けやすいことをすでに見てきたが，ある特定の国の内部の高等教育システムにおいても，すべての大学が同じように影響を受けるわけではない．ナイドゥーとジェイミーソン (Naidoo and Jamieson，第1巻第6章) は，ブルデュー (Bourdieu, 1986) の「界」という概念を用いることにより，ある大学が他の大学と比べて変化にさらされやすい理由について，理解が可能になると論じている．ブルデューによれば，社会は数多くの「界」から成り立っており，それらは相対的に自律的で，特定の力関係によって構造化されている．高等教育という「界」において有力な存在となりうるか否かは，学問資本の水準と名声に応じて決まる．ある機関の学問資本が弱体であればあるほど，その機関は，ナイドゥーとジェイミーソンが「消費者主義」と呼ぶものに振り回されやすくなる．消費者主義とは，高等教育に市場メカニズムや品質保証手続きやカリキュラムのモジュール化による選択性の増大や学生による授業評価などを導入しようとする，国家の圧力を意味している．それは，市場におけるシグナルとして機能する教育研究水準のランキング表に基づいて，国内外の学生が大学を選択することをも可能にする．

このような国際的かつ消費者主義的な政策から，個々の大学が受ける影響は，不均質なものである．なぜなら，国内的・世界的にもっとも高い威信をもつ大学は，こうした変化の圧力に抵抗する力を持っているからである．言い換えれば，それらはより高度の自律性を有している．たとえば，イギリスのオックスフォード大学やケンブリッジ大学は，より威信の低い「新設」大学と比べて，ずっと大きな発言力をもっている．「新設」大学は消費者主義の先鋭的な諸要素の多く——なかでも教授・学習面での諸要素——を導入してきたのに対し，オックスフォードやケンブリッジは，その世界的な地位の高さに由来する自律性を

保ってきたのである[19].

　高等教育セクターはグローバルな諸力からの影響をひときわ受けやすいが，グローバルな変化が教育システムに対してより広範な影響を与えている可能性についても，看過してはならない．ワックス（Waks, 原著第57章）は，グローバルな諸政策や実践と教育の本質的な変化との関係についての理論を概説するなかで，過去1世紀の間に生じた変化は量的な増大という性格が強かったが，グローバル化は徹底的な質的変化をもたらすであろうと論じている．ワックスは，どのような政治的・経済的な諸制度が，変化を周辺的なものに留める形で教育システムを維持してきたかという問いから理論を展開し，続いてそれらの諸制度や利害の布置が，特に労働市場やインターネットの変化を通じて，いかに再編成されてきたかを検討している[20]．

　われわれはこの第II部において，グローバル化に伴う様々な政策や実践が及ぼす影響に関して，いくつかの主要な論点を見出してきた．ある面で，国民国家は，これまで行使してきた権力の諸側面のうちで，どの部分についてはむしろ弱めたり手放したりした方が国益の追求にとって望ましいかということを，自ら一定程度コントロールできる力を保持し続けている．しかしながら，グローバル化には，国民国家によるコントロールがはるかに困難であるような側面が含まれている．多くの場合，グローバルな諸政策や実践の影響は，教育システムやそれを支える社会的・政治的利害の性質における変化に媒介されている．続く第III部でわれわれは，グローバルな諸政策や実践との関係において，完全に受動的でも完全に自律的でもないような存在として，国家を位置づける見方を示すことにしたい．

第III部──国民国家の再創造と教育

　今日，上からはグローバル化によって，下からは個人化によって，教育は攻めたてられるようになっている．この部では，グローバルな変動のダイナミクスによって，教育・国家・民主主義が現在直面している，主要な課題のいくつかを素描する．その議論に先だって，われわれは，国民国家がこうしたグローバルな変動にどう対応しているのかについて検討しておかねばならない．それ

に関してポイントになるのは，グローバル化の諸政策・諸実践に直面したときの国民国家の自律性がどうなるか，という点である．

グローバル化と国民国家の自律性との関係に関わる諸問題に対しては，おおまかにいって，3つのアプローチがある．ヘルドら (Held *et al.*, 1999) によれば，まず，グローバルな諸力によって国民国家は無力化してきたと論じる，「ハイパー・グローバリスト」(hyperglobalists) たちがいる．その対極に，グローバル化によって国民国家が脅かされているわけではないと主張する「懐疑派」(sceptics) がいる (Hirst and Thompson, 1999)．両者の間に，「主権性・国家権力，領土性という三者の関係は，近代国民国家が形成されつつあった時代よりも複雑な関係にある」と主張する「変容派」(transformationalists) がいる (Hirst and Thompson, 1999: 9=訳書: 15)．われわれがみるところ，貿易，コミュニケーション，教育，知識に対する国家ごとの障壁が弱まり，リージョナルなガバナンスと多国間の合意とがより重要になってくるにつれ (Dale and Robertson, 2002)，そうした変化に対応するために国家は自らを再創造 (reinvent) する必要が生じてきている．すなわち，新しいグローバルな枠組みの中においてではあるが，国家は自らを再創造するだけの自律性をもっている．教育はこの再創造の中心に位置している．

国家の役割の変化とそれが教育に対して持つ意味については，変容派がもっとも納得のいく説明を与えてくれる．たとえば，ホブソンとラメッシュ (Hobson and Ramesh, 2002) は，ナショナルな配慮と超国家的な (supranational) 配慮とがトレード・オフの関係になることで，国民国家がある種の権力をいかに他の政体の次元に譲り渡していくかを示している．彼らの説明の中心にあるのは，国家は空間的に入り組んだものだ，という考えである．つまり，領土という意味においては，国家は固定的ではある．しかし，「一国，リージョンないしグローバルなレベルで直面する諸制約に対して，それを回避したり，それに順応したりするために，グローバルな領域へ入り込む能力を国家は持っている」(Hobson and Ramesh, 2002: 10)．彼らが指摘するのは，これらすべてのレベルでの問題と可能性を処理するために，政策立案者は，国家の権力をわざと手控えることができる，ということである．自分たちの権力をリージョナルなレベルに，あるいはグローバルなレベルに譲り渡すことで，問題を解決したり，国内政治での優位を確保したりしうるのだ，という点が重要である．

こうした観点から，彼らは「退出」(exit) 戦略と，「適応」(adaptive) 戦略と

いう語を用いて分析をする．退出戦略は，国内での制約に直面した際，リージョナルないしグローバルな領域を使うことで，その制約を減らしたり克服したりするような場合に採用される．1つの例は，財源不足に直面した英国の大学のやり方である．財源不足は留学生向けの市場を開放させたが，今では留学生は，英国の大学システムを維持するうえで経済的に重要な貢献をするようになっている．同様の例は，世界クラスの大学を急成長させて，研究開発のリージョナルな拠点を自国に作ろうとしたシンガポールがあげられる．そこでは，自前の大学を成長させるやり方ではなく，世界中の主導的な大学に声をかけて自国にキャンパスを作らせるやり方が採用された．

　もしも国民国家が退出戦略だけを採用するのであれば，グローバルな政策や実践に対して国民国家が優越することになるだろう．しかし，現実はそうではない．ここに彼らのいう適応戦略の概念が入り込んでくることになる．ホブソンとラメッシュは，米国の知的財産権の例をあげている．米国では，知的財産権（IPRs）を強化するグローバルなシステムを作るよう，関係者が政府に働きかけた．そして，実際，世界貿易機関（WTO）の「知的所有権の貿易関連の側面に関する協定」（TRIPS）が，それを進めている．見かけ上教育とは遠い領域の話のようだが，そうした動きが教育に対してもつ関連性に，われわれは目を向けねばならない．すでにみたように，大学において知的財産権の発展が強調されるようになってきたことは，社会のなかでの大学の役割を，根本的に変化させつつある．

　もっとも力の強い諸国家でさえ，知的財産権が貿易で持つ潜在力を現実化させるためには，グローバル・パートナーと交渉することが必要であることはまちがいない．しかし，それがドミノ効果で，大学の役割を変化させていくことになると，マクシェリー（McSherry，原著第59章）が論じている．知的財産権に関わる商業的な生産圧力にさらされた大学システムの自律性をめぐって，国内的な政治的問題が生じることになる．今度はそのことが，退出戦略と適応戦略との新たなトレード・オフを引き起こしてしまうかもしれない．

　ホブソンとラメッシュの理論は，国家が政治的・経済的問題に関して処理するべき交渉や方針選択の基盤にあるものを理解するうえで，非常に有益なものを提供している．だが，そうした理解が支持されるために必要なのは，なぜある国民国家がある戦略や方針を採用し，別のものではないのかを説明してみせることである．そうした説明のためには，われわれは，資本主義の多様性を論

じたものに目を向ける必要がある（Hall and Soskice, 2001; Brown, Green and Lauder, 2001）．

　資本主義やその社会は，多様な形態をとりうる．英米のアングロ―サクソン的資本主義の組織は，北欧のそれや「アジアの虎」のそれとは，明らかに異なっている．重要なことは，その形態の違いが，資本主義から生じる古典的な諸問題に対して，異なる種類の「解決」をあみ出してきた，ということである．ただし，近年の経済的グローバル化がそうであるように，絶えざる変化が資本主義にはつきものなので，こうした「解決」はせいぜい部分的なもので，見直しに向けてひらかれたものである．

　デュルケーム，マルクス，ウェーバーは，いずれも，資本主義社会に関わる根本的問題を提起した．すなわち，資本主義が生み出す極端な不平等と，社会正義とをどう調和させうるのか．つながりを断ち切るような市場の力に直面しながら，社会的連帯はどう維持しうるのか．労働の疎外に直面しながら，人間の自由はいかにして実現できるのか――そういった問題である．「多様なタイプの資本主義」を論じた著作が示しているのは，異なる国や地域は，こうした問題への多様な解決策を生み出してきた，ということである．北欧諸国のように，資本主義的効率性と社会正義と人間的自由とを，他の地域よりもうまく調和させることができてきたところもある．

　こうした文脈の問題を念頭に置きながら，教育とネオリベラル国家に関する分析がもつ含意を検討してみよう．というのも，多くの国がネオリベラリズムをきっぱりとあるいは微妙な感じで拒否しているとともに，世界中でネオリベラリズムが問題にされてきているからである．たとえば，フランスは，アングロ―サクソン型資本主義に強固に敵対してきた．韓国，台湾，南米では，激しい論争の主題となってきている．それはまた，グローバル化がネオリベラリズムを中心にした思想や実践へと収斂するかどうかについて，資本主義の多様さに関する著作に潜在している問題を提起することにもなる．

1───ネオリベラリズム国家とグローバルな競争

　グローバル化の政策や実践をめぐって現代の国民国家が相互に関わるやり方についてのホブソンとラメッシュ（Hobson and Ramesh, 2002）の説明は，国民国家がなお中心的な位置を維持していることを，われわれに教えてくれる．ア

ングローサクソン諸国が，なぜある方針選択をし，そうでない選択をしないのかについて理解するためには，グローバルな政策や実践に含まれた機会や脅威との関連で，それらの国家が教育をどのように考えているのかを，きちんと説明する必要がある．

経済的グローバル化に対するネオリベラル国家の対応には3つの側面がある．すなわち，第1に，教育が経済的競争力にとって要の位置を占めるという見方である．第2に，国は，「国定の学習理論」('a state theory of learning')[21]を通して，エンプロイアビリティを高める機会を提供する．それを通して，貧困や失業や所得の不平等に対処する．第3に，個人は，自らがエンプロイアビリティを高める責任を持つ．──人を惑わせやすいこれらの単純な考えは，国家の役割の根本的な変化を隠蔽してしまう．同時に，教育に対して，あるいは教育と労働市場との関係に対して，国家が行使している権力のあり方を隠蔽してしまう．

(1) 教育が経済的競争力の中心という見方

大半の政治家や政策立案者たちは，国の競争力は知識と労働者の技能とによる，と主張するだろう（Becker, 原著第19章）．すでに論じたように，そうした主張には，バイオや電子，情報などのような新しい技術の登場と，国際的な貿易と投資の障壁の撤廃とが背景にある．彼らの主張は，次のようである．こうした変化が，低スキルの経済から高スキルに基づく経済への進化的な道を促進させる．いまや，富は，新規なアイデアから生まれる．知的財産権と新しいテクノロジーを操作するスキルとを所有することを通して，アイデアはお金に変換（商品化）される，と．

米国や英国のようなネオリベラル国家では，人的資本を高めるという課題に，とても広いねらいが与えられている．というのも，そこでは，人は正しい資質を所有しさえすれば仕事の機会は手に入り続けるだろうという仮定があり，それに基づいて，個人や家庭への福祉のコミットメントが，そうした諸国では削減されているからである．結果的に，ネオリベラル国家では，資本主義経済に付随した不確実さから労働者を保護することへの出費が減らされる一方で，必ずしも実際にはそうでなくても，少なくともレトリック上では，教育が重視される（Brown and Lauder, 2001）．この立場に立てば，第2次大戦以降考えられてきたような，雇用を保障したり，失業の時期に支援を提供したりする国家の

役割はもはやないのである．グローバル化は技術と消費者の好みとを急速に変貌させるので，国家が完全雇用にコミットすることはもはや不可能だ，とネオリベラリストは主張する．いまや，国家が提供できるものは，教育を通して各自がエンプロイアビリティを身につける，そういう機会だ，というのである．一方で，ネオリベラリストは，雇用がもたらす経済的・社会的利益があるため，大半の人が雇用されやすい存在になろうと欲するだろう，と想定している．だが，誰もが仕事を探すはずだとしても，変貌する市場構造は，既存のネットワークを寸断してしまう．特に若い労働者階級出身の生徒たちは，以前はそのネットワークを使って仕事を見つけていたのだが．エンプロイアビリティに向けた教育・訓練は，そうしたネットワークの代理物として作動し始めている（Strathdee, 2005）．

教育は個人と国家との新しい契約の，核心部に位置している．というのも，潜在的に経済的利益があるからだけでなく，より高い教育を受ければ受けるほど，失業や貧困に陥りにくいだろうから——これこそが，国が労働者に対する社会的保護へのコミットを減らすことの背後にある論理である．この考えは，2つの仮定の上に成り立っている．1つは，大学での研究や教育が成果を挙げるから，高い技能の仕事が西洋社会に残り続けるだろうという仮定である．この見方の背後にあるのは，「頭脳」労働は西洋でなされ，工場や農業での「筋肉」労働は，世界の他の部分でなされるだろう，という考えである．

その考えが見落としているのは，インドの高等教育卒業者の数（Kamat, Mir and Mathew, 原著第23章）や中国の大学の興隆（Levin and Xu, 原著第63章）である．サムソンやソニーやホンダのような企業の革新力も考慮に入っていない．西洋が「頭脳力」で支配的な位置を占め続けるという考えは，すでに見込みが薄くなった願望にすぎない．それだけではない．仮にもしそういう考えが正しかったとしても，研究開発やデザイン的仕事ではそれほどたくさんの仕事を生み出せるわけではない．また，そうした仕事にありつけない人は，中国やインド，ベトナムの人たちと同水準の賃金に甘んじないといけないことになるのだろうか？　これらの国々の側からみると，上に述べた見方は，ライシュの見方を裏書きしてきた西洋の政治家の諸声明にあるような，新・植民地主義的見方の臭いを感じさせるにちがいない．

もう1つの仮定は，いわゆる「知識経済」における仕事の性質は，合意論的アプローチが予言しているように，高技能労働者への需要がよりいっそう拡大

し続けるだろう，というものである．だがしかし，多くの「知的」仕事が，企業にとってより安価だという理由で，コンピュータの助けを借りたルーティーン化された仕事になってしまいつつある．それが意味しているのは，企業は，より高賃金でより技能の高い労働力を求めるのではないこと，雇い入れた人に対して企業がより強く統制するようになってきている，ということである．

「教育の福音」に対する経済的説明に関して疑わしい点があるとすると，おそらく，次の仮定が問題としてもっと吟味されないといけないだろう．「教育は貧困の撲滅のための主要な貢献をなしうるだろうし，同時に，個々人をより雇用されやすくすることで，よりいっそうの機会の平等を促進するはずだ」という仮定である．

この仮定を吟味することは，教育が，貧困の影響を克服し，理性ある選択ができる潜在能力（capability）に関わってセン（Sen, 原著第66章＝訳書第4章）が論じているようなものを生徒たちに提供しうる条件の問題を，われわれに突きつける．言い換えると，教育的な成功を貧困がどの程度妨げるのか，という問いが出てくる．教育を通して人々が貧困から脱出する程度を規定している諸要因は，社会によってまちまちなので，この問題は複雑である．たとえば，「アジアの虎」諸国の多くの人々が，教育を通して貧困から脱出することが可能だったのは，確固とした経済成長と，家族を中心にした社会資本と，そしておそらくは伝統的な儒教に由来する教育へのコミットメントという組み合わせのおかげであった．カーノイとマーシャル（Carnoy and Marshall, 2005）は，キューバの教育システムのパフォーマンスについて3つの説明要因を検討している．親や家族の資源，教授の質，彼らが「集合的社会資本」と呼ぶものである．彼らの結論は，南米諸国の中では最も良好なキューバの教育達成への影響を持っているのは，国家の集合的な社会資本だ，というものである．しかし，キューバ経済の相対的に乏しい達成をみると，教育上の成功が経済的成功に結びつけられてこなかったことがわかる．また，北欧諸国のより強固な社会的連帯と，そこでの不平等と教育達成に関するデータとを検討すると，一国内での平等度と社会的連帯とが強いほど，そこでの教育達成はよりよいものになる，という結論は避けがたい（Esping-Andersen, 第2巻第2章；Rubenson, 原著第65章）．

対照的に，米国や英国のような個人主義的な国家では，焦点は家族や家族の資源に当てられてきた．左派は，教育を通して貧困を抜け出そうとするときの制度的障壁を強調してきた．それに対して，右派は，低い教育達成が子育てと

関わっていることを示す研究に焦点を当ててきた (Mayer, 1997). メイヤーが見落としているのは, 中産階級の親たちが, 社会的に不利な人を犠牲にしてでも自分の子供にとって最も有利になることを追求している, そういう関与の仕方についてである (Power and Whitty, 原著第31章; Horvat, Weininger and Lareau, 第2巻第2章; Ball, 2003; Power *et al.*, 2003). 本書で示されているのは, 貧困から脱出する者もいるが (Nash and Harker, 原著第29章), 世代間の貧困の伝達が重要であるということであり (Feinstein, 原著第28章), また, 最もよい教育のやり方を採用しようとした場合にでも, 教育それ自体は限られた影響しか持ちえない (Feinstein, 原著第28章), ということである.

最後に, 個人と国民国家との間で結ばれる契約に関しての根本的な変化を作り出す,「国政術」(statecraft) について考察することが肝要である. これは単に, 政策の変化の問題だったり, 新しいエージェンシーや規制の形態を作り出す問題だったりするにとどまらない. むしろ, もっと根本的なレベルで, 個人と, 個人にとっての諸価値と, その人生の展望とを規制し, 変容させるものである.

リチャード・セネットの著書『それでも新資本主義についていくか』(Sennett, 1998=1999) の中に出てくる米国に移民してきた家族の事例をとりあげてみよう. IT コンサルタントをやっているリコの父, エンリコはビルの清掃係だった. エンリコは一生涯のほとんどを同じ仕事に従事し続け, 郊外に家を買って引っ越し, 子供たちの教育のために自分の稼ぎを使った. 彼の人生は, 戦後米国社会の未来予測可能な構造のもとでの自己啓発の物語であったといえる. だが, リコと彼のパートナーは, アメリカの柔軟な労働市場で有利さを求めて, 仕事を転々と替えていった. 結果的に, 根無し草の彼らには, 生涯の友人といったものはほとんどなかった. このニューエコノミーのもとでは, すべてのものは, 短期的にしか測られず, コミットメントも忠誠心もない. リコは, 仕事でのチームワークとオープンな議論の強調が社会に広がり, それが, 彼の父親としての役割を困難にしている, と考えている. オープンな議論と交渉では, 自分の子供たちに, 彼らが発達させるべきコミットメント, 信用, 義務, 目的の意識を持つための価値観の足場が与えられない, というのだ. 代わりに, 子供たちは自分たちの親に自由に挑戦し, その結果, 方向感覚を失ってしまう. そして, 彼が軽蔑する諸価値を, 役割モデルとして彼自身が体現することになってしまっている, とリコはいう.

子供たちがどう育つのがよいのかについて，リコの見方に賛成するにせよそうでないにせよ，この例が示しているのは，現代社会の1つのパラドックスである．生活のための仕事を提供してくれる労働組合や会社のような，安定性を与える制度が衰退した．個人化が進展していくと，現在の経済が取り去ってしまったものを埋め合わせようと，教育への期待がよりいっそう大きくなっていく．しかし，リコが自分にはできないと感じているような，価値の教え込みを教育がなすべきなのだとしたら，それは難しい課題である．

道徳的規制者としての国家が，雇用されやすい存在になることが個人の責任だ，という仮定を作り出してきた．その国家のあり方の変化は，価値観や人格（character）に関する見方の変化を伴っているのである．

(2) エンプロイアビリティと国定の学習理論

リコの事例に現れているように，雇用が集合的に供給されるものから個人的な責任によるものへと転換したことは，市場個人主義と経済的グローバル化によるリスクを，個人がよりいっそう引き受けねばならなくなってきている諸現象の1つにすぎない．責任を個人に移すことで，国家は権利と責任との関係を変容させてきた．そこでは，国家は単に管理者（administrator）ではなく，道徳的規制者（moral regulator）としてもふるまうことになる．

この新しい世界では，もしある個人が失業したらそれは彼自身の責任だという個人主義的な仮定に基づいて，個人は自己規制の必要性を内面化しないといけない．しかし，ブラウンとヘスキス（Brown and Hesketh, 2004）が論じているように，個人は，彼の人格や感性がどうであれ，自分自身を雇用主に買ってもらえる商品に変えないといけない．もしうまくやろうと思ったら，個人は，雇用主に求められるゲームをプレイできる「プレイヤー」にならないといけないかもしれない．もしも資格面で十分な数の人がいるとすると，雇用主は，そのなかから，エンプロイアビリティをうまくアピールできる者を採用することになるだろう．そうした状況下では，学生が自分たちと自分たちが住むこの世界とを理解しようとする過程として教育を考えることは難しい．むしろ，自分を売り込み，競争に勝つための学習の一形態として教育をみることになってしまいやすい．

① 「国定の学習理論」

エンプロイアビリティの教義を下支えしているのは，誰もが教育を通して自

分自身を雇用されやすい存在にするための機会を得るような，国家による保証である．その結果，教育に関するグローバルな競争を背景として，最もよく教育された人が最もよい仕事をひき寄せるという理由から，学力（'standards'）を上げることに焦点が当てられるようになってきている．学力向上のため，グローバルに学力を比較する諸政策や取り組みが導入されてきているのだが，そこには，何が学力を構成するのかというかなり論争的な問題がある．たとえば，生徒たちが30年前ほど字を正しく書けなくなったとして，その代わりにコンピュータのスキルを新たに身につけるようになり，対人関係のコミュニケーションが昔より上手になったとしたら，学力は上がったことになるのか，それとも下がったことになるのだろうか？

教育関係者にとっての問題は，「学力」が文脈依存的である，ということである．ある時代に重要だと考えられているものは，別の時代には重要ではないかもしれないのだ．しかし，社会学者にとっては，それとは別に議論されるべき，学力の標準化の次元の問題が存在している．国民国家の内部では，雇用主はある個人の潜在能力のシグナルとして学歴を重視する．しかし，グローバル労働市場では，資格の標準化が，もっと重要になってくる．東京大学の工学の学位は，米国のMITの学位と同等だといえるのだろうか？　大学のパフォーマンスについて，国際的なランキング表が重要性を帯びてきたのはこのためである（Torrance, 原著第56章）．

学力水準を引き上げるために，英国と米国では，何がどう学ばれるかという教授の性質にまで直接関与する一連の政策が導入されてきた．この一群の政策をわれわれは「国定の学習理論」と呼ぶ．そこには，親の学校選択，テスト体制，学習と知識の固有の形態や，教育機関がまるで会社のように経営されうるし，されるべきだという「新しい経営管理主義」（new managerialism）といったものが，含まれている．

② **教授・学習と測定**

親の学校選択と学校同士の市場競争は，学力水準を引き上げようとする企てであるということを，すでにみてきた．市場化政策とともに，ある社会的なテクノロジーが遂行されてきた．それは，子供たちを繰り返しテストすることに基づいて，学校のパフォーマンスを判断するというやり方である．ベンベニスト（Benveniste, 原著第55章）によれば，「ナショナルな評価システムのデザインや実行や影響を形作るうえでは，政治が根本的な役割を果たして」おり，テ

ストや評価は純粋に技術的な道具なのではない，といえる．

　英国では，繰り返されるテストには，ナショナル・カリキュラムと，読み書き計算を小学校で教えるべき時期の指定とが伴っている．カリキュラムにおけるこうした時期指定や他の諸要素について，国家は，ベスト・プラクティスとみなされるものをあらかじめ示して，それに従って教えさせるやり方もとっている．米国では，すべての州に標準化されたテストとアカウンタビリティを保証するシステムとを導入するよう求めた，いわゆる「落ちこぼれを作らないための初等中等教育法」(The No Child Left Behind Act) により，テスト体制が導入されてきた．国家の目標は，学力水準を上げることに向けられ，典型的には，目標を達成できない人たちにペナルティを課すといったことがなされる．

　こうしたテスト体制は，学校同士の市場競争とぴったりつながりあう．というのも，英国では，どの学校に子供をやるかについて親が選択できるためのランキング表という形態で，テスト結果が公表されているからである．しかしながら，それは，教授や学習の性質を変化させてしまう．というのも，テスト結果の公表は，以前だったら不可視なままになっていた教師のパフォーマンスを監視するシステムになりうるからである．かつて教師は相対的に自律した専門家であるとみなされていた．それに対して，今や，テストの要請のせいで，ハーグリーブズ (Hargreaves, 第2巻第9章) がいう，「ポスト専門家」時代に入ってきている．ディラボー (Dillabough, 原著第48章) がいうように，「教育の専門家」という概念は，教師自身の語りによってだけでなく，政治的社会的変化によって，ジェンダー化・構造化されたものとみるべきである．

　英国の事例を通して，テストの意味を考えてみよう．英国では，7, 11, 14, 16, 17, 18歳でテストを受ける．当初，7, 11, 14歳のテストはそれぞれの学校のパフォーマンスの指標とみなされていたが，急速に，中等学校において，トラッキング (tracking) やバンディング (banding) で生徒を仕分けする道具としても使われるようになった．同時に，個々の生徒の成績の目標設定のためにも，あるいは，個々の部門や個々の教師がどの程度ちゃんと仕事を遂行しているのかを学校の管理職が判断するための診断的道具としても，使われるようになっている．換言すれば，当初は1つの目的のために使われた道具が，急速に多様な目的のために利用されるようになってきたのである．テスト体制を使えば，生徒も教師も自分のパフォーマンスについて反省したり，進歩についてのよりよい考えが出てきたりすることが可能になる，と論じようとすればできて

しまう．あるいはまた，テスト体制は，監視と統制の威圧的な装置ともみなしうる．そこでは，教師たちを制御する統計的パノプティコン (statistical panopticon) (Foucault, 1991) としての効果を持つよう使われるとともに，子供たちを仕分けし，彼らの期待を調整する，そういう装置となる．

それによって，教育活動の中心は「例のテスト」になってしまう．というのも教師にとっても生徒にとっても，テスト結果から生じる影響を気にせずにはいられないからである．不可避的に，教師は生徒のテストの練習に，あるいはいわゆる「試験のテクニック」の伝授に，かなりの時間をさくことになってしまう．政府の政策の観点からいうと，市場競争とテストの技術の結合がどのぐらい強力であるのかを，理解することは重要である．この結合は，学校がテストで定義されるような所与の目標と学力向上の追求に向かう限りは，なかなか批判が容易ではない．特に，報告された統計数値をうのみにしがちな大衆やマスメディアにとっては，批判は困難である．

だが，この堅牢そうな建物にはひび割れが見える．つまり，生徒の学習と教師の能力に関して，深刻な問題がいくつもあらわれているのである (Thrupp and Hursh, 原著第 44 章)．この社会的テクノロジーによって作られている広範な仮定は，重要な結果を伴うテストが繰り返されることが，学習の最もよい形態を生徒に提供することになる，というものである．だが，われわれは，その仮定に疑いを抱いている．テストにおいていかなる工夫で「問題解決」を生徒に求めてみたとしても，機械的暗記が成功の鍵であることには変わりがない．だから，このテクノロジーは，そもそも，機械的暗記が学習の一部になることを想定している．この教育的風土のもと，テストは生徒たちに，学習は一生涯続けていくものである，というのではなく，むしろ，テストこそ学習の究極の目的なのだ，と思わせてしまうのである．同様に，テストでうまくやるための作業は，指示に従う性格が強く，おそらく，好奇心とか学びたいという本能的な欲求といったものの余地が，ほとんど残されていない．学習の動機は，生徒の好奇心や関心によって内から湧き出てくるのではなく，外から押しつけられることになるのである．

ブロードフットとポラード (Broadfoot and Pollard, 原著第 52 章) は，教授・学習・評価に関して，「リベラル進歩主義」モデルと「パフォーマンス」モデルとを区別して提示する．そして，定期的なテストに基づく評価は，われわれが「国定の学習理論」と呼ぶものを生んできた，と述べている．バーンスタイン

(Bernstein) の著作に基づく彼らの分析から導かれた，いくつかのさらなる問題点もある（Moore，原著第51章）．第1に，「パフォーマンス」モデルのテスト体制に従わされてきた生徒たちが，将来も学んでいきたいという欲求を発達させるのか，それとも，テストを乗り切ってしまえば学習は終わりというふうに彼らが考えているのか――彼らはそれを問う．多くの国で，人は生涯学んでいくべきだといわれていることを考えると，彼らがテスト体制に対してネガティブな答えを与えているのは，よりいっそう重要であるように思われる（Rubenson，原著第65章）．

　第2に，バーンステインは，カリキュラムや学習や評価の枠付け（framing）の変化が，より広い社会の変化を反映したものだとみなしていた．特に，「国定の学習理論」によって作られてきた根本的な変化は，ある生徒を他の生徒に対して優越させる権力の諸変化の1つの反映だとみることができる，とバーンステインは論じた．学習の理論について，教育社会学はこれまでほとんど寄与してこなかった．しかし，アーノットとレイ（Arnot and Reay, 第2巻第11章）の議論のように，この重要な領域のスタートになるような理論的資源を，バーンステインは提供してくれている．アーノットらの実証研究が示しているのは，「国定の学習理論」は，明らかに中産階級の生徒に有利で，また，ある文脈では少年より少女の方が有利だ，ということである．

　第3に，学習とテストに焦点が当てられるため，「国定の学習理論」では，知識とカリキュラムに関わる問題が軽視されがちである．しかし，知識は生徒がこの世界を理解するようになるうえで決定的に重要である．根本的問題は，知識と権力の間の密接な関連である．マルクス，サイード，フーコー，トゥヒワイ・スミス（Tuhiwai Smith）の著作によれば，支配的集団は，ゲイの生徒をめぐる問題の場合にそうであるように（Atkinson，原著第41章），世界を自己中心的に解釈する見方を後押しするか，あるいは，議論や分析の代わりに沈黙を押しつける．もしも，世界が直面している主要な脅威こそがコアカリキュラムの中で扱われるべきだとすると――われわれはそうであるべきだと思うのだが――，知識の探究には，適切な懐疑が必要である（Samoff and Stromquist, 2001）[22]．

　マイケル・ヤング（Young，原著第50章）は，現代の教育社会学における，知識の地位の問題と，知識と権力との関係の問題を提起している．そこでは，知

識には社会的基礎があるけれども,「特別な集団の利益の保持にとどまらない創発性」を持っている(23). 知識の構築は「文化的に恣意である」というブルデューの指摘, つまり, 知識が社会的実践や利害によってつくられるということを, ヤングは認めている. しかし, にもかかわらず, 知識はわれわれが世界を理解する上で助けになるという価値を持っている, と彼はいうのである. この意味での知識は, 日常的な知である「常識」('common sense')とは区別される. たとえば, 科学, 数学, 歴史と結びついた知識である. しかし, これは生徒たちが常識的な考え方から知識の形式化されたディシプリンのそれへとどうすれば飛躍できるのかという, 核心的な教授上の問題をわれわれに突きつけることになる. もし教育機関の中で, われわれが単に常識的な知識を再現するだけにとどまるならば, われわれはただ単に不平等を永続させてしまうことになるだろう, とヤングはいう. こうした諸困難を挙げながら, 彼はいくつかの根本的な問いを提出する.

・なぜわれわれは, より多くの若者たちに, 就学を延長するよう説得したいと思うのだろうか？
・学校や大学で学ばれるような知に固有の点は何か？

「国定の学習理論」はこうした重要な問いを無視しているので, ヤングの分析は市場志向の教育政策への1つの批判となっている.「国定の学習理論」は, 労働市場に必要な能力（competencies）を伸ばすことに関わっているので, 知識や理解を発展させることとむしろ対立している, ともいえる.

この点は, バーンステイン（Bernstein, 原著第6章）の議論と一致している. バーンステインは, 知識を市場に向けて焦点づけることが, 歴史上初めて,「脱ヒューマンな原理」（dehumanizing principle）をいわゆる「公的」知識に持ちこむことになった, という. 知識はいまや, どこででも利益や収益をあげるお金のようなフローとみなされるようになっている. 知識は,「内省的深さ（inwardness）, コミットメント, 個人的傾倒, 自己の深い構造」から切り離されて, 今や脱ヒューマン化していっている, と. この章の最初に述べた根本的緊張にもし戻るならば, そして, バーンステインの観察がもし正しいならば, 今の知識のあり方には問題がある. われわれがこの世界を理解し, この世界の中での自分の位置を見出すことができるような生の枠組みを, われわれが発達させるの

を助ける手段とみなせないからである．

③ 新しい経営管理主義とアカウンタビリティ

　新しい経営管理主義（the new managerialism）は，教育のこれまでの実践とは異なるいくつかの仮定を置いている．この新しい経営管理主義は，おおざっぱにいうと，地域からの欲求に敏感になりうるとともに，教育政策・実践に対するイニシアティブと専門的なコントロールの感覚とを促進するという理由で，公立または公的補助による教育の中に，私企業の経営技術のある部分を持ち込もうとするものである．同時に，それは，財政規律を教育機関に押しつける．というのも，ビジネスと同様に，教育分野でも，出費には明確な限界があるからである．しかしながら，それは同時に，私的形態のファンドの発展を促進しもする．私企業からの借用という点で，新しい経営管理主義は，教育分野での市場競争の導入と整合的であるようにみえる．

　新しい経営管理主義の中心にあるのは，パフォーマンスの概念である（Ball, 第2巻第10章）．教師や大学教員のパフォーマンスは，判断されるのではなく測定される（もちろんこの種の測定は，いつも判断を含んでいるのだが）．ボールが記しているように，教師たちは数値で示せる目標に沿って，自分や自分がやる活動を価値づけるよう鼓舞される．こうした測定と数量化の背後にあるのが，上で論じたような，テストと目標管理である．しかしながら，その過程においては，議論や熟慮の対象と常になるはずの教育的諸価値は，脇に追いやられる．ボール（Ball, 1994）がいうように，教育の経営は技術的な問題となり，教育の土台にある固有の葛藤を理解するための鍵とブルーム（Bloom, 1997）がみていたような根本的な議論から切り離されてしまった．代わりに，目的はテストが測るものによって決定され，唯一残る問題は，学力水準が上がるように手段を改善することだけになってしまう．この見方がもし正しいなら，それは次のことも意味している．世界の中での自分たちの位置を反省的にとらえるための潜在的な力を剝奪されているのは生徒だけではなく，教師もまたそうなのだ！

　こうした見方に反対するのは，こうした「測定」を擁護するシステムの提唱者たちである．彼らは，教育というビジネスの内部に，より大きな透明性を作り出すのだ，と主張する．しかしながら，そういう議論は，このシステムがもつ政治的次元を見落とすことになる．というのも，そのシステムは，教育的なアカウンタビリティを政治的な成功と結びつけてしまうからである．政治家は目標を決定する．その結果，一般原則において，彼らは教育システムの全体の

パフォーマンスについて責任を負うことになる．しかし，ポーリット（Pollitt, 1990）が論じているように，政治的なねらいで導入された目標は，旧来の公的サービスの利益を損なってしまうかもしれない．目標設定にはある仮定が入り込んでいる．社会の諸システムは機械のようなもので，ひとたび目標が設定されれば，結果は自然に生じる，というような．

現実には，社会のシステムは機械のようなものではないし，この賭けのようなやり方で目標を設定するやり方に対して，意図せざる結果が生じがちである．教育では，そのいくつかを指摘できる．公正（equity）を損ないかねない点が，1つの問題となる．ギルボーンとユーデル（Gillborn and Youdell，第2巻第12章）は，目標設定が意図せざる結果を生んでしまうのを示すために，「教育的選別」（educational triage）という語を用いている．英国では，16歳時のテストはAからEの5段階である．しかし，広く価値が認められているのはA―C段階だけである．十分な科目でA―Cの評価を得た人だけが大学進学コースに進むことができるので，このような評点段階は，選抜メカニズムの鍵となる．ギルボーンとユーデルが研究対象にした学校では，DレベルからCレベルへと生徒を引き上げるために，資源が重点的に投入されていた．低い点数をとって置き去りにされる生徒は，その多くが，非白人のエスニック集団の生徒であった．

すべての学校がそういう選別戦略をとるわけではないにしても，彼らの研究は，教育的な価値や決定がこの種の目標設定によってどのように影響を受け，歪められているのかを描き出している．このことが，そうした厳密な目標設定の形態に伴って教育のシステムに生じる唯一の結果というわけではない．学校は，最も指導が困難で学校を乱すような生徒を取り除いてしまおうとすることもある．しかしながら，他の教育機関で開設されている諸コースに彼らの行き場所を探してやることで，指導が困難な生徒たちを追い出す学校が実際どのくらいあるのか，量的に突きとめることは，教育的選別の事例と同様に難しい．このような実践がどのぐらい広がっているのか，また，それゆえ，テストで測られるような意味でのパフォーマンスを改善することがどういうトレード・オフを含んでいるのか，といったことを明確にすることは難しいのである．

確実なことは，目標設定で動かすシステムは，諸困難に直面している，ということである．さらにそのうえ，このアカウンタビリティの体制に伴う最初の改善は，その後横ばいになっている（Tymms, 2004）．それに対して，繰り返されるテストによって現実に学ばれるものに関しては，問題が存続していく．英

国と米国がテスト体制を採用するようになったのに対して，韓国，シンガポール，台湾のような，国際学力比較調査で非常に高得点を示してきた東アジア諸社会が，試験重視のシステムを捨てて，もっと生徒の創造力や自主性をのばそうとしているのは，皮肉なことである．明らかに，生徒のパフォーマンスに強く焦点づけられることで，「国定の学習理論」には社会統制の要素が含まれている．すなわち，現代の生活から湧いてくる中心的な問題を探究するのではなく，学歴をめぐる地位競争に生徒を縛りつけておく，という点である．

「国定の学習理論」は，ネオリベラリズム的な教育政策の中心的構成要素であると，しばしばみなされている．そのテクノロジーがもしもかつての国家社会主義の社会でも利用できたとしたら，同様に採用されていたかもしれないけれども．少なくとも英国では，労働者階級の生徒のパフォーマンスを上げようと努めることは，悪くない試みとして理解されうるだろう．しかしながら，うまくいかない生徒，失敗した生徒を検討してわかるのは，国家が押しつける学習理論の実験の結果は，明らかに［良い結果／悪い結果の］むらがある（Feinstein, 原著第28章）ということである．

④　レーダー監視される教育？

「国定の学習理論」をめぐる議論で主要な前提となっていることの1つは，ここで挙げたような問題と関心とが，教師の職業生活の日々の現実に影響をおよぼすということである．しかし，同時に，こうしたパフォーマンスへの要請に教師たちがどう応えているのかについて，全体的な像を得ることは難しい．アカウンタビリティのシステムが，価値や優先順位をあらかじめ決めてくれるから，それらについて議論することはもはや無駄になったというふうにいえるのだろうか？　教師たちは試験の答案にのみしがみついているのか，それとも，ベストな教え方の判断を教師がまだやっているのだろうか．生徒たちはテストが求めるものを学ぶだけの存在なのだろうか？

われわれの見方――仮説にすぎないのではあるが――では，こうした説明はそれ自体機械的にすぎるというものだ．教師はシステムとの妥協点を探そうとしており，その結果，彼らの価値やスキルは，必ずしも完全に抑え込まれてしまうわけではない．教授スタイルというものは教室の文脈に適応させられねばならないのだが，「国定の学習理論」で驚くべきことは，その教授の技（the craft of teaching）が，いわゆる「ベスト・プラクティス」にもとづく，あらかじめ決められたやり方（a prescriptive system）によって，浸食されているということ

である．ベスト・プラクティスを認定する際のまちがいだけでなく，それがほとんど困難もなくある文脈から別の文脈へと転移可能だとする仮定もまちがっていると考えられる．

　だがしかし，こうした環境の下でさえ，教師たちは彼らが直面した条件に対して，異なったやり方で対応するだろうと，われわれは考えている．そしてここでは，中産階級と労働者階級では学校教育の経験が異なっているというボウルズとギンタス（Bowles and Gintis, 1976）の説明はまだ有効であるかもしれない．中産階級の教育は，労働者階級のそれよりも包括的である傾向がある．労働者階級の生徒は家庭と学校との間を有機的につなぐ文化資本をもっていないので，学校は彼らのパフォーマンスを改善するために，より多くをテストに向けて教えることになりがちである．それに対して，中産階級の学校では，より広い教育がなされやすい．というのも，生徒たちはすでに競争での地位が高く，テストの結果をより出しやすいからである．

　われわれは，教育がレーダー監視下におかれる可能性についてみてきたが，他の諸国や地域がどのように教育システムを組織しているのかについてもみておくべきである．アレクサンダーの画期的な比較研究（Alexander, 2001）では，教授や学習の背後にある諸仮定や諸実践が，国によってどう違っているのかが明らかにされている．彼は，設定した中心問題のいくつかについて，深い考察を加えている．彼が明らかにしているのは，初等教育で適切な種類の学習をさせるうえで，「国定の学習理論」は，最もよいやり方では決してない，ということである（Alexander, 原著第 49 章）．実際，国家が押しつける単一の学習理論という考えは，まったく異常（extraordinary）である．その理論は，学習の性質やそれが普遍的に適用できるか否かについての，われわれが実際にはもっていない知識を，前提として仮定している．

2───結論：2020 年への展望

　今日のフォーマルな教育に関して最も衝撃的な特徴の 1 つは，個人，家族，地域，会社，自治体や国が，教育についての確固とした信念を持っている，ということである．この章では，そうした信念が間違っているかどうかを検討してきた．検討の際に，われわれは，教育の未来に関わるいくつかの主要な問題点，特にすでに概略を示した根本的な諸問題について述べてきた．教育は，

次第に経済の奴隷になってきているけれども,われわれは,そうした事態は,内在的にも,また,この時代の根本的な諸問題から目を背けているという点においても問題がある,と主張してきた.

　なぜ国民国家が,他の諸目的を排除して「教育の福音」に焦点化するのかを理解するためには,個人化に関わるとともに,グローバル化の多様なインパクトに関わる,現代社会の根本的な諸変化に目を向ける必要がある.「教育の福音」の追求をネオリベラリズムのイデオロギーの押しつけとしてのみみるのは間違いである.すなわち,そのイデオロギーを優勢なものへと押し上げてきた諸条件を考えてみるところから始める必要があるのである.われわれは,国家を全能の存在と見なしがちである.そして実際,国家の権力に関する多様な理論があることをみてきた.しかし,われわれの見解では,国家の活動には限界が存在している.ここではまず,個人主義,テクノロジー,グローバルな政策と実践の出現が,国家の権力にある限界を作り出してきている点をみておくことにしよう.その次に,「教育の福音」を超えて,多くの人が主要な問題と考えている問題——すなわち,現代のわれわれが直面している主要な問題——に取り組む手助けになる役割を,フォーマルな教育が果たすことができるのかどうかを考える,そういう余地があるのかどうかという問題に答えていこう.これらの問題は,経済的な問題に密接に関わっている.さまざまな困難をこの時代にもたらした政治的・経済的要因を理解しなければ,環境サバイバル問題 (environmental survival),不平等,貧困といったものを理解することができない.もちろん,こうした問題に対してはさまざまな理論や見解がある.しかし,重要なことは,これらの問題はわれわれみんなに関わっている問題なので,みんなに伝えられることによってはじめて議論が可能になるようなものである,ということである.このことは,現在与えられているウエイトよりもはるかに大きなものを伝えるような,シティズンシップのための教育の重要性を含意している.これからみるように,そうしたアプローチは,教育の根本的な転換を求めている[24].

(1) 教育・テクノロジー・グローバル化

　20世紀の大部分の間,5歳で始まり16歳ないし18歳までに終わる義務教育の時期にフォーマルな教育機関の中でなされるのが学習だ,と理解されてきた.一部の生徒は,さらにその年齢を超えて,継続教育・高等教育で学んでいった.

経済的・社会的・技術的変化は，現在，教育機関の性質と構造に対して重要な影響を与えている．経済に関しては，3つの根本的な変化があった．第1に，労働市場への女性の参入が進み，幼児期の教育（early childhood education）の利用の問題が浮上してきた．第2に，知識基盤経済への変化の結果，高等教育へ進む生徒たちの比率を大きく増加させるべきだ，という議論が現れてきた．第3に，技術革新と結びついたグローバル競争が強まったため，スキルの通用期間が短縮し，絶えざる訓練・再訓練が必要になってきた．このような変化の結果，「一生涯のための教育」（education for life）から「一生涯を通した教育」（education through life）へと，教育は再定義されることになった．教育と日常生活との境界は崩れはじめている．

これらの新しい経済的社会的な動きに潜在しているのは，何のための教育かについてのわれわれの考えを根本から変えてしまうような，学習者や学習の性格についての新しい考え方である．「学習」は，この変化を少なくとも2つの点で表している．第1に，教育の焦点は，ある文化が価値あると考えるものへの集団的な加入としてよりも，むしろ，諸個人に向けられるようになった．第2に，必ずしもフォーマルな教育機関の中でなされる必要のないものまで含めて，中等教育以降で学ばれるものが，以前よりも個人で選択できるようになった．

情報テクノロジーの出現は，個々人による学習を促進させることになった．いまでは，さまざまな学習のやり方が可能になったのである．教室の外に，コンピュータのチャットルームが登場した．教師と生徒の対面的出会いはEメールへ，教科書はインターネットへと，とって代わられうることになった．同様に，学校や大学は人々が学ぶ唯一の場所ではなくなった．生涯にわたって学ぶことが切望されるようになった時代には，学習は家でも職場でも簡単になされうるのである．教育システムは情報伝達の独占性を失ってしまった．メディアや商業的なソフトウエア企業やインターネットは，いずれも困惑させるほどたくさんの情報を提供している．ただし，それらの情報が，知識のディシプリンへと構造化されているかどうかは議論があるところだが．今のところ，教育システムが失っていないものは，まとまった知として構造化された学習をいつ行なったかを「保証する」（certify）権威であるけれども，いずれ将来には，私企業や国際機関が自分たちで資格を発行し，管理するようになるかもしれない．

われわれが理解しているこうした観念や技術の変化は，輝かしい新しい技術革新に入るのを教育が可能にしているように思われるかもしれない．生涯学習

について，合意論的アプローチに立つ人は，個人の発達の機会拡大と人間的能力を理解する仕方の広がりを語るかもしれない．その一方で，葛藤論的アプローチの人たちは，われわれの生活のあらゆる側面が，「重要な学習」「本物の学習」を構成するものを定義する権力を持った，教育当局の公式のまなざしにさらされて，個人の監視と処罰が進んでしまう危険性 (Foucault, 1977) を指摘するだろう．『グローバルな教室に収監されて』(*Imprisoned in the Global Classroom*) の中で，イリイチとヴェルヌ (Illich and Verne, 1976: 14) は，彼らが「生涯教育」(permanent education) と呼ぶものを合意論的にみることを拒否した．彼らはいう．「生涯教育の諸機関を通して，教育の専門家が，自分たちが無能であることを人々に確信させ続けることになるだろう．学校という装置の究極の成功は，最初はすべての若者に，それからすべての年齢層に，そして最後はすべての地域へという，独占の拡大である」．この説明は，被教育者の自律へのドアを教育者が開けていくというふうには考えず，教育者は監視と統制のシステムの中でそれに関与する，というふうにみなすものである．

　「一生涯のための教育」から「一生涯を通した教育」への変化についての，こうした対立する解釈は，決着のつかないジレンマの2つの極を代表しているのかもしれない．個別の学習者，主体性，アイデンティティ，自己といったものが次第により強調されるようになっているのは，「国定の学習理論」が例証であるように，監視の強化として解釈されうるのだが，もう一方で，同じトレンドを民主主義のための前提条件だと解釈することも可能である．重要な問いは，「一生涯を通した学習」がどう解釈されるかである．もし，生徒たちがそれを，経済的な目的の手段としてだけみるならば，この増加する教育への投資の結果は，より小賢しく計算高い快楽機械を生産している，ということになるだろう．対照的に，もしも教育への結果が，自分たちが社会や環境に対して負っているものを生徒たちがより意識するようになるということであるならば，われわれが直面する根本的問題にどう集合的な解決を求めていくかを理解することに向けた，1つのステップになる．

　ここでわれわれは，個人化と市場個人主義との両方ともに暗部 (downside) があることを，正しく認識する必要がある．米国や英国を特徴づける社会の断片化は，個人のレベルに反映している．個人化の暗部は，以前からずっと理解されてきた．エーリッヒ・フロム (Fromm, 1942: 29=訳書: 49) が観察したように，「もしも，人間の個体化 (human individuation) の過程が依拠する経済的，社会

的，政治的状況が個性の実現のための基礎を提供しないものであったならば，……そして同時に，セキュリティを保証してきた人々の間の絆が失われたとしたら，この落差は，自由を耐えられない重荷へと変えてしまう．そのとき自由は，意味と方向を失ったある種の生活を伴って，疑念と同一のものになる」．セネットは「エピソードや断章を寄せ集めた社会において，人はいかにして，アイデンティティとライフ・ヒストリーの物語を紡ぐことが可能になるのか」(Sennett, 1998=訳書: 26) を最近問うているのだが，セネットにそういう問いを立てさせたのは，［フロムのいうのと］同じ社会的緊張である．

　このことは，われわれを，デュルケームの議論と，教育の中身の問題へと連れ戻す．デュルケーム (Durkheim, 原著第 2 章) は，教育が若い世代の「方法的社会化」(methodical socialization) によってできている，と論じている．それ(「方法的社会化」)は，「個的存在」(パーソナリティ，人格，能力) と「社会的存在」(観念，感情，広い社会の諸実践) とを発達させて結び合わせることを意味しており，それが教育の目的を構成している，というのである．デュルケームにとって，教育の役割は，疎外や危険の問題を克服するために，人々に人生にとっての意味を与えるものである．すなわち，

　　われわれは，自分たちの行為が，目の前の瞬間を超えた結果を持っていることを信じる必要がある．さもないと，そうした行為はあまりにも無意味になってしまう．……われわれの行為を空虚から切り離すある筋道以上のものがほとんどなくなってしまうからである．……持続する質を有する行為のみが，やってみるに値する．永続する愉しみのみが，欲するに値する (Giddens, 1972: 93–94)．

　人生の大半を特徴づけるようにみえる「エピソードと断片」への埋め合わせを教育がやれるのかどうかが，問われるべき問題である．意味ある生や持続可能な生の構築への代替物として，商品を提供する市場資本主義が入り込んでくるのは，この空虚の中である．著名なエコノミスト，ガルブレイス (J. K. Galbraith) の言い方を借りると，アメリカの (さらにはヨーロッパやアジアの) 中産階級は，破滅の日まで自分たちのライフスタイルを守り続けるのであろうか？合意論者の立場からの回答は，少なくとも環境上の持続可能性に関しては，テクノロジーが解決してくれるだろうというものである．社会諸階級や階級を持

続させる権力構造を問い直す必要もなく，いつも「誰にとってもよい」(win-win) 結果をテクノロジーが生むはずだという，理解できなくもない仮定がある．これはおそらく，ジョージ・W・ブッシュのような米国の大統領たちが抱く希望である．だが，注意が必要だ．技術の社会学の泰斗，デビッド・ノーブル (Noble, 1999) は，米国におけるキリスト教と技術崇拝との間にある明白な関係を描き出した．本章の初めに示した，ホブズボウムが定式化した諸問題は，単純な技術的な解決がなされるにはあまりに複雑である．それゆえ，シティズンシップのための教育の見込みに焦点を当てることが，重要になる．

(2) シティズンシップのための教育の見込み

今日，個々人のアスピレーション，文化的差異，社会関係の複合体は，社会の連帯の発展を，不可能ではないけれども，おぼつかないものに (problematic) している．デューイが謳ったコモンスクールの観念は，民主主義において求められる理解と連帯の発展を企図したものであった．しかし，もしも生徒たちが階級やジェンダーやエスニシティや宗教によって別々の教育を受けるようになったとしたら，自分たちに対してとは異なったやり方で教育された見知らぬ他者がもつ欲求やニーズを，彼らは何を手がかりにして理解できるというのだろうか．この意味で，キャスリーン・リンチたちの著作が重要かもしれない．というのも，彼女らが「ケア，愛，連帯」と呼ぶものを理解し涵養しようとする教育に対して，万人が平等な権利を持っているのだと，彼女らが主張しているからである．彼女らにいわせれば，人間としてわれわれはみんな傷つきやすいとともに相互依存的であるということを理解するような，そういう情緒的発達に関して，不平等が存在している．ジェンダーに基づく不平等が典型である (Baker, Lynch, Cartillon and Walsh, 2004: Lynch and Baker, 2005)．そうした見方は，教育を職業の目的と見なす支配的な見方と明確に対立している．にもかかわらず，傷つきやすさと相互依存性に関する感情を理解することがシティズンシップにとって重要ではない，と主張するのは困難である．われわれの共通の人間性と苦しみが，われわれのリビングルームに電波で流されているようなグローバルな文脈を考えると，特にそうである．この点に関して，われわれは，20世紀初めにデューイが理解していたような個人化とグローバル化の見込みを実現しなければならない．それは，「旅行，経済や商売の趨勢は，現在では非常に進歩して，対外的な障壁を打ち壊すまでになった．すなわち，民族や階級を

互いにより密接に，より顕著に結びつけるようになった．なお残っている問題は，大体において，この物理的距離の消滅がもつ知的および情緒的意義を明確にして行くことである」(Dewey, 1916, 原著第4章に抄録：93＝訳書：141) というものである．

シティズンシップのための教育――自分の行為や国益に沿って企図された諸行為のグローバルな結果を，生徒たちが反省的にとらえ行為することを促すような教育――には，いくつかの制約が存在している．第1に，グローバルな人の移動が「教育の福音」に結びつく，という点である．バンクーバーの中国人移民を研究したミッチェル (Mitchell, 2001) はその点を描いている．彼女は，学校教育の目的をめぐる，移民と他の住民との間の葛藤を記述している．他の住民にとっては，学校教育は，学歴の追求と並んで，社会の文化的な文脈への参入を扱うものとみなされている．それに対して，グローバルな変化と可能性を鋭く意識している中国人移民は，点数や学歴に強い関心を寄せている．この不一致が，グローバル化とシティズンシップとの緊張を反映したものであることを，ミッチェルは理解している．もとからの住民にとっては，自分たちが住む社会の文脈が重要なものであるのに対して，中国人は移民なので，彼らが自分たちの子供に望むのは，グローバルな労働市場に参入することである．このことは納得のいく話である．中国人移民にとって，アイデンティティの感覚は，1つの場所からではなく，地球全体にまたがった家族の強い絆から得られるので，彼らにとってシティズンシップはおそらく二次的なものであった．このズレを明らかにしたミッチェルの指摘は，フォーマルな教育に関する限界と可能性を理解する上で重要である．

この議論は，なぜ教育と雇用と経済成長との間の関係が特に強調されているのかについての，手がかりを提供してくれるかもしれない．将来の雇用と国家の繁栄に向けた個人的投資として教育を扱うことは，アイデンティティの政治につきまとう諸困難を無視してしまうことになる．個人が生計を立て，国家の財政が満たされることが，最も人々が一致しやすいことなのである．20世紀の初めのころ，「教育システムの基礎に関する現代の議論の背後には，『スペシャリスト』と古い『教養人』タイプとの間の闘いが，ある決定的な点に隠されている」と，ウェーバーはみていた．この闘いが，新しいグローバルな段階の現在も存在している．しかしながら，もしわれわれが，「教養人」(cultivated man) の観念を，われわれとわれわれのいるこの世界とを理解するための教育という

点から再解釈するならば，これは確かにシティズンシップのための前提条件になるだろう．

　第2に，すでにみてきたように，国家レベルでの社会的連帯は，白人男性モデルを基礎にしていた．しかし，ヒエラルキーと服従との結びつきが弱まってくるにつれて，実にたくさんの異なる集団——女性，エスニックグループ，旧植民地出身者，同性愛者，障害を持つ人たち——が，みんなそろって，平等な教育への権利を求めてくるに至った．本書への寄稿者の何人かが述べているように，以前には排除されていた人々に対する教育にとっては，任命し代表する権力への関与［代議制民主主義への参画］がきわめて重要である．この葛藤は，民主的な発言への権利に関わるだけではない．教育で成功するためには，生徒たちは文化的アイデンティティが保証される必要がある，という考えにも関わっている．生徒たちは，自分たちがどこから来たかを知り，自分たち固有の世界を代表できるようになる必要がある．このことは，異なる集団の生徒たちがそれぞれ自分たちの言語や文化で教わるような，文化的に自律した学校教育を求める議論につながってきた．

　しかしながら，トレス（Torres）が指摘しているように，民主主義やシティズンシップの性格は，再考される必要がある．というのも，マイノリティの切望を無視してしまうような権力をマジョリティに与えているのが，現在のシステムだからである．これは難しい問題である．フランスでは，フランスの伝統に基づいた強固な国家という考えが教育にも貫かれていて，これがハジブ（スカーフ）やジルバブ（上衣）を着たいと考えるイスラム教徒の女性と，フランス国家との間の葛藤の原因になってきた．若い女性が特別な上着を着用するという単純な行為が，多文化主義，レイシズム，コロニアリズムの性質をめぐる論争に火をつけた（Benhabib，原著第10章）．このような論争に照らして，教育が社会的結合とシティズンシップとを作り出す役割を，われわれはどのように理解したらよいのだろうか．多元的なアイデンティティや忠誠のあり方をわれわれは発達させることができるのだという，ベンハビブの提案は明らかに可能である．しかし，そこにはある程度の緊張がないわけではない．このことは現在特に問題含みである．というのも，中東や極東の文化遺産であるイスラム教の信仰を持つ人々は，彼らがしばしば悪魔視されてしまう「テロとの戦争」のなかにいるからである．こうした条件の下で，異なる宗教的・エスニック的背景を持った生徒たちがどうアイデンティティを形成するのかについて，急いで比較

研究がなされねばならないのは明らかである．

　このことはさらに，教育は機会の平等を促進することができるのか，それとも，それが単に不平等を再生産するだけなのかという問題にもつながっていく．メリトクラティックな競争に関する合意論の立場の見解では，教育や職業上の選抜は，テストや試験や資格によって判断された個人の業績に基づく，とみなされる．しかしながら「人柄」資本（"personal" capital）——雇用主に評価されるような人柄的特質を利用するべく，自己がパッケージ化される程度（Brown, 原著第26章）——が次第に重視されるようになってくると，志願者の間の「生来の」差異よりもむしろ文化資本が，きわめて重要になってくる．教育と仕事と報酬との間の関係を覆い隠していた，メリトクラティックな見解のヴェールがめくり上げられ，そこにおける社会的選抜の仕組みが明らかにされてきた．社会的信用，人生経験と文化的資産へのアクセスとが，生計をめぐる競争の結果を左右する上で決定的な役割を果たす，というのである．こうした新しい選抜の過程は，西洋社会における不平等の再生産の新しい段階であるように見える．

　産業社会の興隆を説明したゲルナーは，「近代社会は平等主義的なので，その結果流動的（mobile）なわけではない．そうではなくて，流動的であるがゆえに結果的に平等主義的なのである」と結論している（Gellner, 1983: 24–25）．しかしながら，ある種の専門家や中産階級労働者向けのグローバルな労働市場が発展してくると，流動性と平等主義とを同一視することは，別の意味で危うさをはらむことになる．というのも，国際的な学校システムとエリート大学を通して，親たちは子供の教育的成功の多くの部分を買ってやることができるからである．それゆえ，教育システムが機会の源泉である程度は，社会正義の問題に関わるだけでなく，シティズンシップの問題にも関わってくる．そうした特権的な教育トラックから排除されている人たちは，教育システムをそもそもアンフェアなものとみなし，それゆえに，われわれが直面する根本的諸問題に取り組むのに必要であるような教育と社会的連帯とへの関与をしないかもしれない．この点において，シティズンシップのための教育は，単により重要になってきただけでなく，若者にも高齢者にも新しい要求をすることになる．もし生徒が批判的に物事を見ることや，すでに述べたような根本的問題に取り組むことを鼓舞されていくべきだとしたら，では，何を基礎にして「グローバルなシティズンシップ」が理解されればよいのだろうか．国民国家に関わる法的な権利と

責任については，すべての生徒が学ぶことができるけれども，そこにはグローバルな枠組みは存在しない．そのうえ，ローカルと，ナショナルと，グローバルとの間の関係を理解するには，ある程度の想像力が求められる．十分研究されていない領域ではあるが，グローバルな変化がどのようにローカルな状況に影響を及ぼすかについて，またその逆の影響についても，若い人々が理解することができることを示した研究はある（Manson, 2004）．社会的連帯や結合についての研究（Green, Preston and Sabates, 2003）も，市民的・政治的参加のある次元に対して，教育がポジティブな効果を持っていることを示している．

　これらの研究の知見を利用して，共通の人間性を理解するうえで個人や集団の差異がどう役立つのかを，急いで検討することが必要である．われわれは，文化的同化が民主主義にとって本質的であるというブルーム（Bloom, 1997）の見解には批判的だが，ポール・ハースト（Hirst）が社会の「オスマン帝国化」（Ottomanization）と呼ぶ問題——多様なルールや基準を備えた，多元的で自己調整的なコミュニティが広く割拠する状態——を克服する道を見つけ出さなければならない．ハーストが与える説明は，めいめいが自分の思い通りのことをし，自分の望むものが与えられ，安全とコミュニティの共同利益とが享受できるような社会はありえないから，あるべきやり方は，「相互の寛容と引き替えに」「自己規制の実質的な手段を受け入れること」である，というものである．しかしながら，この見方がはらむ困難は，ジェンダー（Arnot and Dillabough, 原著第11章），エスニシティ，人種，階級，障害の不平等が存在するなかで，こうした条件の下での寛容がいかにして生まれうるのか，という問題である．そのうえ，そうした試みが，仮にある啓蒙された国でうまくいったとしても，ここで述べてきた「根本的な諸問題」は，グローバルな発展に深く関わってしまっている．だから，グローバルな文脈での民主主義にむけた経済的・政治的基礎について，急いで再考する必要がある（Olssen, 第1巻第1章）．デューイがいうように，「民主的社会は外的権威に基づく原理を否認するのだから，それに代わるものを自発的な性向や関心の中に見出さなければならない」．そしてそれは，「教育によってのみ作り出すことができる」（Dewey, 1916=訳書: 142）．今日，デューイのこの洞察には特別な響きがある．というのは，個人化と市場個人主義とが，民主主義の促進のための重要な基礎のある部分——労働組合運動など——を，掘り崩してきたからである．だからこそ，教育がより重要になっているように思われるのである．

デューイの見解は，シティズンシップのための効果的な教育を可能にする社会的条件の問題や，教育がある意味で社会から切り離されていて，それゆえ進歩のための独立した力として作用することがありうるのかどうかという点に関して，本章の最初で述べた問題へと，われわれを連れ戻す．しかしながら，われわれの議論の含意は，もしも仮に，そういう目的が単なるレトリックではなく実際に実現していったとしたら，いま現実にあるよりももっと，社会集団間のよりいっそうの平等と差異の承認とが求められることになるだろう，ということである．前に言及した北欧の研究が示しているように，不平等は単に教育の問題ではなく，労働市場と福祉国家の構造化にも関わる問題である．適切な経済的・社会的条件がつくられないと，社会正義と民主主義に関する諸問題は片づきはしない．そしておそらく，それらが，あらゆる中で最も根本的な問題——この地球の持続可能性——に取り組むために必要な条件である．シティズンシップのための教育が焦点化されるのは，こうした関心に関わってであり，また，有効なシティズンシップのための教育は，現状の根本的な変容を求めることになるだろうという考えを，前にわれわれが表明したのは，この理由のためである．

そうした変容のためには，取り組まれるべき3つの条件がある．①「教育の福音」に焦点を当てて国家をネオリベラリズム的に再創造しようとする路線から手を引くこと，②一国内および国家間で，よりいっそうの平等を追求すること，③「ケア，愛，連帯」とリンチが呼ぶ発達を含め，われわれが自分や自分たちが生きるこの世界をもっとよく理解できるような過程と内容を持った教育を現実化していくこと，である．なおそのうえで，これらの取り組みが，最良の科学や社会科学の諸理論や人類の存続に関わる論争において，吟味されていくべきである．

われわれが描いてきた諸問題をきちんと考えると，個人と国家の経済的な豊かさの追求以外を排除するような，ネオリベラリズム的国家における教育の役割は狭すぎる，という結論にたどりつく．このことは次に，いくつかの重要な問いを提起する．果たして，ネオリベラリズム的国家は，グローバルな経済競争で生き残っていく上で，すべての国民国家が追求しないといけないモデルなのだろうか？　国民国家を同じ方向に向かわせる，グローバル化による収斂という強制力が，果たして存在するのだろうか？　もしそうだとしたら，国民国家，教育，個人の自律のためには，どういう代価が払われることになるのだろ

うか？　もっと楽観的な問いとしては，シティズンシップのための教育をもっと強調するオルターナティブな方向には，いったいどういう可能性があるのだろうか？　もっとバランスのとれた教育を提供するためには，社会的・経済的条件をどのように変えねばならず，また，変わりうるのだろうか？

最後に，近年の状況に含まれる多くのパラドックスの1つを記しておきたい．アングローサクソン社会でフォーマルな教育が拡大してくるにつれて，かえって，個人の批判的思考の発達に対してフォーマルな教育が与える影響が小さくなってきていることである．すなわち，批判的思考を発達させるためには，フォーマルな教育よりもむしろ，メディアやNGOやグローバルな社会運動が，より大きな意味を持つようになってきているのである．教師なら誰もが知っているように，経済的利益の計算を超えた好奇心や情熱の輝きは可能である．進歩の可能性は，この人間的な質のなかに存している．

(3) 教育社会学を再考する

教育が政策立案において中心的な位置を占めることは，この序論で明らかだろう．しかし，政策立案者も大学も，教育という分野を周辺的なものと見なしてきた．本書の各章はすべて，政策立案者や教育に携わるわれわれの同僚たちが関心を抱いているような重要な問題についての説明を提供したり，吟味したり，例証したりして，この分野がもつ力を立証するだろう．そうであるならば，教育社会学はなぜ，もっと重視されないのだろうか？　この問いに対する答えは複雑で，まさにそのことが，政策立案者が教育社会学をあてにしない理由の1つである．

政策立案者は「魔法の弾丸」(magic bullets)を好む．シンプルな考えが，見かけ上は魅力的だったりする．教育の分野では特にそうである．教育に市場原理を持ち込むのがよい例である．子供たちの通う学校を親がもっと選択できるものにすることぐらい，見てすぐわかるものはない．そして，それが引き起こすであろう結果を理解することほど複雑なものはない．だが，もしこれが本当だとしても，複雑な考えが明瞭に示されるように保障するのが，生徒や市民や政策立案者に対する，われわれ研究者の責務である．容易なことではないが，民主主義にとって本質的なことである．

別の道として，特権的なサークル以外の人には理解が困難な言語をしゃべる，カリスマ的導師とその侍者を作る，というやり方もある．もちろん，それぞれ

の理論や，問題へのもっと雑多な知的アプローチは，それぞれ固有の専門用語を持っている．しかし，理論的術語に隠れた諸前提をわかりやすい言葉で説明することは，われわれが努力しなければならないことである．この本は，教育を取り巻く美辞麗句 (the rhetoric) に挑戦する，重要なアイデアで満ちている．本書はまた，不平等の原因について，および，シティズンシップのための教育を有効にするための諸条件について，根本的な諸問題に取り組んでもいる．それらは人目につかない研究領域となるのではなく，公衆に広められる必要がある．

　しかしながら，教育研究が，必要なものに注意を払ってきていないともいえる．子供の貧困や所得の不平等の問題は，先進国でも開発途上国でも大きな問題である．これらは，教育社会学の関心の中心的なものであるべき問題なのだが，学会誌などでこれらの主題をあつかった論文はごく少ない．社会的剥奪と機会の平等についての研究は，かつて教育社会学で盛んであった．今では，この主題の探究を引っ張っているのは経済学者と社会政策研究者である．同様に，「教育の福音」を考えると，教育と経済の間の関係は，教育社会学者の中心的な関心であり続けてきたように思われるかもしれない．だが，この分野への関心がよりいっそう強まってきているにもかかわらず，きちんと訓練を受けた研究者による研究は不十分なままである．

　教育社会学者がかなりの強みを発揮してきた領域は，ディシプリンについて反省的に考える能力に関わっている．だから，自分たちを反省的に吟味することで，この序論を終えることにしよう．社会学の基礎についての重要な論文の中で，コンネル (Connell, 1997) は，次のように述べている．偉大な学祖，デュルケーム，ウェーバー，マルクスに中心的な位置が与えられるアプローチは，ジェンダーやエスニシティや帝国主義といった重要な変数が［議論の枠組みから］除外された，19世紀の植民地支配の形態の産物である，と．彼の主張に対する論争では，ランドール・コリンズ (Randell Collins) が，社会科学的研究がなされるのは誰の利益に向けてであるのかという重要な問題——フーコーによって最もシャープに提出された問い (Smith, 原著第38章) ——を，コンネルに対して提出している．

　われわれは，この3人の巨人の論文からこの本を始めることを選んだ（原著第1章〜第3章）．そうしたのには少なくとも2つの理由がある．彼らが作り出した諸概念と知的な抱負とは，教育社会学にとって欠くことのできない側面で

あり続けている——階級，搾取，帝国主義，資格競争といった諸概念は，われわれの分析の中心にあり続けている．しかし，コンネルは正しい．デュルケームらのレンズの焦点をただ絞るだけでは，われわれは自分たちのディシプリンを正当化することはできないのだ．われわれは，自分たちの視野を広げて，異なる観点から世界を見ることが必要になっている．だが，デュルケームらの議論と向かい合い，彼らの理論を批判し，高めていくことなしに，それはなしえない．この過程で，われわれは，彼らの肩の上に立っているのだということを認める必要があるのである．

【原注】
(1) Durkheim (1977 [1904])，注 (7) 参照．
(2) 以下で検討するが，これは，ポスト近代主義者やポスト構造主義者から攻撃にさらされ続けてきた考え方であり，彼らの中には理性の根拠を否定する者もいる．
(3) アメリカとイギリスは，5000億ドルからなる世界の全軍事費の半分を出している．他方で，両者で，268億ドルを援助にかけている（ストックホルム国際平和研究所，2005年6月）．援助の大半は防衛に関連するものである．ウッズ (Woods, 2005) 参照．
(4) ジャレッド・ダイアモンドは，社会の持続に必要な環境システムの破壊などにより社会が存続不可能になった歴史的な事例を分析することで，ホブズボウムの問題関心を具体化している (Diamond, 2005)．教育の環境面での持続可能性についての分析として，スコットとゴー (Scott and Gough, 2003) やライド (Reid, 2005) を参照．
(5) これは，ニュージーランドの教育大臣ピーター・フレイザーの演説用に，C. E. ビービィが1939年に執筆した原稿からの引用である（アルコーン (Alcorn, 1999) からの引用）．こうした考え方は，西欧諸国の教育の民主化に対する苦闘をあらわすものである．
(6) われわれは「産業社会」という言葉を用いるが，それは，多くの近代社会は資本主義の程度は異にするものの，個人化への基層的な変化は——われわれは以下で議論するが——，産業化と都市圏の構築を経なければならないからである．アメリカやイギリスにおけるアングロ・サクソン的資本主義は，とりわけ個人主義——われわれは市場的個人主義という表題のもとで論じる——を強調する．
(7) また，デュルケームは，器官として分析した社会の全体的な関連構造を把握する唯一の方法は，社会科学に対して真に科学的な方法を適用することであると論じている．
(8) われわれが，合意論的アプローチ，葛藤論的アプローチという言葉で論じる理論は，根本的に異なる世界観をもっており，そのために容易に統合には至らない．ここではできるかぎり，両者を区別して検討する必要がある．このことは，系譜内に

ある諸理論と同様に，葛藤論の系譜内にある諸理論にもあてはまり，また，学校と社会の関係の諸理論に対してと同様，グローバル化の諸理論に対してもあてはまる．マルクス主義とウェーバー学派の理論の調和を試みたバリス（Burris, 1987）を参照のこと．モゼリス（Mouzelis, 2000）は，諸理論の「架橋」の方法の可能性について検討している．理論の評価に関する議論については，ローダー，ブラウン，ハルゼー（Lauder, Brown and Halsey, 2004）を参照のこと．マリア・バラリン（Maria Balarin）が，上記の論文に気づかせてくれたことに感謝したい．

　階級に関する議論は，もはや，ネオ・マルクス主義者とウェーバー学派の違いではなく，階級構造と文化の間の関係だと論じる者がいる．こうした議論では，ブルデューの理論が中心である．ディバイン，サバージ，スコット，クロンプトン（Devine, Savage, Scott and Crompton, 2005）を参照せよ．しかし，分析目的から，われわれは，階級に関する2つの古典理論の差異を中心にみることにする．

(9) これにはいくつか理由がある．ネオ・マルキストの構造主義理論は，主体について説明できなかった．すなわち，個人は資本主義システムのなかで受身の存在とされた．また，この理論は，ジェンダーやエスニシティなど他の不平等の形態を考慮すること，アイデンティティは多文化社会が拡大するなかでどのように構築されるのかについても考察を加えることができなかった．しかし，相続したものやアイデンティティの保証が，教育達成にとって決定的であることを仮定するならば，そのことは，マルクス主義者の思想における主要な欠落部分となる．その例外は，ウィリス（Willis, 1977）の研究と原書第35章である．ウィリスは，1970年代後半のイギリスの労働者階級「野郎ども」の物質的・文化的分析を行って，主体，構造，アイデンティティを結びつけた．

(10) 教育の理論家は，これらの議論の多くは，それ以前とは根本的な断絶があるとみているが，これらの議論は，疑うべくもなく，由緒ある歴史的な起源をもった思想の流れを反映している．たとえば，ジュディス・バトラー（Butler, 1990）（ブロンウィン・ディビスを参照（Davies, 1989））, ミシェル・フーコー（Foucault, 1991）（ジュリー・マクレオド（McCleod, 2005）を参照），ニコラス・ローズ（Rose, 1999）（カリ・デリ（Dehli, 1996）を参照）などの教育社会学者が使用する「言説」，「規則」，「監視」といった用語を含んだ概念装置は，理論的にはアルチュセール学派やグラムシ学派による，社会的不平等の近代主義的，構造主義的説明に典型的にみられる「合意形成」，「ヘゲモニー」などの記述に，関連しているようにみえる．近年の，教育社会学における文化論的転回を強調する議論は，とりわけフーコー流の見方に依拠している．しかし，繰り返しになるが，権力の主体についての最新の思想を検討すると，新たな社会学的な概念（言説，監視，規則，統治性）が，ことにそれ以前に構築された概念（アルチュセール，グラムシ，とりわけニーチェ）に由来していることは明らかである．

(11) 最後の関心，ポスト構造主義思想に含まれる独創性――たとえば，階級間の葛藤，経済形式主義，もっと一般的にいえば理論形式主義――は，部分的ではあるが

すでに図式化されている．たとえば，フーコーの約60年前に生きたウェーバーは，文化とそれが市民や職業生活を形成するうえで強力な役割を果たすことに関心をもっており，彼の著作の多くにはそのことが明白に記されている．ギデンス（Giddens, 1976）は，次のように記している．「これらの著作は，イギリスの古典経済学から自覚的に分派，文化的発展の歴史という文脈で経済生活を検討することが必要だと説くいわゆる歴史学派から，かなりのインスピレーションを得ている」．タウニィ（Tawney, 1982）やT. H. マーシャル（Marshall, 1950）の著作にも，同様の視点をみることができる．

(12) フーコーやデリダに共通する反写実主義的な解釈に挑戦した，何人かの主要なポストモダン思想家の再解釈がなされている．たとえば，デリダに関してはクラーク（Clark, 2003），クリッチレイ（Critchley, 1999），フーコーに関してはオルセン（Olssen, 2004）．これらの文献の探索に関しては，マリア・バラリン（Maria Balarin）に負っている．

(13) ダーウィンが「適者生存」という表現を借用したのは，イギリスの社会学者であるハーバート・スペンサー（1820–1903）の著作からである．スペンサーは社会発展の基盤として個人主義と自由放任経済を強く提唱した．社会進化に関するスペンサーの考え方をカルネイロは次のように要約している．「スペンサーは，不適格な個人が自然淘汰によってさっさと社会から消えてゆくということが生物学的にみてその人種にとって利益となると考えていた．それゆえスペンサーは，彼の眼には適格性が低いとみなされていた貧困者たちの状況を改善するために国家はいかなる介入をもしてはならないと考えていた．さらにスペンサーは，個々人が自らの私的利益を追求することが許されている場合に経済システムはもっともうまく作動すると考えており，それゆえ国家は諸契約を遵守させいかなる者も他者の権利を侵害しないよう監視すること以外に経済に介入すべきではないと考えていた．スペンサーは，競争がうまく生起するようにしさえすれば，もっとも適した企業や経済制度が生き残ると信じていた」（Carneiro, 1968: 126）．

(14) これらの思想家の間には大きな差異が認められる．それゆえネオリベラリズムをひとつの統一された思想とみなしてはならない．しかしながら，彼らの思想の前提となる発想には共通点が多い．

(15) フォーディズムは生産過程をもっとも単純な諸部分へと分解するテクニックをその基盤としている．それは構想と実行の分離を前提としており，経営管理層や技術者は構想を，製造のライン労働者は単純で反復的な課業を実行する．生産労働者は仕事におけるよりも通勤のために自動車を運転するときのほうがより多くのスキルを発揮しているという計算結果もある（Brown and Lauder, 2001）．

(16) グローバル化と教育の関係に関しては，選抜，機会の平等，社会階層，教育実践の変化，生徒および教師の個人的ないし職業的アイデンティティなど，追究すべき一連の問いが存在する．

(17) これらの論者の間には，そうしたグローバルないし国際的な階層を構成する層

に関する理論をめぐってかなりの相違がみられる．

(18) 移民たちはただ自分の利益のために働くのではない．多くの貧しい国では，移民労働者が本国に送還する資本が国家収入の大きな部分を占めている．移民による送金が GDP に占める比率は，たとえばヨルダンでは 21.8%，エルサルバドルでは 13.3%，ジャマイカでは 10.7%，スリランカでは 6.9% に及ぶ．より貧しい国ではその比率はさらに高くなる．データ出所：*Financial Times*, 30 July 2003, p. 15.

(19) ここで「先鋭的な」という言葉を使うのは，知的財産権の重要性に関するマクシェリーの指摘はこれらの大学にも当てはまり，それらが商業的利益と直結している場合にいかなる知的自由を保ち得るのかという問いはここでも生きているからである．

(20) ナイドゥーとジェイミーソンも，ワックスも，教育システムを社会集団間の葛藤の産物とみなす社会学や政治経済学の流れを受け継いでいる．しかし，世界中の教育システムのカリキュラムは様々な国民国家内部の近代化プロセスの一環として収斂しつつあるとみなすような，もうひとつの合意論的見方も存在し，デール (Dale, 2000) はそれを支持している．デールによれば，マイヤー一派による「共通の世界的教育文化」理論は教育・国家・社会に関する普遍的なモデルの存在によってカリキュラムの変化を説明している．彼らは，世界中の自律的な国家が共通の世界的教育文化を目指して進むことによって国際的な社会が形成されているとみなす．このような世界的教育文化における諸価値は西洋近代におけるそれらと合致しており，進歩と正義という考え方が個人と国家の関係を規定する核となっている．

(21) このフレーズは，ハリー・ダニエルズ (Harry Daniels) に負っている．

(22) この見方において重要なのは，基礎づけ上の相対主義と判断上の相対主義を区別すべきだという点である．観察のような確かな基礎の上に［のみ］知識が作られるという考え方は拒否されるべきであると同時に，諸理論の間での判断のために十分な根拠を示すことはできないという考えもまた拒否されるべきであろう．

(23) ヤング (Young, 1971) は，知識の位置と権力との関係とについての問題を，現代の教育社会学の中で初めて提起して，大きな影響を与えた．しかし，本章から明らかなように，彼は今では，判断上の相対主義を拒否し，カリキュラムの性質についての重要な問いを考察する道を切りひらきつつある．

(24) われわれは，「シティズンシップ教育」(citizenship education) よりもむしろ，「シティズンシップのための教育」(an education for citizenship) という考え方を推したい．「シティズンシップ教育」を推進するこれまでの試みは意義はあったけれども，多くの場合，グローバル化と市場個人主義の諸要素から副産物として生まれた諸問題への，彌縫策にとどまっているように思われるからである．「シティズンシップのための教育」は，カリキュラムの中でやりくりする以上のものを含んでいる．

【訳注】

[1] employability という語に関して，「就業能力」や「雇用能力」という訳語を見か

けるが，失業などの責任を個人に帰責してしまうニュアンスがつきまとっている．また，「雇用可能性」などの語も考えられたが，逆に個人の能力に関わる次元が抜け落ちてしまいかねない．結局，この訳書では各章における初出時に「エンプロイアビリティ（就業能力／雇用可能性）」とし，その後は「エンプロイアビリティ」を使うことにした．

　ブラウンらは，別の本（Brown, Hesketh and Williams, 2004）において，employabilityという語に関して踏み込んだ議論を展開している．「政策論議の中では，employabilityは，『最初の仕事（employment）を得て，仕事に居続け，もし必要なときには新しい仕事を得る能力（capacity）』を持つこと，として典型的には定義されている」（Brown, Hesketh and Williams, 2004: 18）．つまり，日本においてと同じく，英国においても，employabilityという語は，個人レベルの能力——「就業能力」や「雇用能力」——の意味で使われることが多い．その背景には，一カ所で長く雇用され続けるような仕組みが揺らぎ，キャリアの流動化が進行している現実がある，という．そうした政策論議の主調になっているのが，合意論的なモデルである（Positional Consensus Theory）．

　しかしながら，ブラウンらはこの個人化された定義に疑問を呈する．彼らのアプローチは，さまざまな集団が相互にどういう関係にあるのかに注目するアプローチ（Positional Conflict Theory）である．彼らはemployabilityには二重性（duality）があり，合意論者たちはそれを理解していない，という．その二重性とは，「入職のハードルが高い（tough-entry）仕事へのアクセスは，単に個人の資格や知識や技能によるだけではなく，その人が他の求職者と比較してどういう位置に立つか，という点にも左右されている」（Brown, Hesketh and Williams, 2004: 7）．このemployabilityの二重性は，別の箇所では，「絶対的次元」（absolute dimension of employability）と「相対的次元」（relative dimension of employability）と言い換えられている．「労働力不足の時期には，長期の失業者はemployableになるし，仕事の供給が少ない時期には，彼らはunemployableになる」（Brown, Hesketh and Williams, 2004: 24）．

　それゆえ，ブラウンはemployabilityを定義しなおして，「さまざまな仕事を手に入れ，保持していく相対的機会」（the relative chances of getting and maintaining different kinds of employment：原文イタリック）という定義を与えている（Brown, Hesketh and Williams, 2004: 25）．個人の側面だけでなく，構造や関係の側面を考慮に入れようとしているわけである．

　ブラウンらがいうようなemployabilityの二重性を表現するために，冒頭のような訳語の扱いにした．

［訳者：吉田文（第Ⅰ部担当），本田由紀（第Ⅱ部担当），広田照幸（第Ⅲ部担当）］

1
新自由主義・グローバル化・民主主義
──教育の課題

Neoliberalism, Globalization, Democracy: Challenges for Education

マーク・オルセン
M<small>ARK</small> O<small>LSSEN</small>
（田原 宏人 訳）

[……]

1───グローバル化

[……]

　ここに提出する見解は「グローバル化か国民国家か」ではなく,「グローバル化と国民国家と」というそれである．どういうことかというと，グローバル化がさまざまな大きな変化をもたらしつつある一方で，国家の役割は変化しつつあるけれども，だからといって，そのことは国家の役割が小さくなりつつあるということを意味するものではない，ということである．労働や福祉や教育や防衛に関して，国家は依然としてきわめて重要な役割を有している．依然として国家は，明確な国境で区画される領土の中で，他のすべての構成要素と位階的に関係する優越した機関である．21世紀において，国家は，国際的圧力や相互依存性の増大によってより大きな影響を受けているとはいえ，これは質的に新しい形の展開ではない．ハーストが論じているように，出現したのは，「ローカル・レベルと国家レベルと超国家レベルとの間の分業，公共的統治と私的統治との間の分業」(Hirst, 2000b: 178) であり,「われわれの世界は今もなお諸国家から成っている．変化は，われわれが今や国家以外の多くの機関もまたもっているというところにある」(Hirst, 2000b: 185) のである．主権は変化する関係であり，ある件に関して主権を維持もしくは強化するために別の件ではそれを売り渡すというような例もしばしばであるけれども，ほとんどの統治性能にか

んして国家は依然として主権を保有している，あるいは主権が移転される条件を制御している．こういった趣旨で，ハーストは，主権は総体的ではないけれども，いまだかつてそうであったことはないのであって，それはなぜかというと，国家権力は国際的な文脈から独立に存在したことがないからである，と論じている．したがってまた，統治がより複雑になり多層化するにつれて，主権の適用領域も有効範囲も変わってくる．かくして，主権は「ゼロサムゲーム」ではない，とハーストは言う．すなわち，さまざまなグローバルな機関や地域ブロックの存在が国民国家を実質的に弱体化するわけではない．

そうはいうもののやはり，グローバル化が大きな意味をもつ現象であるということには同意することができる．さまざまな重要な統治機能が再配置を経験しつつあり，統治形態は国家から国家間メカニズムへ，非政府メカニズムへ，私的市場メカニズムへと変化しつつある．その場合，ひとつの手順として，2つの相互に関連しあう現象を次のように定義することにより，グローバル化のより筋の通った理解が可能となる．(1)科学技術の変化の帰結としての高度でグローバルな相互接続性として，(2)強力な国家と国際資本によって政策レベルで追求される言説システムとして．こうすることによって，私が「グローバル化Ⅰ」および「グローバル化Ⅱ」と呼ぶグローバル化の2つの意味を識別することができるようになる．

グローバル化Ⅰの本質的特徴は以下のとおりである．

・国境を越える私的な取り引きの速度と量の増大．とりわけ資本とコミュニケーションのシステムに関連して
・国境を跨ぐ流れの移動性を支援する技術の新しい発展（電子決済システム，インターネット）
・輸送の容易化（航空運賃の引き下げなど）

グローバル化Ⅱの本質的特徴は以下のとおりである．

・ブレトンウッズ合意を新自由主義的な正統説（国境通行の自由，変動相場制，資本統制の廃止など）に差し替えること
・政府政策の規制撤廃と自由化ならびに高度に統合された私的で国家横断的な提携システムの確立

・私事化と市場化．すなわち，国々の内部に存在するが，しかし対市場独立の金融政策を採用し，政治的介入から大幅に自律的であるような中央銀行（たとえば欧州中央銀行）の設立．さらにまた，私的な国際的権威——コンサルタント，アドバイザー，仲裁の専門機関を含む——の成長

　これらグローバル化の 2 つの形態は，関連しあってはいるが，概念的に識別可能である．グローバル化 I は国々の間の相互接続性の増大につながる．
　しかしながら，これらの展開のすべてが必ず国家を「掘り崩す」というわけではない．新しいテクノロジーは，文化的意味においては国民国家を掘り崩すかもしれないけれども，政治的意味においては国民国家に甚だしくは影響を及ぼさないかもしれないし，ひょっとしたら，国民国家を強めることさえあるかもしれない．記録やコピーが瞬時にできるようになったおかげで，新しい重要な意味において，さまざまな腐敗行為にかんする証拠資料提出が可能になる．この意味では，テクノロジーがなしうるのは，民主主義にかんする新しい可能性を提供することである．カステルは以下のように記す．

　　テクノロジーの力は，社会的構造および諸制度に根をもつ諸傾向を途方もなく増幅する．すなわち，抑圧的な社会が新しい監視道具をもてば，よりいっそう抑圧的になるかもしれない．それにたいして，民主的な参加型社会がテクノロジーの力をもてば，政治的力をなおいっそう分配することにより社会の開放性と代表性を増進するかもしれない．……このように，権力と国家に対する新しい情報テクノロジーの直接的影響は経験的問題であり，それに関する記録にはさまざまなものが入り混じっている (Castells, 1997: 300)．

　2 つのタイプのグローバル化を区別するポイントは，すでに起こっているグローバル化過程の性格を新自由主義が構造化するというところにある．たとえば，新自由主義がお墨付きを与える自由貿易，開放経済，市場化と結びついた帰結として，競争が増大する．この意味では，グローバル化 II はそれを駆動する多大な国家権力を必要とする．市場の創造は特定の諸政策によって設計されてきた．ハーストが記しているように，1970 年代末から 1980 年代初めにかけて資本市場の規制緩和，為替管理の撤廃へと導いたのは，公共政策であって市場圧力ではなかった．「市場によって駆動された不可避のグローバルな過程であ

るということになっているものは，実際には，実質的に公共政策の産物である．……世界貿易の脱規制的自由市場ビジョンを方向づけたのは，先進諸国の有力な経済政策エリートと国家当局者たちであった」(Hirst, 2000b: 179)．

　しかしながら，国家は自らの主権性能を空け渡しつつあるわけではない．むしろ国家は，変化しつつあるグローバルな権力アーキテクチャーに適応すべく，制御メカニズムを講じつつある．規制的制御は負の競争効果を相殺もしくは打ち消すように作用する．それをおこなう1つの手段として，ウィーナー (Wiener, 2001) が指摘しているように，統治と法の仕組みを国家横断的なものと調和させるということが挙げられる．この過程において国家は，あべこべではあるが，国家横断的なシステムをてなづけつつある．国家の適応能力のもうひとつのメカニズムは，責任の私事化をつうじたそれである．その結果もたらされるのは，ウィーナーが言うには，国内法をつうじて作動するネオリベラル多層統治の一形態であり，そこでは国家の境界が実際上の有意味性を失いつつある．これは，技術的要請に対する反応ではなく，意図的な国家政策への反応なのである．ブレトンウッズが国民経済をショックから防護し，相対的に大きな制御を整えたのにたいして，新自由主義のもとでは，相互依存性がこの保護システムを様変わりさせる．その大きな効果の1つは，諸国家が一致して行為するということである．すなわち，諸国家は，一国レベルでとられる措置の有効性を確保するために諸々の政策や法律を調和させようと努めるのである．

　　　[……]

　このようにグローバル化の影響は広範囲にわたるけれども，だからといって国民国家を時代遅れのアイデンティティ形態とみなすとすれば，それは性急であろう．国民国家はグローバルな諸制度とは異なる機能を遂行しており，異なる形態の意識と関心にかかわっている．したがって，国家とグローバルなものとの間の諸関係が変わりつつあるということについては同意するが，このことは国民国家の終焉を意味しない，あるいはその譲位を意味するものですらない．国家は，協調，局地化，民営化といった過程を通じて，国内的および国際的なさまざまな機関の内部で，またそれらの機関相互の間で，そうしたプロセスを処理している．これらの過程は，国際的諸制度にかんして国家による不断の警戒を必要とする．地域連合的な諸機構 (たとえばNAFTA (北米自由貿易協定))やグローバルな機関 (たとえばIMF (国際通貨基金)) はしばしば特定の決定を

受け入れたり，さまざまな構造的調整の規則を採用したりするよう国家に強いるだろうが，逆に国家のほうがそうした展開に首尾よく抵抗しうるということもあるだろう．明らかなのは，国家は今後も重要でありつづけるだろうが，ジャヤシュリヤが述べているように，主権という精霊を従来の国家という瓶のなかに戻すことはできないということである（Jayasuriya, 2001: 448）．

2 ── 世界市民主義的民主主義

　このように国家の断片化と秩序のグローバル化がよりいっそう進行しつつあるという文脈において，一般に定着している領土区画型のリベラル民主主義は，国境線を越える種々の複雑な争点や問題に対処することが次第にできなくなってきているようにみえる．この意味において，人間の社会組織のスケールはもはや国民国家には一致していない，とマッグルーは述べる（MacGrew, 2000: 404-405）．そうであるならば，国民国家を民主的生活の容器とみなすことはもはやできないし，新しい形態のグローバル民主主義を考えてみなければならない．

　　　　［……］

　共和主義的な政治組織原理が国民国家，地域連合的なレベル，グローバルなレベルを含みうるという点は政治思想において長い歴史をもっている．カントは1795年初版の『永遠平和のために』のなかでかかる構想を展開した．カントによれば，共和主義的統治の理想は国際的アリーナにまで拡張可能であり，それは諸国家の自由な連合を通じた「永遠平和」という啓蒙の理想を表している．諸国家間で平和が成就されうるとすれば，それは国際法体系のもとにおいてであろうということを根拠に，カントは諸国家の連合を提唱したのである．

　カントにとって，諸国家間の関係の解決は，共和主義的な諸国家ならびに諸国家の組織が，コスモポリタン法の支配のもとで作用する諸国家の平和的な連合へと発展することのうちに宿っていた．明らかに，このような構想は，アルキブジ（Archibugi, 1998）やヘルド（Held, 1995）といった論者たちの彼らなりの世界市民主義的民主主義の構想に1つのモデルを提供してきた．従来型の民主主義理論が当てはまるのは，国家の内部においてであって，諸国家の間においてではない．ヘルドの見るところ，民主主義は一国レベルに閉じ込められてい

ることによって危機に直面している．彼によれば，一国民主主義は，「空間的に限定されたさまざまな場所を横断する地域連合的・国際的な諸々の機関や集団のネットワークを通じて『外側』から民主主義を緻密化し強化することによって」安全防護策を講じる必要がある (Held, 1995: 237)．このような提案は世界政府の構想と絡んでいるわけではない．それらの提案がかかわり合っているのはむしろ，相互に嚙み合わさる重合的な諸制度や機関という共通の枠組みである．マッグルーが述べているように，「このモデルが国民国家および個人のシティズンシップにとって有する含意は深い．それが提案しているのは，これまで理解されてきたような主権的独立国家と一国シティズンシップの終焉であり，世界市民主義的な民主的法の枠組み内におけるそれらの再接合である」(McGrew, 2000: 414)．

　世界市民主義の理想はなかなか重要な洞察をいくつか示してはいるけれども，そのアプローチには本格的な修正が必要である．カントのもともとの定式化においては，それは明白に抽象的な信条，すなわち国際関係とグローバルな統治は普遍的理性の義務論的な諸原理に沿って運営管理することができるという信条である．しかしこうした理想は，グローバルな正義の諸問題を現実的な文脈をもつさまざまな生やコミュニティと関係づけることに失敗するだけではなく，多国籍資本のもつグローバルな権力や，その不可避の帰結である「不均等」発展に関する諸々の現実を無視しかねない．ベラミーとカスティリオーネが指摘しているように，それは，「個人主義，普遍性，一般性」に基礎を置いた「独立独歩の」人権構想を唱えるものである (Bellamy and Castiglione, 1998: 154)．加えて，そこには，グローバルなレベルあるいは一国レベルにある数々のコミュニティや機関のなかで，またそれらを貫いて，民主主義がいかに作動するのかということについての不適切な理解がみられる．

　これはなにも世界市民主義的な構想が破棄されるべきだと言っているわけではない．ベラミーとカスティリオーネの主張するところによれば，「世界市民主義的な議論と共同体主義的な議論が相互に全面的に対立し合っているとみなすならば，それは間違いであろう．……むしろ，これら2つの議論は，個人性と権利，それらを具体化する社会とそれらの関係性に関してわれわれがいかに考えるべきかについて，対照的ではあるけれどもある程度は両立可能な説明を提供する」のであって，「世界市民主義的な道徳性は，それが共同体主義的な枠組みの内部において具体化されている限りにおいてのみ，意味をもってくる」の

である．彼らは，このような立場を「世界市民主義的共同体主義」と呼んでいる (Bellamy and Castiglione, 1998: 162)．

私が思い描いているコミュニティは「境界をもたない」．どういう意味かというと，それぞれのコミュニティは，習慣や伝統や慣行の違いによって特徴づけられる一方で，構造や信念における一定の共通性によっても特徴づけられるということである．諸々のコミュニティの全域に渡り縦横に張り巡らされているこうした共通の諸特徴は，平和と安全，自己決定とコミュニティ，個人の自由と個人の善き生といったものに関する普遍的な世界市民主義原理を構成するものであると，トムソンは述べている (Thompson, 1998: 191)．この意味において，私が概念的に明らかにしようとしているコミュニティがそうであるように，ある特定のコミュニティの境界線は正義や民主主義の境界線ではない．これはすなわち，境界なきコミュニティは，一定の共有された目的と価値を基礎とする国家横断的な民主主義を可能にする「橋頭堡」を築く余地を与えるということである．

あらゆるコミュニティが何らかの共通利害を有しており，この意味において「幾多のコミュニティから成るコミュニティ」に属しているのと同様に，人類にとっての共通の善が存在する．すなわち，これらの価値と種としての人間が必要とするものの核となるような善が存在する．テロリズムの時代には，その善の必然的な客観主義がより明白になる．かかる善の構想は一般的な権利の諸原理に場を与えることができる．それはまさしく，コミュニタリアニズムがある一定の世界市民主義の諸原理に場を与えることができるのと同様である．

世界市民主義の構想が修正されたならば，この意味において明らかに，それは民主的な実践に寄与するであろう．国連決議1441にかかわり，対イラク開戦案をめぐって繰り広げられた最近の論争は，必ずしもつねに支配的な国家が小国を恫喝したり沈黙させたりするわけではないということを実証した．無論，このレベルにおける民主主義はけっして完璧ではない．政治的指導者たちは公論に耳を傾けるかもしれないし傾けないかもしれない．指導者たちの行動が民主的にチェックされない可能性はあるが，しかし他方で，公論を無視する者たちのキャリアが重大な政治的リスクを負う可能性があるという事実においては，そこには民主主義の要素が存在している．

フーコー主義者は，不完全であるにしてもこの種の展開に異議を唱えることはしない．また，国連のような国際的諸制度を強化しようとする試みも拒絶し

ない．しかし，そうした制度的プロセスが濫用したり強制したりしがちな諸々の幻想をフーコー主義者はもたないし，ときとして，民主主義という考えがほとんどその名に値しないということを暴いたりもする．加えて，グローバルな諸制度は民主的な正義に従うべきであるのだが，あらゆる国民と人民に青写真のように適用されるべき普遍的理性の義務論的構想の内にこのことが宿っているとみなしてはならない．そうではなく，むしろ，伝統的な共同体主義者が主張したように，道徳性をめぐる論争を解決し，支配に異議を申し立てる手段は，文脈依存的であって，コミュニティに埋め込まれているのである．しかしながら，「稀薄な共同体主義」(thin communitarianism) は，従来の共同体主義の枠を超え出て，このことは必ずしも相対主義を伴わないと主張する．なぜなら，諸々の結果は，直面する諸問題を解決することに成功したか失敗したかという観点から，すなわち民主的な基準との関係で評価されうるからである．コミュニティの境界は部分的なものにすぎないので，道徳的相対主義にかんする諸問題に取り組むための基礎的資格となりうる「橋頭堡」を築く可能性もまた開かれる．

　　［……］

　重要なのは，あらゆるレベル，あらゆる文脈のなかで，国民国家においてであろうとグローバルな政策においてであろうと，民主主義にとって究極的な支えとなるものは，諸政策に異議を唱えようとする市民たちの能動的な参加と意欲のうちに存しているということである．民主主義理論におけるこの永遠の主題は，ウォーカーの最近の著作 (Walker, 1988: 8–9, 1995: 311–314) のなかで展開されている．彼は，「境界を越えた」ラディカル民主主義の理論として批判的社会運動を強調する．マッグルー (McGrew, 2000: 413) の要約によれば，ここにおいて，そうした運動は，「世界秩序の民主化についての『ボトム・アップ』理論」を構成することになる．進歩的政治の一理論として，この形態のラディカル民主主義は，国内的な諸制度や権威に対してのみならず国際的なそれらに対しても抵抗を表明する，女性運動や環境運動や平和運動といった「草の根」の社会運動を通じて作動する．社会運動は，公衆を活性化し，連帯を鍛え上げ，批判意識を開花させ，不正義と正義を特定の具体的文脈において定義し，支配と抑圧を暴き，取って代わるべき案を明らかにし，正義にかなう世界平和への見通しをよくする．グローバルな正義についてのこうした見方は，さまざまな

レベルにおいて国民国家に対するチェック機能をも果たす．それは，地域連合的なレベルやグローバルなレベルで策定される批判的論争や諸政策に沿って人権を尊重すべき責務を国民国家に課す．さらに，諸個人を，あるいは諸コミュニティを搾取したり抑圧したりしないという責務を国民国家に負わせる．最後に，あらゆる国家の活動が監視され，それらの活動が国家を超えたレベルにおいて責任あるものとなるような諸条件，あらゆる国家がグローバルな諸原理に則って独自の正義レジームを国内で達成するチャンスを得る諸条件を創り出す．

3──民主主義・正義・「稀薄な」コミュニティ

　これら世界市民主義的でラディカルなグローバル民主主義のモデルは，自身の利害を各々が追求する無政府主義的なシステムという標準的な国際関係モデルと真っ向から対立している．国際関係についてのこの標準的な見解は，自律と不干渉を基礎として組織され運営される自由で独立した国家というウェストファリア・モデルに一致する．このような構想は本質的にホッブズ主義的である．すなわち，それは，自然状態における諸個人に関するホッブズの見解から，国際的範囲における諸国家間関係に関する倫理的懐疑を外挿的に推定するものである．

　　　　［……］

　カントは，彼以前にグロティウスやプーフェンドルフがそうであったように，こうした構想をしりぞけた．個々の国家利害を基礎とした無政府主義的な国際関係構想ではなく，彼らが支持したのは，客観的な道徳ルールに従って行為する国家の役割についての倫理的見解であった．
　21世紀において，グローバル化，テロリズム，大量殺戮兵器は，グローバルな秩序についての「倫理的」構想にもとづいたこうしたモデルを，なおいっそう理に適ったものにしている．いくつかの要因がこれに拍車をかけている．国際的テロリズムの出現や大量殺戮兵器の登場が「方程式」を様変わりさせる．というのも，それは個人的および集合的な生存を，重要な倫理的関心事にするからである．気候変動に関連する危機，あるいは重症急性呼吸器症候群（SARS）やエイズに関連する危機もまた同じく，こうした議論を後押しするということができよう．グローバル化とテロリズムは，個人と国家の双方に「生存」とい

う問題を突きつける．尊敬を土台にしてあなたを公正公平に処遇することによって，テロリズムの危険性が低くなり，生存の見込みが高まるのであれば，そうすることは私の利害にかなう．同じようにすることは私の国の利害にもかなう，ということである．

　この命題は，上述の新しい現実を前提にするならば，国家の自己利益は，個人の自己利益がそうであるように，行動と倫理の土台としては貧弱である，ということを示していよう．実のところ，短期的利益の観点から計画された行動は，長期的には誰の利益としても実現されないかもしれない．生存の利害は，万人の利益のために行動に要件を課すという点において規範的である．しかしながら，人類の自己利益は各人の利益を土台としてこれを算出することはできない．それは集団としてどうであるかという考慮と絡んでこざるをえない．

　以上に照らせば，民主主義は，(1)安全と安全保障，(2)自由と自律，(3)包摂，(4)公正と正義，(5)資源と潜在能力の平等，といった包括的なディスコースとみなされなければならない．安全と安全保障は，子ども「110番」や女性避難所，普通の市民あるいは囚人などの処遇のための各種人権協定に表れる．包摂は，何人も民主的権原から排除されないことを保証し，安全と安全保障が確保される土台を築く．自由は，支配からの自由と潜在能力発達のための自由に立脚している．正義と公正は，憲法的な法律やルールに具現された公的に表明された規準に則って，公共的アリーナにおける処遇を約束する．資源と潜在能力の平等は，万人にとっての発達の機会と条件を確かなものにする．尊敬を基礎にして人々を公正にしかるべく処遇することによってテロリズムが最小限に抑えられ，生存のチャンスが増大するという点において，権力の平等化と非支配とに基礎を置く民主的正義は客観的善となる．それは個人の利益であるとともに集合体の利益でもある．テロリズムの時代にあっては，グローバルなリバイアサンは明らかに望ましくない．この時代においてホッブズの秩序問題への最善の解となるのは，民主主義という包括的ディスコースである．

　　　　［……］

　このような構想が必要とするのは，紛争解決，進行中の論争やコミュニケーション，ならびにさまざまな異なる伝統の相互生存に深く関わる諸制度である．こうした民主的構想は功利主義的なものではない．それは万人に遍く与えられる諸々の権利と権原を前提としている．この構想における権利とは自然的なも

のではなく，人々の民主的意思の集合的表明として国家によって与えられるものである．そのような権利は，自己創造にとって必要なものであって，個人にとっても集団にとっても自己発達のために必要なのは自律性の空間であるということの承認となっている．人類の前に立ちはだかる新しい課題にうながされ，われわれの注意の焦点が，相互にからまりあった集合的行為と個人的活動のその結びつきのあり方に向けられるとしても，リベラルな立憲主義の内部における個人的な権利その他の権原への関心が損なわれてはならないということもまた須要である．

伝統的な保守的共同体主義の諸説と比較すれば，これまで述べてきた構想は，フーコーの著作に明示的にあらわれているような種類の「稀薄な」共同体主義である (Olssen, 2002; Olssen et al., 2004)．それは，究極的には自我の社会的「諸条件」によって必要とされるものであり，自己創造や倫理についての彼の構想の根底に横たわっているものである．そうした共同体主義は，スピノザ，ヘーゲル，ヘルダー，ルソー，マルクスに抗して，統合や合意によって特徴づけられる共通の絆や目標を一切もたないという意味において「稀薄」である．この意味におけるコミュニティは，固定した境界や一体性を欠いたあらゆるものを含み込む無限定の活動領域として定義されうるものであり，さまざまに異なる生き方の各種取り合わせから成る．この意味において，「稀薄な」コミュニティは，所属性や社会的凝集性や協調性を優先させることにより個人の自由や自律に影を投げかけるようなことはない．このコミュニティ・モデルは，コーレット (Corlett, 1993) の表現を借りれば，「一体性抜き」である．すなわち，このモデルは，個人と集合体との間の一体性を前提とする全体化モデルではなく，脱全体化モデルである．そこにあっては，社会は，個々の機関や社会的差異が実効性をもち機能することができるために必要な，最小限の規範・ルール・理解・実践・同意の構造から成る．

もちろん，個人の利害と自由を下支えする集合的行為の差し迫った関心事——地球温暖化を解決する必要，安全保障を維持する必要，健康——に従って諸個人に課される実質的な制約は存在する．個人の利害と自由を下支えする集合的な諸問題は，諸々の権利と義務が拡張される土台となる．この意味において，稀薄な共同体主義は近代の自然法リベラリズムからも区別される．すなわち，個人主義的な言葉づかいによる権利主張は，生存指向のグローバル倫理を構成する——自然的とみなされているわけではない——権利と義務の双方へのより

世界市民主義的な関心によって補完される．このような社会 – 歴史的な構想の内部においては，法の支配に従う限り，生存の諸要件と整合性を保ったより豊かな意味の自由と自律は万人の権原となる．そうしたモデルの帰結として，民主的シティズンシップの構想が発展することになろう．

　この構想においても，「稀薄な」コミュニティはやはり，それ以上は縮約できない共通善の構想を前提に据えている．そのような構想は，たとえば万人への自由の拡張と整合的であるような各人の最大限の自由と両立可能であり，かつ，グローバルな時代における生存という欠くべからざる課題とも両立可能である．存在論的観点からいえば，こうした構想は，ヌスバウムによって採用されているアリストテレス的な「善」の構想といくつかの点で親和的である．ヌスバウムの構想は，「人間の生を定義する観点となる人間のもっとも重要な諸機能についての説明」(Nussbaum, 1992: 214)を組み込んでいる．それは，すべての個人とすべての文化がある一定の発達へのニーズおよび生活スタイル上のニーズをもっていることを認める．彼女が言うには，そうした構想は「曖昧であり，しかも意図的にそうなのである．……というのも，地域や人によってさまざまに異なる構想に応じてさまざまな仕様を容れる余地がそこには残されているからである．厳密に間違うよりも曖昧に正しいほうがよいというのがこのアイディアである」(Nussbaum, 1992: 216)．ヌスバウムはこれを「濃厚で曖昧な善の理論」(thick vague theory of the good)(Nussbaum, 1992: 214)と呼んでいる．したがって，彼女が挙げる要素のリストは形式的なリストであって，それぞれのカテゴリーの内部に差異もしくは相違の余地を残している．それらの要素には次のものがある．⑴ 死を免れないこと．すべての人間は死と向き合っている．⑵ 変わることのない人体のさまざまな特徴．たとえば，空腹や渇きにかかわる「栄養その他必要なもの」，食べ物や飲み物や住まいの必要．⑶ 認知．「すべての人間は感覚によって認識する．……思考する能力」．⑷ 年少期における発育．⑸ 実践理性．⑹ 性的欲望．⑺ 他者との親和．⑻ 他の種や自然との関係性 (Nussbaum, 1992: 216–219)．

　　　　［……］

　「自己創造」に置かれたフーコーの強調は，一連の潜在能力を必要なものとして前提しているととらえることができる．ヌスバウムが論じているように，こうしたアプローチは，国際比較を可能にすると同時に，諸々の個人や集団の機

能的ニーズのために提供される実際の条件に注意を向けさせる．また，こうしたアプローチは教育も提供する．というのも，潜在能力アプローチを基盤とした政治は，潜在能力を発達させることのできる手段として必要な公教育を，社会が準備するということを前提としているからである．こうしたアプローチのもとでは，そのような潜在能力の生産に備えるのは教育の仕事である．「自己創造」に置かれたフーコーの強調を根本的とみなすことによって，われわれは，いくつかの事柄がはっきりと求められていると言うことができる．そこには以下の事柄が含まれている．(1)基本的な物質的・制度的な支援の構造ならびに資源．(2)訓練と知識．(3)屈辱を受けないこと，尊敬，威厳．(4)自律が発揮される保護された空間．(5)対話やコミュニケーションを可能にする構造．

　ヌスバウムとは異なり，われわれは，正義と倫理に大きな影響力をもつものとして，ロールズに代えてフーコーを置いた．フーコーの構想はリベラルではないにしても，グローバル・コミュニティにとって必要な諸々の徳の発達という文脈においては，「自由」と「自律」とに関する伝統的なリベラルの理想を守る構想であるといえる．「潜在能力」を重視することによって，このようなアプローチが提唱しているのは，功利主義的な倫理でもなければ，伝統的な権利ベースのアプローチでも，アリストテレス的な意味での機能の目的論でもなく，カント的なアプローチですらない．端的に，それは，生存が確かなものとなり，個人の発達と自己の創造が営まれうるような，諸々の政治的な徳と集合的な仕組みに焦点を合わせているのである．

　付け加えるならば，フーコーに着想を得た「稀薄な」コミュニティは，ほかにもいくつかの特徴をもっている．重要なのは，それが，自由で平等な市民たちの自発的な行為によって樹立され再生産されるという点である．さらに付け加えるならば，「コミュニティ」について語るということは，固定された境界をもたないあらゆるものを含む無限定の活動領域について語るということにほかならない．この意味で，それは，「境界のある」領土もしくは地域として理解されるべきではない．むしろそれは，境界を跨いで――グローバルに――動くのであり，共和主義と世界市民主義の形態と政治的にリンクしているのである．同じく重要なのは，そうしたコミュニティが普遍主義と両立できないわけではないという点である．「稀薄な」共同体主義は，かくして，倫理的推論は特定のコミュニティの伝統に内在するしかない相対主義を克服する．さらにまた，共通の価値なり実践なりは，それらが民主主義の継続と生存のために必要とされ

る限りにおいてしか要請されない．最後に，それは，個人の社会的性質を承認するような種類の先行する価値・規範・制度を含み込んでいる．

それゆえ，その社会的存在論の観点からみるとき，このような構想はリベラリズムよりも首尾一貫していてわかりやすい．コミュニティにおいて種々のオルタナティヴが構成されるという文脈を背景にして初めて，人間は自分の生のために意味のある選択をおこなうことができるのだということを認めるならば，そこからさらに，倫理の基礎としての自己創造と自由の強調は，これらの条件を保護することができる強い国家を必要とするということができる．この意味において，個人の選択の自律性は，制度的に具現された強い構造の存在を前提としている．結果として，「稀薄な」共同体主義者は，自分自身の利益を追求する個人の権利と，個人の諸要求の実現に必要なものとしてのコミュニティの権利および利益との，バランスをとることを重視する．このような構想の「稀薄さ」は，目的，目標，価値の複数性が制度的に許容されるか，あるいはそれらが衝突する場合には，民主的に折り合いがつけられるかという点に認められる．この構想にあっては，個人と集合体の間の相互交換的あるいは相互関係的なつながりは，はっきりとバランスをとって保たれる．個人と集合体の間の諸関係についてのこの再理論化こそが，「稀薄な」共同体主義に独特な立場を与えているのである．そこでは，集合的利害と個人的利害とは，相互に他方に依存しているということが認められる．安全保障を確保するために，また，気候変動やエイズやSARSといった差し迫った危機，その他潜在的なグローバルな危機に介入するために，集合的な行動が起こされなければ，個人の自由はありえないか，仮にありえたとしても間違いなく無意味である．

ハイエクや古典的な政治経済学者であればおそらくそうするであろうが，世界の未来を「自生的進化」や自然の「見えざる手」の慈悲深い効果といわれているものに託すというのは，グローバルな時代にあっては，破局的な規模の災厄を招くレシピである．リベラルたちは集合的権力の拡張に神経をとがらせるだろうが，彼らが認識しなければならないのは，グローバルな時代における紛れもない統治の複雑性ならびに注意を要する差し迫ったグローバルな危機の帰結として，そのような巨大な拡張がどのみちすでに出現しているということである．気候変動や地球的規模の暴力をめぐる差し迫ったグローバルな破局に直面しているときに最小限国家を呼び求めることは，どんな国家であれ，個々の国家は，グローバルな権力中心ネットワークにおける多くの権力中心の1つに

すぎないという事実を見落としている．そればかりか，諸個人の自由と安全保障が確保されるべきであるとするならば，グローバルな時代における集合的権力に必要とされる規模とその複雑性を把握することにも失敗している．今日求められているのは，国家あるいはグローバルな集合的権力を廃棄したりその規模を縮小したりすることではなく，それをより卓越した民主的制御のもとに置くことである．

　　　［……］

4───コミュニティ・自由・正義

　このような見方は，諸々の積極的義務と消極的権利の双方を網羅的に含むものとしての自由の構想をももたらす．この構想においては，自由と自律は，有意味な市民的機能の観点から社会によって構成されるものとみなされる．社会においてのみ，自由は実現可能であり確定可能である．人間は社会的および歴史的に構成されるのであるから，社会においてということを除いてしまっては，自由を概念的にとらえることはできない．そして，ひとたび個人が社会的および歴史的に構成されたものとみなされれば，自由の能動的な表現は必然的に参加という形態をとることになる．これを拡張すると，古典的な見方においてそうであるように，法の不在のもとでは自由は作動しえないと考えられる．リベラルたちのように「自然的自由」について語るということは，私見では，論理的および経験的に辻褄の合わない羽目に陥るということにほかならない．

　　　［……］

　決定的に重要なのは，ロールズやハバーマスにとってそうであるのとは対照的に，この「準フーコー的」アプローチには，道徳的意思決定に根拠を与えたり，あるいは政策のもたらす諸結果を正当化したりすることができるような，超文化的な超越的理性というカント的法廷は存在しないということである．しかしながら，そこには，たとえば，政策のもたらす諸結果を正当化しうる生存や安定のための平和共存の重要性といった，プラグマティックな要素が存在する．個人の自由と安全保障がなにがしかを意味すべきだとするならば，ある一定のルールと集合的行為が必要となるであろう．自由が全員に与えられるべき

だとするならば，個人の行為に制約が課せられる必要が出てくるのと同様に，それらの条件を確保するためには集合的行為が必要となるであろう．

　［……］

　フーコーのアプローチの内部には，規範的な意味においてそうした構想を下支えしうるような，民主的正義についての一般構想もまた存在している．「支配」と「権力諸関係の平等化」にかんする議論の中で，フーコー（Foucault, 1991）は，自由と平等の双方に訴える政治原理を提唱している．平等に関していえば，権力を平等化するとは，周縁化された集団，抑圧された集団のために闘うということになろう．自由に関していえば，この原理は，各人の還元不能な道徳的地位を前提としており，だとすれば，それは，自己創造と衝突もしくはそれを妨げるような統治政策に反対することになろう．ディーン（Dean, 1999: 184）が述べているように，フーコーの政治的構想において，法律は，「潜在能力の自己指向的使用とその発達を妨げるというよりは，むしろそうすることを許す」かどうかということに照らして，重要な役割を演じる．これは，自由それ自体が権力の行使を巻き込んでいるということから考えると，自由はある一定の政治的構造を必要とする，というフーコーの見解を反復するものである．権力諸関係の観点からみて自由が現実化されるわけだが，ある状況のもとでは，自由の表明が不可能になる．この状況にあっては，支配状態が帰結するとフーコー（Foucault, 1991: 12）は言う．そこでは，権力諸関係は「永久に非対称的であるような仕方で」固定されるようになり，その場合には「自由の余地は極端に制限されている」．

　［……］

　マルクス主義やヘーゲル主義やリベラリズムといった全体化アプローチに抗するものとして，フーコーの立場は，あらゆる権力諸関係は開放性によって特徴づけられねばならない（すなわち「確定された」あるいは「凝固した」ものであってはならない）ということを規範的に強調する．結果として，これらの原理は，時と所が異なれば正義は異なることを求めてよいということを承認しつつも，民主的正義構想に規範的基礎を与える．こうした構想は，ローティ（Rorty, 1998: 52）の意味において，すなわち，「妥当性」の観点からではなく，「通用範囲」（reach）の観点からみて普遍的である．これを言い換えれば，ロー

ルズやハバーマスとは異なり，それが熟議を奨励しようと努めるのは，「合理的な合意」と想定されているものに到達するためにではなく，端的に「折り合い」(settlement) をつけるためにである．ロールズの用語を使うなら，熟議の所産は「合意」ではなく，「条約」あるいは「暫定協定」といった性格を帯びることになろう．集合的行為が重要なものになるのは必然である．というのも，諸個人の利益は，集合的に取り組まれない限りは，実現されないからである．その結果もたらされるのは，実践や価値や生き方をめぐる根本的な不一致を眼前にして生きられるべき生を可能にする「折り合い」や「契約」や「取り決め」あるいは「調整」である．権力諸関係は，対話的に開かれ続けなければならず，またそれは抵抗を通して権力の平等化へ向けて規範的に方向をねじ曲げるわけだが，そうした権力諸関係にもとづくこの構想は，歴史的状況のさまざまな具体的な偶発事象にたいして文脈的に敏感な構想でもある．

5────民主主義と多文化主義

　以上のような民主主義の構想は，さまざまに異なる集団的熱望を承認しつつも，権利の文化でそれらを下支えすることによって，多文化的権利をも裏打ちする．共通善についての諸々の構想は個人の自由を公然と制約するとリベラルたちは懸念するが，この民主主義の構想は，多様性に鈍感でもなければ，単一の基準やルールを画一的に適用することを通じて文化的同質性を追求するものでもない．

　　　　[……]

　民主主義が，憲法的諸原理を尊重しなければならず，平等な諸権利を与えなければならないとするならば，それはまたグローバルな秩序内における集団的利害の多様性をも尊重しなければならない．言い換えれば，これは，多文化主義を尊重しなければならないということである．同様に，多文化主義もまた民主主義を尊重しなければならない．必然的に，民主的諸規範は，次の3つの条件を守るべく，多文化主義的諸集団を横断するものでなければならない．(1)すべての市民の個人としての基本的諸権利ならびに集団としての基本的諸権利（言論，思想，集会，表現，生活スタイル選択その他），(2)いかなる個人や集団も，公共的諸制度によって代表される諸価値を受け入れるべく操作されないこと，

(3) 原理的にも実際的にも公務員と公共的諸制度は民主的に説明責任を負うこと．

この意味における民主主義は新しい普遍を構成しなければならない．すなわち，いかなるマイノリティであろうと自ら望むことをおこなう権利を有しているのだが，民主主義はそうした権利よりももっと基本的な一連の手続的な規範と規則である．文化的マイノリティは外部の文化に対して完全に無反応であってもよいとか，あるいは，集団の構成員がその文化から離脱することを強制的に禁止することができるといったことを含むような，多文化主義の構想からは脱却しなければならない．外部世界に開かれているということが民主主義の必要条件である以上，いかなるマイノリティ，いかなる文化といえども，永遠に生き長らえることを保証されえない．この開放性こそが実は世界市民主義の中核原理であり，この原理が「9.11」以後のシティズンシップ教育を奮い立たせなければならない．ここでの要点は，民主的な権利の文化は，いかなる多文化主義の構想であれ，そのように定義されたものであれば，それを下支えするものでなければならないということである．

　　　　[……]

多元主義は「多様性のディスコース」を前進させるわけだが，それは，新自由主義によって推進されている「多様性と権限委譲のディスコース」とは異なるし，ほとんど関連性をもたない．新自由主義に関していえば，多様性を請け合うのは市場メカニズムであり，市場メカニズムは諸々の不平等を悪化させ累加させることに帰着する．対して，多文化主義的に理解されたとしても，異なるさまざまな集団がともに働き生きていくために必要な社会的凝集性の程度を掘り崩す限りにおいて，この多様性もまた正常に機能しない可能性がある．多文化主義的な多様性が不寛容や衝突といった規範をどの程度強固なものにするかということもまた，「9.11」以後には，様変わりした新しい意義を帯びてくる．明らかなのは，社会の共通利害，その内部における諸々の下位集団，多様性が承認され許容される全般的程度，これらの間の競合する諸力のバランスそれ自体が，民主的な熟議と裁定の問題だということであり，それもまた時と場所によって変わりうるのである．

　　　　[……]

フーコーにとっては，民主的な諸規範は，歴史的に価値づけられているとい

う点において，歴史的な妥当性を有している．これらの規範が「普遍的に真」であるかどうかを問うてもほとんど無意味であるのにたいして，民主的熟議やコミュニケーションの価値は，歴史的現在の規範に確かな足場をもつ折り合いのなかに形成されるのである．かくして，フーコーの仕事は，文脈主義によって，歴史的現在の諸規範にしっかりと根を下ろしている．彼は，形而上学的な普遍的諸特性が民主主義をつなぎとめるという考えを却下する一方，権力，抵抗，批判の諸規範を頼みとしようとする．この意味において，分析の基礎を成すのは，歴史的に条件づけられた状況であって，形而上学的な普遍的諸特性ではない．ハバーマスを正すべく，フーコーは，権力と実践知を中心に据えるのである．

　フーコーのアプローチはより共和主義的な政治組織の構想を支持する．共和主義は実質的な社会の構想と善とに意を注ぐ．自由は非支配とみなされ，後者は，平等，コミュニティ，市民的徳，立憲主義の重視と結びついており，政府権力をチェックする．非支配としての自由に焦点を当てる場合であってもまた，自由をもっぱら市民的参加にのみ結びつけて理解する必要はない．ペティットが述べているように，「強き者の意思を制約する方途を法的に確立している場合には，たとえそれらの制約が正式の憲法には記録されなくとも，つねに立憲主義がしかるべき場所を得ているのである」（Pettit, 1997: 173）．非支配は，われわれがこれまで述べてきたように，諸権力が分散あるいは「平等化」されなければならないということをも必然的に伴う．

6 ── 教育を通して民主主義を学ぶ

　こうした原理は，再分配と「平等化」の諸政策を支えるべく経済的にも機能しうる．ただし，ロールズの公式に従ってではなく，文脈固有のある公式に従ってである．非支配はさらに，教育的に重要な2つの過程を支える．熟議と論争である．これらは，一定の歴史的な舞台設定のなかで，諸原理がいかに実行に移されるのかということにとって重要である．熟議と論争はいずれも，学習されなければならないスキルの構成要素となるという点で，教育の重要性を確認するものである．論争は，かかるスキームにおける同意を下支えしたり，その同意に条件を付けたりするものであり，開かれた民主的権原となる．

　熟議の概念は，ミラーが述べているように，「政治的選好は衝突しあうもので

あり，民主的諸制度の目的はこの衝突を解消することでなければならない，という前提から出発する」(Miller, 2000: 9)．熟議は，狭義の代議制政府システムと選挙制度を通じた政府の変更とに言及するが，そのさい伝統的な「現実主義的」リベラル・モデルとは異なる民主主義の構想を前提としている．さらに熟議モデルは異なる規制の理想をも含意している．この意味において，熟議モデルは，民主主義を深化させることをめざすさまざまなメカニズムに不可欠の要素であり，また人間の本性についての異なる構想を前提としている．それぞれ「予め形成された」信念や意見をもった合理的意思決定者としての各人の選好をリベラル・モデルが重視するのにたいして，熟議的な民主主義・構想は，諸結果は議論の過程で作りあげられたものであり，信念や意見もその過程で形づくられたものであるとみなすことを要請する (Miller, 2000: 9)．熟議的な民主的コミュニティは，理想としては，参加者たちは，思いのままに貢献するだけではなく，証拠と説得力ある議論とに照らして自らの見解を変更する準備ができているようなコミュニティである．そのようなコミュニティでは，「得られた決定は，たんに参加者たちの事前の利害や意見を反映しているだけではなく，それぞれの立場からなされた議論をじっくり検討した後に下される判断と，不一致を解消するために用いられるべき原理および手続きをも反映しているのである」(Miller, 2000: 142)．熟議においては，例外の必要性についての理解や相異点の承認，あるいは修正の必要性を明るみに出し，それらを慎重に評価するということが可能である．

　ミラーによれば，熟議の目標は，認識上の合意にではなく，次の点にある．すなわち，「論議を通じて表明された，さまざまに異なる見解間の公正なバランスである．そして，それが達成されている限りは，たとえ何らかの別の結果を選好するはずの者たちであっても，その決定が正統であることを承認することができるのである」(Miller, 2000: 4)．論争は，熟議にとっても，また共和主義的な民主主義の構想にとっても中核を成す．ペティットの言葉を借りれば，「公共的な意思決定にたいして論争可能であるよう要請するということは，意思決定は民主的プロファイルを満たすものであれと要求することにほかならない」(Pettit, 1997: 185)．ゆえに，この意思決定モデルは，合意以前に論争を前提としている．政府は，それが決定するものが何であれ，人々がその決定に論争的に異を唱えることができる限りにおいて，民主的であるということになろう．論争を止めさせればその正統性は掘り崩される．

ここにおいて本質的なのは，自己支配としての民主主義の理念である．「権力に対して真理を語ること」というフーコーの観念もまた，この論争可能性の理念をとらえている．フーコーにとって，そのような権利は，「真理を語るさいの率直さ」という意味をもつ古代ギリシャのパレーシア (*parrhesia*) という観念のなかに具現されている (Foucault, 2001: 11=訳書 2002: 9)．しかし，誰かがパレーシアを行使していると言われるのは，「真理を語ることで彼にリスクや危険が降りかかる場合のみである．……パレーシアテースはリスクを引き受ける者なのである」(Foucault, 2001: 16=訳書 : 16)．加えて，「パレーシアの機能は……批判の機能をもっている．……パレーシアは批判の一形態であり，それは他者や自分自身に向けられているが，話し手や告白者はつねに聞き手よりも低い地位にある．パレーシアテースはつねに聞き手よりも力が弱い」．そして最後に，「パレーシアにおいては，真理を語ることが義務とみなされている」．フーコーはこれらの要素を次のようにまとめている．

　パレーシアとは，話し手が率直に語ることで真理とある特有な関係を結び，批判することで自分自身や他者とあるタイプの関係性を結び……そして自由と義務を通じて道徳的な法とある特有な関係を結ぶ言語活動の一種です．もっと正確に言うと，パレーシアとは，話し手が真理との個人的な関係を表明する言語活動，真理を語ることが（自分自身と同様に）他の人々を改善したり援助したりする義務であると認めるがゆえに，自らの生命を危険にさらす言語活動です．パレーシアにおいては，話し手は自らの自由を行使し，説得するよりも率直であるほうを選び，偽りや沈黙ではなく真理を選び，生命や安全ではなく死のリスクを選び，追従ではなく批判を選び，自己利害や道徳的無関心ではなく道徳的な義務を選びます．そうして，一般的にみれば，これが……紀元前 5 世紀から紀元 5 世紀までのギリシャのテクストの大部分にみられるパレーシアという言葉の明確な意味なのです (Foucault, 2001: 19–20=訳書 : 22)．

　というわけで，論争可能性は共和主義的理想にとって前提条件である．決定に対して論争的に異を唱える権利は，論争のための基盤が存在し，さまざまな見解の表明と衝突の解決を可能にする経路や媒体やフォーラムが存在するなかで，意思決定がおこなわれるということを前提としている．こうした原理が「討

論ベースの社会」を支える．その原理により，一致した結果へと向かってさまざまなコミュニティが動き出すことが可能になり，折り合いをつけること，選好を形成することが可能になる．そのようなものとして論争に重点を置くということは，衝突を受け入れるということ，また，合意という手の届かぬ理想の探求を断念するということを意味する．この意味における政治は，政治的なものの非敵対的な解決として構想されるという意味で闘技的である．排除なき合意などありえない以上，これは調和のとれた最終形態の民主主義の可能性を戒めるものである．ムフが述べるように，「闘技主義によって，われわれは否応なく，民主的論争を育み，自らの行為に対する責任を受け入れ，政治的行為が，さまざまな限界はありつつも，追求されうるような諸制度の構築を促さざるをえなくなる」(Mouffe, 2000: 128)．

　教育は熟議・論争的民主主義を編成するさいの要である．そのような社会の構想は，憲法的および法的なコードを有効にしうる規範的文化の創出にかかっている．教育の目的は，安全保障を提供し民主主義のための力量を形成する，社会的に確立された規範的文化を築き上げるのを助けることにある．これらには，討論の技法や法律論争術，会議運営手続きや政治的実践活動の技術が含まれることになろう．さらに，法を下支えし，論争可能性と熟議とに関連する諸制約を満たすには，信頼と市民性という規範が必要である．共通の民主的諸原理は集団間の差異をまたぐものでなければならない．そして，寛容と信頼を基礎にした実践がすべての集団によって共通に必要とされるのである．ペティットは次のように述べる．

　　共通善への関心を必要とする規範にたいして人々が総じて応答的でなかったとしたら，政府が環境的配慮を，現在の取り組みは不十分だとはいえ，考慮するよう強いられたかどうかは甚だ疑問である．たとえ自己利益的にはただ乗りが合理的な反応であろうとも，共通善のために努力することをこの規範は求める．……もし法がしかるべく守られるべきだとするならば……差異の政治のみならず共通関心の政治をも駆動するような形態の市民性が使える必要がある (Pettit, 1997: 248–249)．

　さらに差異の政治にかんして次のように述べる．

差異の政治は，一方でそれが効果的であるためには偏りのある形態の市民性が必要とするが，他方では，全体としての社会と関係する市民性を示すような性向を人々——きわめて異なったものの見方をする人々であったとしても——の側に求める．ローカルな所属集団に固執するあまり全社会規模の規範を容認することをやめてしまえば，共和国は対抗利害集団の戦場へと成り下がってしまうであろう（Pettit, 1997: 249）．

ペティットの要点は，信頼その他の「市民性の習慣」を設計するにさいして国家の行為が根本的役割を果たすという点にある．われわれの見地からすれば，これらは民主的力量であり，それらを提供するにさいして教育が根本的な役割を果たすということになる．そのような力量には，寛容や市民性といった規範だけではなく，そのあらゆる複雑な形態における熟議のスキルも含まれる．教育は，ペティットが「見えざる手と鉄の手の間での，すなわちマーケティング戦略とマネージメント戦略の間での苛酷な選択」（Pettit, 1997: 255）と言うときの，その両者の間に位置する．教育は，一方の自由市場，他方の規制とマネージメントという独裁者の手，その間に位置する「第3の領地」である．

そのような集合的諸規範は，個人のアイデンティティ，個人の目標や大望，そして夢といった，コミュニティの内部においてのみ形成されうるものにとって中心的なものとなる．そうした共同体主義的な市民的質が，自我のどうしようもなく社会的な性質を証明するのである．文化的モデルと規範的価値——ケア，連帯，譲歩，交渉，寛容，法的討論および論争術といったものの——がなければ，グローバルな社会や政治体は存在しえない．信頼と市民性は，ゲルナー（Gellner, 1994）が明言するように，「自由の条件」なのである．とはいえ，信頼と市民性を可能にするものは，それに先立つ諸々の規則や法への信頼感である．すなわち，包括的な民主主義のディスコースが事前に存在していなければならない．

7── 結　論

ここで語られた民主主義の原理は，基礎づけ主義的ではないけれども普遍的である．その意味するところは，人間の本性についてのいかなる固定的構想にも基礎を置いていない，あるいはハバーマスのように，普遍的合理性という前提には基礎を置いていないということである．このような民主主義の構想は「熟

議的」ではあるけれども，その基盤は認識論的というよりはプラグマティックなものである．すなわち，すべての人々の安全が，生存への利害を基盤にして最終的には保証されるということであり，それと根拠を同じくして，道理性の文化，ならびに結社や表現等の自由といったリベラルな価値も正当化されるのである．テロリズムの時代にあっては，民主主義は，生存をもっとも確かなものにすることのできる条件である．こうした構想は，それが志されるかぎりにおいて，普遍的である．それはカント的というよりはニーチェ的である．そして，危険に満ちた世界における開かれた保護と援助についてのその都度のディスコースとしての民主主義の普遍性を構成するという意味で，この構想はまさにフーコー的でもある．

　生存が民主主義を正当化しうるのだといっても，もちろん，生存しているということだけで生の目的や目標を余すところなく説明することはたぶんできないので，生存は，目的あるいは目標としては，あまりにも稀薄すぎて十分に適切であるとはいえない．また，もしも普遍的という言葉が「すべての人々によって同意される」ということをさして言われるならば，生存は普遍的な同意の対象とはなりえないであろう．というのも，言うまでもなく，自爆者をはじめとして，生き残るかどうかによって決意が揺らぐようなことのない人々が存在するからである．結局のところ，それは人生行路選択の問題ではあるが，そこにはたしかに注意を集中させるものがある．たとえそうだとしても，民主主義が生存の前提条件であるならば，そのためには民主的に負託された民意が実効的でなければならないからである．

　このことを踏まえつつも，それを越えて，もっと豊かな民主主義の構想を構築することは可能である．生存が最終的な正当化根拠であり，そして民主主義を重視する理由にわれわれの注意を集中させるとき，尊厳ある生存は，より伝統的な関心に発する諸目的と共鳴する．それは，戦後アメリカのポリティカル・サイエンスによって理路が整えられ唱導されてきた狭い「現実主義的な」民主主義理論ではない．そうではなく，安全と尊厳と生存が可能とされなければならないとするならば，たんなる効用以上の何かであるような目的，すべての人々それぞれ皆の善き生と安全を含み込むような実質的目的に，今一度言及しなければならないのである．

　　　［……］

2
レトリックと実践のグローバル化
――「教育の福音」と職業教育主義

The Globalization of Rhetoric and Practice: The Education Gospel and Vocationalism

W. ノートン・グラブ＆マーヴィン・ラザーソン
W. Norton Grubb and Marvin Lazerson
（筒井 美紀 訳）

1――序　論

　学校教育の役割に関する1つの正説が，多くの国々で広まってきた．まず初めに唱えられたのは，学校の失敗についてのレトリックである．アメリカでは，『危機に立つ国家』と題する報告書が，凡庸さの風潮を広めてきたとして教育システムを非難した．イギリスでは，『全ての人にスキルを』『21世紀のスキル』などの一連の報告書が，学校教育の大変革について議論した．韓国では，エデュトピア（Edutopia）が声高に求められた．中国では，『21世紀に向けた行動プラン』が「わが国が先進的な世界経済に比肩するべく，教育の戦略的重要性はいっそう高まっていくだろう」と宣言した．オーストラリアでは時の首相が，『眠れる者よ，目覚めよ！』のような報告書によって，オーストラリア人の自己満足を一掃し，「賢い国家」を発展させる，という取り組みへの姿勢を示した．国際諸機関もまた，こうしたレトリックを採用してきた．とりわけヨーロッパ連合（EU）は，「知識のヨーロッパ」を推進しようとしている．OECD（2001a）は，知識革命の含意を強調する．多くの国々が「キー」ないし「コア」となるスキルを――ドイツ語では *Schlüsselqualifikationen*，スペイン語では *qualificaciones quiaves*，またあるいは「21世紀のスキル」を――新たな千年紀における競争手段としての，より高レベルで新しい学習の形態を――奨励しようとしている．確かに幾つかの国々は，このレトリックを回避したように見える．フィンランドは，学校教育の経済的目標と非経済的目標の混合形態を採用し続けてきた．オーストリアは，労働力の高齢化にもっぱら関心を向けており，知識革命の役割を強調するどころではない．だが多くの国々では，驚くほど似通ったレトリッ

クが広まってきている．そのレトリックとは，まず学校教育と大学教育の失敗を強調し，続いてより経済的で功利主義的な目標を持った改革を主張するものである．

　われわれはこのレトリックを「教育の福音」(the Education Gospel) と呼ぶ．なぜならそれは，信仰信条となってしまっているからだ．学校教育の批判から始めて，教育の拡大と改革の可能性に関する朗報を伝え，社会的かつ個人的救済へと至る．このレトリックは福音のように，極めて広範な政策立案者，改革者，多くの（しかし全員ではない）教育者，ビジネス団体，出世や成功を望むたいていの学生，一般大衆の大部分によって，受容されてきた．その根本的なビジョンが主張するのは，知識革命の影響である．すなわち知識革命は，仕事の性質を変え，知識と情報に結びついた職業へとシフトし，「よりハイレベルの」スキルの重要性を拡大し，ますます何らかの高等教育——OECD (1998) が「全ての人に高等教育を」と名づけたような実践——を要求している．諸個人は，非常に速い技術変化のため，自らのスキルの陳腐化に気づくことが多くなる．したがって労働者たちは，生涯学習に取り組まねばならない．「教育の福音」は，以上のように主張するのである．

　「教育の福音」のレトリックの多くが，競争力と成長といった国家的ニーズを強調する一方で，「出世や成功」という個々人の目標をも組み込む．「教育の福音」はそれゆえ，拡張の途にある教育システムの公共的諸目的と，教育を個人的目標のために活用するという私的な意向とのバランスをとるものだ．より多くの学校教育が，均等ないし社会的包摂を広げるよう推進されるときには，これらふたつの目的は最善のかたちで結合され，公共的な目的は最も気高いものとなる．

　「教育の福音」の最も明白な帰結は，学校教育の諸目的が職業準備へと変化してきたこと，すなわちわれわれが職業教育主義 (vocationalism) と呼ぶプロセスである．この概念は，中等教育における伝統的な職業教育のみならず，「使命感を持って行う職業」(vocation) に向けた準備をも対象とする，こなれていないが有用な概念である．「使命感を持って行う職業」なる語は，単なる仕事 (job) ではなく，職業キャリア (career) や天職 (calling) を意味する，唯一の英単語である．すなわちそれは，個人的意味，経済的便益，生涯発達，社会的地位，より大きな社会との結びつきをもたらす雇用を意味する．職業教育的目標へのシフトは，中等教育からコミュニティ・カレッジのような準学士レベルの機関

まで，技術学校から大学までと，多くの教育レベルで生じている．したがってわれわれは，職業教育訓練 (VET) や技術・職業教育訓練 (TVET) システムよりもむしろ，職業教育化された教育システムに言及する．なぜなら職業教育主義は，通常は職業教育訓練の一部分とは見なされない学校教育の多くの形態へと——上昇移動に必要であり職業教育予科的 (pre-vocational)[1] と見なされている，アカデミックあるいは普通中等教育，ならびに，自らを「専門職教育的」(professional) と呼びたがる大学へと——拡張されてきたからである．

　幾つかの国際的発展が，レトリックと実践のグローバリゼーションを助長してきた．国際競争が増加するなか，天然資源と低スキル労働力に頼る発展途上国と同列になりたいと思う先進国は一国たりともないため，より高いレベルのスキルと教育に対する必要性が，いっそうやむにやまれず高まってきている．他の形態の国際競争と国家支配——植民地主義，わずか数カ国による貿易の支配，天然資源の重要性——は消尽し，競争の一形態としての教育が，教育の価値に関するより古い諸観念の上に打ち立てられうる．こうして，必ずしも経済的目標のためではないものの，多くの国々で教育に対して高い価値が置かれるようになってきている．そうした諸観念の国際的交換は，グローバルなコミュニケーションによって促進され，他の国々の模倣が——ときにドイツのデュアル・システム，ときにアメリカの高等教育，ときに日本と韓国の数学と科学における成功，そしてまたしばしば規制緩和と自由化を含む市場的実践というように——多くなってきたように思える．中国は興味深い例を示している．中国は，あるときはソヴィエトの高等教育の諸要素を，あるときはアメリカの綜合的な大学を，またあるときはドイツのデュアル・システムの要素を採り入れてきた．結果として，その高等教育システムは，とりわけ複雑なものとなっている．国際諸機関は，国家の諸実践についての情報を広め，かつ，OECD や EU のように，ある特定の諸実践を推進してきた．多くの移行途上国や発展途上国に対しては，世界銀行や米国国際開発庁のような機関も影響を及ぼしてきた．

　先進国においては，より多くの職業が学校ベースのアクセス・ルートに依存するようになるにつれて，また雇用へのアクセスをめぐる生徒・学生間の競争が，就職や昇進昇給に対する学校教育の有効性を悪化させるにつれて，職業教育主義は自己強化的になってきた．多くの移行途上国はますます市場指向的となり，より構造化された労働市場の出現——例えば，中国においては，政府が個々人の就業先を決定する方式に代わり，「双方向的選択（個人は雇用主を選び，

雇用主は応募者の中から選ぶ)」が普及してきている——は，雇用機会における教育資格の役割をおしひろげてきた．実に多くの異なった特徴が，相互にかなり独立して，「教育の福音」と職業教育主義の両方を強化してきたのである．

この小論でわれわれは，多くの国々における職業教育主義の帰結について考察する．高等教育の拡大と分化や，学校教育と雇用のリンケージを創り出そうとする取り組みなど，諸国家間で共通する多くの特徴が確認される．しかし，こうした反応の個別のあり方と，職業教育主義が生み出す諸問題に対する個別の解決法は，各国の様々な個別の歴史，制度，価値によって影響される．次節で教育機関が職業教育化してきた主な流れを記述した後，教育機関が職業教育主義の波にのまれた場合に常に生じる3つの一般的課題について，とくに検討する．すなわち，学校教育と雇用のリンケージの維持，極端に狭く功利主義的な学校教育概念の回避，不平等ではなく均等の推進，の3つである．そして最後に，将来における職業教育主義のありうる方向性について検討する．

われわれは本章を，進行中の作業と見なしている．本章はまずもって，われわれによるアメリカの分析 (Grubb and Lazerson, 2004) に基づく．アメリカは，1900年ごろ学校教育を職業教育化した最初の国の1つであり，比較という作業をするさい好都合なのである．われわれは分析をイギリスにも拡大している (Grubb, ed., 2004)．また，OECDの各国研究に関わるなかで得た，ドイツ，オーストリア，カナダ，フィンランドにおける経験にも，本章は基づいている．オーストラリアについては，アメリカの職業教育訓練システムと比較している．中国と韓国についても本章は言及する．また，大学の下位に別の高等教育機関を置く形態をとっている国々についても言及する (Grubb and Sweet, 2005)．しかし，職業教育主義がとる様々な形態について十全に理解するには，なすべき調査や分析はまだまだたくさんある．

2───学校と大学における職業教育化のプロセス

(1) 職業教育主義の3つの特徴

各国間に見られる幾つかの共通点は，職業教育主義の定義に役立つ．多くの国々では，徒弟制や就労ベースの準備形態からの離脱が広がり続けてきた．この動きは，アメリカにおいては19世紀に生じた．イギリスではようやく1960年代に入ってからであり，フランスではここ20–30年のことである．中国にお

いては，1980年代以降，より従来型の学校教育が増えるなか，国立学校を運営する国営企業の衰退とともに，就労ベースの学習は減少してきた．スカンジナビア諸国のように，徒弟制の強い伝統を全く持たずにきた国もある．してみると職業教育主義とは何よりもまず，教育機関が職業準備を実施する際のアプローチである．つまり雇用主自身でも，労働組合でも，NPOでも，儲けを狙った訓練ベンチャー企業でも，教会でも，家族でもなく——もちろん，これら全ては周辺に位置しうるのだが——教育機関によるものである．ひるがえって職業準備を実施する主要諸機関の歴史と目的は，それら自体の影響力を行使し続け，その結果，コンフリクトが生じている．これについては次節で探究する．

　もちろん，徒弟制の衰退に関する大きな例外は，ドイツ，オーストリア，デンマークといった，徒弟制における就労ベースの学習と学校ベースの学習を連結した強固なデュアル・システムをとる国々である．これらの国々は，職業教育と徒弟制のより強固な形態の発展を欲する他の多くの国々にとって，垂涎の的である．多くの国々が，ひとつには自国の脆弱な形態の職業教育を強化したいため，いまひとつには，レイヴとウェンガー（Lave and Wenger, 1991）やコリンズ，ブラウン，ニューマンら（Collins, Brown and Newman, 1989）やその他の研究者によって紡がれた，徒弟制のロマン主義的理解に心を惹かれるため，そうなるのである．しかし，職業準備の一形態としての徒弟制は，逃れられない幾つかの弱点を持つ．徒弟制は容易に，生産を通しての学習ではなく，決まりきった生産に変わりうる．それは，仕事に関する包括的な学習を促進しないかもしれないのだ．徒弟制は，スキルと雇用が安定している諸条件の下で，より適合するものであり，変化する諸条件の下ではしばしばうまく機能しなくなる．知識革命と結びついた内容を含む，抽象的で理論的な内容について教えるのには，適した環境ではないのだ．

　また徒弟制は，もし強固な制度的統制がなければ，職場のジェンダー分業，家庭背景による選抜という階級的バイアス，雇用主の差別的パターンを，しばしば生み出し続ける．そしてまた，人々の労働市場への参入をより安価にするだけでなく，より容易でより単純にせよという圧力の下で，伝統的に強固な職業訓練システムすら，批判されてきているのだ．それゆえ，多くの国々での——ドイツが資金元のパイロット・プロジェクトを実施しているアメリカ，イギリス，中国での——徒弟制再生の取り組みは頓挫しがちであったり，フィンランドのように，セカンドチャンス・プログラム内の小さな取り組みに格下げされ

たりしている．政府の支援が減少し，すすんで徒弟制を実施する雇用主が減り，より多くの生徒が大学に進学しようとするなかで，ドイツの職業訓練システムが近年むかえている「危機」は，徒弟制の伝統が強固な国々においてすら，徒弟制への逆風となる圧力の兆候として解釈されている．

　職業教育主義の2つめの特徴は，中等教育の変容である．共通パターンとして続いてきたのは，就職希望者向けの職業教育ないし職業教育訓練から分離した，大学進学希望者向けのアカデミックな教育の発展——これは職業教育主義の分化作用を例証する教育システムの再編成である．多くのヨーロッパ諸国では，これら2系統の教育が，別々の機関で生じてきた．中国では，3種類の職業学校が発展し，それらはアカデミックな座学とインターンシップの分量において異なっている．アメリカとカナダでは，共通教育というイデオロギーのため，これらのコース分化は綜合制中等教育機関の内部で生じてきた．しかし，ほとんど全ての国々において，アカデミックな教育と職業教育の階統的上下関係——前者は大学と専門職へと通じ，後者は低賃金でしばしば前途の見込みがほとんどない卒業後の雇用へと通じる——は，両者間の大きな地位ギャップ，ひいては職業プログラムの質的低下傾向へと至っている．そこで多くの国々（とEU）は，これら2つの「地位の対等性」を再構築しようと試みてきた（Lasonen and Young, 1998）．だがほとんどは——アメリカにおいて幾つかの例外はあるものの（National Research Council, 2003: Ch.7; Grubb, ed., 1995）——うまく機能しなかった．なぜなら，地位ギャップの背後にある雇用条件の問題，すなわち職業教育主義の根本問題に取り組み損ねたからである．

　結果として多くの国々では，脆弱な中等職業教育に関して何をなすべきかという問題が残されてきたし，また選択肢も限られてきたのである．中等職業教育を廃して，それをコミュニティ・カレッジや技術学校のような高等教育に導入するか（アメリカとイギリスの暗黙のルート）．あるいは，例えば履修内容を増やしたり，雇用主との結びつきを強めることで，職業教育を強化するか（中国がとったルート）．あるいは，その他の周辺的な変化を起こすか（*Achieving the Lisbon Goal,* 2004）．あるいは，職業準備と進学準備を統合する何らかの形態を試みるか．あるいは，ドイツのシステムをまねるか——これは必要条件となる制度的構造を欠く国々には困難なルートであるが．職業教育訓練システムは数え切れないほどバラエティに富む一方で，明確なコンセプトに基づいた改革の方向性はほとんど示されていない．

アカデミックな中等教育が，大学と専門職の準備へと至るルートとなっている国々では，また違った変容が生じている．学習は，大学の合格可能性を高める競争的で手段的なプロセスに従属するようになっている．まさにアメリカでは，このプロセスのため，高校での学習における知的な内容が，ほとんど空洞化してしまっている．なぜなら生徒たちは，学習の目的を，大学への準備と専門職や管理職へのアクセスとして理解しているからだ．イギリスにおいてもまた，ときおり中等教育は，「エリートの学校・カレッジ・大学・仕事へのアクセスをめぐるむき出しの殴り合い」として描かれてきた (Brown and Hesketh, 2004)．その傾向はとりわけ，野心も焦りも強いミドル・クラスの間で顕著となっている．こうした状況下では，アカデミックな中等教育は，職業教育予科的 (pre-vocational) と呼ぶのがより正確である．もちろん，これは普遍的に生じていることではない．フィンランドのシステムは，国際競争と「知識革命」に大きな関心を持つものの，極めて多様な科目と目的とを保持してきた，他のスカンジナビア諸国とフランスもまた，中等教育において固有の文化を保持し伝えることに強調点を置き続けてきた．しかし，たとえ職業教育訓練のように歴然と職業的な内容でないにしても，中等段階のアカデミックな教育を変容させるようにはたらく圧力は存在しているのである．

　第3の共通する特徴は——恐らくこれが，「教育の福音」の最も強力な効果である——高等教育の拡大である．この教育段階において，「知識革命」や技術発展や上級専門職との結びつきは，最も明白である．「教育の福音」における双子の圧力——一国の競争力と成長を高めるように見え，かつ個々人の移動へのルートを供給するような教育の変化への——は，高等教育の拡大こそが生み出している．たいていの国々では，この変化は単に大学の拡大によってではなく，同時に高等教育の内部分化によっても生じている．この内部分化は，しばしば大学に準ずる機関の設置（あるいは拡大）や，別の新しい層 (tier) を形成する一連の大学の新設——例えばイギリスのかつてのポリテクニークやアメリカの地域大学，オーストラリアの第2層 (the second-tier) の大学，フランスにおけるエリートのグランゼコールと大学の分化——というかたちで現れている．たいていの場合，高等教育の下位機関は上位機関と比べて（フランスは除く），より明白に職業教育的（あるいは専門職教育的）である．技術学校は明示的に専門職的な学科領域に特化しており，綜合的な高等教育機関（アメリカやカナダのコミュニティ・カレッジのような）はしばしば，アカデミック志向の学生を第2層の

大学の専門職プログラムに転籍させている．この点で，コミュニティ・カレッジのような機関はしばしば職業教育予科的である．英語圏の地域大学ならびに第 2 層の大学ではたいてい，ビジネス，IT，医療・介護，教育，工学，その他のこうした高度専門職的なプログラムが主要になっている．また，ある学科諸領域——ゴルフコース経営，レジャー学，ファッションアクセサリー販売や，そのほか伝統的な大学では扱われなかったであろう科目——に対しては，ひそやかな蔑視もつのっている．全体的に見て，高等教育は従来と比べて極めて明白に，職業教育化ないし専門職教育化してきているのである．

(2) 教育の職業的目的と非職業的目的

　もちろん，教育においては非職業教育的な諸目的も根強く維持されており，それらは国によって，市民・公民的な目的，より明白にナショナリスト養成を目指したもの，中核的指導者層の養成，より円熟した個人の形成という構想，教養教育という理念などなど，様々に異なっている．そして多くの教育機関は，それらの混淆である．そこでは，職業教育的な目標は，数ある目標の 1 つにすぎず，教育機関がいかにあるべきかについての異なる概念間の対立を生み出している．同様に，職業教育的ということの意味についても異なる諸概念が広がってきており，それらは必ずしも相互に一貫性があるわけではない．

　一方では，生徒・学生がもっている学びの意図や心構えによって，職業教育的な目的が何であるのかが決まっていく面がある．それは，明確に職業的なプログラムにおいてのみならず，われわれが職業教育予科的と呼ぶところのプログラムにおいても当てはまる．他方で，職業教育的という概念は，将来における有用性を主眼として編成された諸科目から成る，明白に職業教育的なカリキュラムを指している場合もある．関連職業への就職率は，さらにまた別の概念である．もしある教育機関が，そのカリキュラムの面では明白に職業教育的であっても，卒業生を関連職業に就職させ損ねているとすれば，その正当性は低下し，生徒・学生間での評価は掘り崩されていくであろう．教育機関が職業教育的であるか否かについて，実にたくさんの論争が起こるのは，職業教育の諸改変が終わりのないプロセスであり，また職業教育主義という言葉の意味自体が常に問い直され続けるものだからである．

3 ── 学校と雇用の結びつきの維持

(1) 学校と雇用の3つのリンケージ

　避けがたい問題のひとつは，徒弟制や単純な労働経験から教育機関へと就労準備が移ったときに，就労準備と就労それ自体とが制度的に分離され，これら二者がそれぞれ別個のものになるという危険である．職業教育主義へのこうした批判は，様々な形態をとって現れている．生徒・学生たちは充分に準備できていない，あるいは時代遅れのやり方でしか準備できていない，という雇用主たちの非難．学校教育は決して，「現場でしごかれながら学ぶこと」や経験の代わりにはなりえないという疑義．学位と資格証明書はコンピテンシーの目印ではなく，むしろ空疎な一片の紙切れでしかないという学歴主義・資格主義批判の見解（Collins, 1979）．多くの人々が，その職が要求する以上の教育を受けている先進国では，教育不足ではなく教育過剰こそが，深刻な問題であるという観察．もし，これら全ての批判が妥当であるとすれば，教育機関は機能不全となるであろうから，職業教育主義はその威力の多くを失うであろう．

　したがって，職業教育主義の途をたどってきたあらゆる国々は，教育機関と雇用の間の距離を縮めるメカニズムを発達させてきたのである．こうしたメカニズムの個別的形態は，実に様々であり，それらの共通点を見てとることはときとして困難である．1つのメカニズムとしては，雇用の選択肢と雇用に至る教育のルートとを，キャリア情報・ガイダンス（CIG）において生徒・学生に伝えようと試みるものがある．これは，生徒・学生たちに，自らが受けていく学校教育と就職の選択について，充分な情報に基づく決定ができるようにさせることを目的としている．しかし，この試みが，学校と仕事のマッチングに関して生徒・学生たちに（雇用主や教育機関それ自身にではなく）負担を負わせているという事実は別にして，諸国家はキャリア情報・ガイダンスに対して極めて異なるアプローチをとってきた（OECD, 2005）．キャリア情報・ガイダンスはしばしば，資金投入量が少なく変動にさらされてきたため，周辺化されてきた．多くのケースでは，これらのサービスは教育上の要請──生徒・学生たちにプログラムを修了させる必要性──によって変容されてきたし，そしてキャリア・カウンセリングというよりはむしろ，履修すべき適切な科目群に関するアカデミックなカウンセリングの形態をとるようになってきた．カウンセリングとガ

イダンスが個々の学校・大学の責任で実施されている場合には，それらの機関の自己利益がアドバイスそのものを捻じ曲げかねず，教育機関と職業の多様性について学生や生徒が利用可能な情報が存在しない．もちろん例外はある．イングランド・キャリア・サービスは，学校外の場で，あらゆる個人に対してアドバイスを行い，個別教育機関のバイアスの問題，キャリア関連のカウンセリングの効果の希薄化，学生でない者の，ガイダンスとカウンセリングへのアクセス不可能性を回避していた――ブレア政権がこの制度を廃止するまでは．同様にドイツも，いかなる特定の学校教育からも独立に，包括的なキャリア・ガイダンス・サービスを有しており，それは雇用主との関係を緊密に保ちつつ機能している．しかし，キャリア情報・ガイダンスへの不満はいたるところで聞かれる．なぜそれほど頻繁に不満が出てくるのかは，その制度的位置づけに由来する面が大きい．

2つめのリンケージ・メカニズムは，学校と企業とのパートナーシップや諮問委員会，あるいは学校と雇用主が連携・協力して労働者の育成にあたる協働教育である．こうしたメカニズムが，とりわけ徒弟制システムに関する三者間の意思決定がなされている国々では，極めて強力となりうることに疑問はない．やはり，ドイツやオーストリアがその例である．しかし多くの先進国では，労働組合と経営者連盟は弱体化しており，したがって三者間での議論は難しい．雇用主が徒弟制やその他の就労準備の供給を放棄した国々では，雇用主を就労準備に関する議論の席に着かせるのはしばしば困難である．なぜなら雇用主たちは，それがもはや自分たちの責任であるとは考えないからだ．そして学校や大学は，生徒・学生の発達に関心があるため，目下の生産性と短期的利益に一番の関心がある雇用主たちと，しばしば対立する．したがって，これらのパートナーシップは，しばしば偶発的なものであり，政府の取り組みは常に有効な対処策となってきたわけではなかった――イギリス政府が，諮問委員会の構造を数年ごとに変えたがることがその例である．

3つめのリンケージは，様々な学歴・資格，免許，資格認定を含むものであり，高度に公式化されたものから非公式的なものまで多岐にわたる．教育資格証明が意図されたように機能するとき，それは関係者の間に一様な期待をもたらす．雇用主は彼らが必要とするコンピテンシーを特定化しうる．教育訓練プログラムは，そのカリキュラム編成のために資格の要件を活用する．そして生徒・学生は，労働市場で通用するにはどのようなコンピテンシーを習得しなけ

ればならないかを知る．これが資格のポジティブな効果であり，雇用主／教育供給者／生徒・学生の三者を調整する市場形成的装置のように働くのである．だが，学歴・資格は（価格と異なり）市場の見えざる手によって設定されるものではない．学歴・資格が機能するには，それを創出し強制力をもたせて実施する，相当程度の制度的取り組みが必要なのである．つまりコンピテンシーないし基準は，確立されねばならない．コンピテンシーの評価方法が創出されねばならない．そしてそのプロセスを監視するメカニズムが発展させられねばならないのである．これらひとつひとつが複雑かつ潜在的に論争含みであり，レッセ・フェールから高度に官僚制化したやり方まで，様々に異なる方法で実行されうる．しかし，これら3つのいずれかが，残りの2つと一貫性を欠くならば，学歴・資格の価値は不確かなものとなり，「資格主義」が，教育課程上の要請を雇用上の要請と合理的に結びつけなくなるという，ネガティブな色合いを帯びてくる（Collins, 1979）．

(2) **学歴・資格の経済的効果に対する信頼と疑義**

　学歴・資格は，職業教育主義の決定的な目印の1つである．なぜなら職業教育予科的な教育は，教育の結果について雇用主たちに保証する必要がないからだ．学歴・資格の構造は，しばしば歴史的パターンと国家政策の目的を反映し，国家間で実に多岐にわたる．デュアル・システムがあるドイツは，雇用主／学校／国家政府の三者の手になる学歴・資格があり，全てが注意深く開発されてきた．イギリスには精緻化された学歴・資格システムがある．しかし，その背後に首尾一貫した構想は存在しない．学歴・資格はしばしば雇用主の観点を考慮し損ねており，学歴・資格の実に多くが価値のないものである．精緻化されたシステムは，必ずしも効果的なシステムではないのだ．多くの国々，とりわけ英語圏の国々は，タスク分析とカナダのカリキュラム開発システムに基づく，コンピテンシー・ベースの学歴・資格を開発してきた．だがこうしたアプローチは，仕事を，より複雑で入り組んだ理解を要求する社会的活動だと見なすのではなく，相互に関連のある別個の諸タスクが，順序良く並べられたものだと見なしているため，重要ないくつかのコンピテンシーを奨励し損ねているのである．

　多くの国々では，学歴・資格の内容は教育供給者によって定義されており，それが「供給主導の」内容に対する不満へとつながっている．また多くの国々

は，学歴・資格の複数のシステムを作り上げてきた．例えばフィンランドには，教育ベースの学歴・資格システムと，他の職業教育訓練と成人プログラムのためのノーテコイ（Nautecoy）資格証明という別個のシステムとがある．後者は広範に推進されたものの，その経済的効果については不明な点が多い．それぞれ個別に対雇用効果を持っているようにすることがたいていの学歴・資格の目的だとしても，その必然性について改めて疑問を抱く関係者は，めったにいない．膨大な種類の学歴・資格があるなか，そうした疑義がほとんど出てこないのはときに不可思議なほどである．

　全体的に見て，学校教育と雇用を結びつけるメカニズムは，繰り返せば，幾つかの明らかな例外はあるものの，しばしば極めて脆弱である．学校と大学のアカデミックな目標は，しばしば職業教育的目標に優先する．職業準備においていかなる役割をも放棄した雇用主は，積極的に参加したがらない．そして政府が，何が学校教育と雇用を結びつけるのかについて，充分体系的に考えることはあまりない．以上は，教育制度の中に就労準備を位置づけることの，避けがたいコストの1つである．

4 ── 教育の功利主義的諸概念

　諸々の学歴・資格の創設と拡大はそれ自身，職業教育主義にともなうより大きな問題──教育を経済的価値のある商品に変えてしまう傾向──の一形態である．教育に有用性を付与することは，教育拡大の理由にもなりうるものの，その商品化という暗い側面をも含んでいる．

　こうした功利主義的諸概念の負の帰結は，幾つかの異なる形態を帯びる．なかには，自滅的な性質をもつものもある──すなわち，職業教育主義はそれ自身，職業に結びついた学習の価値を掘り崩してしまう．そのひとつは，どのような種類のスキルとコンピテンシーが雇用において価値があるのかについての，やむことのない議論である．学歴・資格をめぐるさまざまな議論は，学歴・資格の，とりわけ限定的で行動主義的な諸概念 vs. より広く拡張的な諸概念，という対立構図を見せている．また他にも，学校の職業教育的形態は，諸個人に目前の雇用に向けて準備させるべきか，それとも長期にわたる雇用に向けて準備させるべきか，という議論がある（これは，安定経済においては大きな論点にはならない．だが，仕事内容の変化や個人の転職が常態化し，キャリアアッ

プのためには極めて多様で柔軟なコンピテンシーを要するような経済においては決定的な論点となる）．そして，狭く特殊的な訓練か，それとも広く一般的な訓練かという論点は，職業訓練カリキュラムに関するほとんどの議論を含め，論争につぐ論争の火に油を注いでいる (Achtenhagen and Grubb, 2001)．

就労準備のより広い諸形態が有効に機能するには，視野の広い雇用主，視野の広い供給者と指導者，自分たちの生活がいかに動的に展開するであろうかについて自覚的な生徒・学生が，必要とされる．しかし，雇用主が目下のエンプロイヤビリティーに関心がある場合，教育訓練の供給者は雇用主の圧力に抵抗することができず，生徒・学生たちは一般に，彼らが将来歩むかもしれないライフコースについては情報が与えられない状態におかれる．このようにして，偏狭な訓練が続いていくかもしれない．その結果は，長期的発達の促進ではなく短期的ニーズの充足であろう．かくして，現代の仕事に要求される「より高度なスキル」と柔軟性が労働者には欠けているという「教育の福音」の不満は，職業教育主義の本質に対する不満そのものとなるのだ．

加えて，職業教育主義的システムの中にいる生徒・学生は彼ら自身，学習に対する諸々の非生産的な性向を身につけていくだろう．多くの国々で——英語圏諸国は格好の例である——生徒・学生は，学校教育に関して極めて功利主義的で学歴・資格主義的な見方をするようになっている．功利主義とは，将来の雇用に関してのみ学校教育を有用だと見なすという意味である．学歴・資格主義とは，その学歴・資格が体現しているはずの学習にではなく，自分に必要だと思われる学歴・資格の積み上げに集中するという意味である．こうした状況下では，理論よりも教育の実践的側面が，また書物を通じた学習よりも「実地経験」アプローチが優先され，「行動による学習」について，あまたの議論がなされる——ジョン・デューイが聞いたら，彼の諸観念がどれほど誤解されているか，仰天するだろう[1]．

アメリカのコミュニティ・カレッジの学生についてコックス (Cox, 2004) が示したように，こうした性向は，もし学生たちが「アカデミックじゃん」「関係ないや」と思えるいかなる教育をも回避するとすれば，学習の途をふさぎかねない．なぜなら学生たちは学習を，理解力を拡張することではなく，諸々の事実とバラバラのスキルを積み上げるという見方で捉え始めるからであり，教授側がしばしば，こうした学生たちの性向に気がつかず，学校教育の目的と学習の性質についての彼らの考え方と葛藤を起こすからである．こうして逆説的に，

「教育の福音」における，職業スキルについての絶えざる主張は，幅広い概念化能力とその他のより高度なコンピテンシーを発達させる取り組みの価値を，掘り崩してしまうかもしれないのである．

最後に，そして恐らく最も明白なこととして，功利主義的アプローチの広がりは，学校教育に対して付与されてきたその他多くの教育の目的を圧倒する脅威となる．その諸目的とは，市民的・道徳的目的，純粋に知的な目標，国家形成，国民性の発揚，宗教的儀式におけるリテラシー，その他あまりにも多すぎて（かつ国々で特殊的すぎて）容易に列挙できないもの，などである．これについても，様々な国々で様々な形態をとる．中国における大学についての議論や，「赤化（政治的社会化）」と「専門性」とのバランスをめぐる議論．幾分同様の議論が教養・一般教育と専門教育の役割についてアメリカでもなされている．功利主義的な学科領域——ゴルフコース経営やレジャー学——に対する皮肉な見解．こうした議論の核には，教育は単なる職業準備にではなく，より崇高な目的に仕えるべきだという考えがあるのだ．

もちろん職業教育的目的は，他の目的に取って代わる必要はないし，より古い学校教育の諸モデルがしばしば存在して一定の力を行使し続けている．中国の古いエリート大学は，知識階級の輩出を目的として編成されているし，アメリカのリベラル・アーツ・カレッジは，幾世代にもわたって指導者層の養成を目指してきた．イギリスのオックスブリッジの伝統では，あまりにも陳腐だとみなされているビジネスや教育学といった科目は好まれてはおらず，フィンランドのヘルシンキ大学は，初期の国家形成と結びついていた．その他の国々では，幅広い教育のほうが望ましいという主義主張を掲げる立場が，極端な功利主義的アプローチの阻止に役立ってきたのである．あらゆる教育レベルで多種多様な諸科目を取り揃えているフィンランドのナショナル・カリキュラムのように，あるいはまた，幅広い学問分野の学習を保持しようとするドイツのギムナジウムのように．

しかし，職業教育主義からの圧力は教育を完全に変容させており，その結果として極端な場合には，われわれが「ハイパー職業教育主義」として描いた世界にまで行き着く．このおぞましい世界では，ルーティーン化された労働向けの，幅の狭い仕事のスキルにしか関心が払われない．生徒・学生たちは，就職に即役立つ授業はどれだろうと考えて，芸術や人文科学，その他あらゆる一般教育科目といった，「余分な飾り」を避けるようになる．雇用主は，彼らの生産

向けに限定的に仕立て上げられた特殊的スキル——特定の学歴・資格を通して保証されたスキル——を求める．そして幅広い職業的なプログラムも幅広いアカデミックなプログラムも，いずれも——恐らくエリート学生向けのそれを除いては——消滅する．なぜなら，それらは役立つとは見なされないからだ．ここに描いたハイパー職業教育主義の世界は，誇張が過ぎているかもしれない．しかし，その特徴のひとつひとつは，英語圏諸国に確認されうるものであり——グローバリゼーションの一部として——ハイパー職業教育主義の発想の幾つかは，他の国々をも同様に脅かしているのである．

5 ── 職業教育主義と不平等の助長

(1) 教育の均等性と不平等に対する職業教育主義の効果

職業教育主義はもちろん，一国における市民の間に，賃金・所得・健康・あらゆる形態の消費における不平等を作り出すものではないし，とりわけ，多くの国々ではびこる大きな不平等の原因が，職業教育主義にあるわけではない．しかしながら職業教育主義は，徒弟制や農場経営や家族経営の継承を通して親がわが子の成功を直接的に準備していたような世界から，公的な学校教育を通した間接的な成功の支援へとシフトしたことによって，不平等の背後にあるメカニズムを変化させたのである．学校と大学が，職業とのより明白な結びつきを発展させるにつれて，公的な学校教育へのアクセスとそこでの成功をめぐる闘争が，より重大なこととなってきた．なぜなら教育達成が，賃金・階級的地位・上昇移動に及ぼす影響力が，極めて大きなものとなってきたからである．

機会の均等性に対する職業教育主義の効果は，極めて曖昧なままであり続けてきた．最も明らかなこととしては，家族ベースによる成功の支援を，公的な学校教育によって——とりわけ，誰が利益を享受すべきかについての議論を織り込んだ，公的に保障された学校教育によって——置き換えることを通して，職業教育主義は職業へのアクセスを均等なものとなしうる可能性を作り出す．たとえある一国における不平等の程度が高いとしても，パターン化された不平等——そこでは，階級と地位が世代から世代へと再生産され，人種的マイノリティや移民，ある地域住民の貧困率が高い——は，ほとんどランダムな不平等，あるいはまた，広く賞賛されている個人の性格（モチベーションや野心のような）のみに関連した不平等へと，置き換えられるかもしれない．実のところ，教

育の機会と結果の平等をめぐる議論は,ほとんど全ての先進国,ならびに多くの移行途上国においてさかんに行われている.これら全ての国々は,職業教育主義的な不平等の測定基準を——例えば,いまや収入と地位へのアクセスの代理指標となった,より高いレベルの学校教育へのアクセスにおける差異を——用いている.

だが幾つかの要因が,職業教育主義の下に不平等を再生産する.ひとつは,学校教育の構造が労働市場における差異を反映する,ということである.職業的序列に大まかに沿った教育機関の分化は,アカデミックな教育の職業教育からの分離,あるいは工学専攻の教育学専攻からの分離という点で水平的であり,かつ,大学と技術カレッジ・技術学校の差異のように,異なる職業レベルに向けて準備する教育機関の分化という点で垂直的である.確かに,医師と弁護士,会計士と教師,事務員と機械工がそれぞれ異なる量と種類の学校教育を要する限り,上記のような分化がない職業教育化された教育システムを想像することは難しい.しかし,これらの異なる機関は,綜合的な教育形態とは対照的に,トラックないしストリームを創り出す.また,ときとしてこれらの機関は,袋小路を創り出す.例えば,職業トラックに在籍する生徒に対して,高等教育機関進学に必要なものが何も供給されなかったり,技術学校が大学への転学を認めなかったりすることもある(中国のように).トラック,ストリーム,袋小路,自明のこととして分化した諸機関は不平等——分化した労働市場と結びついた不平等——を生み出し,それゆえにパターン化された不平等が広がるのを許容するのである.

(2) 教育達成に対する家族背景の強力な効果

さらにまた,学校教育実践についてのあらゆる分析は,教育の結果に対する家族背景の強力な諸効果,つまり学校教育の資源の影響よりもずっと強力な諸効果を見出してきた.家族背景の諸効果は,いろいろな出方をする.高い地位にある(とりわけ専門職の)両親がわが子に,学校で必要な認知的能力と非認知的行動の両方を教える能力を通して.両親(およびそのコミュニティの人びと)が与えるロール・モデルや価値を通して.収入——これによってより多くの本やコンピュータを買い与えたり,旅行やレクリエーションを楽しませたり,個人指導や大学の授業料を払ったりできる——の差を通して.わが子のために学校教育に対処する両親の大きな能力——それが可能なのは,一部には教育程度

のより高い家族と教育機関との間に，文化的相補性があるからだ——を通して．

　これらのプロセスは，均等という価値を熱心に支持する者の眼には偏りがあり不公平に見えよう．しかし，家族背景の強力な効果が存在しない，職業教育化された学校教育システムを想像するのは難しい．ステイタスの高いトラックにいる生徒・学生を，高い地位の職業——とりわけ，専門職と管理職——に向けて準備させるとき，学校と大学は不可避的に，こうした職業と結びついた認知的能力・価値・行動を好ましいとする（あるいは「特別視する」）．不可避的に，これらは高学歴の専門職や管理職の親を持つ子どもたちによって最も迅速に学習され，その親たちによって最もしっかり強化されるのである．もし教育実践が，労働者階級出身の子どもたちの能力と規範を好ましいとしてこれらを発達させるとするならば，それは労働者階級の仕事向けのプログラムやトラックにおいてのみ，生じるであろう．こうしたプログラムやトラックは不可避的に，非伝統的な生徒・学生の「冷却」であるとして批判される，伝統的な職業訓練あるいは技術カレッジの職業訓練プログラムのような，二流の選択肢となるであろう．様々な仕方で不平等は不平等を生み，いまやそれは，直接的な富の継承ではなく，職業教育化された学校教育のメカニズムを通してなされているのである．

　加えて，より大きな平等を学校教育の中に創り出すには，家族背景によって差がつかないような，実質的な制度的取り組みが必要となる．しかもそれは，持続的な制度的取り組みであり，教育の（長期化する）軌跡全体をカバーするものでなければならない．多くの国々は，「学校で学ぶ準備」によって，不利な家庭背景の子どもたちと，初等教育で有利に学べる子どもたちの能力は等しくしうるという希望を持って，早期教育のプログラムを強化してきた（OECD, 2001c）．だが，いずれの国も，そうしたレベルの平等を，かろうじてにせよ達成してはいない．そして，分化プロセスのなかで，低学年段階での不平等が再び生まれ始めているのである．フィンランドは，ある生徒たちが他の生徒たちに後れを取らないようにする実践を，綜合制の学校（1年生から9年生）において展開している模範的ケースである．しかし，こうした実践が強力であるにせよ，家庭背景に結びついた不平等を，9年生の終わりまでに取り除くことはできていないし，後期中等教育そして高等教育への移行プロセスにおいて，家庭背景による不平等のパターンが再び出現している（OECD, 2005）．

　幼児プログラムにおける均等関連の実践を，初等教育から中等教育を通して，

分化した中等・高等教育へのあらゆる移行を通して，それらのあらゆる形態を通して維持するのだとすれば，それは実に大変な課題であろう．より大きな政治権力を持つ，より高い地位の親たちは必ずや，それに我慢ができないだろう．それどころか，職業教育主義を信奉するあらゆる親たちは，わが子だけが確実に学校でよい成績をとれるようにしたいという強力なインセンティブを持つのである．そこから生じる主要なパターンは，わが子が特権を享受できるよう圧力をかけることであって，よその子に利益をもたらそうという取り組みではない．この政治的闘争においては，地位が高く教養のある親たちが非常に有利である．それゆえ，ある国々が他の国々よりも，学業達成に対する家庭背景の効果の引き下げに成功しているとしても，こうしたおなじみのパターンはほとんどあらゆるところで出現するのである．

　職業教育主義的な教育拡大ですら，不平等に対してはせいぜい曖昧な効果を及ぼしてきたに過ぎない．一方で，とりわけ高等教育へのアクセスの拡大は，かつては高等教育の機会があまりなかった，労働者階級の生徒，マイノリティや移民の生徒を含む諸集団に対する学校教育を拡大してきた．しかしそこでは恐らく，2つの問題が絡み合っている．ひとつは単純に，エリート階級や中産階級の家庭と生徒・学生は，労働者階級や低所得層の生徒・学生よりも，拡大された機会をより有利に活用するものだ，ということである．例えばイギリスでは，社会階級の下位3層の出身である大学生の割合は，1940年から2000年の間に1.5%から18.2%へと上昇した．しかし，社会階級の上位3層の出身だと，8.4%から47.8%の上昇である．すなわち，進学率における絶対的差異（相対的差異ではないが）が，この間に広がったということだ．高等教育の着実な拡大は，下層階級よりも上層階級に対して，実質的により多くの利益をもたらしたのである（Chevalier and Conlon, 2003: table 1）．また，フィンランドにおける大学とポリテクニークの両方の拡大は，子どもの教育レベルに対する家庭背景の効果を引き下げてきたと思う者もいるだろう．ところが同様に，家庭背景による多くの効果は，わずかにしか引き下げられていないのである（Asplund and Leijola, 2005）．

　加えて，高等教育へのより広範なアクセスは，均等なアクセスを意味してはこなかった．フィンランドとイギリスでは，収入の中位・上位層の親たちは，わが子を大学に進学させる傾向があり，これに対して労働者階級の親たちが進学させるのは，第2層の大学や（フィンランドの）ポリテクニークである．これ

らの機関は，諸資源がより少なく，退学率がより高く，より低い層の職業へのアクセスしかない．したがって，高等教育の拡大と分化の同時進行が意味するのは，次のことかもしれない．すなわち，より広範なアクセスがあるからといって，同じ種類の制度，同じ種類の資源，同じ種類の就業へと平等にアクセスできるということにはならない．もちろん，このことは真理である必要はない．高等教育の拡大と分化が均等を広げるか狭めるかは，異なる社会階層の子弟が異なるタイプの教育機関に通っている確率次第で決まる経験的問題であり，そのどちらであるかは，諸タイプの教育機関の間で，そして国々の間でほぼ間違いなく異なっている．とはいえわれわれの主張点は，高等教育の拡大は，「教育の福音」がそう約束するにもかかわらず，均等の自動的な広がりを意味しない，ということである．

(3) 教育システムの均等性と福祉供給の相互関係

　最後に，一国の教育システムの均等性は，幾つかの点で，その国の福祉供給の性質に左右される[2]．スカンジナビア諸国のような寛大な福祉国家（Esping-Andersen, 1990）は，幾つかの方法で教育の均等を推進してきた．一国内の全体的な不平等のレベル，したがって，低学年時に子どもたちが持ち込んでくる差異を縮小することによって．学習に立ちはだかる障壁を引き下げるための，学校教育に対する様々な補助——幼児プログラム，保育プログラム，心身の健康サービス，家族サポート・プログラムなど——の供給によって．また，自活の必要な高等教育機関の学生への支援（住居，通学，収入など）の供給によって．これと対照的に，アメリカのような福祉供給が脆弱な国々では，子どもたちが学校に持ち込んでくる差異は極めて大きい．彼らの学校教育はしばしば健康・住居・家族問題によって中断され，高等教育の退学率が高いのは，ひとつには多くの学生が自活しなければならないからである．

　同様に，一国の教育の均等性は，その国の福祉供給への需要に影響する．というのも，教育の均等性によって低学歴ゆえに雇用されず社会的な重荷となる人々が，より少なくなるからである．言うまでもなく，他にも多くの要因が，教育システムと福祉国家の関係に影響を与えている．だが一般的に，寛大な福祉国家は福祉的支援が必要な人々の数を減少させる，より均等な学校教育システムを持っており，好循環を期待できる．イギリスやアメリカのように，福祉供給が脆弱でさらにその削減が進む国家は悪循環を作り出してしまっている．

つまり均等性を欠く教育は，貧困の拡大，貧困者のより差し迫った必要，1人当たり福祉支出の低下，教育上の均等に対する効果の減少を，生み出しているのである．

　不平等は実に多くの点で再び姿を現す．職業教育主義は不平等を生み出すメカニズムを変えてきた．しかし，変わらぬ不平等の諸パターンが根強く残っている．これらのパターンは緩和されうる．とりわけ，学校教育のより均等な構造を創り出そうと試みることによって，学校教育の各段階内における諸実践に対してきめ細かに配慮することによって，福祉国家を拡大することによって．だが労働市場の根本的な不平等が，職業教育主義を隠れ蓑に，その必然的結果として学校教育システムの中にはっきりと現れている．だからこそ，均等を求める不断の闘争がなされねばならないのだ．

6──結論：職業教育主義の将来

　結局，職業教育主義の諸帰結は，いくらよく見ても不明瞭である．確かにその実践によって，職業教育予科的な労働力準備の諸形態を越えて，幾つかの実質的な前進が現れてきている．学習と生産を競合的・対立的に捉えるのではなく，むしろ学習とは何かという概念定義をも含みつつ，学習に対してより大きな注意を払うこと．教育の個人的な帰結と公共的な帰結の両方に注目すること．教育への公的支援を拡大すること．均等という課題を，討議および実現可能性のある改善に向けて，公共的な討論の場へ引き出す可能性．だが他方で，職業教育主義は，それが労働力準備の合理的で功利主義的なアプローチであるように見える場合でさえ，それ自身の過剰と非合理とを作り出してしまうものである．

　職業教育主義が国によって様々であり，以上のような問題が，ある国々ではより深刻であることもまた明白である．以下では，職業教育主義に関する少なくとも3つのモデルないしアプローチを提案してみたい．

　(1) 英語圏のアングロ―アメリカン・アプローチ．学校教育の目的は極端に狭い．就労ベースの学習をほとんど活用せず，全体として雇用主の参加の程度は低い．低い質・低いステイタスの職業教育は，高いステイタスの専門職教育と対照的である．高等教育機関は極端に分化され，不平等を強化している．多

くの学歴・資格があるものの，その構造化は不充分であり，学歴・資格主義の非難へとつながっている．高いレベルの不平等，脆弱な福祉国家，そして不平等の伝達メカニズムとしての学校教育．

(2) ドイツ語圏諸国とデンマークのデュアル・システムによるアプローチ．このアプローチは，徒弟制メカニズム，質の高い職業教育，よりよく練られた三者間の計画立案，高等教育機関の質的差異を縮めようという取り組み，高度に合理化された学歴・資格，コーポラティズムの福祉国家と賃金決定のメカニズムが土台にある緩やかな不平等に，伝統的に依拠してきた．

(3) スカンジナビア諸国のアプローチ．教育の目的を狭めようとする取り組みはほとんどなく，より均等な学校教育システム，より寛大な福祉国家とずっと低いレベルの不平等，しかし依然として質の低い職業教育，徒弟制はほとんどなく，経営者たちの参加もほとんどなく，効果の不確かな学歴・資格．

しかしながら，以上の3分類されたアプローチは，先進国化したアジア諸国や，中国のような移行途上国を含む多くの国々を除外している．また，上記の分類が有用だと言い切れるほど充分に，職業教育主義の様々な種類に詳しい研究者がいるのかどうか，われわれには確信がない．加えて，職業教育主義は多くの国々において比較的新しく，依然変転の途にあるため，他の多くの国々における歴史的視座は，極めて日が浅い．だが，より長期的には，この概念の有用性とは，次のようなものになるだろう．すなわち，資本主義の多様性（Hall and Soskice, eds., 2001）と福祉国家の多様性（Esping-Andersen, 1990）の理解が進んできたように，職業教育主義の多様性を理解すること，ならびに，職業教育主義の諸形態がどのように資本主義と福祉国家に左右され，またそれらを形づくるかを，少しでもよく理解することに活用できるだろう．

しかし，職業教育主義の比較による理解が依然途上にある一方で，幾つかの論点は比較的はっきりしている．ひとつは，「教育の福音」のレトリックがしばしば誇張であり，より穏健で現実的な主張が，今後の発展の基礎にならねばならない，ということである．例えば，教育不足の程度が甚だしいという「教育の福音」の主張は，多くの国で（全てではないが）現実には教育過剰が生じていて成り立たなくなっている．最も良い仕事へのアクセスを得るためには，ますます多くの教育が必要となっている一方で，近未来における仕事の大半は高等教育を必要とするという，ときおり聞かれる主張は真実ではない．最も発展し

た諸国家においてさえ，中間的スキルと不熟練スキルの仕事が膨大な規模で残り，それらの職は比較的緩慢にしか減少していかない．

　そしてまた，経済成長に対する教育効果のレトリックは全くのところ大法螺である．より多くの教育がより高い成長につながるのだと主張される際の諸々の想定はうさん臭いし（Wolf, 2002），過去30年間の急激な成長と衰退――1980年代から1990年代にかけてのアジア諸国とアメリカ，1990年代初期に不況に見舞われた後のフィンランド，多くのアフリカ諸国の衰退――は，もっぱら教育が要因なのではなく，もっとたくさんの要因によって引き起こされてきたのである（Grubb and Lazerson, 2004: Ch.6）．ミクロ経済学の成長理論の視座からは，実に多様な要因が成長に影響することが明らかである．国家のガバナンスと安定，マクロ経済政策，金融・法律・企業組織を含む制度的状況，教育や労使関係を含む支援的政策，科学技術政策，規制的環境政策，ある特定産業の発展（Landau, Taylor and Wright, 1996）．こうした様々な要因の中から教育だけを切り離し，「教育の福音」がそうしてきたように，他の要因よりも優位に扱うのは，愚かとしか言いようがない．

　また別の比較的はっきりした論点は，職業教育主義が自己強化的であり，ますます多くの国が，職業教育主義を奨励する自由市場的政策をより多く採用するだろう，ということである．もし職業教育主義の圧力が強まり続けるならば，職業教育主義の負の諸特徴――とりわけ，「ハイパー職業教育主義」として本章が戯画的に描いた職業教育主義の偏狭な形態――が広がらないよう，諸国家はいかにしてこれらに枠をはめ制限を課すかについて，考慮しなければならない．その方法はたくさんある．幅広い教育目標の主張によって，偏狭なカリキュラム開発の回避によって，より幅広い学歴・資格の創設によって，職業訓練プログラムとアカデミックな内容のリンケージを創り出そうとすることによって，徒弟制の再生形態を含む，雇用への他の選択肢を広げることによって，などなど．しかし，こうしたいずれの手段をとるにせよ，まずもって，職業教育主義の狭隘化効果がどのように作用するかの理解が，それに対する防御壁を築くためには，必要とされるのである．

　最後に，職業教育主義がもたらす不平等は不可避的なものではない．経済的不平等と教育的不平等のそれぞれの程度が国によって様々であることは，経済政策と教育政策の両方が――福祉国家の実践を含めて――控えめではあるにせよ均等を広げうることの証拠である．だがそのためには，国民全体のコンセン

サスと均等政策の一貫した実施の両方が必要となる．さもなければ，職業教育主義の「自然」でゆく手を阻むもののない効果が，労働市場の不平等を反映し，労働市場で異なる地位にある諸集団の不平等を再生産する結果となる．

　職業教育主義と「教育の福音」は，既に地球上のいたるところで強力な影響力を見せており，もし職業教育主義の自己強化的傾向についてわれわれが正しいとすれば，これら2つはますます強力となるだろう．ちょうど職業教育予科的な教育が問題を抱えていたように，学校ベースの準備への移行もまた，また別の諸問題をつくり出してきた．それゆえ，職業教育主義の最悪の諸特徴が広がらないようにするためには，国家の介入と規制が，小さな政府と自由市場に誇りを持つ国々においてさえ，必要とされ続けるのだ．国家の介入と規制がなければどうなるか．「教育の福音」の最も壮大な野心に応える学校教育と就労準備教育を持つこと自体が不可能だ，と判明するのである．

【原注】
(1)　デューイ自身は，教室ベースの「学習」と経験ベースの「行動」との統合——すなわち，「学習と行動」の統合であって，「行動による学習」ではない——が必要だと議論したのである．彼が述べたように，「行動による学習はもちろん，手仕事や手作業が教科書の勉強の代わりになるということではない」(Dewey and Dewey, 1915: 74)．
(2)　福祉国家に関するたいていの分析は，全くのところ教育を無視している．Esping-Andersen (1990) は，教育を広義の福祉国家概念の一部分として明示的に捉えているものの，彼にしても，またわれわれの知る他の理論家にしても，教育と福祉国家とを統合して捉えてはいない．アメリカに関する，こうした趣旨に沿った分析の試みとしては，Grubb and Lazerson (2004: Ch.9) を参照．

【訳注】
[1]　英語に premedical という言葉がある．これは「医学部進学課程の」つまり「医学教育を受ける学部への進学準備（予科）の」という意味である．これを参考に考えると，pre-vocational なる語は「職業教育機関への進学準備（予科）の」という意味となる．これでは冗長なので，耳慣れないが「職業教育予科的」という訳語にした．アカデミックないし普通中等教育が「職業教育予科的」であるというのは，それが職業教育や専門職教育がなされる大学等高等教育機関への進学準備になっているからである．また，後述されるように，アメリカやカナダのコミュニティ・カレッジは，（第2層の）大学の専門職プログラムにしばしば学生を転籍させており，これゆえに，こうしたコミュニティ・カレッジもまた，「職業教育予科的」である，と述べられている．

3
グローバル化・知識・マグネット経済の神話
Globalization, Knowledge and the Myth of the Magnet Economy

フィリップ・ブラウン & ヒュー・ローダー
PHILLIP BROWN AND HUGH LAUDER
(中村 高康 訳)

1──はじめに：マグネット経済の興隆

　今日の支配的な見方からすれば，現代は，新しいテクノロジーの応用と国際的な貿易・投資の障壁の崩壊によって，グローバル知識経済の時代に突入している，ということになっている．このことは，低度の熟練しか要さない経済から高度の技術水準を要する経済への進化を促進してきた．ベッカーは「人的資本の時代」と描写しているが (Becker, 2002)，そこでは，個人と国家の繁栄は，20世紀において産業資本主義を牽引してきた少数のエリートではなく，むしろすべての人々の技能・知識・活力に依存することになるのである．こうした見方は，国家の経済・社会政策において教育が中心的役割を与えられているということに反映している．教育は，競争的な経済の鍵を握っているだけではなく，社会正義や社会的統合の基盤とも見なされているのである．このことは，脱工業化した経済 (Bell, 1973; Drucker, 1993) という予言と共振する．ブルーカラーからホワイトカラーへの歴史的転換に見られるような「知識」労働の重要性の増大は，教育を受けて自らの仕事の中に従来以上の自律性を享受する労働者への需要を著しく高めることになるだろう，とベルは予測した．高等教育と生涯学習の拡大は，こうした高度技術の労働者への需要の増大を反映しているのである．

　ドラッカーはさらに踏み込んで次のように述べている．われわれは，ポスト資本主義の新しい発展段階に突入したのであり，富を生み出すのはもはや資本の所有ではなく，知識なのだ，と．このことは資本の所有者や経営者から知識労働者への権力のシフトにつながってきており，だからこそ資本主義的発展の

新しい段階を示しているのだ，とドラッカーはいう（Drucker, 1993）．こうした意味において，個人・企業・国家の繁栄は，マルクス主義者たちの資本主義システムの説明を特徴付けてきた所有の問題ではなく，人的・知的資本に依存するようになったのである．

　　［……］

　こうした富の創造の新しいルールは，経済的なライバルたちを「出し抜く」（outsmarting）ことを前提にしている．学校，大学，シンクタンク，デザインセンター，研究所などはいまや，競争におけるアドバンテージを追い求める際の最前線に位置づけられるのである．このことは，近年のOECDの生徒の学習到達度調査（PISA）の研究や国際教育到達度評価学会（IEA）のような組織による学習到達度の比較尺度開発の試みに反映している．「組織的なパフォーマンスの基準がグローバルなものになる」（Carnevale and Porro, 1994: 13）にしたがって，国家の人的資源の質は絶対的な基準よりは相対的な基準で判断されるようになる．それゆえ，評価されているのは，個々の生徒の質だけではなく，国家の教育・訓練システム全体の質ということにもなるのである．

　イギリスの財務大臣だったゴードン・ブラウンは次のように述べている．「もし海外に出ていくことが1つの好機となりうる世界で成功したいなら，われわれの任務は，イギリス国民を，世界で最高の教育を受け，もっとも技術力があり，最高の訓練を受けた国民にすることである」（Brown, 2004）．このように共通の「教育的」目的にむけて国民を動員することは，多くの点で徴兵制の特徴と重なっている．つまり，国民国家の力がかなり弱くなって，利子率や公的支出に対する金融市場の批判や国際的競争から自国内の市場を保護できなくなるにつれて，個人や家族や国家の福祉の資源は教育以外にない状態になっていくのだ，と主張されているのである．

　　［……］

　ロバート・ライシュは，1980年代のアメリカにおける所得の二極分化傾向の増大——それは21世紀に入っても増加し続けた——を，グローバルな労働市場で技能や知識や洞察力を売りだせるかどうかという労働者の相対的能力の差異によって説明した（Reich, 1991）．ライシュはいう．上位20％の収入は残りの80％と大きく開いているが，それは上位層がローカルで国内的な労働市場の壁

を打ち破る能力を持っていたからである．と．グローバルな労働市場は「シンボリック・アナリスト」や「知識労働者」といった職業の人たちに非常に多くの報酬をもたらした．なぜなら，それらの職業に対応するサービス市場が拡大したからである．一方で，国内あるいはローカルな労働市場に閉じ込められた労働者は，不況や収入の減少を経験することになったというわけである．

ライシュは，賃金の不平等の拡大を，グローバルな労働市場の現実であると同時に既存の教育システムの失敗の証拠であると解釈した．すなわち，賃金の不平等が拡大する理由は「構造的」な問題——職業構造によって高度な技術を要する高賃金職種の割合が制限されているといった問題——では説明できない．むしろそれは高度な技術を要する高賃金職種をめぐるグローバルな競争において雇用可能な職場の比率を高めるはずの教育システムが失敗したことによるものだという．

　　　[……]

つまり，いまや仕事をめぐってグローバルな競売が行われていると信じられているのである．低い技能の仕事は，賃金をめぐって競売にかけられてアジアや東欧のような低賃金経済圏に移動する傾向が生じてくるだろうし，一方で高度の技術を要する職種は高賃金でありつづけるだろう．こうした高度な仕事は，賃金をめぐってではなく，技術・知識・洞察力といったものを含む「質」をめぐって競売にかけられるのである．この「質」の仕事への入札者こそ，今日の経済を牽引するものと考えられているのである．このことが示しているのは，イギリス・フランス・アメリカといった諸国が，こうした高度技術・高賃金の職種を不均衡になるほど引き寄せるマグネット経済になりうる可能性である (Brown and Lauder, 2001)．

マグネット経済の擁護者たちはまた，教育と社会正義の関係の転換も想定している．20 世紀の前半においてメリトクラシーのイデオロギーが前提としてきたのは，公平で効率的な社会となるかどうかは，社会階級や性別や人種にかかわりなく平等に競争できる機会をその社会の中のすべての人々に与える公平な競技場を創出できるかどうかにかかっている，という理念である．今日では，こうした競争の本質は変容したと考えられている．職業構造はもはや制約が取り払われている．労働市場が国際的な性格をもつにいたったために，豊かな家庭背景をもつ子どもたちが恵まれない家庭背景をもつ子どもに比べて不公平な

有利さをもつことはない．恵まれない子どもたちに不利な状況をもたらしているのは，特権的な家庭の子どもたちがあらゆる教育機会を享受しているという事実ではなく，高度技術・高賃金の雇用をめぐるグローバルな競争への参加を阻む要因としての資格・知識・技術の欠如である．

それゆえ，「公平な」教育システムとは，もはや公平な競技場を作り出そうと試みるものではなく，すべての人の水準を向上させて高等教育へより多くの人々が入学することを促進し，グローバルな労働市場で価値が与えられている資格・知識・技術で労働力を武装させる，というものなのである．したがって，最高の待遇の仕事をめぐる競争は，同胞の隣人との間にあるのではなく，国家間にあるのだ．もっとも才能のある人たちを滞らせたり，親たちに私的な教育をさせないようにしたりすることは，国家的な競争力を損なうことになる．なぜなら，彼らは経済を推進させる可能性がもっとも高い人たちだからである．このことは，他の生徒たちにアスピレーションを実現させないようにすることを意味しない．なぜなら，グローバル経済に通用する技術を開発する労力・能力・やる気を持つ人なら誰でも，その仕事につける可能性があるからである．

[……]

2── 評　価

　この章では，マグネット経済と教育・職業・報酬の三者関係の変化という基本的想定を評価してみよう．これから論じるのは，教育・経済・社会の間の関係における根本的な変化は確かにあったけれども，それが上述の知識経済の政治的レトリックからは取り除かれてしまっている，ということである．20世紀初頭の社会経済的現実を説明するために，ここでは主要な4つの政治的言説に焦点をあてることにしよう．

　第1に，イギリスやアメリカのような国々が，教育改革を通じて労働需要と収入の不平等の問題を解決しうる，高度技術・高賃金のマグネット経済になりうる，という考えを検証する．そうした考えは，多国籍企業がどのように人的資源戦略を展開しているのかを理解しそこなっており，そうした戦略は実は高度技術の職業の大部分が相対的に低賃金の経済の中で作り出される可能性を増大させているのである．中国やインドのような諸国が教育システムを拡大して

グローバル経済の中心的部門での高度技術職をめぐる競争に参入している現実を，あるいは半熟練・不熟練労働と同様に技術職も「海外化」への趨勢のなかにあることを，先進諸国の政府は十分に認識しなければならない．

第2に，公的な政治言説は，高等教育に投資した人々には賃金報酬の上昇が伴うといった形で，教育と職業と報酬の間に密接な結びつきがあることを想定する人的資本論によって，拍車がかけられる．人的資本に関するレトリックの基本的前提——教育・訓練への投資は賃金の上昇に結びつく——は，経済発展の普遍的法則なのではなく，「過渡的な」現象なのであり，教育システムが学生や家族や政府の期待を満たす保証などないのである．

　　　[……]

第3に，雇用者から「知識」労働者へというパワーシフトが予想されていたが，これは実際には実現しなかった．創造的なエネルギーを十分に活用するように仕向けられた知識労働者たちに対する需要は指数関数的に増加し続けるだろうという見方は，歴史的現実にそぐわない．そうした見方は，急激な技術革新の時代のあとには標準化 (Weber, 1945) の時代が来るという歴史的傾向を考慮に入れていないのである．この傾向は，20世紀初頭の草創期の自動車産業における技能労働者と同様に，今日の「知識」労働者にも当てはまるのだ．資本主義における賃労働の特質は，職と技能の本質が変化するということであり，いったん登ってしまえば高い地位とよい報酬の仕事を保証してくれる天国へのはしごのような資格などないのである．経済のグローバル化による競争圧力によって，企業は知識労働者の裁量を制限するようになり，多くの知識労働者の貢献価値を「切り下げる」．したがって，それは高度技術と高賃金の間に成り立つはずの等式を脅かす技術の供給過剰といった事態を示しているだけではない．「知識」がルーティン化すれば，知識労働は国内外の低技能で安価な労働者にとって替えられることがありうるのだ．

第4に，個々人のエンプロイアビリティ（雇用されうる能力）やすべての者の教育水準の上昇を強調することは，教育や入職が難しい仕事へのアクセスにおける「地位上の」葛藤の増大を無視することになる，という点を議論する (Hirsch, 1976; Brown, 2003)．大卒者の供給過剰によって多くのものが知識や技術や創造性を活用できない仕事に入っていかざるを得なくなると，エリート的職業への競争は強まっていき，雇用主たちは，高度の資格を持った志願者の中

からどのように選抜するのか，彼らの選抜の結果をどのように正当化するのか，といった問題を抱え続けることになる．それはまた，社会的なエリート層が，競争上有利になるように社会的閉鎖の新しい形を見つけ出すことにつながってきたのである．

それゆえ，「だれがどのような仕事を得るのか」という問題は学歴資格をめぐる競争に依存することになるが，その学歴資格は，公平な競技場を作り出そうとする精力的努力がなされないかぎり，学生の社会的背景における物質的・文化的・教育的不平等を反映することになるだろう．機会の平等の問題は，その重要性が低下してきたのではなくむしろ増大してきたのである．しかし，これらの問題は，もはや個々の国民国家内での政治の範囲に限定されるものではありえず，ますますグローバルな波及効果を持つものとなっている．つまり，本稿の分析は，教育・知識・グローバル経済という支配的言説の主要な主張に異議を申し立てるものである．その十分な含意を把握するために，今述べた4つのポイントのそれぞれについて，さらに詳細に議論してみよう．

(1) マグネット経済か？ グローバルな競り下げ競売か？

西欧の観点からすると，マグネット経済という考え方はグローバル経済についての心地よい未来図を提供してくれるものである．そこでは，低技能・低賃金労働は途上国に移され，繁栄を謳歌する西欧の労働者たちは知識と創造性を通じて高い報酬をえていくからである．こうした考え方は，研究・開発・デザイン・マーケティング・司法などといった高度の職業活動への海外からの直接投資は，知識革命の最先端にある先進国に集中するだろう，という想定がベースにある．

こうした見方の大きな欠点は，多国籍企業がいかにして企業戦略を転換しつつあるのかを見誤っているということである．すなわち，多国籍企業はそのグローバルな潜在力を駆使して，製品やサービスを売るだけではなく，その生産方法や生産拠点についても方針転換している．そして，これはもはや，「ねじ回し」のような単純工程の生産工場や「裏部門」のデータ処理作業を低賃金経済圏に置いておく，といった技能レベルの話に限らないのだ．また，マグネット経済という見方は，中国・インド・ロシアといった諸国で採用されている技術形成戦略も理解しそこなっている．先進諸国における高度技術者の労働人口という点での相対的な優位性は，開発がより遅れた経済圏の相対的な不利と理解

され，多くの発展途上国では，その技術的ギャップを解消する方向に動いている．

　［……］

こうした動きは，これら途上国からの高度技術者のグローバルな供給を急激に拡張することにつながってきており，西欧諸国における高度技術・高賃金の職業の将来にとって重大な意味を持っている．

　［……］

統計数値の正確さについては慎重な見方も必要ではあるが，中国・インド・ロシアにおける高等教育人口は，1995年から2001年あたりまでの6年間で合計1580万人から3000万人へと倍増してきたのである．これはアメリカ・イギリスの合計1570万人のおよそ2倍である．したがって，高度な教育資格をもってグローバルな労働市場にはいってくる中国・インド・ロシアの労働者の大量供給がいまや存在していることになる．

　グローバルな経済的統合がもたらしたのは，高度技術・高賃金労働が特定の地域へ磁石のように吸い寄せられるという現象ではなく，むしろ低技能・低賃金労働と同様に研究・技術革新・製品開発といった高度な技術を要する活動についても，企業が新しい空間的な分業を行うという現象である．先進国における新しい高度技術職の雇用先として知識集約型産業の重要性を認めるのであれば，マグネット経済という考え方の問題点を明らかにするためにエレクトロニクス産業を例として取り上げてみよう．

　1980年代のアメリカにおけるエレクトロニクス産業の「離陸期」には，シリコンバレーとルート128という二大中心地があり，これらは120億ドルのベンチャー資本を引き寄せた（Saxenian, 1994）．潜在的な対外直接投資を考えれば，今日の価格で相当の金額になる．こうした大規模な投資は，確かに知的財産を生み出す労働者にとって高い報酬と生産性を作り出すことができる．しかし，こうした投資は，西欧に集中している高度技術者たちの大量雇用には結びつかない，というのが，エレクトロニクス産業におけるグローバリゼーションの本質であった．

　1960–70年代において，フォード，IBM，シーメンスといった企業は，「ナショナル・チャンピオン」と呼ばれていた．というのも，それらの企業は国庫

に税金を納めるだけではなく,自国内部に大量の雇用を生み出していたからである.しかし,ハードウエアとソフトウエアの生産のあらゆる部分をコントロールしていた戦後の IBM とシーメンスは,企業リスクの荷を降ろしつつスピードと柔軟性を結びつける,国境を越えた断片的水平構造の組織になっていった.パーソナル・コンピュータ,インターネット,途上国からの高度技術者の供給の増加といった要因に後押しされて,こうしたネットワークは地球をまたいで,特に環太平洋地域やインドや東ヨーロッパへと広がっていった.

サクセニアンはこうした産業の発展を描いている (Saxenian, 2002).物語は,アメリカにおいて Ph.D コースに入学する台湾人・インド人・中国人の学生数の増大から始まる.1980 年代の間に,台湾は他のどの国よりも多くの学生をアメリカの博士課程に送り込んでいた.これらの学生の第 1 世代は,アメリカに留まって半導体産業で働いてから,母国に戻って自分の企業を立ち上げる,といったパターンが多かった.1990 年代の半ばまでは,政府の政策によって毎年およそ 6000 人の博士技術者が帰国していた.IT 企業家である第 1 世代によってアメリカで築かれたネットワークと知識の結合は,帰還した卒業生の十分な専門知識と結びついて,国境を越えて水平的に構造化された産業の可能性に台湾が投資することを可能とした.

インドのバンガロールにおけるエレクトロニクス産業の出現も,IT 産業における低技能の雇用機会が,西欧から発展途上諸国の飛び地へとどのように輸出されたのかを示している (Kobrin, 2000).電子技術者の教育訓練は,バンガロールのエレクトロニクス産業がテイクオフするのに必要な人的資本を提供した.しかし,技能水準の低い仕事のみが価格競争にさらされるだろうという見方に反して,IT 産業の例が示しているのは,これはせいぜい希望的な観測でしかないということだ.インドの高等教育システムはいまや毎年 6 万 7000 人以上のコンピュータ科学の専門家を訓練しており,さらに 20 万人が毎年私立のソフトウエア訓練の高等教育機関に入っているのである.

[……]

インドのプログラマーは,アメリカと比べて 14 分の 1 ほどの安い給料で雇うことができる.もっとも,これまでのインド人の仕事の多くは,市場の最下層のところにあったのである.インドのソフトウエア産業における 1 人あたりの年間収入は 1 万 5000 ドルから 2 万ドルであったが,イスラエルとアイルランド

においては 10 万ドルであったことを，サクセニアンは示している（Saxenian, 2000a）．しかし，バンガロールでも賃金は上昇してきており，目下の関心は，中国・ロシア・ルーマニアなどからの競争が増えるにつれて，このソフトウエア産業は高付加価値を目指す方向にシフトしない限り市場から締め出されることになるだろう，というものである（Yamamoto, 2004）．これがシリコンバレーのインド人企業家たちの大部分が進めてきたことであり，1998 年には 775 以上の技術企業が運営され，売上 360 億ドル，1 万 6600 人の雇用を生み出してきたのである．

こうした例が示しているのは，マグネット経済の裏の側面である．マグネット経済が国家の繁栄に貢献する高度技術・高賃金雇用の好循環を想定するとすれば，その逆はグローバル・オークションである．これは競り下げ競売（Duch auction）として作動する．その場合は最高値の入札者が落札する芸術品や骨董品のオークションとは違う．企業投資家たちが，入札価格がらせん状に降下していくように国家やコミュニティや労働者を競わせ，安い賃貸料や仕事・技術・商業財への投資のための両替時の免税期間といった譲歩を多国籍企業が引き出す，というものである（Brown and Lauder, 1997: 2）．

知識経済という政治的言説が想定しているのは，高度技術を要する雇用をめぐる競争は先進国の間で競われるものであって，低技能・低賃金労働は発展途上国の経済に移されていくだろう，ということである（Reich, 1991）．しかし，インド・中国・マレーシアといった途上国の多くはますます高度技術職をめぐる競争に参戦するようになっており，そこでは西欧の高度技術者たちの交渉力を低めることに成功しているのである．したがって，先進諸国における高度技術者たちは，これまでは単純労働の職業に限定されてきた価格競争にさらされることになるかもしれない．その結果，イギリスやアメリカの大卒者によって引き受けられてきた職の多くが他の地域でもっと安いものとして行われることになるかもしれないのである．

以上のような IT 産業の分析が示しているのは，シリコンバレーのようなところに技術系企業が集中する場合でも，低賃金の経済圏から資格を持った労働者を雇うことで，訓練と労働のコストを削減することができるということである．アメリカでは，1999 年に資格を持った 5 万 5000 人のインドからの労働者たちが，一時滞在ビザを認められていた（Saxenian, 2000b）．したがって，資格を持った途上国の労働者たちが先進国の経済圏で働くように引き寄せられている

という点で，マグネットのような効果があるようにみえる．しかし，ここで引き寄せられているのは，高度技術の職業なのではなく，高度技術を持った労働者なのだということである．その意味では，マグネット経済にまつわる公的な言説において想定されているのとは，正確には逆の効果があるのだ．

　　　［……］

知識経済の聖地であるシリコンバレーを賞賛しつつも，フィンゴールドは知識労働者が大量の低技能・低賃金労働者と並んで暮らしている現実も認識していた（Finegold, 1999）．

　　　［……］

こうしたシリコンバレーにおける労働者たちの対照的な運命は，カステルのような見方を際立たせることになる．すなわち，知識を基盤とするネットワーク経済は，「世界中から貴重な人材と活動を結びつける一方で，ひとたび無関連のものということになった人や地域は，権力と富のネットワークから切り離される」というわけである（Castells, 1998: 1）．アメリカ同様に，イギリスもまた高度技術・高賃金の経済ではなく，高度な資格を持ちながら低賃金である労働者がますます大きな比重を占めるようになり，低技能・低賃金の労働者のそばに並ぶようになる．つまり，二極分化した労働者の弱い側の運命を正確に反映した経済となっているのである．

　こうした分析が示しているのは，高度技術・高賃金の雇用への需要を刺激することを不可避の責務とすることが，すべての先進国の重要な政策目標でありつづけるだろう，ということである．しかし，マス高等教育という背景があるにもかかわらず，支配的な言説は，グローバル経済の中でもっとも成功した諸国家が大規模な高度技術の雇用を生み出す程度を過大評価している．

　実際，グローバル経済を生き残る手段として高度技術の労働と労働市場の流動性を強調することが妥当であるのは，関連する技術の供給が限られている場合だけである．いったん過剰供給となれば，その競争は価格に基づくグローバル・オークションへとシフトする．そして，技術が労働者に低賃金への流れから身を守るシェルターを提供するという想定は，もはや維持できなくなる．

　これまでの分析が意味しているのは，高等教育の拡大は大卒者の間に才能の実質的浪費を作り出してしまうかもしれないということである．つまり，大卒

者が非大卒的な仕事につくことでその収入の分散は大きくなってしまうのである．では今度はこうした問題に関する証拠に目を向けてみよう．

(2) 人的資本の死？

マグネット経済という考え方は，次のような見方に基づいている．われわれは「人的資本の時代」に生きており，そこでは「個人および社会全体の経済的成功は，いかに広範かつ効果的に人々が自らに投資するのかということに依存している」(Becker, 2002: 3)．知識経済の内部では，賃金はその人の学業上のプロフィールに合わせて上昇するだろうと想定されている．人々が自らの教育・訓練に投資すればするほど，人々は多くを稼げるようになり，その生産性の改善を通じて経済もますます繁栄する，ということだ．高い技術＝高い収入という等式は，人々は学歴資格に反映されたその人の価値の分だけ稼ぎ出すと信じられているので，不平等を正当化するのにも一役買うことになる．それはまた広い範囲で繁栄するだろうという展望を提供してもいる．なぜなら，収入の上昇を妨げる唯一の制約条件は，21世紀の労働における経済社会的現実よりもむしろ教育・訓練への不適切な投資だけだと見ているからである．人的資本というレトリックの政治的アピールはわかりやすく，その帰結は遠大である．「学ぶことは稼ぐことだ」というスローガンのもとで，高等教育の世界的拡大が起こった．他の国同様にイギリスでも，大学教育の授業料上昇を正当化するために，学ぶことに配当があるという考え方が利用されてきた．

教育の収益率に関する根拠は，大卒者と非大卒者の賃金の相違に基づいて計算されることが多い．OECDのデータによれば，イギリスとアメリカは他のOECD諸国と比べて大卒者の価値が大きく，イタリアや日本といった国々に比べて2倍以上である．また，カナダ・フランス・オランダという例外はあるが，調査されたほとんどの国で，女性よりも男性のほうの収益が高い (OECD, 2002)．

これらの根拠には多くの問題がある．第1に，大学教育は「平均」でみれば非大卒者よりも高い収入を得ることに結びついているが，このことを非大卒者の収入の減少とみなさず知識労働の価値の増加を反映したものと結論づけることは，誤解を招く．第2に，大卒者の平均的収入に焦点を合わせることは，相対的に少数の高額所得者が平均値を引き上げていて，実は大卒者の間の格差が広がっていることを覆い隠してしまっているかもしれない．第3に，過去の収益が未来の収益の正確な予測を与えると考えることは誤解を招く．最後に，特

定の時点での大卒と非大卒の差異をスナップショットしたデータに頼るのではなく，トレンドを示すデータをもっと利用する必要がある．ミシェルらは，これらの問題に注意を払いつつ，大卒と非大卒の違いだけでなく大卒の内部での違いに焦点を当てたアメリカのデータを検討した（Mishel, Bernstein and Boushey, 2003）．彼らは1973年からのトレンド・データを使って，知識経済のレトリックにおいて想定されているのと同様に，大学学位の価値が継時的に増加したのかどうかを評価している．

彼らのデータは，「学ぶことは稼ぐことだ」というお題目に対して異なった図柄を提供している．実際，もし大卒の価値を現在の市場価値ではなく1973年における大卒学位の経済的価値で計算したならば，大卒の収益の増加という「表題」のストーリーはきわめて異なるように見えるだろう．ミシェルらは，1973年以降に実収入の増加を享受したのは「高額所得者」カテゴリーに入る男女大卒者だけである，ということを示したのであった．言い換えれば，大部分の大卒者たちは，非大卒者よりは多くを稼ぎ続けているものの，1970年代の大卒者と比べて自らへの人的資本投資の付加的「価値」を何も受け取っていないのである．しかし，非大卒より多くを稼ぐという点に関してさえ，図柄は決定的ではない．なぜなら，大学に行っていない高卒の「高額所得者」カテゴリーは，大卒の収入の中央値よりも多くの給料が支払われていたからである（近年その差異は縮まってきているけれども）．

こうしたデータが示しているのは，高額所得大卒者という例外はあるが，大卒者と非大卒者の間にある程度の学歴代替が生じており，それは過剰に学歴を取得している多くの大卒者の存在となって現れているのである（Livingstone, 1998; Pryor and Schaffer, 2000）．

　　　　［……］

ミシェルらのデータはまた，女子大卒者はそれぞれの所得カテゴリーにおいて男性よりも低い所得しか稼いでいない状態が続いているということも示している．しかし，おそらくもっとも驚くべき差異は，男女のトップ層が残りの層を引き離している様相であろう．彼らは今や同じ性別の大卒の中央値の2倍以上を稼いでいる．このことは，「平均」の大卒者について語ることを避ける必要があることを強く示している．なぜなら，労働市場の中で報酬を受け取るときには，ある大卒者は他の大卒者とはかなり異なってしまっているからである．

[……]

　こうした教育に対する収益率のデータは，技術的進歩に向けた進化の趨勢のなかで技術と収入がともに上昇していくという人的資本モデルのレトリックに異を唱えるものではあるが，マグネット経済のテーゼそのものを打ち崩すわけではない．というのも，大卒トップ所得層のデータから顕著に読みとれる収入の不平等の拡大は，グローバルな労働市場の中での彼らの市場能力を反映しているのだ，と言うことがまだ可能だからである．しかし，もし収入の二極化傾向の増大がグローバル経済の普遍的作用であるならば，すべての先進国経済に同じ趨勢が見出されるはずである．しかしデータは，増大する収入の二極化がアメリカとイギリスにおいて，他のOECD諸国よりもずっと明確であるので，普遍的作用という見方があてはまらないことを示している．1980年代から1990年代初頭における急激な経済のグローバル化の時期に，ドイツでは収入の格差が実質的に小さくなっているのである．

　このデータが示しているのは，アメリカとイギリスにおける収入の不平等は，ライシュや他の論者たちが言ってきたようにグローバルな労働市場の創出によって説明できるものではなく，アメリカとイギリスがグローバルな経済的諸状況に対してどのように反応してきたのかということのなかで説明されうる，ということだ．この反応は，グローバル経済それ自体と同様に，流動的な労働市場と競争的な個人主義の長所を賞賛する両国の新古典派経済学の政治的支配によって形成されてきたものである．アメリカとイギリスの違いは何かという議論は本章の範囲を超えるが，収入の二極化は，技術に対する収益というよりも労働市場における権力の差異という点で，より明確に説明することができるのである（それらは相互に排他的ではないが）．

[……]

　人的資本についての正式な考え方は，すくなくとも政府の政策を上回る影響力を持つにいたったという点で，人的資本論それ自体の成功の犠牲になってきたのである．人的資本それ自体は，収益逓減の法則に従っている．人的資本は，個人にとっても国家にとっても，競争上の有利さを生み出す源泉としての位置を失いつつある．なぜなら，高等教育や高度技術を持つ人の「地位上の」有利さが，国内で（高等教育が拡大するにしたがって）少なくなっているだけでな

く，グローバルにも少なくなっているからである．

したがって，教育・職業・報酬の関係に関する最近の思潮の多くは技術と収入がともに上昇するという進化論的モデルに基づいているが，このモデルは高等教育へのアクセスが少数者に限られていた 20 世紀に限定される「移行期の」ケースのように見える．高等教育が，ユニバーサル段階ではなくともマス段階に入り，大量の高度技術者が途上国にとっても活用できる時代になると，高等教育のグローバルな拡大は高度技術者に対する需要を上回り，先進国における高度技術者の収入を下方に押し下げる圧力を生み出し，同時に途上国の経済では上方に押し上げる圧力を生み出してきたのである．

人的資本のパラドックスとは，人間の知識が教えられ，認定され，人類の歴史にかつては決して見られなかった規模で応用されるようになる時代では，明らかな市場の需要がある最先端の知識の場合は別として，人的資本の全体的価値は減少しがちとなる，ということなのである．少数のものにとっては，努力や時間やお金の投資はかなり報われ続けることになるだろうが，ほとんどのものにとっては，防衛的な出費の形を取ることになるだろう．言い換えれば，それは人並みの仕事を手に入れる機会を得るために必要な投資なのである．

［……］

(3) 権力なき知識

知識経済のイメージの中心には，富の創出手段における根本的な変化から生じるパワーシフト（Bell, 1973; Drucker, 1993）がある．経済が人間の発明の才能や知識，創造性に依存するようになるとき，もっとも重要な企業資産は知的資本なのである（Stewart, 2001）．こうした理由から，知識労働者にはその仕事の性質やペース以上により大きな権限と自律性が与えられてきたと言われている．知識経済のレトリックが想定しているのは，革新と創造がニュー・エコノミーの持続的な特徴だということだ．しかし，こうした想定は静的であり，非歴史的である．ブリントはこうした見方に対して警告をしたうえで，知識中心産業の 3 つの特徴を描いている（Brint, 2001）．

［……］

(1) 変化のスピードが，研究開発こそが競争力を生み出す核となることを提起

する重要な要因となっている，⑵専門家の分析を必要とする新たな問題が日常的に生じる，⑶既存の産業を操業するのに必要な知識は，その知識の提供者の中に埋め込まれている．しかし，製造業の場合と同様に，もしそのサービスが標準化され商品化されるようになれば，それらはもはや知識中心産業の一員ではない．

　こうした分析が有用であるのは，ある時点で何が知識中心産業として構成されているのかを定義してくれるからである．それによってわれわれは，ルーティン化しにくい産業からルーティン化しやすい産業を区別することができる．たとえば，製薬産業における研究ベースの活動は，そこに創造性という要素が含まれるためにルーティン化されにくい．一方で銀行業における多くの活動はルーティン化されやすい．この分析のおかげで，知識経済の提案者たちとまったく逆のルーティン化されたやり方で知識が運用されるときには職場の「民主化」がなぜなかったのかを，われわれは理解することができる．

　　　［……］

　こうした分析が注意を喚起しているのは，経済は，知識とか情報とかポスト産業化といった点でどのように特徴付けられているかに関係なく，資本主義と利潤動機に基づいて動いているのだという事実である．革新と開発が今日のグローバル経済の中心的側面である一方で，グローバル経済は知識を標準化しようとするニーズによっても動かされている．その知識が，高度に専門化された知識労働者（エキスパート）の手にあるときよりもずっと低いコストで，ずっと大きな予測可能性をもって急速に加工され再生産できるように，というわけである．こうした標準化の推進は，革新と同様に，単純な理由で多くの多国籍企業の競争戦略に不可欠なものとなってきた．つまり，標準化は，企業が「製品」をより一層コントロールすることを示しているだけではなく，労働コストが相当安い諸国へ活動拠点を移すことによってコスト削減を可能にするものと考えられたのである．さらに，企業がグローバルとはいわないまでも国際的に人員戦略を展開するようになると，様々な活動を統合していくには雇用の実際の場面で国による違いを弱める共通スタンダードの適用が必要となる．グローバルな企業にとっては，「郷に入りては……」という考えは問題にならない．なぜなら「すべての人がすでに郷に入っている」のだから．

　標準化は，創造性から統制へと重点をシフトさせる．職務を細かく規定して

コストを削減するというやり方で，労働者をより一層コントロールすることが可能になるのである．ここで重要な区別は，バーンスタインの研究（Bernstein, 1997）から採用したものだが，強い分類・枠付けと弱い分類・枠付けの区別である．強い分類・枠付けは，知識や提起された問題の既存の状態を強調するのに対して，弱い分類・枠付けは，知識を得る方法の重要性，適切な日常業務によって問題を解決するというよりも，知識を獲得したり問題を打ち立てたりすることの重要性を強調する．これによってわれわれは知識労働の本質における変化を描くことが可能になる．すなわち，はじめは知識労働は弱く分類され枠付けられていたが，標準化が確立されてくるにしたがって，より強く分類され枠付けられるようになっていくのである．職務がこのように変化してくると，労働者たちの自律性や裁量は低下したり奪われたりする．その一方で，知識労働の日常業務に含まれる業務の複雑さは現状維持かもしくは増大する．こうした事態をわれわれは眼にすることができるようになると予想される．

　裁量と複雑性を区別することは，議論のプラスになるだろう．なぜなら，その区別は，技術に対する需要の変化を経験的に分析する際に使われるし，大卒者が非大卒の仕事についていることに光をあてるものだからである．

　　　［……］

　ブリニンは，大卒者は，中級技術職の供給が少ないため，その需要を満たすために採用されている，と仮説を立てている（Brynin, 2002b）．しかし，大卒者が大学で獲得する技術に適した形に分業体制が再構築されてきたため，大卒者は喜んで中級技術職についているというのだ．こうした分業体制の変化に大きな影響を及ぼしたのは，1980年代に始まった経営のディレイヤリング（組織階層の削減）である．この動きは，中級管理職を取り除いて上級管理職と労働者の間のコミュニケーションを密にすることを可能にした．このプロセスを促進したのは，パソコンの導入に関わる新しい技術であった（Aronowitz and De Fazio, 1994）．

　逆に，このことが意味していたのは，低い地位にいる人たちと同様に中間的地位にいる多くの人たちも，いまやずっと複雑なことを処理しなければならなくなったということであり，これこそまさに経営者たちが非大卒者よりも大卒のほうがよりよく業務をこなすことができると考えた理由であった．しかし，かつての大卒の顕著な特徴の1つは，引き受けた仕事において自律性を行使す

る能力だった．というのも，大卒学位を求めて勉強するためには，高度の自律性が必要とされるからだ．ところが，雇用者は今日の大卒者たちに職務上の重要な判断や裁量を行使することを求めていないので，かつての大卒レベルの仕事をしている人と同程度には給与を支払わないのである．かくして，より多くの大卒者が労働市場に来るにしたがって，大卒者の収入の分散の拡大が見られるようになることが予想されるのである．このように薄められた形で大卒者の技術を利用することにより，雇用者は大卒者の技術をフルに活用する場合よりもずっと低いコストで，大きな柔軟性をもつことができるようになるのである．

　　　［……］

　労働組織におけるフォーディズムからポストフォーディズムへのシフト (Brown and Lauder, 1997) の基本的教義の１つは，労働者に説明責任を求め統制する視線は，日常的な管理や監視よりもむしろ仕事の成果に向けられるだろう，ということである．目標が達成されている限りにおいては，その目標がどのように成し遂げられたのかということが，人間の創造性と発明の才能を示すことになる．しかしいまや，生産品同様に生産プロセスは，ソフトウエアのプログラムを使って微細に管理することが可能である．Eメールや電話の会話をモニターし，状況の変化に応じて容易に更新される仕事の内容の多くを記載した電子マニュアルを使うことができる．結果として，個人の裁量と創造性を発揮する可能性は減少させることが可能となる．

　こうした議論に対して２つの点を強調しておく必要がある．第１に，こうした統制戦略は，世界中で均質に実行されるわけではない，ということだ．ズボフは，コンピュータ技術の導入は，技術・裁量・判断の業務を減らしたり，あるいは代替させるのに利用することができたことを明らかにした (Zuboff, 1988)．ハンターらもまた，テクノロジーと技能が１つの組織の中でどのように統合されるのかということは，経済の中での教育と技能の幅広い役割を理解するキーとなるだろう，と強調した (Hunter *et al*., 2001)．ただし，他と比べて相対的に標準化の影響を受けやすい知識労働の形態も存在する．専門的科学知識や創造性を基礎とした労働や個人事業の場合（特に収益の多いネットワーク関連の業務を含む場合）は標準化の影響を逃れることが多い．しかし，たくさんの専門的・管理的職業従事者たちは標準化の影響を受けやすい状態のままに置いておかれる．

第2に，権力なき知識の議論は近代的な職場の組織に焦点をあててきたが，それは同様に市場の状況にも当てはまる．知識経済のさらなるパラドックスとは，専門家の知識に接する機会が幅広くなればなるほど，その知識が労働の状況を定義する権力，いいかえれば労働市場での権力の源泉になることはずっと少なくなる，ということである．
　職業の技術的要件に焦点をあてる傾向がある一方で，個人の資格や知識から引き出される権力がますます「社会的な」考え方に依存するようになっている，ということを認識することが重要である．

　　　［……］

　多くの知識集約型産業（すなわち，コンサルタント業や財務サービス業）に結びついている付加価値は，専門知識を利用するには高い料金がかかるのは当然なのだということを顧客に確信してもらうことから生まれてくるものである．「人格」は，それが企業価値の具現化であるときには，販売される製品となる（Rose, 1999）．たとえば，経営コンサルタント業は，同僚だけではなく顧客を納得させなければならない．かれらは価値ある知識というものを定義づけ，縮図的にそれを示さなければならない．企業は依頼してくる組織の専門的知識に対する要求を個々の社員に委ねているので，ここには，容貌，話し方，立ち居振る舞い，あるいは顧客や同僚とうまくやっていけることを示す社会的信用といった基準が含まれる．こうした企業の具現化が重要となる程度は，明らかに事業の性格に依存しており，事業がますます顧客とうまくやっていくように促されるほど，「人格」資本は重要になっていくであろう（Brown and Hesketh, 2004）．
　企業をワールド・クラスとか最先端とか高級などと「ブランド化する」ことと，その企業のために働く人々とを結び付けているものが何かを考えれば，多くの人にとって知識が権力にならない理由を理解できるようになる．高い学歴をもって労働市場に入っていく人の数が増え続けるにしたがって，良いとされてきたことがもはや十分には良いことではなくなっているのである．「最高の企業になる」という野心を持つ企業はまた，「最高」の人材を採用していると見られたがっている．このことが含意しているのは，企業は労働市場の中で確立された「評判」をもっている管理職や専門職を競って採用しようとするのであり，ワールド・クラスであると評価されている大学の卒業生を採用しようとする，

ということである．この才能あるエリート（Michaels *et al.*, 2001）と定義される人たちにとっては，知識経済のレトリックは現実に近い．というのも，彼らはその仕事の中で最大限の裁量を行使し，もし彼らが別の仕事を探そうと決心したら高度の市場競争力を行使することがもっとも多い人たちだからである．しかし，ほとんどの人々にとっては，これは知識経済の現実からかけ離れている．

　ほとんどの人々にとっては，生活のための仕事もないという事実に継続的に直面しているので，エンプロイアビリティといってもそれは市場競争力の表現などではなく，自らの経済的な弱さを常に思い起こさせる言葉にすぎないのである．同じ学歴をもった人たちの間での対照的な運命が認識されるようになるにしたがって，エンプロイアビリティはグローバルになった教育や職業をめぐる競争の激化につながっていったのである．

(4) 正義の基準：教育と労働市場での成功

　知識経済の主唱者たちは，個人のエンプロイアビリティに多くの注意を向けてきた．このことは，高度の資格をもって職場に入ってくる多くの人たちが必要な社会的・自己管理的スキルを欠いている，という雇用者たちの不満を反映している．彼らはまた，フォーディズムの時代を特徴づける機会への障壁は取り除かれてきており，競争の本質は変化したのだ，と考えている．政策立案者にとって大きな問題は，教育と職業をめぐる国内的な競争をいかに平等化するのかといった問題ではもはやなく，むしろ高度技術・高賃金の職の大きなシェアを獲得するために他国をいかに「出し抜く」のかという問題なのだ，ということをわれわれは指摘してきた．包摂と排除の問題は，単に教育水準を上げて大学まで機会を拡張するという点でのみ，定義されている．

　教育・雇用・収入の分布の趨勢をみると，効率と公正の歴史的対立は解消されたというこの見解は支持されず，むしろ逆に学歴資格や入職困難な職業をめぐる闘争が強まっている（Hirsch, 1976; Brown, 2000）．雇用の創出（需要側）に対する政治責任よりもむしろ個人のエンプロイアビリティ（供給側）に焦点を当てることは，雇用に対する責任を国家ではなく個人の肩へと移す政治的策略なのである．

　　　　［……］

　採用活動における機会の平等の問題は，異なる階級や社会集団の結果におけ

る不平等を狭めるというよりは，教育水準を高めることを公的に重視していくことへの幅広い関心を高めている．教育水準の上昇が重要でないということではないが，その上昇は地位をめぐる葛藤の問題に対する解決策になりえない．それが教育と労働市場における競争の緊張を緩和することにはならず，むしろ競争上有利な位置取りを確保するための争奪戦において社会的葛藤は強まってきた．仕事の数より多い競争参加者がいる場合，他人と比べて相対的にどのような位置に立つかということが重要になってくる．高等教育へのアクセスが拡大され，同時に同じ職業の内部での多様化が進行している時代にあっては，社会的地位の問題を考慮にいれることもまた一層重要になってくるのである．

　　　[……]

　こうしたことの結果として，輝かしい職業という賞品をめぐる競争が増大しているというわけである．このことは人的能力のひどく不適切な配分につながるというだけではなく，個人や家族や社会にとって重大な影響がある市場の供給過剰を増大させてもいる．個人や家族にとって根本的な問題は，学生たちがその競争ゲームの賭け金を引き上げようとして，より高度な学歴資格を得ようとする一方で，入るのが難しい大学や職業に入る相対的な機会がほとんど改善されない，ということである．こうしたことが生み出すのは，人々のアスピレーションが実現する保証はほとんどないのに，彼らは自らが望む教育・資格・職業にアクセスしようとして多くの時間と努力とお金をつぎ込んでしまうという「機会の罠（オポーチュニティ・トラップ）」という事態である (Brown, 本書原著第 26 章参照)．

　平等よりも教育水準の向上に焦点化するということは，次の事実を無視している．すなわち，一部の個人や家族が，エリートの学歴や職業を得るための競争に勝つチャンスを増加させるためにその物的・文化的・社会的資産を動員するうえで，ずっと有利な状況におかれている，という事実である．親の選択や教育のなかの市場競争を強調することは，少なくとも政治的な意味において，教育経験の質という点で巨大な不平等を正当化することになるのである (Lauder and Hughes *et al.*, 1999)．

　社会のレベルでは，こうした供給過剰はすでに中流階級の間の激しい葛藤につながってきた (Ball, 2003; Power *et al.*, 2003)．しかし，われわれの議論が明確化してきたのは，ますます国際的な競争がオープンになるなかで，エリート的

な雇用への機会は，グローバルに最も威信の高い大学に入学できる超国家的あるいは国家的エリートに限定されるだろう，ということだ (Lowe, 2000)．挑発的に言えば，近い将来，中流階級出身でこれらの大学に入れない子どもたちは取り残されて，食べ残しをめぐって争うことになるだろう．

こうした議論は，「世界クラス」の大学というグローバルな序列構造の出現を示す近年の高等教育内部の動向によっても支持されている (Wolf, 2002)．こうした市場では，「最高の」学生は最高の評判の大学に引き寄せられ，たっぷりと給料を払えるようになると今度は最高の学者たちがその大学に引き寄せられるのである．

結果として，アメリカやヨーロッパのエリート大学は，近い将来のうちに学問的な優秀さの国際的基準を提供することが多くなるだろう．学生たちをエリート的な仕事に向けた競争に参加させることができるのは，こうした実践を行う大学だけである．そして，これらの指導的立場の大学がたいていは高額所得の家庭出身者をリクルートしていることを，われわれはすでに知っている．家庭背景が豊かであればあるほど，学生は高等教育システムの「ハーバード級」ないし「オクスフォード級」の大学に入学しやすくなり (Power *et al.*, 2003)，近年のイギリス (Ermisch and Francesconi, 2002; Galindo-Rueda and Vignoles, 2003) やアメリカ (Perrucci and Wysong, 1999) における社会移動の研究において明らかとなっている排除のパターンに貢献するのである．

教育システムは強い国家的特徴を保っているけれども，グローバルな統合に向けての初期段階のステップが，地位をめぐる競争の将来に重大なインパクトをもたらす可能性が高い．高度技術の職業をめぐるグローバルな競争のなかで最高の利益をあげるのは，学歴獲得にその富と文化的資源を動員することができた国際的エリートたちなのである．その時，教育機会を平等化する試みのなかで能力主義的なルールを維持してきた諸国の国家的エリートたちは，グローバルな競争のなかで子どもたちの成長を妨げていると見なされることがますます多くなるだろう．結果として，市場のルールはすでにこれらのルールによって競争してきた社会的エリートによって追認されるだけでなく，ドイツ・フランス・スウェーデン・韓国といった他国からの社会的エリートもまた，能力主義的競争の国家的ルールを通じて富裕層に課せられてきた制限から自由になり，子孫のために地位上の有利さを獲得することになるかもしれない (Brown, 2000: 646)．

こうした展開に直面して，各国の中道左派政府は，21世紀のはじめに彼らの目の前にある最も重要な問題の1つを避けてきたのである．それは，純粋に平等な機会がすべての人にとって利用可能なやり方をしながら，生計をたてていくための競争をどのように組織すべきか，という問題である．グローバルな市場の中ですべての人々の教育水準を高める必要があると主張することでこの問題を避けるということは，社会正義の問題にどのように取り組んでいくべきかということへの洞察をほとんどなにも提供しないということなのである．

3 ── 結 論

本章では，マグネット経済という思想が，技術的・経済的・社会的変化の進化論モデルの最新バージョンであり，そこでは不平等や機会，社会的葛藤の問題は教育と人的資本への投資の増加を通じて解決されると考えられている，と論じた．われわれはそれとは異なる結論に到達した．

調査データによれば，高等教育の急激な拡大はあったが，高度技術の労働者への需要の急激な増大という考え方は支持されない．実際，高度の学歴を持つ人々は，彼らの学歴では高すぎるような職業の中にますます増えている．経済の中で技術に対する需要がどの程度増えてきたのかということもまた，職業や産業によって一様ではなかった．同様に，雇用主が求めるスキルの変化の多くは，労働の人的・社会的文脈における変化に焦点付けられている．雇用主は快活さや積極的なかかわりあいや職業的自覚をもった人を求める．彼らは，新事業を強力に推し進めることができ，同僚や顧客とうまくやっていくための社会的信頼と感情的知能をもっている新しい従業員を求めている．彼らはまた，細かく監督しなくても仕事ができ，変化に対して抵抗するのではなく喜んで応じる人を求めている．

これらの人的特徴は，その仕事の技術的性格とは関わりなく高度の教育と結びついている．したがって，知識経済の中でのスキルへの需要は，技術革新モデルに基づいた低いスキルから高いスキルへという直線的な形で理解することはできない．われわれが議論してきた理由により，技術的スキルへの需要は現在の経済状況下では天井に達したかもしれない，ということも論じられてきたのである．

知識労働のルーティン化・標準化の試みが，ビジネス活動のグローバルな統

合によって加速されて増加するという証拠がある．こうした証拠もまたビジネスの外部委託化への趨勢を裏付けるものである．標準化は，ますます複雑化する労働を，相対的に低い賃金でも喜んで働く高度なスキルの労働者をすぐ供給できる途上国へ移転するための前提条件である．コンサルタント企業の A. T. カーニーは，アメリカの金融業界の 50 万人分以上の仕事（その業界の労働力のおおそ 8％）が 2008 年までに海外移転されるだろうと予測した．また，最近までほとんどの海外移転は，たとえばデータ入力と取引のコンピュータ処理といった事務処理部門の機能を含意していた．しかし，こうした新しい移転は「財務分析・研究・規制レポーティング・会計・人的資源・グラフィックデザインを含む広範囲の高度な内部機能」を含むだろう，ともいう（ATKearney, 2003: 1）．これらの移転は，アメリカの年間経営費用を 300 億ドル以上削減すると予測されている．

　この分析が示しているのは，政府が直面している最優先課題は大卒者のエンプロイアビリティにつながるスキルの欠如ではなく，需要とスキルの有効利用の問題なのである．大卒者がつくことができる良質の仕事は十分な数がなく，雇用主は，大衆教育が現在提供している，より高い生産性と成長に向けた潜在能力のある労働者を有効活用するのに失敗しているのである．

　われわれはまた，高度なスキルへの国内需要はグローバルな労働市場の運用を通じて解決されることはありえないとも論じてきた．われわれは両方とも勝利するというウイン・ウインのシナリオを拒否している．なぜなら，中国やインドといった途上国が高度スキルの雇用をめぐる競争に参入してきており，先進国経済における高度スキルの労働者への需要を増大させるよりもむしろ押し下げる可能性があるからである．

　知識経済のパラドックスとは，より多くの人が国内外の高等教育へアクセスするようになると，人的資本はますます収益逓減の法則に従うようになる，ということである．そして先進国の知識労働者は，途上国においてより低い収入で喜んで働く高学歴の従業員と競合する労働力となるのである．

　したがって，人的資本への投資が収入の不平等を狭めることはないだろう．ゲオルグ・ジンメルが 20 世紀への変わり目で観察したように，社会の中での知識レベルの上昇は「けっして一般的な平準化を意味しない．むしろその反対である」（Simmel, 1990: 440）．上方向にしても下方向にしても収入の一般的な平準化はないだろう．幸運な上位 5 分の 1 の人たちと特に職業ピラミッドの頂点

にいるきわめて幸運な 5–10% の人たちにとって，法律家であろうとデザイナーであろうとコンサルタントであろうと学者であろうと，市場競争が成功の報酬と失敗の対価を強調する傾向があるので，目だった才能を持つ人たちと定義されるものは繁栄する可能性が高い．

　しかし，もしグローバリゼーションが「誰が何をするか」「誰が何を得るか」という長年にわたる問題を解決できないとしたら，それは地位葛藤の激化と，暮らしのための競争の本質的な転換の両方に貢献することになろう（Brown, 2000）．仕事で得られる報酬とキャリア展望における不平等の増大によって，国際的に認められた学校や大学に入学することに高い価値が置かれるようになっている．イギリスとアメリカの中流階級の家族は，エリート層の家族と同様に，1960 年代・1970 年代を特徴付けていた教育における「メリトクラティック」な競争にだらだら参加するようなことはしなくなった．エリート学歴はいまや，家族がエリート的な教育と職業のために市場で集められる金融的・文化的・社会的資本を総動員することを通じて，勝ち取らなければならない最重要の商品なのである．多国籍企業や政府間機関が「ローカルな人」よりも「コスモポリタン」（これらの言葉のあらゆる意味において）を採用するようになるにしたがって，世界中から来る社会的エリートたちは，外国からのエリートとの競争に関して公平な競技場を要求するようになっている．このことが，教育と職業の機会均等に取り組んできた国家政策を，さらに掘り崩すことになっている．

　人的資本という考え方を公共的・経済的政策に応用することの意図せざる帰結は，期待の管理という点でそれがますます多くの諸問題を生み出していることである．先進国の経済は不満の強いカクテルを作り出す危険がある．学生やその親たちは，期待していた生活水準を学位が実現してくれないことに気づくだろう．そして雇用主たちはあまりに多くの学歴過剰の不機嫌な従業員を抱えることになるだろう．このことは幅広い政治的波及効果を持っている．失望した中流階級は，慣れ親しんだ地位と生活水準を維持するのにますます多くの時間と労力と金を投資するので，家族のために今より多くを得ようとその政治的威力を誇示するようになるだろう．

　過去においては，中流階級の若者は左寄りだと考えられてきた（Bowles and Gintis, 1976）．今日においてより可能性の高いシナリオは，こうした中流階級の状況が，仕事を国家で保護してグローバルな労働移動にもっと規制をかける方向へのプレッシャーとなるかもしれないということだ．アメリカにおいては，

すでにいくつかの州で，公的部門の雇用は海外から輸出されてきた労働力よりもアメリカ内の労働力のために確保しておく，ということを保証する手段が採られている．もしわれわれがこれからの 10 年の政治的議論と変化の源を予想するとすれば，それは教育と労働市場の機会をあくまで要求してくれるような，西欧社会における中流階級の覚醒だろう．

　最後に，ここでの分析で強調してきたのは，本章で検討した諸問題を再構成することの必要性である．教育・労働・労働市場の中の変化だけでなく，地域・国家・グローバルの間の関係の変化も含んだ，概念的枠組みの発展が求められているのである．本章で記述してきた労働市場の帰結は，問題となっている教育システムの国家的輪郭によって説明できるものではない．それらは，高学歴労働力のグローバルな分業体制の生産・再秩序化・再生産における変化を反映しているのである．個人・家族・企業・国民国家がこうした課題にどのように対応していくのかという問題自体が，もっとも創造的な知識労働を緊急に必要としているのである．

4
知識経済の特徴とは何か？——教育への意味

What Is Distinctive About the Knowledge Economy?: Implications for Education

デイヴィド・ガイル
DAVID GUILE
（潮木 守一 訳）

1──はじめに

　イギリスやEUの経済政策，教育政策のなかで，過去10年ほどの間に急速に高まってきたのは，いまやわれわれは知識経済，知識社会で生活し，そこで働いているのだという認識である．ずっと以前から知られていたことだが，先進国経済のもとでは，知識がもっとも重要な生産要素となった．だからこれらの国々では，知識に接近できる機会の拡大が求められ，教育から得られる資格を取得する機会の拡大が求められてきた．

　しかしながら，知識経済の性質についての理論化は，社会学的にも哲学的にも，これまでほとんどなされてこなかった．ベル（Bell, 1973）やカステルス（Castells, 1996）などの社会学のリーダーたちは，知識社会での知識と技術こそが，生産の鍵を握る要因であり，重要な資源であると主張してきた．しかしながらいまや，そこでいう知識の性格そのものについて，他の社会科学者から厳しい異議が提起される時代がやってきた．たとえば，ギボンズとその同僚（Gibbons et al., 1994），野中・竹内（Nonaka and Takeuchi, 1995）は，知識経済での知識の性格について，新たな観点を提起している．その結果，現在では，理論上の不一致だけでなく，教育政策上の矛盾，教育指導上の対立までが生じている．さらにその上，ベルやカステルスは知識経済を論じながら，技術が埋め込まれている社会関係の変化に気づかなかった．またギボンズとその同僚，野中・竹内たちの場合には，技術そのものを議論の対象としていないという難点がある．産業革命の勃発以来，急激な変化があったが，資本主義経済の新段階の特徴とは何なのかは，依然として未解決の課題として残されている．

本章の目的は，知識経済についての理論化の足りない部分を社会学の立場から補うとともに，こうした議論が教育に及ぼす意味を明らかにすることである．本章ではまず知識経済での知識の役割について，2つの異なった理論の特徴を明らかにすることからスタートしよう．そして，この異なった2つの知識観の間に橋をかけることが可能かどうかを検討することにする．次いで「認識の文化」(epistemic cultures) (Knorr Cetina, 1999) という概念を用いることによって，相互の間に橋がかけられるかどうかを検討することにする．そして最後に「認識の文化」が教育に対してどのような意味を持っているのか，それを検討することにしよう．

2───知識経済にとって不可欠な理論知

　高度産業経済では，画期的な経済的，技術的の変化が生じつつあることは，すでに1950年代半ばには，社会科学者の間では一致した見方になっていた．この画期的な現象に注目する上で，大きな影響力を発揮した社会理論は，「知識経済」(Osborne, 1998) というテーマであった．たしかに知識経済という概念は，まずはドラッカー (Drucker, 1969) によって提起された．彼はいかなる部門であれ，いかなる資源であれ，新しかろうが古かろうが，経済発展促進のために知識を応用する経済のことを，すべて知識経済と呼んだ．しかし高度産業社会での知識の影響力に一番強く注目した人物は，ダニエル・ベルである．

　ベルは，いかなる社会であっても，それが機能するためには，何がしかのタイプの知識が欠かせないとしていた（知識は人類学的に普遍的であるという意味で）．そこで彼は高度産業社会を特徴づけているのは理論知であり，それは「諸々の事実・アイディアを組織的に記述し，合理的な判断と，実験によって確認された結果」であるとした．それがいまや経済発展にとって，「中核的な原理」となったと論じた (Bell, 1973: 175)．理論知が新たな役割を獲得したのは，経済の中心が製造業からサービス経済に移行したからであり，「知識が組織的な形で，資源の活用に取り込まれ，その結果，いまや単なる労働ではなくて，知識が価値の源泉となったからである」とした (Bell, 1979: 169)．このようにして高度産業社会の性質も富も，「価値の知識理論」で決まることとなった．その結果，1つには研究開発を通じて，理論知の応用が技術革新の源泉となり，第2には，理論知が対外援助政策で，中心的な役割を担うことになった．さらにま

たベルは，研究面でも政策決定場面でも，「知能を持った技術」が利用されるようになり，それが理論知の新たな役割となるとした (Bell, 1973: 29)．つまり道具や機械についての日常的な知識に代わって，「知能をもった技術」という新しい用語を作り出し，直感的な判断に代わるアルゴリズム（問題解決のルール）が登場すると主張した．

このベルの思想，つまり高度産業社会の経済では，知識が新しい役割を果たすという思想は，それ以降数十年にわたって，社会科学者や政策決定者に，経済変化の特徴を理解するための，重要な枠組みを提供してきた．さらにまた，このベルの思想は，知識社会や知識経済についての考え方に，たえず影響を与えてきた．そして，その中心的な議論の発展と精緻化を通じて，つねに再活性化され，新たな生命を吹き込まれてきた．その成果がマニュエル・カステルスの三部作『情報時代──経済・社会・文化』となった (Castells, 1996, 2000)．

カステルスの三部作は，最近の社会学的分析のなかで，もっとも重要な成果として位置づけられており (Calhoun, 2000)，その議論の中心には，次の3つの流れが含まれている．第1はベルの議論にそったもので，いまや知識は（カステルスの用語では，情報の生産，加工，伝達），生産性と権力の基礎的な要素となり，土地，労働，資本に勝る地位を獲得したという議論である．さらにカステルスは「グローバル化」と「ネットワーク化」という2つの新たなパラダイムを取り入れることによって，新たな仮説を提起している[1]．カステルスはベルよりも20年もたった時点から，時代変化をみることができる有利さを持っていた．そのため，情報通信技術 (ICT) に焦点を当て，しかも知能をもった技術の経済発展への貢献度ではなく，むしろ社会への影響を論じることができた．カステルスはいう．情報通信技術の特徴は，「比較できないほど豊富な記憶容量，ビット間の高速な結合と伝達，高い弾力性，フィードバック，データ間の双方向反応，再配置，オンライン上のコミュニケーション，これらがテキストの柔軟性と結びついて，ユビキタスな空間・時間のプログラミングを可能にしている」(Castells, 2000: 30)．

このようにしてカステルスは，ベルのオリジナルな議論に，新たな次元を取り入れた．彼はいう．広範な情報通信技術の普及は，「情報経済」という新しい経済のパラダイムをもたらし，それは情報に対する需要を増加させ，その生産を拡大させると．情報に対する需要の増加は，高度産業社会での経済発展の原則のもとに発生した，次の2つの変化に基づいている (Castells, 1996: 61–65)．

まず第1は，余剰利益を求めて，産出高の最大化を主目標とするような生産形態から，技術発展とデータの製作を目指す「成長の情報モード」への変化である．第2は，第1の変化から論理的に導き出される変化であるが，既存の技術の持続的な変化と，情報通信技術の持続的な発展とがあいまって，富の恒常的な蓄積が進むことになる．その結果，グローバル経済での勝敗は，ビジネス効率を向上させる情報の生産，加工，応用に左右されることになる．

要するにベルとカステルスは，高度産業社会では知識が経済成長の鍵となるという点では共通している．しかしベルがもっぱら科学の応用を経済発展の原動力とみているのに対して，カステルスの方は，情報通信技術という科学の技術的な応用面と，そこから産出されるデータの応用面に目を向けている点に違いがある．

3 ── 知識経済の必要条件としての暗黙知

ベルが理論知こそが経済成長の中心になると主張する時，またカステルスが情報通信技術と情報との関係を論じる時，ともに科学と社会との特定の関係を前提としていた．ところが，その前提が過去半世紀間に急速に変化した．しかも彼らはいずれも，こうした変化が起こるとは想像していなかった．かつては科学は「啓蒙」とか「技術革新」の重要な源泉とみられていたが，やがて多くの社会科学者は科学を，それほど大げさなものでなく，道具的なものとして見るようになった (Osborne, 1998)．このような科学の地位に変化をもたらした原因は，いくつかある．

- 大学，産業，国家の「三者連合」の登場．これによって高度産業社会での知識生産に関係する利害者集団の規模が拡大した (Etzkowitz and Leydesdorff, 1997)．
- グローバルな競争のなかで，知識の「効率性」が重視されるようになり，日常的な問題の解決にどれだけ役立つかという道具的な効率性が重視されるようになった (Lyotard, 1984)．
- 科学の商業利用から生じる「リスク」の増加，それに伴う科学に対する不信感の増大，知識に対する異議申し立ての増加 (Beck, 1992)．

こうした科学と社会との新しい関係を示すものとして，科学政策とか経営研究といった分野での議論をあげることができる．そして知識生産での新しいモードの出現，知識についての新しい理解のしかた，知識社会・知識経済における知識の貢献についての新しい把握のしかたが，いまや登場しつつある．

マイクル・ギボンズとその同僚は (Gibbons et al., 1994)，新たな知識の生産モードがあると主張して，大規模な議論を巻き起こした．彼らはモード1の知識とモード2の知識とを区別しようとした．つまりモード1とは，大学内で行われる既存の専門領域をベースとする研究から生み出されるタイプの知識であり，他方，モード2の知識とは，「応用という文脈」のなかで，「基礎と応用，理論と実際との絶え間ない行ったり来たりのなかで」作り出される，専門領域の枠を超えた，異質なモードの知識のことである (Gibbons et al., 1994: 18)．ギボンズたちによると，こうした新しいタイプの知識は，精密化された要素と暗黙知の要素との「混合物」だという (Gibbons et al., 1994: 24)．この分類を最初に提唱したのはポランニー (Polanyi, 1958) だが，彼は科学的な知識を純粋に抽象的で，形式的な枠組みで把握するのでは，哲学上の限界があると主張した．またこうした枠組みで捉える限り，科学的な知識に「個人的な要素」が含まれていることを見落すことになると，ポランニーは主張した．これを受けて，ギボンズとその同僚たちは，コード化された知識と暗黙知との区別を使って，モード2の知識の特徴を明らかにしようとした．彼らはいう．科学者は暗黙のうちに「知識資源のさまざまな配列」を再構成しているように，具体的な問題にとり組む実務家集団は同様なことを暗黙のうちに行っているのだ．

このように暗黙知を強調することによって，研究開発の現場も変化してくる．つまり研究開発は，大学の実験室内で行われる外生的な過程ではなく，工場現場の中側で行われる内生的な過程となる．ギボンズとその同僚からすれば，グローバル経済での生産現場の競争力を高めるのは，コード化された知識よりも，むしろコード化が難しい暗黙知だということになる．したがって，グローバル経済のなかで生き残るには，生産現場が商業利益をもたらす暗黙知の配置図をつねに発見し続けることが必要だということになる (Gibbons et al., 1994)．

たしかに，生産現場こそが，技術革新のサイトだとする考え方は，けっして新しくはない．ドラッカー (Drucker, 1969)，ペンローズ (Penrose, 1959)，ネルソンとウィンター (Nelson and Winter, 1972) などの経営学者は，すでに1960年代から，工場のなかにこそ，特殊なタイプの知識が蓄積されており，それら

をいかに有効に活用するかが鍵だとしてきた．工場内での活動の「認識論的な次元」，つまり知識を生産し，知識を共有化する上で，工場がどれほどアイディアの資源拡大に貢献しているか，この点を総合的に分析したのが，野中・竹内 (Nonaka and Takeuchi, 1995) であった．彼らからすれば，新たな知識は科学者だけで作られるのではなく，ましてや科学的な方法に特有な，具体的な環境から切り離された場面で作られるものでもない．知識は「形式知 (野中・竹内の用語では，口頭あるいは文書を通じて交換される情報) と暗黙知 (仕事のなかで直感的に自然的な形で作り出される知識) との螺旋状の相互作用」を通じて作り出されることになる．

野中・竹内は，ギボンズとその同僚たちと同様，経済成長に暗黙知が果たす決定的な役割を根拠づけるために，ポランニーの「暗黙の次元」を引用している．野中・竹内は，日本企業での新製品開発のケーススタディーをもとに，労働者が行う形式知と暗黙知との螺旋状の相互作用が，知識生産の中核的な部分だと主張している．この螺旋状の相互作用を通じて，「比喩，類比，概念，仮説，モデル」など，われわれが直感的な理解と呼ぶものを通じて，暗黙知は明示的な知識へと変化する．いったん暗黙知が明示的な状態になると，今度はそれが労働者間の共通の知識となり，さらに多くの労働者のレパートリーとなり，労働者はそれを用いて生産方式，サービス方式，分配サービスを変えてゆく．

このように，理論知を頂点に置くベルやカステルスとは対照的に (彼らもまた知識生産とその応用の別の側面に着目していたが)，ギボンズとその同僚，野中・竹内は暗黙知こそが知識資源の中核部分であると主張した．知識経済に求められる知識のタイプについて，こうした異なった説明が登場した理由は，ベル，カステルス，ギボンズとその同僚，野中・竹内たちが，それぞれ基本的に異なった知識観を持っていたからである．つまりそれは，科学的リアリズムとポストモダンの知識概念との違いである．

4 ── 知識経済に関する科学的リアリズムとポストモダンの概念

すでに広く受け入れられているように，ベルが理論知を頂点に置いたのは，科学的な知識と科学的な研究に対して，彼が何らの疑いも抱かなかったからである (Muller, 2000; Stehr, 1994)．そこからベルは理論知について，次の2つの考え方を作り上げた．つまり理論知は，それを取り巻く環境から独立している

という見方と，その応用のしかたは直線的だという見方である (Stehr, 1994: 67)．このようにしてベルは，現実とはすでに固定化されたものであり，科学的な知識は正統性を持ち，知識の発見と応用との間には，直線的な流れしかないとみる立場をとった．そしてそのことによって，知識は経済発展の「機軸的な原理」となると主張したのである．ところがこうしたベルとは異なって，カステルスは知識の地位についての認識論的な議論には，あまり踏み込まなかった．その理由は，カステルスには，ベルの知識の定義を「強いて改善しなければならない理由」が，なかったからである．しかしカステルスは認識論的な議論に沈黙を守ることによって，結果的には，知識の性質について，ベルと同じ哲学的な立場を選んだことになる (Mulller, 2001: 276–277)．

つまりベルもカステルスも，固い科学的リアリズムをとることによって，彼らの理論の中核となる知識の性格やその応用について，多くの問題点を見逃してしまった．まず第1に，彼ら2人は科学的な知識は，すでに与えられたものとして理解した．そのため，科学的な知識が外部環境からの影響の産物であり，その専門分野内での議論の産物であることを見落とした．こうした立場は，さまざまな形で，それぞれの著作に現れている．たとえばベルは知識を独立変数とみなし，ポスト産業社会では，国民総生産のなかで知識の占める割合が増加したとしている．これに対してカステルスは，情報を独立変数とみなし，通信情報技術の普及と生産性の上昇との関係に着目し，「知識は知識に働きかける」という形で表現した．第2の問題は，彼らは理論知と情報を，認知可能な文化的な客体物とみなし，容易に獲得可能で，また容易に問題解決に応用できるものとみなした．ベルからすれば，理論知はそれ固有の性質を持っており，適切な知的な処理にしたがって応用される限り，経済問題にも社会問題にも，簡単に応用できるものと見た (Schiller, 1997)．またカステルスによれば，情報通信技術によって作られた情報は，融通性の高い資源であり，経済成長をもたらす有用な知識に，いくらでも変えることができるものとされた (Webster, 1997: 120)．

つまりベルにしろカステルスにしろ，科学的リアリズムの立場に立ち，科学的な知識の所与性と応用可能性を認めるとともに，科学それ自身を技術的，社会的な変化をもたらす「エンジン」とみなした．そうすることによって，彼らはかつてデネット (Dennett, 1987) がいった，社会変化についての「設計戦略」という考え方を暗黙裡に受け入れたことになる．彼らは，いかなるシステムに

とっても，特定の成果を生み出し，その成果を改善，維持するには，技術的な特性についての設計が必要で，それが新たな情報，生産物，サービスを生産する上では，もっとも重要だとした．このようにしてベルとカステルスは，高度産業社会での近代化の過程とは，科学がどれほどの影響力を発揮しているか，その程度で測定できるとした．どの論者もその構造的な特徴と，知識投入の最終生産物に着目し（新しい製品やサービス），科学的な知識が社会生活，文化生活，個人生活，個人のアイデンティティ，産業組織，市場の拡大などに，さまざまな変化をもたらすことを指摘した．

このようにベルやカステルスにとっては，近代化の程度は，高度産業社会で科学技術がどの程度変化のインパクトを発揮しているかで測定できるとしたのは，しごく当然のことである．資本主義経済では，技術的な専門化，技術的な文化，技術的な発展の間に密接な関係があることが，ずっと以前から認識されてきた（Noble, 1979）．しかしながら，ベルやカステルスが指摘する変化が，なぜ起きるのかを理解するには，科学技術の発展と応用に文化がいかに貢献するか，それをはっきり認識する必要がある．この問題に入る前にここでは，ギボンズとその同僚や野中・竹内の業績を特徴づけている知識についてのポストモダン的な理解を検討してみることにしよう．

ギボンズたちの研究成果に，ポストモダンの影響があることは，容易に見て取ることができる．なぜならば，モード２の知識の登場は，科学的リアリズムが作り上げた成果全体に対して，根本的な疑問を投じる論争的な調子を帯びているからである．モード１とは異なって，モード２の知識は不完全である．なぜ不完全かというと，まず第１に，従来からの意味では，もはやより上位の科学（ポパー流の）や新たなパラダイム（クーン流の）でとって代わられることはなく，たえず異議申し立てに晒されているからである（科学者集団という統制のとれた環境の中ばかりでなく，さらに広い広場の観衆からの異議申し立てに晒されているからである）．第２には，このモード１からモード２への変化には，こうした境界線それ自身の再定義と再解釈を求めているからである（Nowotony, Scott and Gibbons, 2002: 199）．

ギボンズとその同僚からすれば，科学と社会との壁が低くなればなるほど，科学は容易に反論できるものとなり，それとともにモード２の知識が，科学界ばかりか，さらに広い社会全体から求められることになる．さらにその上，ギボンズとその同僚からすれば，知識についての複眼的な理解のしかたを受け入

れれば受け入れるほど，知識を評価する新たな基準に対する需要が高まり，それがさらに一段と「モード2社会」への移行を促すことになる．

　これに対して，一見すると，野中・竹内の著作のなかにポストモダンの影響を見出すことは困難である．彼らの提唱する知識変換の理論は，精神と世界とは分離されているという，科学的リアリズムの基本的な仮説を克服する試みのように見える．しかし彼らの著作をみる限りでは，彼らはポストモダニズムに触れることを避けている．だから，彼らの著作がポストモダン的な感受性を示しながらも，依然として二元主義にとらわれているといった解釈に出会えば，まず彼ら自身が驚き，彼らの著作をよく知っている学者たちも驚くことだろう．しかしそれにもかかわらず，野中・竹内の思考のなかには，明らかに知識についての複眼的な理解というポストモダンの影響が見られる．

　彼らはしきりに，科学的リアリズムに特徴的な「認識論的な作法」(Shapin, 1994)から距離をとりながら，知識生産に避けがたい「主観的で，身体的な，暗黙の側面」があることを強調している (Nonaka and Takeuchi, 1995: 64)．かくして彼らは知識の螺旋状の転換は，科学的な方法と同様，生産現場での新たな知識生産にとって有効であるとする．そして，そこから生まれる知識は，知識経済のなかでの組織競争力を高める上で，科学と同じほどの価値があると主張している．

　組織の競争力向上は，科学だけに依存するのではない．そして知識生産とその応用は，文脈的な要因によって決まる．こういう彼らの主張は，論理的な根拠を持っている．野中・竹内はその理論構成において，暗黙知と理論知についてきわめて革新的な議論を立てている．彼らは，知識経済のもとでは，この両者はともに同じく重要な知識形態であると主張する．つまり，彼らはすべての形態の知識とすべての知識生産方法を，ともに対等とみるポストモダンの伝統に立っている．ポストモダン派には，知識の対等性の哲学的な基礎を固めるために，ニーチェを引用し，基礎的な真理を拒絶し，合理的な認識主体を拒絶する傾向がある (Ward, 1996: 18)．それに対して，野中・竹内は暗黙知と科学的知識との対等性を正統化するために，ポランニーの著作に依拠している．だがいずれあとでみるが，ポランニーはけっして知識の対等性を正統化しようとはしなかった．しかし，彼は科学の実践と科学文化との関係を論じることによって，知識，社会，経済の三者間の関係を，文化論の立場からみる道を切り開いたのである．

5 ── 知識・文化・知識経済

　もともとポランニーが暗黙知という概念を提起した時，もう1つ別のカテゴリーの知識を導入しようとしたのではなく，むしろ科学的な知識の全体論的な理解に狙いがあった．簡単にいえば，科学者が使う知識発見のしかたは，ただ単にすでに決まっている方法だけに依存しているのではない，ということを言いたかっただけである．だからこそ，「我々は語れる以上のことを知っている」という彼の有名な一文が意味を持ってくる．ポランニーからすれば，これこそが，知識の「明確に述べることができる」要素と「明確には述べることができない」要素との関係を問う出発点となったのである．だから，野中・竹内とは異なって，ポランニーにとっては，暗黙知はまだ形にならない知識でもなく，未成熟の知識でもなく，曖昧な形の知識でもなかった．それは決して他人に理解され，実践に役立つために，明示的な形をとるよう求められている知識ではなかった．ポランニーの理論構成はもっと微妙で陰影を持っていた．

　つまりポランニーは，科学が暗黙の次元を持っていることを認めていた．明確に定義された知識と規則だけにしたがっていれば発見できるのでなく，その意味では，芸術の世界と同じだとみていた．それは，実際にはさまざまな要因が関係していて，それらは「明示的な規則の定式化」の外側に置かれているものであった (Polanyi, 1958: 49)．ポランニーは，「住み込み」というアイディアを提起して，科学者たちがその専門分野ごとに決められた理論的な前提とか，身体的なスキルにどっぷり浸かっており，その文化に慣れ親しんでいることを説明しようとした (Thorpe, 1999: 25–35)．彼のいう住み込みとは，科学文化の暗黙の伝承のことで，感覚と知恵という2つの方法を通じて，科学実践に影響を与えると見ていた[2]．

　ここでいう感覚とは，かなり限定された形の暗黙知のことで，科学者が実験室の装置を操作する時に，身体にかかる実際行動のインパクトを意識する時に成立するものである．これに対して，知恵とはより包括的な形の暗黙知のことで，科学者が仮説を設定したり，追究の道筋を発見したり，実験結果を解釈する時，自分の思想や行動のなかから浮かび上がるものを意識した時に成立するものである．この知恵という考え方は，理論知と暗黙知との相互作用を前提としている (Guile, forthcoming)．このように，人々のポランニー理解とは異なっ

て，彼は知識に2つの形があるということではなく，それらが互いに関連しあっていることを強調したのである (Seely Brown and Duguid, 2001: 203–204).

ところがギボンズとその同僚，野中・竹内は，ポランニーのこうした論点を見落とした．その結果，暗黙知と理論知との相互作用という，もともとの関係を見落とした．こうした見落しの結果は，彼らの暗黙知についての理解に現れており，知識経済に求められる知識の理解にも現れている．ギボンズとその同僚，野中・竹内は，理論知よりも暗黙知を重視するため，この2つのタイプの知識間の結びつきを切断してしまった．しかもその切断のしかたが，それぞれが少しずつ違っている．ギボンズとその同僚の場合には，科学者の専門知よりも，暗黙知の方を高く評価した結果，専門分野を跨って仕事をする時，彼らが，かつて組織的に獲得した専門知や，その後科学者集団のなかで継続的に獲得した専門知にどれほど支えられているか，それを正当に評価することができなかった．

それと同様，野中・竹内は暗黙知のことを，あたかも感覚的に獲得された知識の，直感的で無意識的な形態であるかのように理解したため，かなり限定された形の暗黙知だけが，知識経済では重要な資源であるかのような結論に至ってしまった．しかし彼らの文章を注意深く読む限り，彼らが暗黙知として主張する生きた知識資源とは，他者とは分け合うことができない「個人知」であり (Eraut, 2004)，職場のコミュニティーによって保持されている「社会知」だということが明らかになる (Spender, 1996). 要するに，知恵と呼ばれる暗黙知の特徴とは，何から何が生まれるのか，科学者や専門家が推論できる資源だということになる．

文化，実践，推論という三者の関係を考えるためには，理論知と暗黙知との関係について，野中・竹内，ギボンズと同僚たちが考えていたのとは，根本的に異なった考え方を導入する必要がある．その1つの方法は，ズボフが行った技術環境での新たな作業変化についての古典的な議論を思い起こすことである．ズボフは情報通信技術を導入する時には，組織的な文脈，経営目標，仕事の構造などが，工場内での情報技術の配置に，明確な影響を及ぼすことを明らかにした．このアプローチを使うことによって，彼女は情報通信技術が商業環境や工業環境のなかで，知識とスキルの性格を大きく変化させることを明らかにしている．こうすることによって，彼女は条件が異なってくれば，異なったタイプの暗黙知が作り出されることを明らかにした[3].

彼女は「行動中心型スキル」と「知能的スキル」という概念を使って，機械技術に求められる知識・スキルと，情報技術に求められる知識・スキルとでは，タイプが違うことを明らかにした．前者は，スキル形成の「実験的なモード」ともいうべきもので，情報通信技術導入以前の時代に見られた，労働過程への感覚的な取り組みによって獲得されるものである．これに対して後者の方は，コンピュータが仲介役となる環境で働く時に求められる思考のモードのことで，そこでは象徴的なデータの解釈が必要となる．しかもデータの意味はあらかじめ与えられているのではなく，むしろ働き手の側から構成しなければならない．

こうした違いをもとに，彼女は伝統的な感覚労働と，情報通信技術の普及から生じる「仕事のテキスト化」とを対照させている．行動中心のスキルの世界では，その行動の文脈のなかで，どのような細部に気を配るべきか，どのようなデータが予想されるのかを，労働者は感覚を通じて感じ取る．これに対して，コンピュータで媒介された環境では，労働過程のコンピュータ化によって，いかなるデータが作られているのかを労働者自身が問わねばならない．つまり「いま何が起きているのか」，「これは何を意味しているのか」それを問わねばならない(Zuboff, 1988: 196)．こうしたシンボル的な環境のなかで生じる問いに答えるには，対話，視覚化，共同作業，危機管理などが必要となる．ズボフが結論づけているように(Zuboff, 1988: 95)，電子環境のなかで働く場合には，「感覚的な経験から生まれるノウハウを実行する」よりも，むしろ「理論的」，もしくは「システム的に思考する」能力が，労働者には必要となる．

しかし，コンピュータが媒介する環境での労働には，一見するよりもはるかに複雑な質の知識が必要となる．それは単に，1つのタイプの知識（暗黙知）が，他のタイプの知識（精緻化された，明示的な知識）に置き換えられるだけではない．ズボフ(Zuboff, 1988: 192)は，暗黙知が依然として，知能的スキル開発面で，ある役割を演じることを認めている．暗黙知が依然として重要なのは，われわれの頭のなかの長期的な記憶が，精密な言語や視覚化された文脈に対する反応よりも，むしろ意味の把握の基礎となっているからである．このことが意味しているのは，「知能的な習得は暗黙知を開発する能力にかかっており，この暗黙知こそが，意思決定の別の選択肢に思いついたり，改革や革新のアイディアを引き出すからである」．こうした暗黙の認識が依存しているのは，データのなかに潜んでいる形とか関係を，明確な形に作り上げる能力である」．つまり別の言葉を使えば，システムが期待通りに動いているかどうかをわれわれが知る

のは，技術システムの動きを示すテキスト的なデータを解釈したり，他人の解釈に反応したりすることを通じてである．そこにはかつてブランドンがいった (Brandom, 2000: 158)，テキストや言説の「再現的」で「推論的な」形態を，理解する過程が含まれている．つまり，生産過程で起こるさまざまな事件を処理する能力，他の仲間がいうことを理解するコミュニケーション能力，集団的な議論に参加する能力，これらが必要となる．

このようにして，ギボンズとその同僚，野中・竹内とは異なって，ズボフは技術的な文脈が異なってくれば，そこで開発されるスキルや知識のタイプも異なってくることを明らかにした．伝統的な文脈のなかでは，われわれは暗黙知の感覚的な形態に根ざした行動中心的なスキルを開発してきた．これに対して，情報通信技術を基礎とする文脈のなかでは，暗黙知の知恵的な形態に根ざした知能的なスキルを開発することになる．この暗黙知の知恵的な形態とは，われわれがあらかじめ獲得した理論知や実際知の上に作られるものである．このようにしてズボフは，ポランニーと同様，理論知と暗黙知との相互関係を明らかにしただけでなく，生産過程での出来事を判断する時，理論知と暗黙知との両方を活用しながら，知識を解釈し，共有し，創造する能力が形成されると説いた．

このようにしてズボフは，文化，実践，知識の関連についての認識を，ギボンズとその同僚，野中・竹内たちよりも，さらに一歩進めることができた．彼女は，労働者が知能的なスキルに結びついた暗黙知を開発させるためには，特定の文化的な条件が満たされる必要があるとした．第1の条件として，技術システムが送り出すデータを労働者が理解できるようになるには，まずもってある種の「訓練」が必要である．第2に必要なのは，職場のなかで実際に情報通信技術を使って，(1)データのパターンや相互関係の意味を把握し，(2)職場文化のなかで対話や参加を通じて意味を作り出し，(3)データ解釈のために，概念的な枠組みを適用して，問題の所在を明らかにし，それを解決する，そういう機会が与えられる必要がある．

つまり彼女の考察は，2つの異なった形の知識をどうやって互いに関係づけるかという，厄介な問題を突きつけることになる．しかし筆者は別の論文で，見かけ上関係のないように見える2つの形の知識を統合し，全体論的な知識像を作ることができる，と主張したことがある (Guile, 2006)．しかし，社会的で実際的な文脈のなかで，この異なった2つの形の知識を互いに関係づけるには，

知識文化という概念を使う必要がある．

6 ── 認識文化と知識経済

　文化と知識生産との相互関係の重要性が認識されるようになったのは，ごく最近のことで，それは知識経済をめぐる論議を通じてであった．その理由は，ノール・セチーナのような論者が，これまで無視されてきた側面，つまり知識文化や認識文化が知識社会・経済にもたらす役割を，以前にもまして重要視するようになったためである．ノール・セチーナ (Knorr Cetina, 1997: 8) が指摘しているように，専門家システムの役割が拡大するにつれて，知識過程での技術的情報的な生産物の存在感がますます強まった．しかしそれだけでなく，認識文化が「社会のなかに溢れ出し，編み込まれる」ようになった．

　ここでいう「認識文化」という概念は，特定の世界に住むわれわれが，何を，どのように知るかを規定している，諸々の装置とメカニズムの合成体のことである．それらは類似性，必要性，歴史的な偶然性などによって規定されている．認識文化とは，知識を作り出し，その質を保証している文化のことで，しかも全世界を通じて最高の知的な制度は，依然として科学である (Knorr Cetina, 1997)．

　したがって，ノール・セチーナの観点からすれば，知識社会 (知識経済) とは，単に専門家の増えた社会のことではなく，ましてや技術的な道具が増えた社会でもなく，専門家の解釈が増えた社会でもない．それは知識文化がさまざまな分野に浸透した社会であり，知識にたずさわる構造やメカニズムの組み合わせの総体が相互に浸透しあい，それがさまざまな表現をもって展開される，そういう社会のことである[4] (Knorr Cetina, 1997)．

　認識文化が科学の生産と応用を規定する上で，いかに決定的な役割を演じているか，ノール・セチーナは2つの異なった，しかし互いに関連しあうアプローチを使って説明している．1つ目のアプローチとは，科学の2つの特定分野 (つまり高エネルギー物理学と分子生物学) で，知識を獲得するための戦略がどのように組織されているかという比較研究である．この比較を通じて彼女は，たとえ専門家による研究実践であっても，どれだけ多様な形のダイナミズムが展開されるか，いかに場面場面で異なっており，それがいかに異なった研究成果をもたらすかを，明らかにしている．さらにまた，ノール・セチーナ自身ははっ

きりとは語ってはいないが，その議論から次のような結論を導き出している．つまり科学者たちはそれぞれの認識の手法を内面化させており，それがあるからこそ，それぞれの研究成果から，いかなる結論を導きだせるのかを，互いに推論することができるという．

ノール・セチーナによれば，知識経済（知識社会）を，それ以前の経済（社会）から区別するものは，この認識文化の広がりだという．彼女はさらに議論を進めて，認識文化のなかに伝統的に存在していた，ある種の構造的な形が，高度産業社会の経済に入ると，さらに一段と普及したのだという．ノール・セチーナによると，「対象物中心の関係」こそが，科学研究の特徴であり，その延長拡大が，そのよい例だとされる（Knorr Cetina, 1997）．科学研究の場面での「対象物中心の関係」の特徴とは，「疑問を立てる」局面と，研究過程を構造化させるために，さまざまな技術的な対象物を利用する局面と，そしてその研究課題に「答え」を出す局面との相互作用に特徴がある．科学研究で，こうした過程を構造化し，制御するのは，科学者が働いている専門分野である．

ノール・セチーナは，こうした対象物中心の関係が，いまや科学以外の分野にまで拡大してきているとしている．彼女はグローバルな金融市場の動きを詳細に検討し，金融取引にはそれ特有の認識文化があり，それ特有の認識活動があるとしている（Bruegger and Knorr Cetina, 2000）．トレイダーたちは，金融市場の動きを理解するために，絶えざる競争を展開し，価値のある情報の売買を繰り返してしている．彼らは，市場で何がおこっているかを絶えず問い，金融市場の動きを予想するために，最大限の努力を情報収集に投入する．つまり，理論的にみるならば，金融市場とは（情報の収集と売買を通じて，別のタイプの活動を拡大させることによって），その市場参加者からすれば，知識という名の具体物ということになる．

このように，現在では認識文化が，科学以外の分野に流出しはじめている．そこから，さまざまな論点が引き出せるのだが，残念ながらノール・セチーナはそのことに気づいていない．まず第1に，科学者の世界では，「疑問を立て・答えを出す」過程が，各専門分野ごとに構造化され，統制されている．つまり，科学以外の職業分野でも，こうした認識過程の枠組みができるはずである．学際的なチームとか，専門分野をまたがった共同作業のように，既存の専門分野の境界線を越えて仕事をする場合には，新たなタイプの専門的な能力が必要となる．その時必要となる能力とは，まったく別の専門分野の専門家や，専門的

な意味を理解することに慣れていない顧客に対して，データを示しながら，彼らの解釈に反応しながら，それぞれ異なった解釈の間に関係を作り出し，適切な行動のしかたについて合意を作り出す能力である (Guile, forthcoming). ところが，現在の教育政策は教科の内容とか基本的なスキルの習得を重視するだけで，こうした能力育成を重視していない．それだけでなく，知識経済の発展を支える教育政策がいかにあるべきかについて，基本的に間違った問題設定に立っている．

　第2の問題は，知識文化と知識労働の間の関係は，もっと複雑だという点である．つまりノール・セチーナが「流出」という比喩で考えているほど，自動的でも必然的でもない．つまり，知識経済とか知識社会という概念を立てるためには，もっとかっちりした境界線を設定する必要がある．経済全体をひとまとめにして，知識経済として記述するのではなく，それぞれの産業分野ごとに組織やネットワークを区分して，それぞれの分野ごとに，いかなる文化が知識生産を促進してきたかを明らかにするほうが，もっと役立つことだろう．さらにまた，知識文化の普及に必要な認識論的な前提条件を明らかにすることのほうが，研究者にも政策決定者にも，はるかに役立つことであろう．そうすれば，研究者も政策決定者も，認識文化の発展面で教育の果たす役割とビジネスの果たす役割とを，もっと注意深く区分けするようになるだろう．そうすれば政策決定者は，教育政策と知識経済との関係について，あらかじめ立てていた予想を再吟味し，それを再評価できるようになるだろう．

7────知識経済のなかで「知識」のもつ教育上の意味

　1990年代初頭以降，教育政策はますます国際競争力との関連のなかで設定されるようになった (Brown and Lauder, 1991)．ところが，この結びつきは，イギリスとEUとの教育政策上の新たなねじれをもたらした．イギリスもEUも，知識経済という概念を，2つの意味で使ってきた．つまり1つは経済活動の将来ヴィジョンとしてであり，もう1つは生涯学習政策の原理としてである．この2点を強調する立場は，イギリスの教育長官，デイヴィッド・ブランケットの言葉に明確に現れている．「学習は繁栄のための鍵である．それは個人にとっても，国民全体にとっても，そうである．人材への投資は，21世紀の知識基盤グローバル経済での成功の基礎である」(DfEE, 1998: 7)．

これと似た表現は，EU の生涯学習メモランダムのなかにも現れている．そこでは，EU の教育政策の目標を，こう述べている．「ヨーロッパを世界最強で，ダイナミックな知識基盤社会に変えるためには，すべての者を対象とする生涯学習実現のための，一貫した戦略と戦術が必要である」(EC, 2001: 3)．知識，学習，経済成長三者の関連を当然のこととみなした結果，政策決定者たちはベランド・カステルスに倣って，政策実現のための設計戦略を採用した．彼らは，達成すべき成果を生み出すために，参加の拡大，学習の質保証の枠組み，資格の標準化などを，「デザイン」することが必要と考えた．ムーアとヤング (Moore and Young, 2001: 445) によると，こうした枠組みを強調した結果，その教育政策では，いかなるタイプの知識が求められているのか，ほとんど明らかにされず，それらを獲得するにはどうしたらよいのかは，ほとんど議論されていないという．この問題にどう答えるか，これまでの教育政策では，ほとんど議論されてこなかった．しかしこの問題がいかに根が深いか，どこに問題の焦点があるかは，高等教育の場合を見ればはっきりしている．

　高等教育は知識経済の焦点と見られてきた．しかしここでも 2 つのタイプの知識の相違が強調されていて，両者の相互依存が考慮されていない．この問題をはっきりさせる 1 つの方法は，高等教育政策のなかに潜んでいる，さまざまな知識観を識別することである．そこには，「伝統的な知識観」，「功利主義的な知識観」「ポストモダンの知識観」の 3 つがある．まず伝統的な知識観とは，既成の基礎的知識の塊がある（文学的・科学的な知識），それはカリキュラムとして具体化される必要がある，大学はそれを伝える責任がある，こうした発想を組み合わせたものである．この知識観のもとでは，さまざまな専門分野が組織上の地位と経典化された地位を持ち，それぞれの科学上の方法論が，研究を行う唯一の基礎とみなされている．これに対して「功利主義的な知識観」では，知識はある目標達成のための手段とみなされる．この立場からみると，大学のカリキュラムとは，政策決定者が望む「ある特定の形の社会」を実現するための手段となり，研究は産業化の発展を支えるものとみなされる．最後に，ポストモダンの知識観では，世界も知識も互いに異なったイデオロギー的な立場の産物だとされる．ポストモダニストによると，伝統的なカリキュラムも，功利主義的なカリキュラムも，それらはいずれも知識と文化についての恣意的な前提の上に成り立っているにすぎない．だからこの立場からすれば，「ローカルな知識」「暗黙知」の持つ価値も，利益も，視点も，いずれも大学の中では同じ位

置が与えられるべきだということになる．

　こうした3つの特徴を区別することによって，政策決定者たちが大学に圧力をかけ，そのカリキュラムを知識経済に合ったものにすることで，いかなる知識上の緊張が高まっているか，を明らかにすることができる．まず第1の緊張は質保証機構（QAA）との対立である．質保証機構は大学で教えられ，評価されるべき教科の知識内容を特定することを強く求めている．そしてすべての学位は，学習者の基礎スキルを高めるものでなければならないと主張している．質保証機構によれば，すべての知識は一般化（世界の抽象的な表現）という基礎を持たねばならず，それは既成の専門分野としての伝統，あるいは学際的な分野としての伝統の中に根付いているはずだという．つまり彼らは伝統的に期待されてきたような形で（たとえば，論文作成），知識を使えるものとみなしている．これに対して，ポストモダンの立場からすれば，学習者はそれぞれ異なった文脈のなかで応用可能な基礎スキルを発達させる限り，いかなるタイプの知識も適応性を持っていることになる．その結果，大学はいまや一方では，教科内容の知識を学習者が獲得できるよう，支援することが期待されている半面，他方では文脈から自由なスキル（基礎スキル）を，特殊な文脈のなかで（つまり，講義，実験室，就職指導など）で獲得できるよう，支援することが期待されている（Guile, 2002）．その結果，いまや資格が微妙な立場に置かれている．一方では学習者が獲得した知識の水準を保証するとともに，他方では雇用主からは，学習者が職場で発揮するであろう能力の近似値として，利用されている．

　第2の緊張は，「各教科の知識内容」の獲得を重視する伝統的な立場と，知識の多様性を強調するポストモダンの高等教育政策との対立である．このポストモダンの教育政策では，「実験的知識・暗黙知」を承認し，言説の文化的な多様性を認めようとしている．しかしこの緊張は学習者を矛盾した立場に追い込んでいる．教科内容の獲得は，各専門分野を構成する知識内容を把握する能力の発達を前提としている．それに対して，学習記録やポートフォリオの形で，実験的な暗黙知を評価対象とする動きは，知識内容の関連を把握する能力を否定することになる．

　こうした緊張の結果，学習者は教授論上のディレンマのなかに置かれている（Guile, forthcoming）．このディレンマはプラワット（Prawat, 1999: 60）によれば，「頭を合わせる」か「頭を壊すか」の問題ということになる．いまや学習者は一方では，明確に定義された教科ごとの知識内容に頭を合わせるか，あるい

はその頭脳をいくつにも区分けして，いまや高等教育に受け入れられた多様な形態の知識に対応するか，揺れ動いている．

　高等教育近代化の圧力によって，ベル，カステルス，ギボンズとその同僚，野中・竹内が取り出した2つのタイプの知識が，高等教育のカリキュラムに取り入れられようとしている．しかも知識経済についての認識論的な理解がいまだ不十分だという事実が意識されないまま，取り入れられようとしている．皮肉にも高等教育のカリキュラムを近代化し，多様なタイプの知識を受け入れ，それを教え，資格認定の対象としようとする試みは，学習者にこうした異なったタイプの知識を関係づける方法を示さないまま放置している．現在ますますはっきりしてきていることは，認識文化についての論議が明らかにしたように，知識経済では理論知と暗黙知とが，長期的な相互関係にあること，学習者が異なった形の知識の間で揺れ動くのではなく，両者を橋渡しできるような教授法が必要だということである（Guile, forthcoming）．

8──結　論

　知識経済論を提起した社会科学者たちはいずれも，知識経済での2つの知識観の相互関連を把握することに失敗している．その結果，知識経済で最も重要な経済資源は理論知なのか暗黙知なのかという点について，互いに対立する見解に陥っている．理論知と暗黙知とを，互いに分離された異なったタイプの知識と見ることによって，社会科学者たちは次の2つの意味で，知識経済の特徴を把握することに失敗している．まず社会学的には知識と文化との相互依存を理解する点で失敗し，哲学的には，この2種類の知識の相互依存を理解する点で失敗している．

　教育政策の観点からは，少なくとも2つの結果を引き出すことができる．第1は高等教育で教える知識の構造化の問題であり，第2は学習者が知識文化に参加できる適切な能力を，いかにして育成できるかという課題である．しかし，知識経済の文化的な基礎にスポットライトを当てれば，もっとも大きな疑問が浮上する．その疑問とは，知識経済で必要とされる知識の近似値を測定する手段として，資格を使うという問題である．こうした意味での知識にしろ文化にしろ，普通の試験やテストで直接測定することはできない．むしろもっと焦点を当てるべきは，知識経済・社会での労働・生活にとって鍵となるのは，共同

作業でありコミュニケーションであり，こうしたタイプの生活場面で求められる知識能力をいかにして伸ばすかという問題である．政策決定者が教育と知識経済との関係をもっと真剣に受け止めるならば，テストや試験で得られる資格を重視することは手控えることであろう．

最後になるが，この論文を通じて，知識経済の特徴は明らかにされたが，だからといって，利益と市場の上に成り立つ資本主義について，別の種類のものが提示できたわけではない（本書第3章のブラウン・ローダー論文を参照せよ）．しかしここでの議論は，資本主義の新たな段階で教育が果たす役割を明らかにする上で，意味をもつことであろう．

【原注】

(1) この章の焦点は，高度産業社会での知識の新しい役割に置かれているので，カステルスの最初のネットワーク社会論だけに注目することにした．

(2) 筆者はブランドン（Brandom, 2000）のいう感覚と知恵の相違についての議論を，2つのしかたで用いた．1つはポランニーが理論知と暗黙知との間に存在すると主張した関係をはっきりさせること，第2にはズボフ（Zuboff, 1988）が設けた「行動中心的スキル」と「知能的なスキル」とを関係づけることである．

(3) 筆者のズボフ解釈は，他の社会科学者が彼女のテキストから受け取るものとは，かなり異なっている．筆者は，条件が異なってくれば，異なったタイプの暗黙知が作られるという彼女のアイディアに注目した．これに対して，他の社会科学者たちは彼女の労働組織についての分析に関心を集めている．

(4) ノール・セチーナは「知識社会」での知識の役割について，もっと広い定義を作ろうとした．また筆者はこの章で知識経済での知識の役割について，もっと広い定義を作ろうとした．両者の関心は，互いに似ている．だから筆者は，彼女の元の文章に，知識経済との関連を挿入して，それぞれの議論の相互関連性を強調することにした．こうした知識についての解釈は，部分的ではあるが，ムーアとヤング（Moore and Young, 2001）の行った知識分類の影響を受けている．ムーアとヤングは14歳から19歳を対象とするカリキュラム論争の争点を，この知識観をもとに明らかにしている．またそれは，デランティー（Delanty, 2001）が行った，産業社会で生じた「認識のシフト」についての筆者の解釈からも，部分的な影響を受けている．

5
ヨーロッパの大学
The European University

A. H. ハルゼー
A. H. Halsey
(潮木 守一 訳)

1 ── 拡　大

　全4巻からなる「ヨーロッパ大学史」の第1巻の序言を執筆した総編集者のウォルター・リュエッグは，ヨーロッパの大学のことを「優れてヨーロッパ的な制度」と形容した (De Ridder-Symoens, ed., 1992: xix)．たしかにその歴史は，ローマ・カトリック教会よりも少し短いものの，ヨーロッパのどの近代的な国民国家よりも長い．それは，長年にわたって，キリスト教の宗教生活に基づく教会組織として生き続けてきた．少なくとも19世紀までは，大学は教会組織の一部だった．ところが19世紀に入ると，まずフランスで教会から独立した大学が登場し，ついでドイツでも同様の大学が登場し，やがてそれが世界各地に普及していった．しかし教育社会学者たちは，このエリートのための第3段階の教育を，もっと広い文脈のなかでみようとする．つまり人間社会の学問組織の全体的な配置図のなかでみようとする．

　古代ギリシャでの文字の使用から始まり，印刷術を経て，現代の情報技術に至るまで，人間のコミュニケーションの歴史は，この現代でこそ早まりはしたものの，全体的にはゆっくりと発展してきた．この過程が緩やかだったのは，コミュニケーションの民主化が，社会構造のあらゆる側面での変化を必要としたからである．人々は権力と権威によって，互いに結びつき，利害と感情によって結びつき，習慣と学問，さらには言葉と数によって結びつく．だから，人間社会の変化を理解するには，最初に起こった言語革命の意味を理解する必要がある．しかも，その革命の旅はいまだに終わっておらず，まだ先がある．

　高度な学問は，その範囲においても，深さにおいても，いまだかつて，拡大

を止めたことがない．それは，とめどのない人間の自然支配への欲求，さらに寿命の延長化への期待，経済成長に対する飽くことのない飢餓感，余暇活動のさらなる拡大，それらの上に成り立っている．だから公的な資金にも，私的な資金にも限界があるにもかかわらず，高等教育はたえず拡大を続けてきた．その原因は，一方では職業上の必要というプル要因が働き，他方には機会の民主的な配分というプッシュ要因が働いてきたからである．こうした拡大の終着点として，現在の高等教育は，国際的な成長産業として注目されるまでになった．大学の拡大は，世界いたるところで見られる，古くからの普遍的な現象である．前産業社会から産業社会への移行の背後には，大学の拡大があったという事実は，マックス・ウェーバーを引用するまでもなく，今では教育社会学者の間では，ごく標準的な解釈となっている[1]．

こうした解釈の背後には，産業社会にはそれ以前の農業社会とは異なった，際立った特徴があるという前提がある．農業社会の特徴は静的であること，その社会がいくつかの部分に分かれていることであり，そしてさらにそれぞれの機能ごとに別々の言語があったという点である．狩猟，料理，機具製造，祭祀，軍事など，それぞれ特定の集団が担い，それぞれが特殊な知識を持ち，それを代々徒弟制度を通じて継承していた．それぞれの単位は，それ自身の社会的な再生産を通じて，永続化することができた．だからウェーバーがいったように，訓練や教育もまた，それぞれの集団ごとに分かれており，初等段階からより高度な段階まで分かれていた．そこでは家族や疑似家族的な集団が，それぞれ固有の文化を伝えていた．鍛冶屋はその子供たちに鍛冶屋の技術を教え，祭司や知識者集団は高級文化の守り手となって，支配階級のために働いていた．

これに対して，近代の産業社会は，すべての者を教育された階級のメンバーに作り変え，誰でもが職業活動や市民活動に参加できるようにした．その結果，司祭と俗人の区別は消滅し，制度としてみる限り，大学の独占物は何もなくなった．こうした流れのなかでみれば，教師の王国の没落は (Halsey, 1995)，メリトクラシーの登場を別の面から見たものである．

アーネスト・ゲルナーは，ナショナリズムに焦点を当てながら，産業社会のマクロ的な発展を分析している．彼の近代化のモデルによると，近代社会には出発当初からすでに，教育を通じての社会移動という特徴が埋め込まれていたという．彼はこういう．「ここに高度の技術を持ち，持続的成長の可能な，1つの社会が出現した．その社会では，絶え間のない分業が発生し，絶えず見知ら

ぬ者同士が,頻繁に,正確に意思を交わさなければならなくなった.つまり,明確な意味を共有し,標準的な言葉で意思を伝え,必要とあれば,文字で表現できる能力が必要となった.この社会の構成員に求められる文字処理能力や,技術能力の水準はきわめて高く,一人前の職業につき,一人前の道徳性を備えた市民として生活するには,もはや親族や地域単位では教育できなくなった」.それに対応できたのは,近代的な国民教育制度だけであった.「近代社会の基礎には,実行者ではなく教師が必要だった」(Gellner, 1983: 34).この産業社会では,普遍的な識字が必要となり,複雑なことを理解できる能力が求められるようになった.その構成員は見知らぬ人々とでもやり取りができるよう,標準化された共通言語が使えなければならず,話し手の個性や場面にかかわりなく,明確に意思を伝えられなければならない.

中世ヨーロッパの農業社会で,国境を越えたコミュニケーションを可能にしたのは,普遍言語としてのラテン語であった.それがさきがけとなって,やがて大量の人々が参加する産業社会が登場した.アベラールもエラスムスもともに遍歴教師として名をあげた.学生たちはあるときはロバに乗り,あるときは船に乗って,エディンバラからローマまで,さまざまな大学を遍歴した.大学のキャンパス内で発達した「国民団」という組織は,中世のキリスト教世界という普遍的な文化のなかで,ナショナリズムがかろうじて生き残ることができた隠れ家であった.たしかに国王たちと法王の間では,大学のカリキュラムと組織をめぐって権力闘争が繰り返されていた.しかし大学とは元来さまざまな宗派を超えた制度であった.やがて時代が経つにつれて,教師たちが自分たちの棲家の主人公となっていった.その理由はひとえに,教師たちが経済的には社会の周辺に住んでいたからである.近代国家はいまだに大学を経済成長の戦略的拠点と見たり,一般大衆の進学先としては見ていなかった.

ところが科学の発展が,持続的な産業発展の中心となる時代がやってきた.それとともに,標準化された共通言語を通じて,研究者が地球規模で相互に結びつく時代が到来した.そして物理学,化学,生物学の知識は拡大し,研究者間の競争的な協力関係が作り出された.いまや大学は科学進歩の中心機関となり,学問の社会的評価は高まった.しかし科学上の進歩を産業上の技術発展に利用することは,同時に学問世界の壁を打ち壊すこととなった.知識は社会全体に普及し,少なくともその使い方が普及した.

ゲルナーはいう.「社会的な成功を保証する教育制度は,ますます拡大を続

け，社会に欠かせない存在となってゆく．しかしそれは同時に，教育制度がもはや文字の世界を独占できなくなることを意味している．その顧客層が社会全体にまで広がるにつれて，教育制度のなかで働く人間は，いくらでも交換可能なものに姿を変えていった．すでに他の領域で起きているように（あるいはそれ以上に），やがては教育機器とでも交換できるものにしてしまうだろう．たしかに幾人かの偉大な教師・研究者は，依然として独自な存在として，交換可能な道具とはなるまい．しかし平均的な教授や教師は，教職以外の人間といくらでも交換可能となり，しかもほとんど損失なしに交換できるものとなるだろう」(Gellner, 1983: 35–36)．

　要するに，学問が欠かせないものになればなるほど，かつての特権が奪われてゆく．これはまさにパラドックスである．高い教育を受けた者は，ダイナミックで，革新的で，流動的で，豊かな社会の中心となり，その卒業生もその知的な活動も，社会のさまざまな組織に普及してゆく．例えばビジネス，余暇組織，社会行政，さらには家族や地域的な社会集団にまで普及してゆく．ダニエル・ベルがいったように，大学はより高い職業につくためのゲイトキーパーとなった．われわれの複雑な社会では，一方では新たな技術エリートが階層構造を再生産し，他方ではポピュリストたちがそれへの反動として，「機会の均等」を求めている．その結果は，要するに教育の拡大であり，それが社会的な排除に対する防御策とみなされることとなった (Bell, 1973)．

　だからウェーバーの命題のゲルナー版とは，こういうことになる．教育水準を押し上げようとする圧力は，国家の必要だけから生まれたのではない．それは，専門家訓練に対する需要を先取りするとともに，いったんその需要が生じると，その水準をさらにかさ上げする特徴があるためである．ただ，こういう主張に反論の余地がないとしても，追加すべきスキルはごく簡単に習得できる，わずかな技術にすぎないとするゲルナーの主張には，反論の余地がある．中世ヨーロッパでの大学の教師と農民との間の距離と，高度化した現代の専門家と中学校の生徒との距離を比較した時，後者の方がその距離が縮まってきているという主張は，いくらでも反論できる．自然科学や社会科学の第一線での複雑な知的な活動について知識を持つことと，日常生活のなかで科学の知識を使う能力とは別のものである．さらにまた科学的な知識を発展させ，それを伝達する制度的な手段は，別の問題で，それはそれとして議論する必要がある．

　ゲルナーが見事に描き出しているように，おそらく近代の産業社会には，1

つの一般化された科学文化が存在し、それが知識の構造にも社会関係の組織にも、何がしかの影響を与えているのであろう。彼はこう断定している。知識そのものの発展、知識の社会的な活用には、そのための前提条件として、知的な認識論上の革命が必要だったと。そして、それを行ったのが、ヒュームやカントのような哲学者だったと。さらにまた彼は、産業社会での生産と再生産には、国家的な秩序と国家を越えた秩序の両方が必要だという。こうした文脈のなかで理解してみれば、学問の権威の凋落は、ウェーバーのいう現世の脱呪術化の一環だったことになる。

ウェーバーは近代の科学文化がいかに誤解されやすいかを、次のように説明している。たとえ科学文化のなかを生きていても、1914年にミュンヘン大学のウェーバーの講義室に座っていた聴講生の方が、アメリカ先住民やアフリカ原住民よりも、彼ら自身の生活条件について、より多くを知っているわけではない。「物理学者でもない限り、市電がどうして動くのか、知るはずもない。いや知る必要がない。市電の行動を『計算』できさえすれば、それでじゅうぶんである。……それと比較して、未開人のほうが、彼の使っている道具について、はるかに多くのことを知っている」(Gerth and Mills, 1947: 139)。

学問世界や一般社会を支配するのは誰かという問題は、政治や組織という文脈のなかでだけ決まる事柄である。こうした文化の伝達組織は、親族・地域社会といった伝統的な構造や、国家組織の制度設計によって決まってくる。その制度設計者がいる場所は、政治組織の内部である。伝統的な学問であれ、「科学的な」学問であれ、すべてその具体的な中身は、その政治組織によって決められる。学習の世界から職業の世界へ移る場合には、誰しも何らかの装いが必要だからである。

さらにまた、デュルケームの道徳教育へのこだわりは、近代文化の世代間伝達を理解する上で、きわめてふさわしいテーマである。そこには、古代制度と近代制度との複雑な相互関連を見ることができる。学歴という外的な指標は、出生と「業績」の両方がかけ合わさった結果である。人々は獲得した学歴に応じて、分業組織のなかのどこかに入ってゆく。しかしその分業組織は絶えず変化し、ますます細分化されているのに、学歴の社会的な分布から、頑固な不平等が消えることはない。有能な労働者に求められるのは、時間に正確であること、義務を着実にこなすこと、努力に対する報酬を計算できること、などの態度である。こうした態度は父から息子に、母から娘にさまざまな出会いを通じ

て伝えられる．けっして公式の教育制度を通じてだけではない．ここにもまた，社会的不平等が引き継がれる原因がある．宗教心の低下，家族や地域社会の影響力の低下，新たな社会秩序の正統化を求める過程のなかで，教育制度の頂点に立つ専門職の役割は強くなることもあるし，逆に弱体化することもある．こうした道徳的な権威，知的な権威をいかに社会的に作り出すかという問題は，けっして単純な市場競争では片付かない．専門職（学問での専門職を含めて）の義務と特権を決めるのは，複雑な政治過程だけである．現在しきりに市場の活用が主張されているが，それは政治がさまざまな選択肢を持っているにもかかわらず，それを隠そうとしているだけのことである．

　同様な議論を，学問研究とその応用の分野にも当てはめることができる．市場競争だけが革新を保証するのではない．それは19世紀中葉のドイツの大学の成功を説明することができても[2]，ヒュームからラザフォードまでのイギリスの学問の目覚しい成功を説明することはできない．つまり，あまりにも単純な改革を行う前には，一歩立ち止まって，創造性を育てる環境の劣悪さを考えてみる必要があるだろう．

　これまでの経験からわれわれは，高等教育が多様な目標を持っていることを知っている．しかし現在行われている議論は，あまりにも効率性とか経済性とかに矮小化されている．たしかに技術革新も「人的資本」の形成も，重要なテーマであろう．しかしパーソンズとプラットがいっているように，大学とは合理性を制度化したもの（「大学の中心的な価値は，認知的な合理性である」）であり，この定義を否定できる者はほとんどいない (Parsons and Platt, 1973: 26)．しかしながら，これまでも大学には，実にさまざまな価値の実現が求められてきた．効率性（市場組織との関係は依然として議論の余地があるとしても），公平な機会，学問研究と教育の自由など，その他の目標もまた正統性を求めている．たとえば効率的な経営という価値は，これまで大学の学科内部を支配してきた強固な上下関係をそのままにするか，それとも，それぞれ独立した知識生産者相互の協同関係という新たな選択肢を作り出すかという問いに，何らかの解答を与えるかもしれない．しかしたとえそうであっても，意思決定での自治組織は依然として守られるべき目標である．たとえ意思決定の効率を，若干は損なうことがあるとしても，守られる必要がある．

　高等教育で重視されている，もう1つの価値が平等である．とくに女性，少数民族，不利益をこうむっている階級の平等がそうである．しかしはたして，

下のレベルでの教育機会が少なかったからといって，それを定員割り当て制とか積極的差別といった手段で，高等教育段階で埋め合わせる必要があるのだろうか？　女性には育児労働があり，家事労働は依然として，今まで通り女性の負担になっており，その結果，研究面ではなかなか平等な競争ができないからといって，厳格な業績原理の適用を変えるべきなのであろうか．

　第2次世界大戦以降，ヨーロッパの第3段階の教育を変えてきたのは，平等重視の発想であった．1945年のヨーロッパの大学は，何といっても，豊かな少数者のための，能力のある若者（ほとんどが男子）のための最終段階の学校であった．中等教育では，社会的に選ばれた若者が，理系と文系の基礎能力確認のための修了試験を受験し，その後，そのうちの幾人かが学位をとるために大学に進学した．ところが1945年以降，ヨーロッパのいたるところで，学生数はたえず増加することになった．まずアメリカでのGIビル（復員学生対象の奨学金）が，第2次世界大戦からの復員軍人に，政府資金で第3段階の教育への道を開いた．そして東欧諸国がソ連圏に吸収された結果，教育機会の平等化政策が，ごく一般的な政策となった．それは過去に存在した教育機会の不平等を，後から埋め合わせようとする歴史的な実験だった．こうした流れのなかでみると，イギリスのFET（復員学生のための奨学金）は典型的なアメリカ方式の模倣であった．戦争による荒廃にもかかわらず，ヨーロッパ大陸の各国で，教育の拡大は日常的な行事となった．その速度に若干の差はあったものの，戦後一貫して20世紀末に至るまで拡大が続いた．

　その成長ぶりは，目を見張ると表現するしかない．たとえばイギリスでは，1990年の大学教員数は，ついに1950年の大学生数を追い越した．1980年代には多少鈍りはしたものの，それでも1970年から1980年までにフィンランド，オーストリア，旧西ドイツでの学生数は倍増した．1970年代の年間平均増加率は8％を超え，1980年代には4％を超えた．その増加のかなりの部分は女性の増加によるもので，1990年までには，ポルトガル，スイスを別とすれば，女性の割合が5割に達した．

　ただし増加のしかたは，西欧と東欧とでは異なっていた．東欧では1970年代の増加は低く，年間3％でしかなかった．チェコスロヴァキア，ポーランド，ユーゴスラヴィアが先頭に立ち，その後をソ連，ブルガリアが追っていた．そして1980年代には東欧での増加は，事実上止まった．ハンガリー，ポーランド，チェコスロヴァキア，ルーマニア，ユーゴスラヴィアでは，80年代末の経

済的政治的危機のなかで，減少さえした．その結果，就学率の東西格差は拡大した．

　こうしたヨーロッパ規模での教育運動の背後に，われわれは3つの推進力と，少なくとも3つの抵抗力があったことを発見できる．拡大の推進力は何よりもまず社会的，経済的な要因であった．富と福祉への願望が高まり，経済力もまた高まった．しかしヨーロッパでは，ほとんどの場合，これらは政治的な圧力となって現れた．それは東と西とでは異なったタイプとはいえ，同じ民主主義の下にあったからである．ヨーロッパの選挙民は西も東も，国家を繁栄と正義を配分する中心機関とみなした．たしかに西側には，自由を基礎とする私的な経営体が不可欠だという認識があった．しかし国家の統制下にある教育制度という考え方は，何世紀も以前からの遺産であった．最近の経験を挙げれば，ファシズムを打ち負かしたのは，ほかならぬ国民国家だったのである．

　ケインズ流のリベラリズムからヒントを得た政府は，マクロ経済計画を通じて，いかに完全雇用を達成するかを知った．たしかに1980年代にはこの信念は崩壊したが，その当時の雰囲気は，21世紀の第3段階教育を運営するのとは，まったく異なっていた．しかし50年代を支配していた推進力は，東側ではソ連型計画による積極的なプロパガンダであり，西側ではOECDによる積極的なプロパガンダであった．西ヨーロッパ経済の再活性化を目的とするOECDからすれば，労働力の能力を高めることは，まず第1に手掛けるべき，そしてもっとも明確な推進力であった．

　第2に，これもまたごく近年の経験と関係しているが，大学の技術開発力に対する信頼が高まった．大学のキャンパスは原子爆弾を製造し，ペニシリンを開発し，ヒトゲノムの地図を作成した．未来の繁栄はビジネス企業よりもむしろ学界にある，こうした考え方が学界を，近代経済の中心的な制度の地位まで祭り上げた．

　第3の促進力（おそらくもっとも強力だった促進力）は，第3段階教育へのアクセスを拡大しようとする国民国家の力であった．歴史的にみれば，この問題は東ヨーロッパでも西ヨーロッパでも，多数ある政策課題のなかの1つにすぎなかった．はじめは戦前期の不平等を若干是正することから始まった．ところが，後になると，女性，少数人種，成人学生の機会拡大というそれまでとは違った形をとるようになった．かなり後になってから明らかになったことだが，階層間の相対的な機会を平等化するという伝統的な階層プロジェクトは，たとえ

マルクス版であろうと,リベラル版であろうと,いずれも失敗に終わった.

以上が拡大の促進力であったが,抵抗要因の方は,もっと手ごわかった.改革を求める声は高まりはしたものの,既成の制度が持つ自治が強力な壁となった.大学は依然としてフンボルト型の考え方かニューマン型の考え方に固執していた.ブルース・トゥルースコットの本はベスト・セラーとはなりはしたが(Truscot, 1943),それが果たした役割は,学者という啓蒙エリートのオックスブリッジ的な考え方をチャンピオンの座に据えただけであった.本当の意味での新しい大学像は,1963年,クラーク・カーが大西洋を越えて,ハーバードのギルフォード講義から新たなメッセージを送ってくる時まで,姿を見せることはなかった.彼はその講義のなかで,大学はいまや国家の経済的文化的な知的センターとなりつつあるという,新しいメッセージを送ってきた(Kerr, 1963).さらにその上,ヨーロッパでは,フランスのリセ,ドイツのギムナジウムのような中等教育は,誰もがいくような所ではないという考え方が,依然として親の心をとらえていた.そして「才能のプール」というイデオロギーが,第2段階から第3段階への通路拡大を阻む抵抗勢力として,繰り返し利用された.

第2にあげられるのは(驚くには値しないが),階級防衛,地位防衛の力だった.何よりも親たちを動かしていたのは,いかにして既得権を自分の子供に譲り渡すかであった.それはブルジョアであろうと,政党幹部であろうと同じであった.ただ幸運にも,経済の拡大が高学歴者向けのポストを拡大させていた.そのためグラマー・スクールやカレッジの自衛力は,若干は弱められたが,階級闘争,地位闘争は,大学の入学オフィスを中心にますます激しさを増した.

第3の強力な抵抗は,後になって登場した抵抗だが,政府が高等教育への投資をしぶるという形となって現れた.その背後にあったのは,次の3つの原因であった.まずは福祉よりも軍備を重視する姿勢であり,次いでは増税に対する選挙民の反感であり,第3には小さな政府を目指す経済的リベラリズムの人気上昇である.これらはすべて,戦争直後の状況と比べるとパラドクシカルである.人口の高齢化は,医療費支出の優先度を高めることになる.しかし他方,官僚機構がいかに非効率的であるかを知れば知るほど,人々は政府が彼らの金を使うのを好まなくなる.高等教育への政府支出は,低所得者の利益に反し,富裕者への補助金配分のようにみえてくる.それが高等教育支出への抵抗を合理化する根拠となる.しかし都市近郊に住む親たちがいかに頑固に,学生への補助金削減に抵抗したかを見れば,経済自由主義者にしろ,社会主義者にしろ,

むしろ事態が逆であることを証明している．つまり高等教育への支出は，けっして富裕者への補助金ではない．しかし女性の社会進出，所得者が2人いる世帯の増加は，同じ教育部門内でも，高等教育への支出よりも，むしろ就学前教育や保育への需要を高めることになる．

　第4の抵抗は，反市場主義者からの抵抗である．つまり，学校，大学などの公共サービスの現業部門のギルド，組合からの抵抗は，ヨーロッパ政治のなかで，経済自由主義の主張がもっとも高まった時に発生した．教員や研究者からなる公共サービス部門でのギルドや組合は，強い力をもってはいた．しかし市場原理にそった教育の再編成に対しては，結局のところ無力であった．

　ここで，人口論的な変化にも触れておく必要があるだろう．出生率の上昇下降を含めて，ヨーロッパ各地で，説明のつかない変化が，時期を同じくして発生した．第2次世界大戦後のベビーブーム以来，ヨーロッパ全土で前例のない規模で出生数が減少した．1990年までには，出生率は1.8まで低下した．それは人口規模の持続維持に必要な2.1と比較すれば，はるかに低い水準である．出生率の変動と長期的な低下傾向は，大学に，壊滅的とはいわないまでも，かなり悲観的な見通しを与えることになる．しかし，人口の変化と高度産業社会での相対的な繁栄の結果，ここに「第3の年齢層」が作り出された．それは，生産労働から引退した人々のことで，彼らは健康状態，余暇活動，所得水準で，互いに似た水準にある．これらの世代は，継続教育への参加意欲も高く，なおかつそれだけの資産を持った世代として，いまや新たな強力な政治階層となろうとしている．その結果，フランスでは第3の年齢層を対象とする大学が作られ，イギリスではオープン・ユニバーシティーが作られ，ドイツ語圏ではシニア大学が作られ，ヨーロッパ各地で同様な大学が登場することとなった．

　階層による障壁は，けっして近代ヨーロッパだけの現象ではない．同様なことは，他の国にも，他に時代にもあった．ヨッシ・シャヴィトとハンス−ピーター・ブロスフェルドは13カ国のデータを比較して，決定的な証拠をあげている（Shavit and Blossfeld, eds., 1993）．彼らは統計的なデータの比較を行ったが，ロバート・メア（Mare, 1982）はそれをもとに，2つの影響を分離した．1つは教育の規模拡大の影響と，もう1つは学生・生徒の選抜・配分という過程の影響である．この2つを分離するために，メアはブードンが「分岐点」と名づけた移行期に注目した．つまり子供が次の教育段階に進むために，選択したり，選択されたりする時期である（Boudon, 1974）．進学するかしないかの確率は，

性別，出身階層，人種，両親の学歴や所得，家族の規模，居住地といった，個人を取り巻く環境によって決まってくる．それと同時に，その確率はその時点で与えられた進学機会の規模にも左右される．この2つを分離できれば，どの水準の教育段階まで進学できるかを，ただ単に歴史的時間的な変化のなかで捉えるのではなく，教育を受ける機会の拡大（あるいは縮小）の効果と，個人を取り巻く環境の効果との，2つに分けて測定することができる．この問題に対する解答を導き出すためにメアが使ったのは，ロジット回帰分析である．

彼は1945年以降のヨーロッパのような教育の拡大期には，社会階層と進学・非進学との相関（ロジット効果）が高まらない限り，若い世代になればなるほど，相関係数が低下することを，データでもって示している．さらにまた，社会階層と進学・非進学との相関（ロジット効果）は，若い世代になればなるほど，低下している点に着目する必要がある．拡張期には若い世代ほど，より高い教育段階にたどりつく上で，出身階層による影響が弱まり，その代わりに測定対象外の要因での同質性は，かつての世代よりも低くなる．このようにかつては，高等教育への進学時の出身階層のロジット効果は，上昇傾向にあった．ところが最終結果として得られたのは，教育年数の平均値は上昇し，その分散が減少したという事実である．そして社会階層間の相対的な教育機会の分布は，ほとんど変化しなかった．問題はこうした一般化が，はたしてすべてのヨーロッパ諸国に当てはまるのか，という点である．

この研究がカバーしているのは，西ドイツ，オランダ，スウェーデン，イギリスとウェールズ，イタリー，スイス，ポーランド，ハンガリー，チェコスロヴァキアである．これ以外にはヨーロッパ圏外の国（たとえば，アメリカ，台湾，日本）が含まれている．網羅的とはいえないまでも，これだけ多くの国々をカバーしていれば，ヨーロッパ一般の傾向を，より広い文脈のなかで捉えることができよう．とくに東欧の共産主義圏での経験を，ドイツ，イギリスのような，資本主義の傾向の強い社会と比較し，さらにはスウェーデン，オランダといった社会民主主義的な国と比較することで，その経験を確認することができよう．

これまでの経験からすれば，さぞかし教育機会は不平等になったと予想しがちである．経済的政治的な復興期には，人々は富の拡大と健康の増進を求める．また，戦争でいったんはその実現が妨げられた，よりよい社会の建設を求め，より高度で平和な文明を求める人々の期待に応えようとする．さらには，それ

ぞれ異なった政治体制が,どれほど期待に応えられたのか,とくに大学教育への機会均等化という点で,どの程度達成できたかを知りたくなる.いったい両親の政治的経済的な背景と教育機会との相関は,変化したのだろうか.ファシズムとナチズムの消滅,それに代わる共産主義と社会民主主義の登場のなかで,それはどう変化したのだろうか.

　教育機会の階層間での不平等,人種間での不平等,性差による不平等は,古くからのヨーロッパ史の特徴であった.問題はその原因の説明のしかたで,それには2つの説明のしかたがあった.1つは文化資本理論であり,もう1つは経済的制約説であった.文化資本理論はこういう.貧困層の多くは,学校内での選抜で鍵となる言語,動機づけ,スキル面で不利な条件に置かれている,つまり大学までの進学に必要な手段を持っていない.これに対して,経済的制約説(必ずしも文化資本理論と両立できないわけではない)では,ブードンの場合に見られるように(Boudon, 1974),ほとんどの国で,直接経費,放棄所得を含めた教育費が,家族負担になっている点を指摘する.そこでディエゴ・ガンベッタはイタリアでのデータをもとに,こう論じた.家族が貧しければ貧しいほど,高等教育を卒業するには,より多くの犠牲を払わなければならず,より強い意志が必要となると(Gambetta, 1987).このようにして,階層・身分による文化的な不平等と経済的な不平等が,ともにあいまって,子供世代での教育不平等を作り出されることになる.

　メリトクラシーの思想は,近代社会をこう特徴づけている.ますます技術化する経済へのごく自然な対応として,生まれた身分によってではなく,個人の能力によって役割が決まるようになってゆく.このようにして,出身階層と学歴との相関は,時間とともに消滅してゆく.全部とはいわないまでも,多くの国で両親の保護を受ける青年の規模は拡大し,保護期間は延長してゆく.近代化理論にしろ,教育を通じての再生産理論にせよ,教育拡大が初等・中等教育段階での平等化を高めるという点では意見が一致している.たとえ教育拡大が近代経済の機能的な必要への反応として生じるにせよ,あるいはまた身分階層間での希少な教育資源を求めての競争から生じるにせよ,低い段階での教育の平等化をもたらすという点では一致している.ところが,この2つの学派はこと高等教育になると,意見が一致しない.近代化理論は出身階層の影響は時間とともに消滅するという.これに対して再生産論は,階層の上下関係に平等化の影響が及んでも,依然として教育機会の不平等は続き,むしろ拡大すること

もあると主張する．おそらく高等教育の拡大は，何らかの別の新しい形の，より強い威信・権力のヒエラルヒーを作り出し，卒業生が専門職や管理職に就く機会は，それによって決まってくるためであろう．そうして恵まれた階層出身者は，ますます恵まれた地位が与えられ，格差は継続されることになるのであろう．

2 ── 高等教育のモデル

　1945年から1989年にかけて，地球上には2つの対立する高等教育組織が出現した．ソ連と東欧では，義務教育以後の教育は，すべて国家の管理下に置かれた．それは近代的な産業セクターへの待合室となり，新たな社会主義後継者の養成学校となった．その結果，学生の学ぶ専門課程は，職業に関係する学科に限定され，古典のような"役に立たない"学科は無視された（de Witt, 1958）．西側でも同じく，科学や工学が拡大したが，それほど極端ではなく，伝統的なカリキュラムは生き残ることができた．西側では国立大学の拡張の結果，私立大学の割合が縮小したが，しかしその場を奪われたわけではない．ただヨーロッパ以外のアメリカや日本では，私立大学が目立った拡大を遂げた．これらの私立大学はほとんどが宗教的な背景をもっており，とくに新しいアメリカ・プロテスタントの背景を持つものが多かった．西ヨーロッパでは，アメリカ・モデルの影響が及びはしたものの（もともとは19世紀の最盛期のドイツの大学をモデルとしていたが），国家主導型の高等教育が維持され，国家が戦後の拡大の最大の投資者となった．

　われわれは，高等教育拡大の原因を，平等な機会の拡大を求める民衆の欲望を満たすための政治活動だったとすることには，やや躊躇する．すくなくとも，何がしかのウエイトを，政府の決断に求める必要があろう．政府は科学研究を通じての近代化，近代的な労働力の教育訓練を通じての近代化を目指した．ソ連では義務教育以後の教育は，近代的な産業経済の需要に応じる労働力を生産する巨大装置となった．もし中央計画がなければ，個人的な上昇欲求となったであろう傾向を，ソ連では中央計画を通じて対応することとなった．

　われわれは同時に，中世ヨーロッパの大学の発展を形作った宗教の影響が，ゆるやかに消えていったことに気づくことだろう．いまや世俗的なスタイルの大学生活が勝利を収めることとなった．少なくともスペインでは宗教は姿を消

し，フランスでは明瞭に消滅した．こうした観点からみると，オックスフォードとケンブリッジは特殊な例であろう．オックスフォードとケンブリッジを訪問した学外者は，一様に首を傾げる．一方には僧院のようなカレッジでの，やや時代がかった個人教師との濃密な人間関係が維持されているかと思えば，他方では近代的な実験室では，ノーベル賞クラスの科学上の発見が行われ，著名な科学上の開発が行われているからである．アメリカでは教会と国家の分離が私立大学の発展を容易にし，フランスではナポレオンの改革がグランゼコールの名誉を高めた．イギリスではイングランド教会の国家機構への統合によって，「赤レンガ大学」の発展が起こった．これらの新興大学は，独自の入学方式を採用した結果，社会的には高い地位を与えられなかった（学問的にはそうでない）．だから実際は二元制度と呼ぶ以上に，その格差は大きい．他方，ソ連と東欧ブロックでは，国家と教会の分離は，第2次世界大戦後になってはじめて，教会の廃止によって達成された．古い歴史を持つ教会立のハンガリーの大学が，その典型例であった．

　ある意味からすれば，東欧における国家の介入は，かつては教会が実施していた，学生の入学制限や教員採用時の制限を復活させたものと見ることができる．しかし，こうした制限は中世のキリスト教世界や，西欧の初期の近代大学では，ごく普通のこととして行われていた．イギリスの場合にはこうした制限は，1870年の審査法（非国教徒を排除するための法律）が廃止される時まで続き，特定思想の禁止，入学時の制限として働いていたことを思い起こす必要があろう．ハンガリーでは1956年の民衆蜂起のあと，何百という教員と，さらに多くの学生が大学から追放された．翌1957年には共産主義青年同盟などの組織が作られ，それが学生生活を独占的に管理することとなった．マルクス・レーニン主義といったイデオロギーを教育する科目が必修化され，中世ヨーロッパでのキリスト教のような役割を演じることとなった．

　1980年代という，かなりあとの時期になってようやく，市場自由主義の発想や民営化，市民の手に届く政府といった構想が，公的な分野に（既存の国家が支配していた場合もあるし，既成の教会が支配していた場合もある）導入されることとなった．そしてそのクライマックスが，80年代末の共産主義経済の崩壊であった．民営企業と国営企業とのバランスや相互の関係が，現実的な課題として登場したのは，1990年代に入ってのことであった．

　ただ共産主義革命，1989年の反革命のさまざまな結果を論じるのは，ここで

の範囲外である．学生の入学選抜に限っていえば，共産党の事細かな介入によって，入学生の社会的構成を変える試みが展開され，さらには社会全体の流動性をどの程度まで変えられるかが試された．こうした歴史は，異なったタイプの社会改革が，教育を通じての社会変革に，どれほど有効かを比較する機会を与えてくれた (そのための犠牲も払わなければならなかったが)．かくして，東欧の社会主義的改革が，ここでの焦点になる．

社会主義改革は，はたして機能したのだろうか．まずは親の職業を選抜基準に使う方式は，事実上，1963年には放棄され，それに代わって，試験の成績が重視されることとなった．かつての選抜基準がどれだけ当初の目的を実現したのか，われわれは知らない．実行された期間は短かったし，そこでは多くの不正が起こったという．つまり政党官僚は自分の子供の進学機会を確保するために，さまざまな手段を使ったという．彼らは「裏道」を利用し，中央官庁とのコネを使って介入した．要するに，東欧の国立大学制度に大きな圧力を与えたのは，情報システム，威信を求めての競争，そして近代化への追求，この3つであった．なかでも，研究者にとっても，革命を待ち望む学生にとっても，もっともインパクトがあったのは，西側からのニュースであった．大学生活のなかで，こうした情報との接触がいかに重要かは，1956年のハンガリー動乱以降，40年以上もの間，東ドイツでは学生反乱が一度も起こらなかったことを見れば明らかである．

第2次世界大戦後，学生数は増加し，カリキュラムも多様化したが，1970年代の半ばには，卒業生の雇用市場での危機が発生した (第3段階卒業生ばかりでなく，第2段階卒業生を含めて)．こうして1980年代は再建設の局面に入った．進学の機会も入学者選抜も，西側では政治経済問題の影響が強まり，東側では政治的変化が強まった．公的支出が急上昇し，失業率も上昇し，その上，国家運営面での経済自由主義が復活した．大きくまとめれば，1980年代とは市場の支配する10年間であった．高等教育の拡大は，緊縮財政下で進めるしかなかった．それは当然のことながら，大学の構造と目的に，再定義を迫るものであった．

こうした展開のなかで顕著だったのは，アカデミックな高校と大学との密接な関係が，弱まったという事実である．すべての国の高等学校は，かつては普通の小学校からエリート高等教育へと進学する，選ばれた少数者を運搬する役割を演じていた．ところがいまや事実上，独立した機関となった．スウェーデ

ンは総合制学校を実験した国として国際的に有名となったが，40年代，50年代，60年代の選抜的な中等学校は，依然として少数者選抜の役割を果たしていた．決定的な分岐点は，バカロレア，アビトゥーア，あるいはイタリアの同等な資格のための準備教育をする後期中等学校であった．イギリスではグラマー・スクールのシックス・フォーム（日本の高校段階に相当する学年）が，大学入学のための準備教育を行っていた．この後期中等教育段階は今なお重要な位置を占めているが，多くのヨーロッパ諸国では職業訓練にも，アカデミックな教育にも対応できるよう，次第にその仕組みは複雑になり，そのカリキュラムも多様化していった．1990年までの状況をみると，多くの中等教育の卒業生は18歳で卒業し，多くがそれから数年たってから高等教育に進学し，その他は別のタイプの第3段階教育機関に進み（定時制もあれば全日制もある），その他は直接そのまま労働力となっていった．しかし国によって，その国がかかえる伝統，新たな需要への対応，新たな財政支援の導入などから，さまざまな相違が生まれた．

だがヨーロッパや先進諸国の場合，高等教育への進学は学校から直接進学するのが普通であった．場合によっては，アカデミックな教科だけに集中した特別のタイプの学校があって，そこから高等教育へと進学していた．イタリアは非常に分化した制度を持っており，特定のタイプの学校が特定の種類の高等教育につながっていた．これに対して，イギリスは，日本・アメリカと同様，高等教育に入学するための試験は，どのタイプの学校（義務教育後にくる学校，イギリスで急速に拡大したシックス・フォーム・カレッジを含めて）でも受けられるようになっていた．他の国（と北アイルランドやイギリスの他の地域）では，後からの転学機会があるものの，それぞれ異なったタイプの中等教育に振り分けられ，高等教育に入学するための試験は，そのなかでもアカデミックなタイプの学校で受けることとなっていた．

3 ── 入学選抜

それぞれの国には特別な国家資格があり，それが高等教育へ入学するための基礎資格となった．この資格試験は少なくとも5教科をカバーし，そのなかのいくつかは必修となっていた（普通は数学と国語と外国語）．ただイングランド，ウェールズ，北アイルランドは例外で，この教科数を限定し，早い時期から専

門分化する仕組みをとっていた．GCE（16歳の時点でうけるのがふつう）で少なくとも5教科に合格することが，学位レベルの課程に入る要件となっていた．そしてそのうち，2教科は上級レベル（18歳でうけるのがふつう）であることが求められた．しかし現実には多くの志願者は，3教科で上級レベルをとり，すでに6教科で普通レベルをとっていた．

イングランドでは，上級レベル試験の特別な地位をめぐって，議論が沸騰した．この資格こそが大学への進学を妨げてきたのであり，その点では，ドイツのアビトゥーア，フランスのバカロレアに相当する資格試験であった．この論議の背後にあったのは，教育資産の獲得をめぐる身分間の闘争であり，階層間闘争であった．この闘争はわれわれがここで対象としている期間に行われた，改革と拡大運動によって，ますます熱を帯びることとなった．しかしその反面，増加する成人学生，「伝統的な資格」を欠いた人々のための特別措置が取られてきたことも事実である．

高等教育への入学は，ふつうそのための資格を取ることで決まる．しかし定員に限りがある以上，人気の高いコースとか大学は，何らかの選抜が必要となる．イギリスではすべての大学への入学が，競争で決まる．西欧でも東欧でも，ナポレオン時代以降は，国家がますます高等教育への入学を統制するようになった．試験内容や水準を決定したり，学生に対する財政支援を変更したり，特定の社会カテゴリーの学生が進学しやすくなるよう特別措置をとったり，あるいは逆に障壁を設けたり，さまざまな手段がとられてきた．1945年，ソ連軍による東欧制覇の結果，ポーランド，ハンガリー，アルバニア，ユーゴスラヴィア，チェコスロヴァキア，ルーマニア，ブルガリア，東ドイツでは，高等教育への入学基準の決定的な見直しが始まった．かつてのブルジョア的な考え方は否定され，労働者・農民に機会を解放する新時代が到来した．ところが，ソ連での失敗は，1956年の第20回党大会でのフルシチョフによるスターリン批判までは，公表されことがなかった．

ハンガリーでの経験は，その失敗例の典型であった．限られた定員めがけて大量志願者が殺到し，あえなく入学者制限策は失敗した．いったんは臨時定員制は撤廃され，女性を含めたすべての人々に向けて，門戸が開放された．ところが，座席数は需要に応じるには，あまりにも少なかった．そのため，ふたたび定員制度がとられ，入学試験が採用されることとなった．そこには当然のことながら，大学生の階層構成を変えようとする圧力が働いた．労働者・農民の

子女からすれば，旧来の制度は彼ら彼女らの才能に見合った機会を閉ざしていた．経済上の理由だった場合もあれば，必要な中等教育卒業資格を持っていない場合もあった．

　こうした新たな運動は，戦前期からの大衆デモクラシー実現のためのリベラル路線を延長したものであった．早くも1945年には，共産主義諸国は労働者のための2年制の夜間コースを大学に設けた．1947年からはふつうの全日制と並んで，夜間コースが作られた．1949年以降は，農民・労働者出身者を優遇する目的で，志願者の区分制が採用された．しかし農民・労働者の子女がすでに中等教育段階で絞られていたため，特別入学コースが設けられた．この方法の効果，正当性をめぐる議論は，今なお続いている．しかし多くの優れた勤勉な若者が，こうした社会革命によって提供された機会を活用したことは，間違いない．

　西欧ではベルギー，フランスのような国で，全国的な規模での統一試験が採用された．スウェーデンでは習得したコースと労働体験に応じて，個々の学生に点数を与え，その順位による入学選抜が行われた（これは暗黙のうちに，年齢という障壁を低めた）．しかしアメリカ式の標準テストはヨーロッパでは使われなかった．労働者階層出身者を有利に扱う積極的差別は，部分的にはテストの成績を使用したもののポーランド，チェコスロヴァキア，ハンガリーで実施された．入学試験は医学，科学，法律など競争率の高い分野で，広く使われた．またイギリスではオックフォード，ケンブリッジのような著名大学，フランスではグランゼコールのような大学で使われた．同じく，東欧の共産主義国家でも，労働者階層用に若干の定員を残しておきながらではあるが，入学試験が行われた．抽籤制もなかったわけではない．オランダでは，志願者の数が多すぎる時には，この方法がとられた．高校時代の成績によってウエイトをかけた抽籤制もあった．

　しかしながら，バカロレアやアビトゥーアをとった者に自動的に入学を認める方式は，今でもフランス，ドイツでは使われている．ただしこれは総合大学の場合で，それ以外のタイプの高等教育機関には採用されなかった．この無試験入学方式をとった場合には，学部段階での最初の2年間の退学率が高くなった．イギリス，スコットランドでも同様な現象が生じたが，その理由は1992年以降かつてのポリテクニックを高等教育に含めたからでもある．しかしこれは大衆高等教育制度への移行期には，避けられない結果である．別の言い方をす

れば，大学の最初の数年間が，かつての高等学校の代わりとなったことになる．だから1994年になってまでも，パリでは学生蜂起の危機が発生し，ボローニアでは志願者の長い列ができた．これは当然の結果で，驚くべきことではない．これに対して，ベルギー，スペインのような国では，高校卒業証書に無試験入学を認めるような特典は与えなかった．これに対してフランスでは，度重なる大学改革にもかかわらず(1984年のサバリ法を含めて)，バカロレア所有者の大学への無試験入学権を変えるまでには至らなかった．もちろんそれとは対照的に，選抜的なグランゼコールは，入学志願者のトップ15%をすくい取ってきた．しかしフランスとドイツでも，最近では次第に入学制限措置を採用するようになり，その権利はごく名目的となりつつある．とくに，特定の大学の特定の学部については，入学を保証するものではなくなった．

　要するに，こうした入学選抜制度の展開は，選抜時点を後期中等教育学校から，上側に向かって移動させ，高等教育機関の選抜事務局へと移動させたことを意味している．伝統的な制度では，大学の教師が入学選抜を統制していたが，いまやそれは政治家や法廷や予算管理官の手に移ったことになる．中等教育でも高等教育でも多様化が進み，バカロレアやアビトゥーア，その他それと同等な資格は，いまやヨーロッパでは高等教育への通過儀礼としての役割を失った．

　それに代わって登場してきたのが，別のタイプの進学ルートである．つまり，上級の職業資格がバカロレアやアビトゥーアと同等な資格として認められるようになり，その結果さまざまな進学ルートが開かれることとなった．フランスでは20世紀の末には，12種類の技術バカロレア，8種類の伝統的なバカロレア，現在提案されている30種類の実務バカロレアが並存することになり，いずれは高校卒業者の80%がそのどれかを取るようになるという．

　ほとんどの国で，ほとんどの学生は18歳から21歳の間に，最初の全日制の高等教育に入学する．1980年代の末では，全日制の高等教育への就学率は，OECD加盟国の半数では，10%をやや超えた程度であった．しかし，どこの国でも成人学生の入学が認められており，ドイツでは入学制限が取られている場合でも，一定割合がこれら成人学生のために別枠として設けられている．1990年時点でみると，北欧諸国，オーストリア，ドイツ，スイスでは，全日制の高等教育への就学率は，18歳から21歳の年齢層よりも22歳から25歳の年齢層の方が高くなった．このように，遅れて高等教育に入学してくる理由はさまざまである．いくつかの国では徴兵制度があるためで，また別の国では，まずは

水準の低い全日制の継続教育機関に入ってから，大学に進学してくるということもある．さらには一旦就職してから，あらためて高等教育に進学してくることもある．

　学校教育から雇用市場への移行は，ヨーロッパの場合，新たな流動化の段階に達した．それはケインズ流のマクロ経済手法からくる場合もあれば，ブレトン・ウッズ体制への対応という面もある．あるいは1950年代，60年代の左翼政権の失敗の結果ということもある．1980年代末，東欧の計画経済が急速に崩壊したことも関係しているだろう．また男女間分業がいまや基本的な見直し段階に入ったことも関係している．さらにはかつて，上級の専門職の終身ポストを確保するためには，大学に入ることが絶対の鍵であったが，いまやそれが消滅したためでもある．今ではパートタイム雇用，臨時雇用は，熟練を持たない，学校教育を受けていない短期労働だけに限られず，専門職，技術職でもごくふつうのこととなった．こうして，ヨーロッパは，他の高度産業社会とともに，まったく異なった経済社会段階に入ることになったのである．

　これからは，入学を認めるか否かではなく，再入学や再教育のための機会拡大が必要となり，所得者2人家族（一緒に住んでいることもあるし，そうでないこともある．しばしば不安定な仕事の間を行ったりきたりしている）との継続的な連携や共存が必要となるだろう．構造的な若年失業がある以上，高等教育への投資増加を避けることはできない．資本の流動性が高まるにつれて，地域間での分業が，ますます不安定となった．いまや新たな世界が登場しつつあり，そこでは高等教育への入学は，拡大はしたものの，実にさまざまな生活機会獲得の必要条件となりつつある．

　高等教育のなかで女性の占める割合が，すべての国で上昇している．とくに顕著なのはオランダである．オランダとドイツでは1982年時点で大学院教育を目指す女性の割合は，1972年の高等教育段階全体への就学率を上回った．1991年には，25歳から64歳のヨーロッパの女性の半分が何らかの第3段階教育を受けている．

　すでに述べたように，戦後ヨーロッパの高等教育史の最大の特徴は，かつての総合大学に代わる新たな仕組みを作り出したことであった．1950年代に叫ばれた「10年間に倍増を」という進歩的なスローガンは，大学への進学経路や進学時期を変えたばかりでなく，大学で学ばれる内容の定義を，全ヨーロッパ的な規模で変えた．リセに通い，バカロレアを取得して，大学で3年かそれ以上

かけて，純粋科学か純粋人文学のコースを取る，これが伝統的なコースであった．しかしいまやそれに代わって，多様なコースが登場した．その典型は，職業教育とか専門職訓練の準備教育であり，さらにまた，それを提供する機関も，全寮制もあればそうでないのもあるというように，きわめて多様化した．こうしていまやヨーロッパには，大衆高等教育時代が到来した．多くの若者が進学する時代が到来し，それとともに，かつての大学の理想にとって代わる大量高等教育の理想が登場した．それは伝統主義者からみれば，高等教育ではなく，水で薄められた第3段階教育なのである．

【原注】
(1) 最近の，きわめて優れた研究としては，下記のものがある．Brown and Heskith (2004).
(2) 次の著作を参照すること．Ben-David (1962).

6
学生のエンパワメントか学習の崩壊か？
―― 高等教育における学生消費者主義のインパクトに関する研究課題

Empowering Participants or Corroding Learning? :
Towards a Research Agenda on the Impact of Student Consumerism in Higher Education

ラジャニ・ネイドゥ & イアン・ジャーミソン
Rajani Naidoo and Ian Jamieson
（橋本 鉱市 訳）

1 ―― はじめに

　英国新労働党政権（ニューレイバー）は，公的サービスの「近代化」計画の中で，予算およびガバナンス体制を消費モデルに基づいて実施するということを重要な政策課題として打ち出してきている．消費者主義を導入することで，様々なステークホルダー間の関係を変化させ，公的部門を民間へと開放する試みであると理解されているが (Rouse and Smith, 1999)，ごく最近，その消費者主義が高等教育の最も重要でかつ本質的な機能の1つである教育プログラムの開発と「提供」にも適用され始めている．政府がなぜ消費者主義の枠組みを高等教育へ導入したかは様々な要因が考えられるが，授業料の導入やエリート教育から大衆化へとシフトしてきている高等教育システム (DfEE, 1998a; Blackstone, 1999; DfES, 2003) の「質」の維持と向上の必要性などによるところが大きいであろう．

　新労働党はまた，消費者主義の導入の根拠として，ハイスキル政策をあげている．この政策では，知識経済の文脈における経済的な成功は，より高度で付加価値のある製品のサービスや生産に依存し，それらは科学技術の知識や継続的なイノベーションに依存すると考えられている．こうした環境の中で，新労働党は経済的に生産的な知識の創出，移転，普及によって，グローバルな市場での英国の競争力に寄与することこそ，高等教育の責任であると説く．教授・学習については，大学は卒業生の全体的な割合を増やし，彼らに新しいものを取り入れる能力や学び方を学ぶ能力を含めて，専門的，一般的（ジェネリック）なハイスキルを身につけさせることを期待している (DfEE, 1998b)．

大学人（アカデミクス）はそうした圧力に抵抗し，国家経済やその他のステークホルダーの利害に対抗して，自身の職業的権利を擁護していると言われてきた．それゆえ，教授・学習に消費者主義のメカニズムを導入すれば，カリキュラムの決定，学生の学業成績の合格判定や適切な教育計画の策定の際に大学人がくちばしを挟む権限を減らすことができ，外部の要求に敏感になるよう彼らにプレッシャーを与えられると期待されている．イングランドでは過去10年にわたって，学生の選択肢を増やし教育過程を統制する様々な消費者主義的施策が導入され，また強化されてきた．たとえば，学生が選択しやすいようカリキュラムをモジュール化したり，コースのレベルや単位を統一したり（Middleton, 2000），大学側に学生が学習を始めるにあたって何を学べるか確認できるよう，その教育プログラムについて詳しい情報を公開させ，機関としての機能を評価する達成度指標（performance indicator）を公表させたりすることを求めてきたのである．加えて，学生の不満や救済策などのメカニズムを精緻化・制度化することによって，消費者としての権利が強化されてきた（QAA Code of Practiceを参照のこと．Quality Assurance Agency, 2000）．そして，現在では，試験的に学生の満足度調査が行われ，外部評価レポートのような教育プログラムの質についての情報の公開を義務化するといった法案もある．これらはいずれも，そのうち公的に位置づけられることになるだろう．ここで想定されているのは，学生はこうしたメカニズムを利用してより高い質の教育の提供を求めるようになり，仕事の場で必要となるスキルとレリバンスのあるコースを作るよう大学に圧力を加えることになるだろう，というものである．さらにそれに付随して，大学内ならびに大学間での競争が激化すれば大学は学生の圧力に応えることになり，そうしなければ「顧客」（customers）を失ってしまうであろうから，消費者主義的な圧力は大学教員のこれまでの専門職的な実践にもポジティブな影響を与えることになるだろう，といったことが想定されている．

　現政府の政策が，高等教育機関で行われている教授・学習の条件を根本的に変えようとしていることは明白である．実際のところ，こうした政策が政府の言うような結論を論理的に導くものだとしたら，教育の目的と本質について一般的に理解されているものを変えてしまいかねないほど，こうした政策がもつ影響は計り知れないものになるだろう．消費者主義の導入についていえば，こうした変化は大学人の専門職としてのアイデンティティ，カリキュラムや教授法，学生の学習の性質や成果，不平等や労働市場におけるスキルといった高等

教育の主要な構成要素にかなり影響を与えることになるだろう．大学や教育プログラムの選択に関して，学生が消費者としてどのように行動するのかということについては，いくつか研究があるが (Bredo et al., 1993; Connor et al., 1999; Hesketh and Knight, 1999)，消費者主義がイギリスの教授・学習に与える効果についてはほとんど研究されていない．これまで研究の蓄積がないのは，ある意味，社会科学の2つの傾向を反映している．第1の傾向は，学生の学習の詳細な研究がマクロな文脈から切り離されて行われてきたというものであり，2つめには，研究の焦点が高等教育の構造的条件と社会的影響に絞られてしまって，アカデミックな実践をいわゆるブラックボックスへと追いやっているというものである．以下の分析では，この点について，以前の研究に比べてより明確に，構造と制度を学習の成果に関連付けたいと考えている．私たちは，いくつかの主要な変化の間で起こりうる相互作用を分析し，教授−学習の連関に対して消費者主義が与えるであろう影響を検討する．すなわち，第1にアカデミックな専門職としてのアイデンティティにおける教授法とカリキュラム［の変化］，第2に学生のアイデンティティ［の変化］とそれらが教育と評価に与える影響，またその結果としての学習成果について［の変化］を分析する．以下の考察の目的は，仮説を精緻化して，こうした基本的な変化を検証できるよう研究上の課題を明確化することにある．このため，本章ではブルデューの研究 (Bourdieu, 1986, 1988, 1996) を援用して消費者主義に内在する仮説を提示し，その高等教育へのインパクトに関する理論モデルを構築する．そして，国内の様々な状況下で行われた実証研究を参考にして，そのモデルの妥当性を確認する．このような手法を採ることで，高等教育における消費者主義的な変化が潜在的にもつ帰結を，仮説として提示することが可能となる．

　さらにこの章では，高等教育における消費者主義が労働市場に対してどのような影響を及ぼすのかといった点に関して，いくつか重要な問題を提起することも目的として考えている．その際，英国政府が想定しているのは，マス化した高等教育システムでは，学習を改善すれば，知識経済に必要なスキルを持った労働者が供給できるという前提である．この段階の学習には，職場で自主的な学習に結びつく高度な次元のスキルや，意思決定に際してリーダーシップを発揮し判断を下す能力などが含まれるというのが，その理由である．しかしながら，ロイドとペイン (Lloyd and Payne, 2003) が指摘するように，資本主義は常に順調に発展していくようなものではなく，また競争して成功していくルー

トにも高度なスキルもあれば低いものもあるわけで，こうしたことに焦点をあててきた分析では，知識経済が自動的に大多数の労働者に高度なスキルを要求するといった見方は疑問を投げかけられている．ブラウンとローダー（Brown and Lauder, 2003）の見解では，「知識」労働の多くはすでにルーティン化されているため，現在の知識経済ではそのような学習はエリートにしか必要とされないという．こうした見解は，消費者主義とそれが学習に対してもたらす帰結に関する分析と一致している．この点については，以下で詳しく考察する．

2 ─── 消費者主義の理論的な理解にむけて

まず，新自由主義（ネオリベラリズム）市場と新たな経営管理主義の原理を高等教育へ導入するという意味合いにおいて，消費者主義を位置づける枠組みを概説しておこう．次節では，ブルデューの理論的概念を援用して，消費者主義がいかに学習と教授法のあり方に影響を与えるのかについて理解を深める．消費者主義は，ケインズ経済学の福祉国家という政策からネオリベラリズムに基づく新しい政策へとシフトした大きな変化の一部である，と考えてもいいだろう．その下で，高等教育の分野に市場メカニズムと新たな経営管理主義が導入されるに至ったのである．ウィリアムズ，ディル，ディーム，ネイドゥ（Williams, 1997; Dill, 1997; Deem, 2001; Naidoo, 2003）といった研究者たちは，高等教育の分野に経営管理主義の枠組みとつながる疑似市場が出来上がり，それがいかに大学の内部や大学間の関係を変えたか，またそれと同時に，日常的な大学教員の報償と制裁のあり方をどのように変えてしまったのかを指摘している．特に，消費者主義は一種の規制政策（regulatory policy）の枠組みの中で作用する．すなわち，限られた資源をめぐる高等教育機関の競争は，より効果的で効率的かつ公平な高等教育システムをもたらすという考えに基づいているのである．そこでは，一定の基準に達しない高等教育のサービスは受け入れられないので，高等教育のプロバイダー（供給者）たちは改善を行うか，さもなければ「顧客」や収入を失うことになるといったことが暗黙の前提となっている．したがって，学生消費者は，競争をもたらす立役者として，また高等教育セクターを現代化し効率性，多様性，柔軟性の増大をもたらす勢力として台頭してきているのである．消費者主義は，達成度評価の指標やランキング表の作成を展開しつつ，「新しい経営管理主義」と結び付いているとみることもできる．そうし

た格付けをすることで，学生の選択の一助となるような情報を提供するなど，消費者側の力を強めているわけである．最近の白書（DfES, 2003）が明らかにしているように，こうした仕組みはまた学生側に教授法と学習を評価するツールを提供することにもなる．こうした指標の結果が公開されれば，その影響はきわめて大きい．なぜなら，それらは象徴的にも物質的にも，報償と制裁といったものに行き着くからである．

3──教授・学習の商業化

　高等教育の教授・学習に対する消費者主義の影響を理解するのに，ピエール・ブルデューの研究に立ち戻ることは有益である．ブルデュー（Bourdieu, 1988）は社会を多数の「界」から成り立つものとして概念化した．それぞれの界は，他の界との関連において自律的に機能する社会的空間から構成されるのである．それぞれの界での活動は，価値を付与された特定の資源とでも定義しうる異なる種類の資本の獲得と拡大を中心に展開する（Bourdieu, 1986）．ブルデューは大学をそれ自身専門化された構造，価値体系，運営方法をもち，政治界や経済界のような他の界からは相対的に自律して機能する「高等教育界」の中に存在するものとして位置づけたのである．高等教育界において価値を付与された「資本」は「学問資本」（academic capital）と名付けられ，経済的，政治的な財というより，まずもって知的もしくは文化的な財から成るものである．それゆえ，高等教育界における実践に内在化されたロジックは，学問資本をめぐる争いやその獲得を中心に展開する，深く根を下ろした規則，文化，価値，専門職的な儀礼によって形作られているのである（Bourdieu, 1988, 1996; Naidoo, forthcoming）．

　私たちは，スローターとレスリー（Slaughter and Leslie, 1997）の分析と同様に，高等教育に対して経済の直截的な影響をもたらす消費者主義や他の市場に関与している圧力といったものが，学問資本を崩壊させる一方で経済資本の価値を安定させかねないことを分析していく．こうした変化が，ひいては高等教育の商業化へとつながると私たちは考えている．ここでいう商業化とは，教育過程が固有の「使用価値」ではなく，それ自身経済的価値と「交換」できる形態へと変容するものとして理解できるだろう．これまで，学歴は交換可能な価値を持っていたことは確かだが，それは大学の価値やプロセス，エートスの副

産物であったと言える.現在,何が変わってきているかといえば,それはバーンスティンが述べたように,「知識はこれから千年ほどもたてば,本質から切り離され,文字通り非人間化される」(Bernstein, 1990: 155) ということである.学問資本の価値が「低下」するとなれば,これまで大学での実践を支えてきたロジックも変わることになる.そうなれば,教育的な関係性は,商品の市場取引に振り回されるようなものになっていくだろう.教育は商業取引として再概念化され,教員は「商品生産者」,そして学生は「消費者」となっていくだろう.こうして,以前は統合されていた大学人と学生の関係は,対立はせずとも,別個の利害を持った集団として分割されることになる.つまり,消費者主義のメカニズムとは,高等教育の機能を高めるといった新たな施策を策定するだけではなく,市場の枠組みにマッチするように学問的な価値と教育的な関係性を再構築する装置だと見なすことができよう.

4 ── 消費者主義のちぐはぐなインパクト

しかし,私たちは,消費者主義の方策が高等教育機関にもたらす影響は一様ではないと想定している.高等教育界で,大学は学問資本とそれに付随する世論の評判という資本の配分によって構造化されるヒエラルキーの中に位置づけられており (Brown and Scase, 1994),それは政治界や経済界からどの程度自律的であるかを規定している.どの大学も消費者主義のメカニズムによる影響を被るであろう.ただ,「大学教育界」での各大学の位置が,消費者主義がどれくらい浸透し,それが大学の核心となる実践をどの程度再構築するかを決めるであろう.高いレベルの学問的,世評的,財政的資源を持ち,ヒエラルキーの上位にある大学は,教育界を構成するアカデミックな原理を保持しようとよりよいリソースを要求し,その優位な地位を維持していくであろう.教育界で弱小の大学は,消費者主義の力の影響を露骨な形で受けるだろう (Bernstein, 1996 も参照のこと).専門分野によってもその影響は異なると考えられる.強固な分類・枠付けを持つ専門分野 (Bernstein, 1996) は,より弱い分類・枠付けを持つ専攻に比べて,消費者主義の影響を受けにくいだろう.さらに,一流大学や学部では,学生はどこの大学のどの専門分野といった組み合わせが外部の労働市場で非常に高い交換価値をもつとわかっているので,それほど変化を求めないだろう.それに対して,一流ではない大学で,枠付けや分類がゆるやかな専門

分野に在籍している学生は，教員に対して変化を求める圧力をかける傾向を強め，また教員もそれを受け入れるようになるだろう．つまり，これらが意味するところは，消費者主義の影響は社会的に不利な出身階層の学生を受け入れている弱小大学でより強く意識されるだろうということである．これは不平等という観点からだけでなく，知識経済というレトリックに支配された現代の労働市場に寄与する高等教育システムから考えてみても由々しき点であり，私たちは最後の節でこのことに立ち戻るつもりである．

　次節では，消費者主義が教授・学習の関係性に及ぼす影響について考察する．ここで，補足説明をしておいたほうがいいだろう．学生数の増加や質保証のメカニズムの影響といった現在起こっている他の変化と，消費者主義の影響とを弁別することは重要であるが，しかしいつも可能であるとは限らない．私たちが本章で基本としたい研究課題のひとつは，教授・学習に変化をもたらすさまざまな力の影響を切り離すことができるかどうかを検証することである．さらに，私たちは予備的な調査を行ってみたが，消費者主義の圧力によって実施された施策によって，施設・設備の質という教授・学習において基本的で測定可能な状況が改善したり，課題の返却期限の規定といった学内手続きがずいぶん透明化したといった事例がいくつかあることがわかった．しかし，そうした改善は必要ではあるが，高い質の学習のためにはけっして十分ではない，と私たちは考えている．そうした学習は，コミットの仕方や専門職としての責任感，専門分野に対する共感，知識，情熱といった教育に内在し測定が難しい要因に基づいているのである．次節では，教育的な関係性や大学人のアイデンティティの変化，教育における信用低下とリスク，知識構造の変化などに関するさまざまな問題点に焦点を絞って考察してみたい．

5──教育的な関係性のゆがみ

　教授・学習に関する研究では (Fabos and Young, 1999; Hall, 2001 を参照のこと)，効果的な学習には，教育的な関係の質がいかに重要な役割を果たしているかが例証されている．商業セクターの枠組みを，様々な価値と報償の組み合わせで動く大学セクターへと接合する際，最も重要な影響のひとつとして，教員と学生の教育的関係が損なわれるということが考えられる．学生の学習における消費者主義についての詳細な分析はほとんどないが，各国の状況から得られ

た限定的な知見によれば,教師と学生の間の複雑な関係を「サービス提供者」と「顧客」といった関係に再概念化することは,双方ともにその関係性を悪化させる傾向があるということが示唆されている.

　学生に関して言えば,特に北米に関する文献では,学生は自分自身を消費者と考えるよういわれると,学習行動を商業的な取引とみなす傾向にあることが示されている.顧客はたいてい組織の部外者であるから,消費者としてのアイデンティティを内面化した学生は,自分を知的コミュニティの外に置き,教育の受身的な消費者である,と実際に理解するようになる.キング(King, 1993)とサックス(Sacks, 1996)は,学生が教育的成功を権利とみなすような「権利」(entitlement)文化が台頭してきていることを指摘している.こうしたメンタリティーと合わせて,彼らには自身の学習に対する責任感が欠如し,プロセスとしての教育を受けることへ抵抗感がある.単にお金を払えば買える製品だと思いがちなのである.さらに,道具主義的な態度が露骨になってきており,あらかじめパッケージ化された短期コースを求める声が大きくなり,また実際に教えられることや学ぶことにほとんど興味がないといったようなことが見受けられる(Shumar, 1997).学生がこうした新しいアイデンティティと合理性を身につけたために,学習はつながりのない短く簡単にパッケージ化された情報の集合体として学生が認識したことを消化して再生産するといったプロセスへと変容していく可能性がある.こうした環境下で培われることになる学生の性向(disposition)は,より高次のスキルの開発や,もっと重要なことには生涯にわたって自律的に学習する際に必要となる性向や態度に対して,マイナスの影響をもたらすことになるだろう.

6　　大学人の専門職概念に対する消費者主義の影響

　さらに検討しなくてはならない課題として,大学人の専門職概念,特に学生との教育的関係に対して,消費者主義がどのような性質を持ち,またどれほどまでにインパクトを与えるかといった点があげられる.私たちはここで,消費者主義が起こしうる影響について古き良き時代の大学人と比較しようとしているのではない.たとえば,ブルデュー(Bourdieu, 1988, 1996)は,高等教育は政治的・経済的な諸力から相対的には自律した界にあり,また独自の構造と機能法則を持つ存在として概念化されるが,やはりアカデミックな実践も「実践にお

ける一般経済学」(Bourdieu, 1977: 183) の中に位置づけられると述べている．その中で，ブルデューはあらゆる形態の報償と競争を分析し，「無私無欲」であるがゆえにその実践は非経済的であると表明しているにもかかわらず，実はそうした人々が大学や個人を序列づけることになるということを分析している．ブルデューは，アカデミックな世界での知的な葛藤や発展が，大学間のヒエラルキーのなかで自らの地位を上昇させ，あるいは防衛するための闘争としてどう解釈できるか例証しているのである．しかしブルデューは，このことは高等教育界におけるこの種の活動を経済主義のロジックにまで矮小化するという意味ではない，と強調している．多くの西洋諸国ではほとんどの専門分野において，これまで財政的な事柄は市場の喫緊の問題とは一歩距離を置いてきた．そのため，こうした闘争を通して獲得する利益とは，まずもって認知，地位，業績といったアカデミックな報償であって，これといった経済的な利益ではなかったのである．

　しかしながら，消費者主義が入り込めば，伝統的なアカデミックな闘争は単なる大学と教員個人の収入をめぐるものに成り下がることになるだろう．ブルデューが考察したような高い名声を得るための闘争は，一流大学の教育にしか当てはまらないとも言える．なぜなら，アカデミックな価値といったものの多くは，オリジナリティ，本質をつくような問題関心，理論と実証の厳密さといった学問的な実践を伴いつつ，高いレベルの研究や業績にダイレクトに結び付いているからである．同じように，研究者志向の学生には，教育的な実践によってそうした価値を伝えていくことが必要である．しかし，消費者主義はエリート大学の研究志向の学生だけでなく，あらゆる学生に高い質の教育を提供するよう大学内の優先順位を変更させ，高等教育界の闘争による報償と制裁を地位や名声に基づいたものから現金を中心としたものへと矮小化していく．言い換えれば，以前ならアカデミックな地位は研究と出版という業績とで決まっていたのが，マス化した高等教育の時代では教育にも同等の重きを置かなければならないのである．しかしながら，名声を得るための学問的な競争の条件がまったく変わってしまうなら，消費者主義の施策を取り入れても，高度な学術研究と結び付いた価値をすべての学生に正確に伝えられるかどうかは，誰もが疑問とするところである．重要なのは，上述のような学問的な価値に基づく諸々の教育的活動が，経営管理的で市場的な価値体系に取って代わられるかもしれないという点であり，そうした価値観の下では収入の創出が強調され，また学生

は収入増を見込める主要な財源，満足させるべき顧客などと見なされたりするようになるわけである．

　消費者の要求と満足を満たすことによって，専門職としての知識や意義が徐々にその価値を下げていけば，教育的な関係も高まるどころか崩れていくような結果になるだろう．消費者主義的な体制の要求にしたがって監視下に置く対象を広げ，その手続きを遵守しようと専門職としての活動を細部にまでわたって評価するようになれば，増強を狙った活動そのものまで立ちゆかなくなるだろう（Lyotard, 1984 も参照のこと）．こうしたことが起こりうるのは，パワー（Power, 1999）が「第1順位」（first order）と名づけたものから「第2順位」（second order）的な機能へと組織が持つ資源をシフトさせるような場合である．高等教育の文脈に当てはめてみると，時間やエネルギーなどのような貴重な資源が，革新的な研究プログラムを開発したり学生と一緒に研究したりといった第1順位的な機能よりも，教員活動を記録したり説明したりといった第2順位的な機能に投じられるような場合には，緊張が走りやすい．訴訟を恐れるあまり，安全志向ともなり（Troman, 2000），ひいては教育にマイナスの影響を及ぼすだろう．学生からの圧力が増えるにつれ，また学生の不満や訴訟の恐れが高まるにつれ，専門家の判断に信頼を置いて個人個人に合わせた問題解決が図られていたような状況から，公式の基準に合致させつつ学生のクレームから大学人を守るよう標準化された最低限の問題処理方法へと変化してきたことを示す証拠もいくつかある．

　さらに，学生は達成度評価指標やランキング表などから情報を得て大学選択が容易になってきている．これはすでに高等教育ではありふれた光景ではあるが，そうした格付けも市場の強力な通貨として機能することになり，高等教育は特別な病理に悩まされることになるだろう．まず，大学は任務を果たすために価値ある資源を投資するというよりは，機関別・分野別評価を行う英国高等教育質保証機構（QAA）の活動が進展するに伴って，ランキングの順位をあげるために貴重な資源を費やすようになる．しかしランキング表は，さらにダイレクトな効果を発揮しうる．こうしたランキングは非常に重要なものになってきているので，大学はデータを「上手く取り扱う」圧力の下に置かれ，極端な場合にはデータを偽装するようなことも起こりえるだろう．いまのところ，高等教育でこうした改竄が行われたというはっきりした証拠はほとんどないが，同様の体制下にある学校や病院といった公共セクターでは，この種の改竄が行

われているという証拠がある．たとえば，大学はできるだけ優の成績をつけて進級させ，落第の比率を下げるような圧力にさらされている．

　こうしたことからわかることは，市場のインセンティブや制裁によって管理されるような人間関係の契約モデルは，それ自体，人間とは信頼するに足りないものだという見方に依拠している，ということである．危険なのは，人間を一面的な見方だけで測って与えられる本質とは関係のない報酬や制裁といったものが (Ball, 2003 を参照)，内在的で「測りにくく」そして情緒的である特質を壊してしまうだろうということである．そうした特質とは，教育的なプロセスへどれだけコミットしているか，教える科目にどれほど情熱を注いでいるか，学生の個々の要求にどれだけ柔軟に対処できるか，といった私たちが高い質の学習に不可欠であると論じているすべてのことを指している．実際，個人の関係を商業化することは社会を支えている重要な基盤を突き崩すことになってしまう，と述べる研究者も少なくない (Hirschman, 1989; Wolf, 1989; Brown, Green and Lauder, 2001)．問題は，高等教育にも同様のことが言えるかということだが，私たちは言えると考えている．

7───信用低下とリスクテイキング

　ここで問題となっていることを理解するには，高等教育における教授・学習の性質とともに，知識の性質と伝達について触れておく必要があろう．学術研究を学習のもっとも最適な訓練形態であるとするパラダイムに則るなら，ポスト実証主義の科学哲学が見いだした重要な教訓のひとつは，研究課題といったものは最初から十分に組み立てられたものではないということである．したがって，学習者が自律的に学習を進めていくためには，不完全な構造の問題を通してものを考え，ポイントを明確化してそれに十二分に取り組めるよう研究と学識を利用する，といったことが重要な要件となる (Haig, 1987)．多くの論者が同様なことを様々な方法で指摘しているように (Seltzer and Bentley, 1999 参照)，ここで重要なのは，高度な学習形態とは学習者が自分でリスクを引き受けることが必要だということである．なぜなら成功の保証といったものはないからである．学習には，問題が解決できなくともそれにうまく取り組むことができ，またその発見の過程で教師が信頼できるガイド役の役割をつとめてくれる，そうしたことを学習者自身が信用するということ，より正確にいえば信念を持つ

ことが必要なのである．信念，信用，リスクを引き受けるといったことは，教育における関係を商業化することとは共存しにくい．というのも，商業化した関係とは，授業料を払って教師や教育にある一定レベルの仕事をしてもらえば，あとは資格がついてくるものだと想定されているものだからである．

　さらに，この種の高度な学習は伝統的に何もないところで生まれるわけではなく，すでに確立された学問分野（discipline）において成り立つのである．それぞれの学問分野には，洞察，慣習，手続きなどが蓄積されているが，それらは問題点を明らかにし，それに取り組み，解決するのに役に立つのである．教育哲学者らは教育経験は人の生涯を変え続けるものであり，いったんある学問分野や知識の体系に入り込むと，それらが与えてくれるユニークなものの見方によって，学習者は自分自身や世界の見方を根本から変えてしまうこともあると指摘している．しかし，学生をこの地点まで到達させるには，指導し，考えさせ，手ほどきしなければならない．すぐに手に取ってみることができるスーパーマーケットの棚にある商品とは異なり，学問分野の「内部」にあるものを試すのは時間がかかる困難な仕事であり，粘り強さが必要である．こうした特性が信用や信念をもった行動と結びつけば，スーパーマーケットの陳列商品のような商業化されたタイプのものから距離をおくことになる．同じことが大学人にも当てはまる．様々な外部評価の手続きを遵守しなくてはならないことに加え，学生からの訴訟や不満に常にさらされているような状況では，大学人は前もって特定した内容だけを学生に伝達するといった形式に閉じこもって，型どおりに評価される「安全な教育」を選ぶようになってしまうだろう．

8 ── 知識構造の変化

　上述した見解の一番のポイントは，学問分野の内容と内部構造に密接かつ持続的にかかわっていく関係こそが非常に重要であるという点であり，この関係性の中で学生は複雑な概念的な構造を理解し，新たな知識を創り出していくための分析を行えるようになるのである（Bernstein, 1996）．こうした形で学問分野に踏み込んでいけば，自分の力で生涯にわたって学習し新たな知識を創造していくスキルや，批判的に物事をみる見方といったものに加え，それらに関連する他の諸々の性向も身につけることができる，とも論じられている．しかしながら，こうした専門知識の学習形態は，モジュール化を導入し，学科，専門

分野，大学全体にわたり支配的となった選択メカニズムの下では，脅威にさらされている．

ただし，消費者主義が出現する以前にモジュール化するかどうかの議論が持ち上がり，そこでは元々公正という問題が大きくクローズアップされていた，という指摘は重要である．そこでの公正の議論の趣旨は，「非伝統的な学生」，すなわち入学前の教育歴が見劣りする者，フルタイムで働いている社会人，それ以外にも様々な個人的な事情を抱えている学生らを，大学側が様々な入り口や出口をもつシステムの中に，割合は小さいものの独立した集団として受け入れるなら，彼らの高等教育へのアクセスの機会が増え，また彼らが成功する確率も高くなるだろうというものであった．しかしながら，その後の議論では経済的な面がクローズアップされてきた．つまり，大学が実務と関連する教育プログラムを提供することが必要とされてきたのである．これは大学に対し，「モード1」と呼ばれる同じ分野の研究者たちが評価する専門的で理論的な知識から，「モード2」と呼ばれる専門を超えた応用的で内外の関係者双方が評価する知識へと，知識生産の形態をおおきくシフトさせるような圧力とつながっている（Gibbons *et al*., 1994 を参照）．この意味で，モジュール化とは学生がより労働の世界と関連した「モード2」的なカリキュラムを選択できるメカニズムとして打ち出されてきたのである．このカリキュラムでは，年間のコースをばらばらにし，これまでの専門分野の枠にとらわれることなくモジュール化したプログラムとすることで，学生の単位通算や互換の可能性を高めたのである．したがって，モード2的なカリキュラムへ移行していくようになれば，学生は高度なスキルに基づく経済に必要な，問題解決型の応用的でかつ学際的なカリキュラムを選択するようになると考えられている（Ensor, 2001）．

しかし，上述のような知識構造の変化が，質の高い学習あるいは知識経済の概念をめぐる議論と合致するかどうかは，異論の多いところである．というのも，高等教育を商品化するような圧力が増大すると，モジュールを開発したり組み合わせたりして市場のインセンティブを第1に考えるようになり，これまで専門的研究が持ち合わせていた知識の一貫性や研究へと誘導するメカニズムが失われることになるからである．アパルトヘイト後の南アフリカでは，社会的に不利な立場にある黒人学生の教育達成が必要であり急務であることは火を見るより明らかであったが，にもかかわらずモジュール化を導入することは疑問視され続けてきた．モジュールの構造は一貫性がなく研究への誘導的なメカ

ニズムも持たず，学生が筋の通った選択をするかどうかは彼らがもつリソース次第であり，不利な立場に置かれるのは学生自身だといわれている．特に，ミュラー（Muller, 2001: 8）は，モード２的なカリキュラムへと性急に移行すると，質の高い学習は保証できないと述べている．「知識をより大きな一貫した型に『当てはめる』ことができるような概念枠組みを学生が学習する前に」，応用知識を学生に直接教えても，応用という概念を限定的に伝達することはできるだろうが，概念を広げたり新しい考えにつなげたりといった概念化のスキルを学習させることはできないだろう，と彼は論じている．それゆえ，モード２の認識スキルは，開発途上の学際的で応用的であるという意味で高度な考え方として理解されているが，これはモード１の専門知識を得て基礎をしっかり固めた上でしか運用できないもののようである．さらに，この種のプログラムは非エリート型に限った話ではないが，そうした大学群で特に増加が顕著であり，学生の日々の生活に直接影響するため，特にリスクを孕んだものになろう．ミュラー（Muller, 2000）やヤング（Young, 2003）といった教育社会学者は，大学で習得する知識と日常生活で身につく知識とをあいまいにするようなカリキュラムでは，学生が今持っている能力を高めることはできないし，また複雑な知的労働に導くこともままならないと警告している．学生の選択肢が多くアクセスが容易になることを意図したカリキュラムへの変化と労働の世界に「関連がある」プログラムとが，学習にどのようなインパクトを与えるのかについては，今後さらなる調査が必要である．

　市場原理にしたがってカリキュラムをモジュール化し学生に単位を累積加算させるといったその成り行きは，知識経済についてのレトリックとは合致しないと言えるわけだが，しかし実際には，それは現実と符合しているのだろう．ブラウンとローダー（Brown and Lauder, 2003）は，知識経済はライシュ（Reich, 1991）が「シンボリック・アナリスト」と呼んだ才能あるエリートを求めているが，以前からある「知識」職業の仕事のほとんどはルーティン化されていると述べている．経済のグローバル化が生み出す競争圧力や，産業に基盤を置く知識がもつグローバルな特性によって，企業は自国の高いスキルをもった労働者を，高いスキルはもっているが低賃金ですむ発展途上国からの労働者に代替するようになったと論じている．加えて，知識がルーティン化されているところでは，知識労働者の選択の自由は奪われている．その一方で，より複雑なことを扱わなければならないにもかかわらず，知識労働者はイニシアチブをとる

自由をほとんど与えられていない．高等教育の拡大は大学卒業者の才能をあたら浪費することとなり，大卒でも大卒以下の職業に就かざるを得ないようになれば収入格差が拡大することになるだろう，とブラウンとローダー（Brown and Lauder, 2003）は結論づけている．

高等教育における知識の習得・伝達に関する私たちの分析に引きつけていえば，現在，モード2の知識はモジュール化とカリキュラムのパッケージ化によって概念化されて「配布」されており，そのことがしばしば大卒以下の賃金しか得られないような仕事のために，卒業生を労働市場へ送り出すようになるだろう．さらに，大学教育界に関する分析から，私たちは次のような仮説を立てている．すなわち，一般的に言って有利な背景をもった子供たちを選抜しているヒエラルキーのトップレベルにある大学では，継続して専門分野の知識を教え，労働市場のエリートセクターに卒業生を輩出する一方で，高度にモジュール化されたカリキュラムでモード2の知識を打ち出しているその他の大学は，中級レベルのスキルで事足りる労働市場に卒業生を送り込んでいる，というものである．したがってこのことが示唆しているのは，高等教育の商業化が与えるマイナスの影響をもっとも強く感じることになるのは，不利な背景をもつ学生を引き受けている弱小大学であるということだ．知識の内容と構造が変化してきているというこの危惧が妥当だとするなら，不利な背景をもつ学生たちのほとんどは，知識が持つ効力を獲得することよりも，むしろ今流行りの消費者選択として正当化された，狭義のコアコンピテンシーに縮減された教育しか受けられないことになるだろう．その結果，高等教育システムは，カステル（Castells, 2001）が言う，学習の仕方を学習しどこにでも転職が可能な「自己プログラム可能な」（self programmable）労働者である一握りのエリートと，代替可能で使い捨てられ不安定な労働市場の変化に適応できない大量の「一般労働者」（generic workers）を生み出すということになるだろう．

9 ── 研究課題

上記の議論を踏まえてみると，どこに研究の重点を置けばよいのだろうか．その研究計画を推進させるのに不可欠なのは，まずもって理論的枠組みと実証的データである．それによって，商業化の圧力が大学という制度の文脈に特有のロジックと構造によって，いかに変容してきたかといった分析が可能となる．

これまでの高等教育研究のほとんどは，マクロレベルの分析か，もしくは社会政治的・経済的な影響力を考慮せず大学の内部機能に焦点をあてた分析かのいずれかであった．商業化と関連するマクロの影響力と，特に教授・学習に関する大学の内部機能との間の相互作用には，あまり関心が払われてこなかった．第6節においてブルデューの研究を援用して説明したように，大学内の文化は外部と内部とを媒介する文脈を形成する傾向がある．その文脈を通じて，商業化に結びつく諸力は退けられ，再構築され，場合によっては打ち壊されるだろう．したがって，ビジネスモデルを教育過程に適用することが，必ずより良い品質と経済的生産性にダイレクトにつながるかどうかは，決して明らかなことではない．北米の文献では，すでに学習に対する学生のモチベーションや態度について，懸念が表明されている．さらに，他の公的機関で行われた社会学的な研究では，市場と新経営管理主義の枠組みによって専門職文化を組み立て直そうとする目論見は，政策者が意図したものとはほとんど反対の結果となるとの指摘がなされている (Power, 1999; Clarke et al., 2000 参照)．したがって，教育的な関係や専門職としてのアイデンティティに与える商業化の影響や，それがスキルや知識の習得，そしておそらくこれがより重要なことだが，学習性向にどのようなインパクトを与えるのかについて，さらに分析を進めることが必要である．

さらに，商業化の圧力によって変化するカリキュラムの形態と構造を解明することも重要である．高等教育の変動に関する研究では，知識とカリキュラムに対する関心は等閑視されることが多かった．知識構造についてのバジル・バーンスタインの研究 (Bernstein, 1996) では，分化した知識構造はどの界においても社会的関係や学問生産に決定的な影響をもたらすことが示唆されている．それゆえ，教育と社会の関係を社会学的に説明するには，象徴的な構造と社会的関係の両方を1つのシステムの一部として分析上組み込むことが必要であるというバーンスタインの命題は，商業化が学習にもたらす影響をさらに詳しく見ていく際に大変重要である．ミュラー (Muller, 2001) のような社会学者らは，専門分野の知識が崩壊していくことについて問題を提起しているが，その一方で，そうした分析のために教育や研究が従来の専門分野の境界を無批判に受け入れてしまうことは危険である．したがって，この種の分析は，知識の変容と新たな学問分野の出現に対しても消費者主義がどう影響するのか，といったことまで範囲を広げる必要がある．

最後になるが，商業化と高等教育の大衆化・民主化との関係も，調査が必要である．高等教育の社会理論との関係でいえば，研究者はこれまで過度に同質的な見方でしか，高等教育機関を概念化してこなかったという限界がある．しかし上述のように，商業化への力がどう働くかは，大学や専門分野の様々なタイプによって本質的に異なる可能性がある．アカデミックな力と経済的な力の双方が，強力な構造的影響を大学に及ぼすような時代には，高等教育界はその支配権を得るのに必要とされる正統的な資本をめぐる権力闘争の中心となるだろう．様々なタイプの大学に対する商業化の影響に関する詳細な分析は，労働市場の方向性と社会的公正に対する商業化の影響の社会学的理解への貢献という意味で，重要な役割を果たすことになろう．

10 ── 結　論

　消費者主義は，高等教育システムがエリート段階からマス段階への変容の過程で顕在化してきた問題に対処するため，導入されたものである．それゆえ，イギリスの新労働党政権は学術研究へのインセンティブを変えようと試み，大学人のモチベーションについても異なるモデルを採用しようとしたのである．ここで広い意味での疑問は，消費者主義によってこの問題に対処しようとして，お風呂の水と一緒に赤ん坊まで流し去ってしまったのではないかという点である．逆に，つまり狭い意味で言えば，高等教育システムをどのように労働市場の要求を満たすよう仕向けてきたかということになろう．

　この章では，消費者主義は学生をエンパワメントするというよりは，むしろ学問的な革新や水準をいたずらに脅かし，さらには大学の威信を蹂躙することになるだろうと想定してきた．消費者主義の枠組みに応じて専門職の文化を再構築しようとすると，意図せざる形でイノベーションを妨げ，受身的で道具主義的な学習態度を助長することになるだろう．しかし，こうした仮説は，消費者主義による変化がこの通りになるとは考えにくいので調査が必要である．教育変動に関する先行研究（例えば Bowe *et al*, 1992）からすれば，大学人そしておそらく学生らがこうした消費者主義的な変化を既存の専門職のイデオロギーや実践に融合させようとすることは容易に予想がつく．しかし，その結果は予測もつかないものになるだろう．

　本章で述べた仮説などが今後の実証分析でどう裏付けられるかは，留意が必

要である．ただし，大学人が持つ専門職としての特質や，学習者のアイデンティティや性質，不平等や高等教育が労働市場や経済競争に与える影響の性質については，幅広く問題が提起されているので，そうした研究を進めることは必要不可欠である，と私たちは考える．教育社会学の観点からすれば，それは社会構造上のイシュー，階級，エスニシティが，高等教育における学習の意味と性質に対して大学の変容を引き起こすような政策といかに結びついているのかを解明しようとする試みなのである．結局のところ，こうした研究の結果として，消費者主義によって引き起こされた問題群に対抗できるようなマス高等教育政策の代替案をいかに創り出していくかが重要なのであり，本章はそうした問題点を提起しているのである．

7
学習社会における歴史・経歴・場所
——生涯学習の社会学に向けて

History, Biography and Place in the Learning Society: Towards a Sociology of Life-Long Learning

G. リース，R. フェーブル，J. ファーロング & S. ゴラード
G. REES, R. FEVRE, J. FURLONG, AND S. GORARD
（児美川孝一郎 訳）

　この章の主要な目的は，学習社会についての議論を，これまで支配的であった規範的な焦点から移動させる作業を開始することにある．私たちは，学習社会の創造——それが，どう認識されようと——のためには，生涯学習についての適切な社会理論の発展が，必要条件になると見なしている．したがって，学習社会を構成する要素は何で・あ・る・べ・き・か，といった問題からはじめるのではなく，まずは，生涯を通じた学習への参加の形態がど・う・な・っ・て・お・り，いかにすれば学習への参加を規定する要因をよく理解できるか，という問いから考察していく．はっきり言えば，私たちはコフィールド（Coffield, 1997）の次のような主張に完全に同意する．——すなわち，「私たちは，学習についての，より強力な社会理論を必要としている．それは，個人の頭のなかの認知プロセスだけではなく，学習を誘発す・る・社・会・関・係・と・編・成を含み込むものである」(Coffield, 1997: 9，傍点は原著者によって付加)．それゆえ，分析の強調点は，社会関係の組み合わせとしての生涯学習におかれる．それは，社会学的分析による洞察によって照らし出されるものである．実際，私たちの企図は，ある意味では，他の支配的な理論の形式に対して，学習社会についての社会学的考察の優位さを示すことでもある．

　学習社会についての公的な言説が，生涯学習についての特・定・の社会理論——人的資本論——によって支配されていることを簡単に精査することから，議論をはじめよう．そのためには，人的資本論に対する批判的な評価をきちんと位置づけていく．人的資本論は，証拠もなしに，経済的行動を，より幅広い社会関係から抽象してしまっていると私たちは主張したい．生涯学習への参加は，功利の最大化を計算するといった狭い観点からは理解されない．この批判は，より満足できる理論的な説明の，すくなくとも輪郭を発展させるうえでの基礎

となるだろう．その説明によれば，学習行動は，学習機会と集団的規範の双方へのアクセスによって左右される条件下での，個人的な計算と主体的な選択との産物として認識される．さらに言えば，そうした条件は，まさにその性質ゆえに，時間と場所によって体系的に異なっている．したがって，適切な理論化をしようとすれば，場所と歴史は，必ず中心的な役割を果たすことになるのである．私たちの結論は，こうした理論的アプローチは，実証的研究に対してだけではなく，学習社会の創造を目的とする戦略にとっても重要な示唆を与えるということである．

1 ── 学習社会の公的な言説

コフィールド（Coffield, 1997）は，学習社会の構築に関する国家の政策に共通に刻印されている点に注意を促してきた．それは，学習社会の構築は，経済成長という目的から認識されるというものである．とりわけ，彼は，公的な言説において，個人というアクターに与えられる重要な役割と，それゆえに効果的な国家の介入戦略には限界があるという点を強調する．経済の競争力は，高度な技能を有する労働力に依存しており，それゆえ経済成長は，基本的には個々の労働者が必要な技能やコンピテンスを獲得する能力を持っているかどうかを反映するという（例えば，European Commission, 1996; Department for Education and Employment, 1995）．

こうした見方は，そこで強調される個人というアクターを，個人アクターもまたその一部となる，教育・訓練・経済発展のあいだの幅広い関係のなかに位置づけることで，発展させることができる．私たちは，こうした幅広い分析は，人的資本論から引き出せるという点を示唆したい．シュルツ（Schultz, 1961）の初期の定式化によれば，人的資本に投資することの決定的な便益は，次のように主張される．──他の形態の資本の収益率は，現状維持または減少するのに対して，人的資本の開発は，基本的には教育と訓練を通じて，経済成長の主要な源泉となる．したがって，人的資本への投資がなされるようにすることは，雇用主にとって，そして国家にとっても必然的に利益となる．また，望ましい雇用機会を探している個人にとっても，彼らの自己利益は，資格や経験の獲得のための個人的な投資によって確保されるということが，重要である．実際，ベッカー（例えば，Becker, 1975）が言うように，教育と訓練への参加は，市場行動

の一形態と考えられるかもしれない．そこには，引き出すことのできる便益全体についての合理的計算が含まれている．すなわち，（例えば，教育を継続することを通じた）実際の収入の消失と，（よりよい仕事が獲得できる見込みや，より高い賃金といった）将来の報酬の機会の高まりとを比べるという合理的計算が，それである．

　このことが示唆するのは，効果的な国家介入の範囲には限界があるということである．基礎教育の供給が保障されるべきことは，明らかである．雇用主のなかには，効果的な形態の訓練の供給が，もっと奨励されるべきだと求める者もいるかもしれない．しかし，（先見性のある）被雇用者であれば，彼らがどれだけの教育や訓練に参加するかは，将来，彼らにもたらされるであろう便益についての「自然な」計算に，自動的に従うことになる．この文脈における国家の役割は，被雇用者たちが，利用可能な学習機会の性質と，学習に参加することから引き出される特別の便益について，きちんと気づくようにすることである．それゆえ，端的に言ってしまえば，限定的な国家介入によって，学習が誘発されることはあるとしても，市場メカニズムこそが，将来のある時点における生涯学習の望ましいパターンを達成させるのである．実際，学習社会は，それ自体でもっぱら望ましい将来の状態，達成されるべき目標として認識され，そこでは，市場プロセスを効果的に操作することによって，社会の最大限の便益が得られるとみなされるわけである．

　しかし，ここで私たちは，そうした見方とは反対に，教育と訓練への参加は，独立した経済領域の内部で決定されるというふうには理解できない，と主張したい．人的資本論は，生涯学習を，それが位置する社会関係から根拠もなく抽象してしまっている．そうすることで，人的資本論は，学習社会についての過度に単純化された戦略的展望と，やせ細らされた学習社会の構想に，分析上の基礎を提供するのである．

2───人的資本論への社会学的批判

　人的資本論は，経済発展と個人の市場行動の双方の，より広いパターンを扱う．ここでは，後者に主要な関心を向けよう（前者もまた，学習社会を構築する戦略にとって，重要な問題を提示するのであるが．G. Rees, 1997a を見よ）．多少とも単純化すれば，人的資本論のこの側面は，より一般的な新古典派の市

場行動についての分析と、多くの特徴を共有している (Fevre et al., 1999). とりわけ、人的資本論は、市場行動についての幅広い分析に基づく、次のような仮定を受け入れている.——すなわち、個人は、経済的な取引において、自らの物質的な幸福(あるいは実益)を最大化しようとする. 彼らは、市場の状況についての完全な知識を保有している. そして、彼らは、この知識に照らして、彼らの選好を実現しようと、合理的に振る舞う (例えば、Martinelli and Smelser, eds., 1990: 29 を見よ). したがって、個人は、機会が利用可能であると認識する範囲内で、かつ、そうすることで物質的な報酬を最大化できる程度まで、教育と訓練を受けることを選択するであろう、と.

こうした新古典派の経済理論に対して、経済生活の社会学の発展は、今日までずっと批判を重ねてきた (例えば、Granovetter and Swedberg, eds., 1992). そこでは、経済生活と社会生活をはっきりと区別することはせず、個人は、結果的には物質的な動機づけに支配されるというふうにも見なさない. 強調されるのは、経済的行為や諸制度と、より広い社会的ネットワークや組織とのあいだの連続性である. 経済市場における行動は、ポランニー (Polanyi, 1957) の言葉を借りれば、社会関係の諸システム、とりわけ個人相互間の関係のネットワークに「埋め込まれて」いる. さらに、デュルケームが功利主義アプローチ全般への有名な批判において指摘したように (Fevre et al., 1999), 経済市場は、それ固有の規範的な基礎を持っている (「互酬性」や「再分配」に基づく交換といった明瞭なケースと同様に、Polanyi, 1957). これらにさらに、社会集団のあいだでの、異なる力関係の幅広い影響が加わる.

経済的行為と、より広い社会関係との境界をこのように解消することは、個人の行動を規定する要因をどのように概念化するか、ということにも大きな影響を与える. 新古典派の定式化は、個人が、物資的な幸福を最大化することとは異なる目的を追求する (あるいは、異なる選好を持つ) 可能性を無視してしまっている. そうした選好の多様性がありうるということは、ウェーバー派の用語で言えば、異なる価値的立場を反映したものと見なされる (後述するように、この価値的立場は、規範的な構造内で形づくられるものであろうが). 例えば、被雇用者は、たとえそこから引き出せる物質的な便益が、取るに足らないものだとしても、プログラムの持つ本質的な魅力や、仕事をこなす能力を高めることで得られる本質的な愉悦を勘案して、訓練プログラムを受けるかもしれない. こうした行為は、そこで追求されている目的が、選好についての伝統的

な経済的モデルからはずれるものであったとしても,十分に「合理的」である.実際,(ウェーバー派に特徴的な)研究プログラムが,「経済的合理性」からの逸脱が起こる——おそらくは,社会的ネットワーク等の広い文脈から引き出される——環境条件について探究している.このことは,学習機会にかかわる個人の行動を,何らかの普遍的な経済的合理性からではなく,むしろ社会的に構成されたもうひとつの合理性から分析する可能性を開くものである.

　新古典派理論についての批判はまた,そこでは,市場における個人の行動が,完全に個人の選択と意志決定の産物であるかのように見なされている点を問題とする.通常の社会学的アプローチであれば,個人は,彼に影響を及ぼす規範的な構造のなかで社会化されること,そして,その構造が,個人の抱く選好や,何が選択肢として可能であるかについての認知を形成する,ということを強調する.例えば,教育社会学者であれば,ほとんどの者は,次のようなガンベッタ(Gambetta, 1987)の考え方になじみがあるだろう.——すなわち,「階級に関連する慣性的な力は,与えられた選択肢に付着する価値を変容させることで,選好の構造に影響を与えることができる.例えば,アカデミック志向の学校は『我々のような者のものではない』とする労働者階級の信念が,それである」.この文脈においては,個人による選択の実行は,何が利用可能な,適切な選択肢なのかという点に関する,自明視された前提の構造によって制約されている.もっと言えば,この前提の構造は,——この場合で言えば——社会階級間の関係における特定の場所と結びついているという意味で,体系的なのである.このことが示唆するのは,個人の選好および選好に基づく選択と,その個人が社会化される社会構造内の規範的システムや場所とのあいだには,説明のつく関連性があるということである.この関連性を跡づけることは,もうひとつの合理性が,どのように社会的に構成されるのかを解明する際の主要な要素になろう.

　ただし,社会化の効果を過剰に見積もらないこと,つまり,個人の行為を,幅広い社会的諸力の受動的な反映にすぎないと見なしてしまうような,個人についての過度に社会化された見方を避けることは,重要である.私たちは,社会学的な「文化的に騙されやすい人」でもって,新古典派の「非社会的な合理的エゴイスト」に取って代えるべきではない(Ingham, 1996: 554).たとえ行為の取りうる範囲が厳しく限定されていると感じられるところでも,個人はまだ,いくつかの選択肢を比較し,それらのなかから「合理的に」選択することができる.例えば,成人教育プログラムへの参加についての分析が強調するように,

個人は，自らがそこで社会化されたところの選好の構造を，拒否することもできる．行為者による選択は，たとえ外的に存在する条件下でなされるものであるとしても，遂行される一連の行為における選択は，自律的になされうるのである．それゆえ，個人の選択とその条件のあいだの相互作用をきちんと説明することが，分析上の課題となるわけである (Swedberg et al., 1990: 70)．

しかしながら，これらの外的な条件は，社会化の効果だけに限定されるわけではない．個人の選択は，社会的に構成される選好によって単純に制約されるだけではなく，何が実際に利用可能な機会であるかに関する社会的構造をも反映している．選好そのものは，——社会化を通じてであれ，より直接的にであれ——，実行可能な別の行為がありうるかどうかによって影響されているかもしれない．さらに言えば，自律性と選択の範囲は，社会的排除と社会的統合のプロセスにおいて，けっして中立的なものではなく，より広い社会関係によって構造化されている．個人は，教育と訓練の機会へのアクセスにおいて（ほかの財やサービスと同様に），対等な競技場でプレイしているわけではないのである．人々が，これらの機会をどのように理解しようと，基本的には，これは確かなことである．例えば，教育機会についての国家供給の変化（例えば 1944 年教育法），あるいは（女性の雇用の拡大を招くことになった）経済的生産組織の変化は，学習機会の構造的な変化を帰結してきたが，そのことの含意は，おそらく部分的にしか人々の社会理解と規範的構造には吸収されていない．事実，ここでの興味深い分析的論点の 1 つは，これら諸次元のあいだには，実際，乖離が見られるということである（例えば，T. Rees, 1992: chs. 3 and 4）．

このことは，生涯学習への参加を規定する要因は，人的資本論が考えているよりも，もっと複雑な社会的プロセスであるということを示唆しよう．人的資本論は，せいぜい，かなり特殊な条件のもとでのみ適用可能な，部分的な説明を提供しているにすぎない．次節では，ここで論じてきた見方に基づいて，より一般的な分析枠組みを作ろう．

3——生涯学習の社会理論に向けて

教育と訓練への参加についての主要な社会学的分析は，人的資本論と新古典派経済学の分析を，より広い文脈に写しとっている．そこでは，個々の行為者が行為する際の制約に，決定的な強調点がおかれてきた．例えば，学校での業

績達成や，あるいはポスト義務教育段階の教育への参加のパターンが，（国家政策などを通じて）変化しつつある機会の構造と，これらの機会への個人のアクセスの分化——それは，社会構造内での位置，特に階級，ジェンダー，エスニック的背景による——という観点から，特徴的に分析されてきた．高等教育のエリート・システムから大衆システムへの移行についての解明，あるいは成人教育プログラムへの参加についての考察の多くは，こうした分析の仕方の事例となる（例えば，Power et al., 2003; Sargant and Aldridge, eds., 2003）．同じことは，職業訓練——それが，国家によって提供されるものであれ，（分析ははるかに少ないが）雇用主によって提供されるものであれ——の機会を取りあげた数多くの研究についても言える（例えば，Rees et al., 1992; Rainbird, ed., 2000）．

(1) 軌 道

個人の行為がとりうる範囲について，選択に対する制約という観点から概念化しようとする営みは，しばしば，個人の経歴の複雑性を，特定の教育的「経路」（pathways）や「軌道」（trajectories）に還元してきた（後に，私たちもこの用語を使うが）．自律性は，外的な状況に縛られたものであるがゆえに，生涯を通じて個人がたどることになる教育経験のなかには，一定の規則性を発見することができる．それゆえ，例えばハルゼーら（Halsey et al., 1980）は，義務教育期間を通じて，イレブン・プラス（11＋）テスト[1]や「共通の入学」試験[2]といった重要な岐路において，個人がどのような業績を達成するかによって，個々人の経歴が分化することを発見し，異なる社会的背景出身の個人の流動性の性質と効果を明らかにしようとした．同様に，バンクスら（Banks et al., 1992）は，義務教育年齢を過ぎた若者たちの対照的な経験をつかむために，「キャリアの軌道」（career trajectories）という概念を発展させた．ここでも，個人の経歴は，その社会的背景や先行する教育歴の主要な特徴と関連づけられている．

ある意味で，こうした議論は，教育的達成や参加等のパターンを記述する試み以上のものではない．個人の教育経験は，提供される機会や利用可能な社会的資源が，社会的背景に応じて異なるということに基づく類型論に，単純に束ねられている．しかしながら，「軌道」の概念は，明快で分析的な要素をも含んでいる．私たちの議論は，「軌道」をめぐる議論で使用されるメタファーに関するシュトラウス（Strauss, 1962）の有名な論を参照しつつ，ホドキンソンら（Hodkinson et al., 1996）によって洗練されたものである．一方では，個人が「キャリ

アの階梯」を上っていくことを予測することも可能であるが，他方では，卵はいかに料理されようと卵であり続けるように，個人の背景は，彼または彼女にとって利用可能なキャリアの機会を制約してもいる．

そこには2つの要素があるということが，ここでのポイントである．第1に，人々が参加する「軌道」は，広い意味では，彼らが自らの社会的背景から引き出す資源によって規定されている．ゆえに，シュトラウス (Strauss, 1962) の事例の1つを敷衍すれば，労働者階級の男性の義務教育とその後の教育・訓練についての経験は，中産階級の女性のそれとは，体系的に異なっている．彼らの学習機会へのアクセスは，彼らが利用できる社会的資源あるいは社会資本によって分化していく．第2に，いかなる学習機会が利用可能であるかをつかむ個人の能力は，このことについての，彼または彼女の歴史的経験によって制約されている．それゆえ，いったん個人が，ある特定の「軌道」から出発すれば，その後も同じ軌道の段階を継続していく可能性は，相対的には高い．教育経験の範囲は，かなりの程度まで累積的なのである．例えば，何の資格もなく16歳で学校を離れた者は，そのこと自体で，継続教育や高等教育へのアクセスを，あるいは，非常に限定された職業訓練以外の道へのアクセスを制限されてしまう．

「軌道」という概念は，生涯学習についての十分な社会理論を発展させるうえで不可欠なものである．これまでの研究を拡大することで——実証的には複雑であるが——，生涯（「軌道」）を通じた学習経験の特徴的な連続性を見つけることができる．その連続性は，私たちの理論にとって，解明すべき事象の核をなすものである．しかし，これらの「軌道」は，すでに議論したように，外部に存在する学習機会の構造と，そうした学習機会へのアクセスの社会的分化を，確実に反映するものでもある．それゆえ，これらの規定要因については，より微妙な点に立ち入った説明を練り上げることが必要である．私たちは，「軌道」が社会関係に「埋め込まれる」仕方を，より完全に説明する必要があり，教育行為のコースの決定における，個人の選択とそれを制約する条件との相互作用を適切に説明する必要があるのである．

「軌道」を私たちの理論的関心の核に位置づけるとすれば，必然的に社会変動のプロセスに注意が向けられる．端的に言えば，社会変動は，個人の経歴を通じて生じる教育経験の連続性に関係する．しかし，それだけではなく，特徴的な「軌道」自体が，時間につれて変容する．現在において典型的な「軌道」の種類は，過去の時代（実際，含意としては，未来もそうだが）のそれとは異なっ

ている．つまり，歴史的あるいは世代間的な変化のプロセスがあって，個人の来歴は，そこにこそ位置づくのである．したがって，典型的な「軌道」のパターンという観点から，歴史的時期を区分することも可能となる（例えば，Antikanien *et al.*, 1996: 14 が，フィンランドについてそうしているように）．

その場合，利用可能な教育や訓練の機会の構造の変容は，決定的な影響力を持つ．国家の教育政策の変化，訓練の提供についての雇用主の方針転換，コミュニティ・ベースでのインフォーマルな学習プログラムの変更は，すべて，利用可能な学習機会を拡大したり構築したりすることを通じて，特徴的な「軌道」が時間をかけて再構造化されていく事例である．そうした変容は，機会へのアクセスを分化させるという点で，個人の社会的背景が果たす役割に対しても影響を与える．例えば，イギリスにおける第 2 次大戦後の中等教育と高等教育の拡大は，雇用構造における顕著な変化とともに，男性よりも女性の教育プロフィールの変化に対して決定的な影響を及ぼしてきた（例えば，T. Rees, 1992）．

特徴的な「軌道」がこうして世代間で変化することは，学習社会を構築しようとするどんな戦略にとっても，組み入れられるべきことである．それは，将来においては，現在のものとは決定的に異なるような典型的な「軌道」のセットが（それが，どのように定義されようと），生み出されていくかもしれないということを意味している．例えば，現在の公式的な戦略においては，「軌道」の混合を移動させることで，可能な限り多くの人々が，職業生活を通じてスキルやコンピテンスを更新できるようになることに，最大限の配慮が払われている．こうした観点から政策を特徴づけていくと，学習社会を，ただ単に望ましい未来の目的として概念化していくということが，いかに部分的であるかがわかってくる．そういう見方では，学習社会の構築は，学習パターン（「軌道」）が変容する歴史的変化の長いプロセスから抽象されてしまう．達成されるべき目的について，目的論的にだけ焦点を当ててしまうと，変容過程の適切な分析が，棚上げになってしまうのである．実際，これこそが，人的資本論から引き出される最近の戦略について，私たちがまさに批判している点である．また，未来をこのように方向づけることは，生涯学習の発展についての一種の「ホイッグ史観」をはびこらせてしまうことにもなろう．その歴史観においては，現在の弱点は，将来における望ましい学習状態を達成するための必要な前提条件としてしか見られない．過去の実践の諸要素が，現在のそれよりも優れていたかもしれないこと，言い方を変えれば，教育と訓練における参加の発展は，とりわけ

特定の人口集団にとっては，明らかに直線的ではないかもしれないという可能性は，そうした歴史観では，社会的プロセスの複雑性をとらえることができないために，考察から抜け落ちてしまうのである．例えば，南ウェールズのような地域では，国有化された産業における雇用の落ち込みは，少なくとも男性にとっては，学習機会の深刻な劣化を引き起こしてきたかもしれない．というのは，そうした産業においては，基礎訓練および継続的訓練が，すべての被雇用者に提供され，それによって管理・監督層の仕事にまでつながる内部労働市場が形成されていたからである．それゆえ，事実，現在では人口のかなりの部分が，彼らの両親（より正確には，彼らの父親たち）よりも明らかに悪化した学習機会を享受しているにすぎない（G. Rees, 1997b）．

(2) 場　所

学習社会の概念は，学習における社会的な参加のパターンの複雑な変化についての分析に裏づけられるべきであるが，その必要性を強調することは，必然的に場所の種差性にも，関心を向けさせることになる．端的に言えば，南ウェールズの事例が物語るように，特徴的な「軌道」は，ある地域と別の地域とでは明らかに異なっている．例えば，教育達成と，より広い参加のパターンには，英国の異なる地域間で，あるいはよりローカルなエリア間でさえ，実質的にバリエーションがあることがよく知られている（例えば，Sargant et al., 1997）．しかしながら，そうした分化を理論化する作業は，それほど進んでいない．分析上の関心は，現に存在している全国的なパターンと，階級，ジェンダー，人種的背景といった空間的には分化していない社会構造内での個人の位置に注がれてきた（例えば，Coffield, Borril and Marshall, 1986 を見よ）．ゆえに，教育達成（「軌道」）のパターンにおける歴史的あるいは世代間での変化を，それぞれの地域に固有の社会的・経済的発展のプロセスに関連づけるような試みは，これまでほとんどなかった（あるとしても，ほんの少数であった）のである．

私たちが先に議論した用語で言えば，特徴的な「軌道」は，まさに幅広い社会関係に「埋め込まれて」いるがゆえに，そこには，社会関係の空間的・時間的な差異が反映されている．明らかなことであるが，学習機会の構造とその変容のインパクトは，場所ごとにかなり異なってくる．例えば，国家的供給における変化は，広く全国的レベルで起きるにもかかわらず，その影響はしばしば，まさしく地域的な文脈に沿って経験されてきた．多くの政策変更は，第一義的

には地域レベルで遂行されるばかりでなく，国家政策と地域的状況との相互作用は，地域に対して非常に多様な帰結を生み出すからである．例えば，ユース・トレーニングを通じて，若者の学習機会を拡大しようとした国家政策は，実際，地域の文脈に応じて，非常に異なる影響を生み出してきた．それは，若者にとっての受給，課程修了，訓練の成果が，広範な多様性を持っていたという事実に反映している（例えば，Rees et al., 1996）．さらに言えば，産業構造の変化と，それに付随する雇用機会の変化は，国家的および国際的な経済発展から導かれるものであるが，労働市場と教育・訓練の機会においてその影響を受けるのは，そこに関連する特定の地域である（Ashton et al., 1990）．例えば，南ウェールズにおける炭坑の閉鎖は，国際的なエネルギー市場と国家政策の転換の帰結であった．しかし，そのインパクトは，特定の地域から，仕事とそれに付随する訓練を奪うという形で現れたのである（Rees and Thomas, 1991）．

同様に，学習機会へのアクセスの社会的分化が広がっていくプロセスにおいても，これらのプロセスがとる形態は，地域的な文脈に影響される（これは，教育参加と学業達成についての伝統的な研究において，十分には認識されてこなかったポイントであるが）．例えば，教育と訓練に及ぼすジェンダーの重要性は，南ウェールズにおける男性支配的な雇用構造の崩壊が示すように，部分的には地域の雇用機会の構造によって決定される（Istance and Rees, 1994）．もちろん，このことは，階級的な背景と地域的な雇用機会への依存の度合いによっても，明らかに変わってくるのであるが（Lovering, 1990）．ともかくも，人々の社会構造内での位置と，空間的な位置と，彼らの学習機会へのアクセスのあいだには，複雑な相互作用が存在するのである．簡単に言えば，個人がアクセスする学習機会の構造は，ある場所と別の場所とでは同一ではない．こうした空間的な分化がもっている経験的な重要性を精査することは，「軌道」の特徴的なパターンの分析にとって，複雑ではあるが，主要な部分をなすものである．そして，そのことはまた，学習社会を構築する戦略にとっても，それが，学習資源の地域性という重要な差異を計算に入れる必要があることを示すのである．

(3) 学習者アイデンティティ

しかしながら，特徴的な「軌道」は，学習機会の構造の制約的な影響だけを単純に反映するというわけではない．個人の教育経験は，同時に，いくつかの行為の中から彼が何を選択したか，ということの産物でもある．このことは，

個人は，確立された「軌道」から逸脱するような一連の行為を選ぶこともできるという点に，もっともよく見て取ることができる．余ってしまった坑夫，あるいは子どもが家を出た後の母親が，大学への入学準備プログラムで学ぶことを選択するといった，アーレイト (Ahleit, 1994) が「伝記的な非連続性」として示唆したものが，それにあたる（例えば，Crossan *et al.*, 2003 を見よ）．また，たとえ個人の行動が，典型的な学習パターン（「軌道」）に一致しているとしても，彼らにとってはつねに，それとは違うように行為することも可能である．彼らの行為は，選択の産物であり続ける．先に示したポイントを繰り返すならば，分析すべき謎は，個人の選択と，それを制約する社会的条件のあいだの相互作用なのである．このことはもちろん，社会分析にとっては，終わることのない問題であろう．後で述べるように，私たちは，この問題を解決してしまうことに，はっきりとした貢献をすべきだと主張しているのではない．むしろ，私たちの関心は，これらの特徴的な問題を探究することから，生涯を通じた学習のパターンの理解へと至ることに，本質的な意味でプラグマチックな貢献をすることにある．

　最も基礎的なレベルにおいて，個人が教育と訓練への参加に関して行使する選択は，彼らが持っている，利用可能な学習機会についての知識の種類を反映している．もう少し興味深く言えば，彼らの行為は，ある特定の選好という観点から選ばれるのであるが，その観点は，社会的に構成された合理性として，私たちが先に言及したものの内部で定義される．つまり，個人の選択は，ランダムになされるのではなく，従われるべき行為のコース上でなされるのである．私たちは，生涯を通じた教育経験という特定の文脈において，その経験を理解する際の鍵となる概念は，「学習者アイデンティティ」(learner identity) であると提案したい．ベイル (Weil, 1986) が示すように，「学習者アイデンティティ」とは，以下のことを指す．

　　成人が，自らの学習を「促進的」あるいは「抑制的」，「建設的」あるいは「破壊的」といった具合に経験する，その条件を理解するようになることである．学習者アイデンティティは，「学習」「学校型教授」「知識」についての価値や信念が獲得されること，あるいは，それを肯定することとかかわっている．そうして作られたものは，時を超えて統合されることで，学習の個人的で，社会的で，経験的で，知的な次元を組み入れるのである (Weil, 1986: 223)．

「学習者アイデンティティ」は，個人が，どのように学習者としての自己を理解するようになるのかということ，および，彼らと学習機会との関係を含んでいる．したがって，それは，教育的な行為のコースが，他にどうありうるかを評価する枠組みをも提供してくれる．さらに，ベイル（Weil, 1986）が示唆するように，個人の「学習者アイデンティティ」は，知的な次元と同時に感情的な次元を含んでおり，本質的に個人的なものである（Sennett and Cobb, 1972）．しかしまた，「学習者アイデンティティ」が，いかに個人的なものであったとしても，それは同時に，個人の社会経験の産物であり続ける．ここでもまた，私たちは，個人の社会経験は，歴史と場所によって異なってくるということを強調しておきたい．

はっきりしていることは，義務教育は，「学習者アイデンティティ」の強力な源泉であるということである．学校での成功的な学習経験を持っている者は，肯定的な「学習者アイデンティティ」を発達させやすくなるし，それゆえ後の生活においても，学習機会に参加しやすくなる．しかし，「学習者アイデンティティ」は，ただ単に学校での成功や失敗の問題であるわけでもない．それは，もっと複合的なプロセスの産物である．例えば，1960年代のグラマースクールのカリキュラム，教授法，評価は，同じ時期の中等モダンスクールや1970年代の進歩的なコンプリヘンシブスクールで利用可能であったカリキュラム，教授法，評価とは，かなり異なる学習者をつくることに役立っていた．教育制度が，その生徒たちに染みこませようと望む「学習者アイデンティティ」は，制度の類型によっても，歴史によっても違っているのである．こうした要因があるために，学習機会の構造は，継続する諸世代から異なった評価を受けてきたのである．私たちの最近の調査から特別な例を挙げれば，1947年の石炭国有化後に可能となった訓練の機会は，それを経験した坑夫たちの最初の世代——彼らの学歴は，圧倒的に初等レベルに限定されていた——にとっては，普遍化した中等教育を受けた後に，この産業に入ってきた後の世代に比べると，非常に違った意味をもっていた．事実，最初の世代にとって，彼らが受けた職場での訓練は，狭い意味で職業的と理解されるものとはほど遠く，全体として彼らの教育経験の最も重要な要素を構成したのである．

しかしまた，「学習者アイデンティティ」を，単純に学校教育の産物であると言うこともできない．それは，インフォーマルな学習機会との関係でも生み出されるし，別の行為のコースを評価する際には，違った含意を持つことにもな

る．伝統的には，スポーツと音楽の領域は，少数の若者たちには，学校教育を通じて得られるのとは異なる，固有の能力の概念を発達させる機会を提供してきた（Furlong, 1991）．年配の学習者にとっては，政治組織や地域組織のなかでの経験が，同様の効果を持っていた（Weil, 1986）．実際，特定の場所や時代においては，こうした種類の活動が，「学習者アイデンティティ」をつくりあげるうえで，学校教育制度よりも重要な役割を果たしてきたのである．例えば，産業化された南ウェールズでは，歴史的に，はっきりと区別しうる諸イデオロギー・システム——それらの起源は，まさに地域ベースの活動にあったが——のあいだに明瞭な衝突が生じていたが，個人の「学習者アイデンティティ」は，そうしたイデオロギー・システムのなかで発達していた．非国教会派は，個人にとっての文化的達成物として教育を見ていたが，それは，ルイス（Lewis, 1993）の言う，労働者教育協会やナショナル労働カレッジ等を通じた「労働者教育」の集産主義とは，鋭い対照をなすものであった．しかし，これらのイデオロギー・システムが支持する実際の学習機会が，自分自身の特定の目的を持つ個人にとって，どこまで適合的なものであったのかは，検討の余地がありうる．例えば，坑夫たちが労働者教育を利用したのは，労働者階級の集団的な前進のためというよりは，個人的な職業移動のルートとしてであったように，である（G. Rees, 1997b）．

こうした手短かな事例が示すのは，「学習者アイデンティティ」が根ざす社会経験の複雑性である．確かに，こうした経験は，フォーマルな教育制度を超えて，実際には地域ベースの学習をも超えて広がっている．職場は，教育制度を通じて身につけられた「学習者アイデンティティ」が再調整される（あるいは，増力される）決め手となる舞台の1つである．石炭産業の経験が示すように，ここでの含意は，特殊に職業的なものを超えて広がる．私たちが示唆したように，国有化は，南ウェールズのような場所において，特徴的な教育経験を変動させることに大きく影響した．それは，戦後の移民の一部を受け入れた教育政策上の変化がもたらしたのと同様に，である（G. Rees, 1997b）．同じように，近年，この地域において，重要な先進的な製造業セクターが発展したこと——かなりの部分，それは，外国からの直接投資に基づくものであるが——は，結局は，教育経験とそれに結びついた「学習者アイデンティティ」を，同じく再定義させるような影響を発揮するかもしれない．さらに言えば，こうした変化は，特定の社会的グループ，端的には女性に対して，特別なインパクトを与えること

になるかもしれない．

　こうした議論はまた，時を超えた「学習者アイデンティティ」の変化という問題を，正確に取り上げることになるだろう．「教育と訓練の文化」は，教育と訓練に向かう者たちに見られる特徴的な傾向を含むものであるが，それは，ある地域における現時点での社会・経済的な状況を反映するだけではなく，過去の残留物をも反映しながら発展するのである．例えば，仕事に関連した訓練を受けようとする意志は，現在の雇用のパターンが何を要請しているかということと同時に，地域において，そうした訓練がどのように提供されてきたかという伝統をも反映する．さらに言えば，家族生活は，そうした点について，世代間的な伝達がなされる主要な媒体である．若者たちが育ってきた特定の家族には，継続的な教育と訓練を受けることが，雇用生活にとってルーティーンのサイクルになっている——それが，自然な形での経験になっている——成員がいる．しかし，そうした家族で育ったわけではない若者たち——現在では多数派であるが——には，反対の状態が真実である．そうした環境において，若者たちが義務教育後の学習に参加するようになるには，個人の歴史を再作動することが必要となるだろう（Hodkinson, Sparkes and Hodkinson, 1996）．

　これらすべてのことが示唆するのは，人的資本論の支配的な言説によって提供されるものよりも，はるかに繊細な生涯学習についての社会理論である．もちろん，これまでの議論の多くは，明らかに仮説的なものではある．それは，すでに完了した分析であるというよりは，実証的調査の体系的なプログラムのための基礎を提供するものである．しかし，それでも私たちは，学習社会の性格について，いくつかの洞察を提供することができたと信じている．それを，次節で述べることにしよう．

4── 結論的なコメント

　ある意味で，私たちの議論が示しているのは，市場行動についての経済学的モデルに根ざす学習社会の概念を超えでる必要があるということにすぎない．そうした概念は，現在では公的な言説を支配しているが，それでも，それを批判する私たちの結論は，特別なものとは見なされないかもしれない．しかしながら，重要なのは，私たちの議論は，経済学的モデルとは異なる選好の組み合わせを，単に規範的に示そうとするのではなく，生涯学習の社会関係について

の分析に根ざしているという点である．学習機会への参加に関する選択は，人的資本論で前提とされている選好に包摂されなくとも，合理的でありうるのである．

　（例えば，若年者の訓練のケースにおけるように）学習機会を利用することを嫌うという傾向を，少なくとも部分的にでも説明してくれるのは，この単純なポイントを認識することによってである．もう少し一般的に言えば，教育と訓練のプログラムの含意に関して，簡単に同意が得られることを期待できる理由は，どこにも存在しない．例えば，国家や雇用主によって提供される機会は，潜在的な訓練生や被雇用者にとっては，それがそうした機会であるとは認識されないかもしれない．さらに，この点では，教育と職業準備のあいだを単純に区別してしまうことも，問題とならざるをえない．すでに見たように，職場での訓練でさえ，特定の「学習者アイデンティティ」のもとでは，重要な教育経験として認識されるかもしれないからである．

　私たちは，生涯学習への参加についての個人の経歴が，どのように歴史と場所の特殊性に埋め込まれるのかを強調してきた．そして，このことを，人的資本論のように過度に単純化された，しかし普及しつつある視点と比較してきた．しかし，私たちが生涯学習の社会関係の複雑性に焦点を当てたのは，ポストモダン的な多様性を，それ自身で称揚するためではない．特に，こうした社会関係を，時間軸の変化と場所間の分化を含み込む枠組みのうちに位置づけることは，学習社会の構築の戦略にとって重要な含意を持つだろう．はっきり言えば，私たちは，学習社会を，ただ単に将来において到達されるべきものと見なすことの不十分さを暴露したのである．この戦略は，それが効果的であるためには，異なる社会集団が経験してきた学習機会の変化のプロセスの実際を説明できなくてはならない．その際には，社会集団間と地域間での経験の分化を無視することはできない．事実，発展の目的は，単一の学習社会の創造ではなく，学習社会の多様性——それは，実際の世界に，生涯学習がなされる社会関係の複雑性を築くものであるが——の創造であると認識されるべきであろう．

【訳注】
［1］　11歳時に中等教育の振り分けのために実施されていた統一試験．
［2］　11歳，13歳の時に実施される私立校入学のための統一試験．

8
教育の拡大と不満の調停
——アラブ諸国における学校教育の文化政治

Educational Expansion and the Mediation of Discontent:
The Cultural Politics of Schooling in the Arab States

アンドレ・エリアス・マザウィ
ANDRÉ ELIAS MAZAWI
(苅谷 剛彦 訳)

1――序

　この章では，比較の方法を用いて，アラブ諸国において，教育拡大の背後で生じている社会経済的，および政治的な構造の特徴を明らかにする．ここでは，すでに刊行されている文献のレビューを通じて，この課題に迫る．アラブ諸国に関する既存の研究は，学校教育が近代化に果たす役割を過大に評価するものか，あるいは，市民社会のより周辺的な部分での動きが教育拡大に影響を及ぼしている点に焦点を当てたものか，そのいずれかであった．このレビューのねらいは，こうした既存の研究のアンバランスを埋めることにある．

　この章で扱うのは，次のような問題である．学校教育は，しばしば「アイデンティティの政治」と呼ばれるさまざまな問題をつなぐ「領野」(ないしアリーナ) を代表する．アイデンティティの政治とは，「さまざまな制度において，諸集団が，自らの象徴的な代表性と世界観に関して，どれだけ認知され，存在する場を得ているか，さらに妥当なものと見なされるか，をめぐる闘争」(Davies and Guppy, 1997: 455) を意味し，学校教育は，その構造や内容や動きを通じて，この闘争が展開する場となっている．

　この文献の2人の著者はさらに主張する．「アイデンティティの政治は，ローカルな文化と伝統への愛着と，(普遍主義に対する) 特殊主義 (particularism) の復活を伴うことで，エスニシティとローカリズムを復活させる」．「この復活は，互いに孤立したコミュニティがそれぞれ独自に変化に対応した結果であるとか，それぞれの自律的な動きによるものだということでは理解できない」．というよりも，むしろ，「西欧に端を発する消費文化のグローバルな展開に対応する，多

様な形態をもった原理主義の世界的な復活と関係している」というのである．それゆえ，2人は次のような結論に達する．「したがって，学校は，こうした文化的な闘争の戦場となる．というのも，学校はさまざまな集団の文化的アイデンティティを称揚したり，あるいは逆におとしめたりするところだからである」と（Davies and Guppy, 1997: 455）．

彼らの主張を，途上国にあてはめると，つぎのようなことを意味する．すなわち，学校教育システムが有する「近代化」や「グローバル化」の効果は，たんに社会の進歩だとか近代への移行というよりも，究極的には，多様なレベルでの葛藤を抱え込んだ，社会文化的，ならびに政治的な過程に隣接するものとして働いているということである（Fägerlind and Sara, 1983; Larrain, 1989: 1–17; Taylor, 1979: 3–41 参照）．もっとも重要なことは，「アイデンティティの政治」という問題設定は，学校教育の拡大が，既存の秩序に対する政治的な挑戦（contestation）の立ち上がりと密接に結びついていることを暗に意味している点である．社会の分裂が深刻な場合，そのような社会で，公教育が拡大すると，地方のコミュニティや周辺的な立場におかれた集団は，それぞれ自らの文化的な準拠枠を維持しようとする．（国が主導する公教育とは異なる）代替的な教育の基盤を作り出そうとするとか，あるいは，公教育に直接的にはたらきかけ，政治的に広範な利益を得られるような教育の提供を求めたりするといったことを通じてである．こうした弁証法的ともいえる（矛盾をうちに含んだ）力関係による動きを通じて，教育は，その制度の形態の面で多様性を強めていくことになる．しかも，学校はその結果として，民族的な政治（ethnic politics）とそれが文化的に表現される場に引き込まれることになる．こうして，国家システム——より正確に言えば，国家によって確立されたエリート集団——は，教育の拡大を導く，単一のまとまりを持った行為者ではないことになる．むしろ，市民社会化の過程が，教育の変化にとって不可欠の部分を構成するようになり，その過程もまた，教育の変化を司る方程式と無関係ではいられなくなるということである（Davies, 1999; Gillborn, 1944 参照）．

それゆえ，もしも現代国家のまとまりというものが，大衆教育を通じて可能になっていると国家エリートたちが認識しているとすれば，それとは反対に，ときとして学校教育システムの拡張がいかに国家エリートたちの支配的な地位を脅かすことがあるかを認識することもまた必要になる．このダブルバインド状態がもたらす力の働きは，教育政策がもたらす結果にも影響を及ぼすし，教

育上の資源を獲得することが，それぞれの社会集団にとって重要なことだと見なされる程度にも影響を及ぼす．

まさにこの問題については，アラブ諸国における教育拡大の研究は，ほとんど何もいっていないに等しい．もちろん，少数だが，主には人類学者たちによる優れた先行研究が例外的にあることはあるのだが．既存の研究は，近代化や人的資本，開発・発展といった用語を用いる言説か，さもなければ根拠の乏しい，政策志向の推論にどっぷりつかった研究かのいずれかで，国家の教育政策がもたらす構造的な結果に注目するものがほとんどだった．それとは異なるグループの研究者たちは，学校が果たしている社会的不平等や権威主義的な家父長システムの再生産を解明しようとしてきた．この点で，マッシアラスとジャラールの観察によれば，「家父長的家族の価値観は学校教育の場で再生産され」ており，「アラブの教室では権威ある人々を尊敬することや彼らの意思に完全に服従することを教えている」という．つまり，アラブの教室では，伝統的な知識や知恵の源泉に疑いの目を向けるようなことを教わることはなく，競い合うことよりも協力し合うことを教えているというのである．

しかしながら，これまでの研究は，アラブ社会における学校教育の拡大を，「保守主義」や「伝統主義」から「モダニティ」への移行に伴う構造的な制約と結びつけて概念化しようとする傾向がある．アラブ社会における教育拡大を競合しあう政治的課題の出現とどの程度結びついているのかを理解しようとする研究や，教育拡大が起こる文脈において，再生産といった問題との関連だけではなく，市民の抵抗が広範囲に及ぶ社会文化的，政治的な意味合いを帯びることととどの程度関係しているのかを究明しようとする研究は，それよりもずっと少なかった．

この章では，開発・発展理論や近代化の理論によるアプローチは，階級再生産についての諸理論と同様に，アラブ諸国の教育拡大に影響を及ぼす諸要因が織りなす複雑な網の目状況を説明する上で，極めて限界のあるものだということを論じていく．これらの理論は，教育拡大の社会的，文化的な基盤をつくり出している，多様なレベルにあるさまざまな過程を明らかにすることに失敗している．さらにこの章では，これらの理論的なアプローチが，それぞれのパラダイムの違いを問わず，アラブにおける市民社会を，国家による政策の構造的な帰結であると見なしている点を問題にしていく．結局のところ，市民の抵抗や異議申し立ての諸過程や，それが教育の拡大に及ぼす影響については，きわ

めて素朴なかたちでしか，概念的な理解がなされていなかったのである．「伝統の力」対「変化の力」といった対比はその典型であった．コミュニティを基盤においた，葛藤を含んだ力の絡み合いが，アラブ諸国における教育の拡大をかたちづくっていることは，分析の対象とはなってこなかったし，これらが代表する複数の声は無視されてきたのである．アラブ諸国における社会政治的な不平・不満や異議申し立てがもつ決定的に重要な側面は，脱文脈化され，それゆえ，それらを教育拡大の潜在的な原因であるとみなす分析からも外されてきた．

すでに述べたように，この章では，新しいデータを報告することはせず，アラブ諸国における既存の教育研究をレビューする．第1に，さまざまな国における識字率や教育資源へのアクセスに影響を及ぼしている，マクロな構造的歴史的な主要因に目を向ける．第2に，多様なコミュニティに基盤をおく状況で行われたフィールドワーク研究をレビューする．その目的は，国家の政策と，市民社会の諸過程と，それらの基盤にあり，教育拡大のパターンに影響を及ぼしている社会政治的，文化的な諸要因との間の関係を明らかにすることにある．第3に，結論的な議論の枠組みとして，上に述べた諸要因のダイナミックな関係が主にどのような意味をもつのかを議論し，今後可能な研究の筋道を示す．

2 ── 教育拡大と公立学校システムの興隆

現代のアラブ諸国における教育サービスの拡大は，独立後の期間（1920年代から70年代）に端緒をもつ．1940年代の初頭には，学校教育の拡大は，80-95%と推定されていた高い非識字率という基本的な障害と立ち向かわなければならなかった．いくつかの非都市圏の地方では，一般的にも，またとりわけ女性の場合には非識字率が99%に達すると推計されていた．歴史的な要因や，文化的な信念の体系や実践，あるいはあからさまな植民地政策といった要因が，識字率を低迷させてきたのである．たとえば，アルジェリア，エジプト，スーダン，パレスチナといったところでは，植民地政策が識字率を低く抑えることに直接的に大きく与っていた．強制された植民地システムの官僚制的なニーズにとってもそのことは機能的であったし，国民運動の形成を妨げたり抑圧したりする上での植民地的な試みでもあった．

独立後の期間には，国家の政策が経済統合を促し，国内の専門職的な労働力の訓練を促進することを目指した．こうしたことにもかかわらず，十分な識字

の普及というインフラストラクチャが欠如していたために，必要な人的資本をリクルートすることが大きく妨げられた．このような文脈において，識字キャンペーン，公立学校教育の拡大，さらには高等教育機関の設立といったことを同時に展開せざるを得なかった．マッシアラスとジャラールによれば，このことが，計画の優先順位や，国家的な資源の配分，訓練プログラムの質，多くの学校や高等教育システムの経済的な面での実行可能性といったことに，相当な構造的制約を課すこととなった．

　1990年代半ばの時点で，アラブ諸国はいまだに，比較的高い非識字率を示していた．ただし，1950年代初頭以降，識字率は着実に上昇してきている．ユネスコの統計によれば，国による違いはあるものの，アラブ諸国の非識字率は，人口の5分の1から2分の1までの間におさまる．非識字率は，いまだに女性のほうが高いとか，都市部より地方のほうが高いといった傾向が残っており，とりわけ地方の女性の非識字率がもっとも高い．15歳以上の成人の識字率は，アラブ諸国全体で56.8%に達する（男性が68.4%，女性が44.2%である）．とはいうものの，発展途上国の中では，アラブ諸国の識字率は，他の途上国に比べ高い水準にある（UNESCO, 1995: 19）．

　多くのアラブ諸国の識字政策は，対人口比での非識字率を低下させているものの，いくつかの例外を除けば，非識字人口の絶対数を減少させるという意味では，必ずしも成功してこなかった．ユネスコの推計によれば，1970–90年の間に非識字率が実質的に低下しているにもかかわらず，同じ時期に，非識字者の人口の絶対数は多くの場合むしろ増加している．たとえばエジプトなど，いくつかの国では，絶対数でみた場合，27%も非識字人口が増えているのである．他の国では，絶対数でみた増加はもっと顕著である．たとえば，スーダンでは51%，クウェートでは92%の増である．にもかかわらず，同じユネスコの推計によると，たいていのアラブ諸国では，1980–90年の間に増加傾向は明らかによりゆるやかなものとなり，1970–90年の20年間での増加率に比べ，半分くらいに落ち着いてきている．

　このように非識字率が減少しているにもかかわらず，非識字人口の絶対数が増えてしまうのは，一方で人口の自然増が生じ，他方で，初等教育や基礎教育の拡充がそれに追いついていけないことによる．たとえば，エジプトでは，1980–95年の間に，成人の識字率が40%から51%に高まったが，成人の非識字人口の絶対数（男女計）は，この間，1600万人から1900万人へと増えている．

ファガニー (Fergany, 1994: 19) は，この問題についての実証研究の結論として，つぎのように述べている．「エジプトの場合，絶対数でみると，明らかに他のアラブ諸国と比べても，（識字の問題は）後退している．とくに，女子の識字に関しては，他の第三世界の国ぐにと比べても，その立ち遅れが甚だしい．エジプトは，女性の非識字の根絶や女子への初等教育の提供という点で，大きく立ち遅れているといわざるをえない」．

公教育の拡大は，こうした基本的条件の組み合わせによって大きな影響を受けてきた．多様な社会集団が教育資源に接近できる機会を拡大することを「教育の民主化」と呼べば，それは，ほとんどのアラブ諸国にとって教育政策の主要な柱となってきた (Massialas and Jarrar, 1991)．1990年代の半ばまでに，6–11歳人口のうち，アラブ諸国では男子の83.9%，女子の71.6%が就学している．12–17歳人口でみても，男女別の就学率はそれぞれ59.2%と47.1%になる (UNESCO, 1995: 36)．これらの統計は，国による政策にもかかわらず，公教育への実際の接近の機会が，いまだユニバーサルな段階には達していないことを意味している．教育機会の顕著な不平等が，都市部と地方との間ではいまだに残っているし，ジェンダー間，異なる社会諸集団間，社会経済的な基準でみても，教育機会の不平等が執拗に残存している．

たしかに，多くのアラブ諸国において，女性の学校教育「平均寿命」（平均して何年間の教育を受けられるか）は改善している．それでもまだ，男性と比べると，教育機会は明らかに制限されている．たとえば，1965年から92年の間に，学校教育を受ける平均期間は，ヨルダンでは7年間，シリアでは4.8年間，エジプトでは4.4年間，イラクでは3.7年間も伸びている (UNESCO, 1995: 41)．それでもなお，女性が受ける教育の期間も，学校教育に残れる平均的なチャンスも，男性に比べれば，いまだに大きく下回っている (UNESCO, 1995: 38)．

アラブ諸国の間での教育への投資は，国によって大きく異なり，それは，国民総生産 (GNP) や経済構造，海外への負債額，国際通貨基金 (IMF) や世界銀行などの構造調整政策への依存度などによって大きく左右されている（たとえばTansel and Kazemi, 2000 を参照）．アルジェリアのような国では，ユネスコの統計によれば，1993年の政府支出のうち5分の1が教育支出であり，この国のGNPの7.2%に匹敵する．北アフリカの他の国，たとえばモロッコでも，教育支出は政府の総支出の26.7%を占め，モロッコの1992年のGNPの5.8%にあたる．それに対し，スーダンは，1人あたりのGNPが300米ドルを上回るこ

ともないほど貧しい国であり，それに輪をかけて，海外の負債が重圧となり，政治的な分裂や不安定さから，教育への支出は政府支出全体の9%を占めるに過ぎず，GNP比（1980年）でみても4.8%に留まる．他方，湾岸地域の諸国では，1970年代以来，石油の輸出により獲得した収入増のおかげで大きく増大したGNPのうち，相当な額のお金を教育への支出に振り向けるようになっている（1993年においてアラブ首長国連邦（UAE）では対GNP比で2%，クウェートでは6%）．このようにアラブ諸国の間でも，教育への投資能力には大きな差異がある．この差異は，それぞれの国の教育の質を左右する条件となっているばかりでなく，公教育が社会移動に果たす役割の重要性の違いをも生み出している．

　すべてのアラブの国ぐにでは，たいていの場合，公立学校の教育は無償であり，国が財政的に補助をしている．ある論者たちによれば，社会福祉サービスの提供は，教育を含め，国家エリートたちの支配的な地位と，彼らの抑圧的なヘゲモニーを維持し，その正統性を確保するうえで不可欠の政策であるという（Kamrava and Mora, 1998: 904–908）．こうした指摘は，とりわけ，国家の官僚機構に入り込むために教育資格の取得が求められるような場合を考えると，教育と支配的エリートへの接近の問題としてあてはまることがわかるだろう（Shaw, 1996）．この点で，何人かの論者たちは，エジプト，シリア，湾岸地域のアラブ諸国を対象に，教育資格と国家官僚機構への参入との密接なつながりがあることを研究している．このようなリンケージは，1952年以後のエジプトのように，公に推奨されるものであり，高等教育の卒業者に国家装置の内部での仕事が保障される仕組みとなっている（Hargreaves, 1997; Sanyal et al., 1982）．湾岸諸国では，教育資格，とくに高等教育卒の学位へと接近する能力をもつことが，国民にとって国家官僚になるための重要な資源となっている（Ghabra, 1997）．

　関連すると思われる分野でアラブ諸国における教育研究の文献をみると，驚くほど注目されていない教育の問題がある．それは，政治的な葛藤や，戦争，経済的な不安定といったことがらが，国の教育システムの拡張や成長の可能性に及ぼす影響についての研究である．アルジェリアやイラク，レバノン，パレスチナ，さらにはスーダンといった国ぐにでは，想像以上に，政治的な葛藤のために，教育システムの働きが鈍り，その効力が不安定なものとなっている．こうした，それぞれの国の文脈に応じて特殊な政治的，経済的な環境の影響を

直接受けることで，就学率や識字率が低下し，教員や教科書，その他の基本的な教材の不足が生じている，としばしばいわれている．さらにいえば，多くの証拠が示すように，社会の深部にまで分断が生じ，内部の分裂が生じているこれらの国ぐにでは，教育機関は若い世代をこうした（政治的）衝突へと動員する上での強力な道具となっている（Africa and Human Rights Watch, 1995）．有効な教育政策を欠き，基礎教育の提供や教育発展のための計画が崩壊していることにより，すでに存在する地域間や階級間の分裂や分断がより一層激化しているのである．

3 ── 市民社会，地域コミュニティと教育拡大

アラブ諸国における公立学校制度の誕生と拡大は，それゆえ，つねに内部的な矛盾をはらんだものであった．これまでの文献レビューが明らかにしたように，アラブ社会には，地域的，社会経済的，文化的，民族的といった多層なレベルに及ぶさまざまな分裂・分断が存在する．そして，教育の拡大は，こうした分断を利害対立へと，より強力に導く誘導路となっていた．アラブ社会には，マドラサ，クッターブ，ザウィーヤとかハルワと呼ばれる，宗教と関係した教育の諸形態がある．これらは，たいていの場合，学年制をもたず，ゆるやかに連結した，（伝統的な）教育であった．こうした地域に根ざした教育を，たとえ国家が収用したり，占有したりしない場合でも，公立学校の拡大は，こうした地域の教育を周辺へと追いやってしまう．このような場合に，教育の拡大が社会の分裂を利害対立へと導くという，先に述べたことがいっそうあてはまる．しかも，教育の拡大は，地域に根ざした教育に代わり，学年制をもち，画一的で，国家が統制する公立学校システムという，それまでの教育の見方を一変させるような代替物を強制することを意味した．このような変化は，たんなる「近代化」とか「構造的変容」とか「移行」などというものではない．むしろ，それが示しているのは，より根源的ともいえる，葛藤を含んだ，既存の権力基盤の変化であり，変動である．それは，（政治的・社会的）権威の新たな源泉を決定づけ，何が妥当な（それゆえ，政治的な含意を帯びた）知識かを定義づける権力基盤の変化を表している．このことは，エジプト，シリア，イラク，ヨルダン，スーダン，マグレブといったアラブ諸国には，おおかた当てはまる事実である．エジプトについては，スターレット（Starrett, 1998: 9）が，このようなプ

ロセスを「機能化」(functionalization)という言葉をつかって概念化しようとしている．機能化とは，彼によれば，「ある言説から引き出された知的な対象が，他の言説にとっての戦略的ないしは功利主義的な目標として働き出すように翻訳されること」を指す．この意味で言えば，たとえば，エジプトの公立学校でイスラム言説を「機能化」することによって，国家エリートたちは，イスラム言説を使って，たとえそれが正反対の意味をもつほどかけ離れている場合でも，その言説を多様なタイプの社会的・政治的プロジェクトに役立たせることができるようになる．半島のアラブ諸国である，サウジアラビア，バーレーン，クウェート，オマーン，カタール，UAEといった国ぐにはまさにこのことがあてはまる．

さらに半島のアラブ諸国の間では，国家装置の創造と拡張が，1960年代後半と70年代初頭以来はじまり，地域内でのライバル意識や政治的な競争と結びつくようになっている．そのために，それ以前の（宗教的な）教育形態の見直しを余儀なくされている．自らの正統性を損なうことなく，国家がさまざまな葛藤を含み込んだ過程を管理できるような能力を行使するためには，旧来の教育との間に調和的な関係が築かれなければならない．そのために，国家は多様な方法で指揮監督権を行使し，旧来の教育のパターンを再編成する．それが，国家による「機能化」の一端である (Al-Misnad, 1985; El-Sanabary, 1992 を参照)．これらの国ぐにでは，すでに教育活動を行っているクッターブやマドラサといった伝統的な教育の形態を部分的に修正し，国家が統制する教育システムの一環として位置づけようとする特別の調整が行われている．レバノンではそれほどではないものの，アルジェリアやエジプト，イラク，ヨルダン，シリアといった国ぐにでは，国家が私立学校（たいていの場合西欧の宗教団体と関係する学校である）に対してとる関係のあり方を再設定しようとしている．それはまた，地域コミュニティにとって，国家の提供する教育に代替しうる教育がどのようなものとなり，そこにどのように接近できるのか，といった問題に間接的ではあるが影響を及ぼすような変化である．

このように，アラブ諸国における公教育の拡大は，諸集団間の関係を規則づけている権力構造に，社会的，政治的，経済的に包括的な変容をもたらす変化の一部となっていた．さらにまた，教育の供給がますます国家の独占状態となるにつれ，そうした教育の国家的独占を，より広範な文脈における権力構造のもとで，自らの位置づけが脅かされるものだと見なす諸集団にとっては，公教育

の拡大は，それに対し抵抗し，異議を唱えるべき対象となる．たとえば，独立後のアルジェリアは，このような議論を例証するケースといえる．この点に関してアルジェリアについて書いたチェリエット（Cheriet, 1996: 9）によれば，国家エリートたちは，文化的に多様な教育システムの発展を，多様な社会言語学的，文化的な伝統に根ざしたエリートたちを取り込むための手段と見なしており，そうすることで，「新しい個人，新しい社会」の建設を試みようとしている，という．しかしながら，とチェリエットは続ける．「アルジェリアにおける国民国家の建設は，その意図とは異なり，自らの正統性の維持装置を崩壊に導く原因となる」と．このような文脈に位置づけてみると，近年のアルジェリアにおける内戦によって，教育システム，とくに大学は，市民の間での反目し合う意見がぶつかり合う場となり，既存の権力構造に変化を迫る最前線へと押し上げられている（Cheriet, 1996: 13）．他の論者たちによれば，それは，教育政策の基盤にある文化の政治（cultural politics）にラディカルな変化が起きていることを意味する．とくに学校や大学のカリキュラムのアラブ化（Arabisation）という現象に関連して，そうだというのである（Abu-Absi, 1984; Burgat, 1988; Chevit, 1994; Moatassime, 1992; Sebaa, 1996）．

レバノンとエジプトのケースについても深く考えてみることができる．これら2つのケースでは，（文脈の違いは大きいものの）学校システムは，互いに競合し合う社会的政治的な諸集団の形成と再生産を左右するものとなっている．レバノンでは，公立学校制度が弱体であるため，多くの場合，私立学校が提供する教育が，このような面で教育の果たす役割を担っている．どのような種類の教育を受けたかによって，社会的な機会が異なり，特定の社会経済的な地位と結びつく．これらの関連性の強化に，私立学校の教育が一役買っているのである．このようなプロセスを通じて，そもそもあった互いに反目し対立し合っている諸集団間の分裂がいっそう激しいものとなる．そこにおいて学校は，特定の社会的，文化的なアイデンティティ（それはまた，たいていの場合，明確に政治的に立場を異にする諸集団の構成と重なり合うものでもある）を再生産する役割をますます担うようになる（Charafeddine, 1996; Wehbé and El Amine, 1980）．この点において，エルハッチャム（El Hachem, 1989: 99）は痛烈に次のようにいう．

　　われわれは，レバノンにおける多様性の生産・再生産という点で，教育を

構成する2つの要因を見出すことができる．1つは，宗教学校（confessional school）であり，もう1つは，家族や社会の影響ということである．地理的な隔離によって強化されることで，これら2つの要因は，若者たちをそれぞれ違った宗派へと導く上で重要な役割を果たしている．その結果，これらの要因は，コミュニティ間の差異を際立たせてしまう．こうして，レバノンは，互いに相容れない，社会文化的，社会宗教的に半ば独立状態にあるコミュニティをつぎはぎにしたような社会としてのアイデンティティを発展させていったのである．

それとは対称的に，エジプトでは，国家装置による規制や統制に公立学校システムが過度に従属しており，そのために，コミュニティを基盤に，イデオロギー的にみればイスラム教という同一性をもった，私立や他の形態の公教育の機関や非正規の教育機関の間の，ゆるやかに連結したネットワークが徐々に形成されつつある．このような制度的なネットワークは，教育政策の輪郭を明確にしたり，教育サービスを提供する上での国家による統制と，あまりにもしばしば対立しあう（直接的な競合関係にはならないものの）関係にある．スターレット（Starrett, 1998）の研究によれば，そうしたネットワークは，「ラディカルな批判を呼び込むものであり，公立セクターだけでは満たし得ない，宗教的な資源への渇望を増すものである」．学問的な労作といえるファラグ（Farag, 1994）の研究において，彼女は，宗教やイデオロギーや政治や階級と関係したさまざまな分断を，広範な領域に渡って調停しようとする営みに，教育についての諸言説がいかに深く根ざすものであるかを，丹念に追跡していった．エジプトの地方紙，全国紙の記事を広範に渉猟し，労を惜しまぬ分析を加えることで，彼女は，教育についての互いに相容れない発話をたくみに再構成した．そして，社会政治的な環境のもとで，教育言説が激しくぶつかり合うことや，国家官僚エリートたちと，それと対立するさまざまな集団との間の権力の布置状況のもとで，教育をめぐる言説が，いかに社会的，文化的に多様に，かつ矛盾しあうような解釈がなされるかを明らかにした．

オマーンやパレスチナ，イエメンといったところでは，それとはまったく異なる状況にある．学校教育の拡大は，市民レベルでの意見の相違や，政治的な競合状態にある多様性をしばしば調停してきた．たとえば，オマーンにおいてチャティ（Chatty, 1996）が行ったフィールドワークをもとにした人類学的な研

究によれば，周辺化された遊牧民コミュニティの政治活動において，彼らが子どもたちのために教育資源を持続的に提供していることが明らかとなっている．チャティは，ハラシイス (Harasiis) 部族に属するベドゥィンの女性たちが，新しく遠隔地に建てられた学校に娘たちが通学できるようにするために，いかにして自分たちの移動する家族の生活をラディカルに再組織化しているかを記述している．度重なる住民たちの訴えにもかかわらず，女子生徒向けの学生寮がないため，ハラシイスの女性たちは，少女たちが通学できるように，キャンプする場所を思い切って変えたり，家族が別れて住んだりすることで，教育を受ける上での地理的な困難を克服しようとしているのである．ハラシイスの女性たちの行動は，「成熟した女子生徒たちが，青年期の少年たちと同じ場所で過ごすのはふさわしいことではない」と，都市部に住む国籍を離脱した（エジプト人）校長の保守的な態度に満ちた説明を引き出してしまうほどに，革新的な面を示している，とチャティは指摘する (Chatty, 1996: 161)．こうした意味で，先行研究によってわれわれが信じ込んでしまう以上に，ハラシイスの女性たちが娘たちの教育を積極的に行おうとしていることが示されたのである．

　ハラシイスの家族が，（教育のための）少女たちの寄宿を許さないだろうという前提は，その部族や，男たち，女たち，そして，とりわけ，その子どもたちについての誤解にもとづくものであることが証明されたのである．政府がとってきた政策が当初理解された思惑にしたがえば，これらの少女たちは教育がもたらす便益から排除される傾向があった．ハラシイスの人びとが自らは一度も求めたことがないのに，男女を物理的に分離させてしまう政策に手がかりを与えてしまったのである．教育が今や男女を問わず十分に提供されるようになったという事実は，多くの女性たちと，彼女たちを支持する配偶者たちのなみなみならぬ努力のおかげである．自分たち自身と，その娘たちを助けるために，一致団結した協同的な努力が，公教育への要求を可能にしたのである．別の見方をすれば，このような行動は，女性たち自身が，自分たちをそうみるように，——さらには男たちもそうみるように——主体的なアクターであり，自分たち自身や家族の要求を自らがきめる力と，自分たちと子どもたちの生活をコントロールする権限とを持っていることを，明確に示しているのである．

チャティの研究は，教育の拡大へと向かう力が，周辺的なコミュニティの内部にも存在していることを示している．それはまた，教育拡大に関して中央集権的に説明する見方とは別の見方であった．中央集権的な説明にしたがえば，チャティの説明の文脈とは異なり，遊牧民社会に対する国家の政策が，いかに彼らをモダニティへと移行させることに影響を与え，同時に，いかに彼らを社会の中心に統合したか，という説明になる．この種の説明にしたがえば，遊牧民の社会的背景を持つ生徒たちの学業成績が低いこと，とりわけ，女子生徒のそれが低いことは，主として遊牧民社会の伝統主義的な文化（たとえば，Ben-David, 1994）や家族の構造（Al-Krenawi and Lightman, 2000; Elbedour *et al*., 2000 参照）に原因が求められることになる．それゆえ，チャティの説明は，近代化論や発展理論の前提や言説に風穴を開けたことになる．彼女は，教育資源の消費という点において，周縁化されたコミュニティが，自ら革新的な行動様式を引き起こしうること，そして，そうした行動様式を制度的に持続させる能力をもつことを明瞭に示したのである．

また，パレスチナのヨルダン川西岸地区やガザ地区では，イスラエル軍による教育機関の封鎖措置に対し，1987年の終わりごろから，インティファーダ（パレスチナによる蜂起）の一部として，それと緩やかな結びつきをとりつつ秘密裏に，コミュニティに基盤をおく教育環境を準備し，イスラエル軍機構による統制に挑戦をしてきた．イスラエル軍は，このような活動を禁止し，非合法としたが，パレスチナ人にとってこうした行動は，イスラエルによる占領に対する市民の異議申し立てを活発化させるうえで，力を与える代替的な政治的基盤を用意することとなった（Mahshi and Bush, 1989; Rigby, 1995: 15–33）．パレスチナのケースは，特定の政治状況下において，教育資源を，国家装置に対するより広義の抵抗を媒介する重要な手段として見なしうることを示唆している．このようなケースにおいて，「教育拡大」は，国家が支援する制度への協力というよりも，本質的にそれへの抵抗や反抗の反映といった意味をもつ（Badran, 1980; Mazawi, 1994b; Nakhleh, 1979）．

それとはまったく異なり，1990年の南北統合（国家主義的な北と社会主義的南との統合）後のイエメンでは，1992年の教育法案をめぐる国会での論争が，イエメン社会党（YSP）とイエメン改革グループ（YRG）との激烈な政治闘争の場となった．イスラム主義者の反対があったにもかかわらず，統一後の国家にとって世俗的な教育制度をつくる計画は，社会党によって国会で過半数の賛成

を得るに至った．この計画は，部族ごとの連帯や，それ以外のセクト的な連帯を捨て，すべてのイエメン人にあてはまる，より包括的な市民性を強調した．しかし，こうした表面上の動きの下で，イエメン社会党は，国家が財政的に支えてきたイスラム教の機関である「科学機構」に対するイエメン改革グループの支配にピリオドを打つことも求めた．1992年教育法をめぐる政治闘争は，多くの点で，憲法の起草案や選挙法をめぐる，イエメン社会党，イエメン改革グループ，およびその他の政治勢力間の権力テストと見なすことができる．イエメンのケースは，国家機構のエリート集団間が争いあう権力闘争の根幹部分にある，内部対立の存在に光を当てるものである．国家機構のエリート集団といえども一枚岩ではなく，統合された行動様式をもっているわけでもない．むしろ，国家の政策は一般的に，とりわけ教育政策の場合はなおさらのこと，政治システムの内部的な分断や分裂の結果を表明しているのである（イエメンの国家一市民一社会の関係については Carapico, 1998 を参照）．

　上記のケースはいずれも，アラブ諸国における学校教育システムの拡大が，国家主導の政策の総和だとみるわけにはいかないことを提起している．権力の構造は，多様な社会集団間の力関係を律するものであり，広い範囲で変化を遂げる．そうした変化の中で，それぞれの集団は，他に代わりうる権力の基盤をつくり出そうとする．そのための能力をそれぞれの集団がどれだけもっているか．そうした能力と関係するさまざまな要因は，相互に干渉しあいながら市民社会の形成過程にかかわっている．教育の拡大は，そのような諸要因がどのように配置されているかを反映しているのであって，国家主導の政策だけに還元できるものではない．アパデュライの「文脈生成的な変化」という考えや彼の用語を使えば，これまでみてきたようなコミュニティは，「自分たちの知性をかたちづくる文脈をつくり出している」ということができる．このことは，研究者にとって，アラブ諸国におけるさまざまな社会集団の間で生じている学校教育の拡大が，ローカルな現実やグローバルな現実とどのように関係しているのかをみるための理論的な視点を提供している．

4──結　論

　アラブ諸国における教育拡大のマクロな構造に着目する研究は，おおかた，政策主導で，絶対的な力を持つ中央集権的な国家が，公教育の提供のさまざ

な側面を統制していることを描き出してきた（Christina *et al.*, 1999; Massialas and Jarrar, 1983; 1991; Tansel and Kazemi, 2000 などを参照）．教育の拡大は，独立後の時代における国家装置の出現といった視点から，国家建設にかかわる政策の結果として説明されてきた．しかしながら，コミュニティレベルのエスノグラフィックな研究によれば，アラブ諸国における教育の拡大は，政治的，文化的により根源的な意義をもつ，多様な局面からなる文脈のもとで作動してきたものであることが提示された．特定の国や地域に限らず，学校教育の拡大は，コミュニティに基礎をもつさまざまな社会過程と関係する諸要因の影響を受けていることも，あわせて明らかとなった．多くの点からいって，畢竟，教育の拡大は，特定の社会政治的な環境のもとで，参加の機会が制限されている国家システムへの市民的参加のチャンネルであり，その様式であると主張することができるのかも知れない．言い換えれば，教育という舞台——社会的な「場」（Bourdieu, 1984），ないし文脈（Appadurai, 1996）——において，それぞれの社会層・社会集団は，直接的に国家を支配しようとすることとは別に，公教育への接近可能性を高めたり，あるいは自分たちにとっての教育の場を生み出すことで，自分たちの権力基盤をつくりあげ，（教育の場だけに限定されない広範な）権力の配分に働きかけることができるのである．

　それゆえ，アラブ諸国における学校教育の拡大をさまざまな文脈に位置づけることによって，私たちは，それにかかわる社会の変動についてこれまで以上に繊細な説明が可能になる．また，そうした社会の変化が多様な環境においていかなる文化的な意味をもつのかを再解釈することもできるようになる．さらには，それが，より広範な権力構造にとってどのような意味をもつのかについても，神経の行き届いた説明ができるようになる．コミュニティのレベルでは，近代化理論や開発理論によるアプローチは，その説明力に限界がある．そうしたアプローチが暗黙のうちに滑り込ませてしまう，進歩を望ましいとする考え方に浸されたメタレベルの語りは，——「世界システム」（Adick, 1992）とか，「社会の移行」（Massialas and Jarrar, 1987, 1991）とか「二重の認識」とか「平行的な成長」（Moghaddam and Taylor, 1985）などの複数のモデルによって示唆されていることであるが——本質的に，覇権主義的な西欧の政治文化的な価値を帯びた言説の表明である．別のところで論じたことだが，このようなモデルは，発展途上国における教育の拡大一般，とりわけアラブ諸国におけるそれを，国家エリートの言説や認識を正当なものとして理由づけている面に着目して説明

するものである (Mazawi, 1999: 335-338, 350-352).

　アップル (Apple, 1996: 42) のみるところ，教育政策は，それがもつイデオロギー的な前提を超えて，社会の社会経済的な構造や政治的葛藤に深く埋め込まれている．こうした特徴を持つために，教育政策を，それが不断に形成され遂行されている直接の政治的・文化的な文脈の外側で理解しようと思っても，それは不可能なことである．それゆえ，国家の政策と地域レベル，グローバルレベルで生じる社会的諸過程との相互の影響関係を理解するうえで，「文脈」こそが決定的に重要になる．アパデュライがすでに強調しているように，「文脈というものは，言語的なものも，非言語的なものも含めたさまざまな実践の複雑な重なり合いの中で生産される」．しかもそれぞれの文脈は，文脈のグローバルなネットワークを意味している．このような目先の利く視点に立つと明らかになることは，アラブ諸国における学校教育の拡大は，近代化の影響だとか，国家形成の過程だか，あるいはたんに社会階層の再生産といったものに帰することはできないということである．それ以上に付け加えるべきことがある．それは，学校教育の拡大が，社会政治的な権力の不断の再形成や変容において重要な役割を果たしているということである．このことが暗に意味しているのは，次のことがらである．すなわち，「伝統」とか「文化」をいかに解釈するか，その解釈をつくり出すことによって，互いに競い合っている諸集団は，学校教育や教育資源や重要視している価値を，それぞれに異なるように枠づけることが可能になる (Starrett, 1998 参照)．もし，このようなことが当てはまるとすれば，学校教育を，アラブ社会が近代に移行することに伴う現象とみて，そこに焦点をあてようとする研究は，知的な作業としては無意味なことであり，よく言っても，誤解を与えるような試みといえる．問題は，対立しあう「伝統の力」と「変化の力」の間にあるのではない．こうした1次元的な尺度のどこかにあるといった議論を超えたところに，問題はある．アパデュライが示したように，政治的な秩序を社会的，文化的に基礎づけている土台の上で，諸個人や諸集団が交渉したり，行動したりする「場所」(locales) を，いかに生み出すことができるか．その「場所」を生成する能力のうちに問題はあるのだ．

　こうした問題の交錯する特定の地点において，ディヴィスとグッピーがいうところの「アイデンティティの政治」がアラブ諸国における学校教育の拡大の意味を十分に理解するうえで非常に重要になってくる．学校は，伝統主義対近代主義といった還元主義者が考える冗長な話に関係するよりも，市民の不平や

不満，社会政治的な権力の分配といったこととより関係をもつ．この章の後半でレビューしたケースは，エジプトであれ，レバノンであれ，パレスチナ，スーダン，オマーンのハラシイスの女性たち，あるいはイエメンでの1992年教育法をめぐる論争であれ，いずれも，「アイデンティティの政治」の際立った諸次元を映し出している．これらすべてのケースにおいて，学校は，──「場所」として──伝統主義や近代主義の延長線上にある特徴と関係するよりも，文化的に枠づけられ，政治的な意味を帯びた不平や不満の様式と関係している．

　多様な様式のイスラム教的な教育や他の私教育が出現・拡大したエジプトの場合であれ，レバノンにおいて内戦終結後に世俗的な教育制度が拡大した場合であれ，あるいはパレスチナのインティファーダを通じてコミュニティに基盤をおいた教室が出現した場合であれ，それらを詳しく調べていけば，それぞれのケースにおいて，教育の拡大が，それぞれの文脈に位置づけられた社会政治的な異議申し立てを媒介することと関連していることがわかるだろう．しかしながら，このプロセスは，制度として現れるさまざまな結果を正当化するために動員される文化的な参照枠組み（それが，国家主義的であれ，宗教的であれ，その他のイデオロギーと関係する場合であれ）と，絶え間なく関係し合う中で生じている．ハラシイスやイエメンの事例は，このような動的な過程が，公立学校システムの内側をつうじて引き起こされるものであることを強烈に示している．学校教育の拡大を説明するためには，それゆえ，「主体性のモード」とマクラレンが呼ぶことがらに言及しなければならないし，さらにはそれが，教育資源の獲得に向けて諸個人や諸集団を突き動かす力や，彼らの認識，行動とどの程度関係しているのかを参照しなければならない．

　このレビューを通じて，アラブ諸国における教育拡大のケースに，理論的な洞察という点で一体何が提供できたのだろうか．第1に，ある特定の地理的な地域の中で──この章でいえば，それはアラブ諸国ということになるのだが──さまざまな声が織りなす複雑性や多様性に批判的な洞察を加える研究をしようとするのなら，比較というアプローチが必要不可欠になる，ということだ．相対的にみれば社会文化的に同質的に見える場合でも，比較研究は，そこに多面的で多様な状況の織りなす入り組んだ関係の網の目が存在すること，それゆえ，アラブ諸国をまたがって，制度面，行動面での多様な結果が生み出されていることを明らかにできる．これらの国ぐにに関するかぎり，教育拡大は，広い範囲に及ぶ文脈的な諸要因の配列具合に条件付けられて生じている．国家エリー

トは，それにかかわる多様な要因の1つに過ぎないのである．

　第2に，アラブ諸国をはじめ，第三世界の国ぐに一般における教育研究では，マクロな構造の研究や政策志向的な研究がしばしば支持されてきたが，もし研究者が，そうした研究がもたらす悪循環を断ち切ろうとするのであれば，マクラレンの「主体の諸モード」や「アイデンティティの政治」といった概念は，決定的に重要な理論的ツールとなる．このことは，教育の拡大を概念的にとらえようとするためには，より広範な領域の理論的なアプローチのもとで行われなければならないことを意味する．しかも，そうしたアプローチは，そこで教育拡大が生起している，さまざまな行為のレベルの違いをかぎわけるような感受性をもっていなければならない．ヘイの言葉を借りれば，「家庭や，コミュニティや学校や教室の内側で生じる人びとの反応や抵抗」といったことにもっと注意が向けられなければならない，ということである．そして，こうした抵抗を通じて，究極的には，学校教育のパターンが，広い範囲に行き渡った政治権力に対し，覇権対抗的な意味合いをいかにして帯びるようになるのか．そこにも目を向けなければならない．

9
ワシントン・コンセンサスからポスト・ワシントン・コンセンサスへ——国際的な政策アジェンダがマラウイの教育政策・実践に及ぼした影響

From the Washington to the Post-Washington Consensus:
The Influence of International Agendas on Education Policy and Practice in Malawi

ポーリン・ローズ
PAULINE ROSE
（浜野　隆　訳）

1────はじめに

　国際的な開発事業が，過去20年にわたって世界銀行を始めとするワシントンを拠点とする機関により支配されてきたことは，周知の事実である．こうした支配は，世界銀行が果たそうとしている研究機関としての役割，1980年代以降世界銀行が債務国に対して課してきた政策的処方箋からも明らかである．世界銀行による事業は，常に経済面を考慮して計画されており，こうした考慮こそが，同機関の活動を規定していると言っても過言ではない．しかし，その役割は，1970年代のマクナマラ総裁時代における開発援助機関としての自認から，1990年代の自称「ナレッジ・バンク（知識銀行）」に至るまで，時代とともに進化，拡張し続けてきた（Mason and Asher, 1973; Stern with Ferreira, 1997; World Bank, 1999a; Mundy, 2002; Klees, 2002）．一方では開発援助機関として，他方では銀行として活動するこの機関内に，ある種の綱引きが存在しているのは明らかであるが，世界銀行がこれまで，そして今後も，特定の開発アジェンダの決定および強化において触媒的な役割を果たし続けることに間違いはない．世界銀行がどの程度「アイデアの創出者」であるかについては意見が分かれるが，経済開発に関する特定の支配的な見解を普及，促進，適用する際に，同機関が発揮する影響力は広く知られている．

　世界銀行が過去20年間にわたって教育セクターで果たしてきた研究機関・資金供与機関としての役割をかんがみれば，開発アジェンダの設定における同機関の支配的な立場は，教育セクターにも明らかに反映されていると言える（Jones, 1992; Samoff, 1992; Mundy, 2002）．この章では，世界銀行が教育分野に

おいて何を優先させてきたか，教育財政を中心に，その議論の変化を検討する．教育財政に関しては，より広い枠組みである開発アジェンダの大幅な変化という文脈において，世界銀行はこの分野において特に重要な役割を果たしてきた．開発アジェンダの変化は，マラウイにおける事例を分析することで浮き彫りにされる．マラウイは，1980年代に世界銀行の助言により初等教育の学費が値上げされた最初の国であり，特に興味深い事例である．本章で示されているように，世界銀行の教育政策の焦点が変化していることは明らかである一方で，一部においてはかたくなに変化が拒まれてきたものが1つある．それは，人的資本の概念に対する盲目的な信仰であり，これだけは，相変わらず存在し続けているのである．

　この章のはじめにはまず，1960年代における人的資本概念の誕生について述べる．次に，人的資本論が1980年代以降，ワシントン・コンセンサスの新自由主義的な考え方と連動して，いかにして支配的な理論になるに至ったかを説明する．そして，政府の教育政策に人的資本論を導入する意味を，マラウイにおける授業料導入との関連で検討する．続いて，ワシントン・コンセンサスの原理の実施を促進するためにガバナンス問題を持ち出すという1990年代の開発アジェンダの転換，そしてそれが教育セクターにもたらした意味について詳しく分析する．最後に，より最近の動きとして「グローバル教育産業」に関する近年の動向を分析したい．

2───人的資本革命

　1960年代にシュルツ（T. W. Schultz）により初めて提唱され，1960年代以降シュルツやベッカー（Gary Becker）の研究により支配的な理論として発展した人的資本論は，教育の費用と便益の計算に基づく経済学的アプローチの地位を飛躍的に向上させることとなった．人的資本の概念では，人々が獲得する技能や知識が資本として見なされ，この獲得の大部分が意図的な投資に基づいていると考える（Schultz, 1960）．したがって，人的資本論は，教育に明確な経済的価値を付与し，教育を経済発展に貢献する主要な要因として捉えてきた．教育の結果として起こる生産性向上は，個人のみならず社会全体にも利益をもたらすものとして認識された．特に，シュルツ（Schultz, 1960）やベッカー（Becker, 1993）は，教育にかかる総費用（学校や大学で時間を費やす結果として放棄され

る所得を含む）を考慮した上で，教育の収益率が物的資本の収益率に比べより大きく，魅力的であることを示すことにより，人的資本への投資が重要であると主張している．1960 年以降，人的資本論者は，教育がよい投資であることを示すために収益率を証拠として用いてきた．このように，人的資本論は，費用便益分析を収益率の計算に応用することによって発展していったのである．ただ，それ自体は，特に教育だけを念頭においているわけではない．正確に言えば，経済効果を有するすべての要素に，これと全く同じ方法論を適用することができるのである．

　シュルツによる人的資本の発見と時を同じくする 1960 年代初頭から，世界銀行は教育分野への参入を検討し，その可能性を慎重に模索し始めた．世界銀行による教育への融資においては，その社会的，文化的目的は認識しつつも，何よりも経済的要因だけが考慮されるべきであるというのが，当初からの明確な方針であった．1960 年，教育プロジェクトへの融資導入が提案されたが，それは収入の向上にはつながらず，資本集約的でもないという理由から一旦却下された (Kapur *et al.*, 1997)．その後，シュルツの研究により教育が投資としてみなされるようになるにつれ，この判断は覆されることになった．しかしながら，人的資本革命 (Human Capital Revolution) は当初は世界銀行にほとんどインパクトを与えるものではなかった．世界銀行のスタッフは教育セクターへの参入に後ろ向きであった．その理由としては，教育以外の分野において世界銀行は比較的優位な立場を有していたこと，ソフト・セクターには主観性がついてまわること，（教育は）政治的問題に発展する可能性があること，などがあげられた (Kapur *et al.*, 1997: 168–169)．

　教育の中でもある特定の分野は生産性を高めるという認識が徐々に受け入れられるようになり，高等教育や中等段階の職業・技術教育への投資が承認されるようになった．こうした投資は，対象国における世界銀行の他の事業で見出されたマンパワー・ギャップからニーズを特定して実施された．初等教育については，「初等教育支援は財政面で限りなく需要が発生する．よって，その需要の高さから初等教育は各国の自給によるべきである」という「奇妙な根拠」にも反映されているように，当初は，初等教育支援に対する反対が明らかに存在していた (Jones, 1992: 99)．初等教育に注目が移行し，教育に対するより本格的な取り組みが開始されたのは，世界銀行が開発援助機関であるとの認識が拡大し，マクナマラ総裁下においてベーシック・ニーズ・アプローチが導入され

表1 世界銀行による教育への融資の傾向 (100万米ドル，年平均)

	1963–69	1970–74	1975–79	1980–84	1985–89	1990–94	1995–99
教育への融資総額 (恒常ドル)	154	528	794	977	1,091	2,024	1,878
融資総額に教育が 占める割合 (%)	3.0	5.1	4.4	4.5	4.5	8.2	7.6
就学前・初等教育 への融資の割合 (%)	4.2	10.6	23.6	22.9	26.3	36.1	37.8

出所：Mundy (2001: Table 1).

た1970年代に入ってからであった．しかし，ベーシック・ニーズ・アプローチの推進者には，費用および経済的収益の点で自らの提案を正当化すること，そして，経済成長を損なうことのないことを示すことが期待された (Kapur *et al.*, 1997)．

1970年代における教育への関心の高まりは，世界銀行の融資における優先順位が変更されたことからも明らかである．1970年代前半には，教育に対する融資の著しい拡大と多様化が生じている．教育への投資は，1963年から69年までの平均1億5400万ドルから，1970年から74年までの年間平均5億2800万ドルに増加し，その額は1970年代後半においても増加し続けた (表1)．さらに，初等教育への配分額も，1960年代には教育への融資全体の4%を占めるにすぎなかったが，1970年代にはほぼ4分の1にまで増加し，明らかに初等教育により高い優先順位が与えられるようになった．

3 ── ワシントン・コンセンサスと教育：人的資本論の台頭

「ワシントン・コンセンサス」という用語は，1980年代前半における世界銀行の構造調整プログラム，および，IMFの安定化プログラムに関連する一連の政策手段を定義する目的で，ウィリアムソン (John Williamson) が考案した表現である．これらの政策手段の主要目的は，深刻な不均衡にある経済を安定させ，経済成長を促すことにあり，多くの国が直面していた経済危機の原因と見られていた介入政策に対する対応として支持されていた．ワシントン・コンセンサスの政策手段は，1980年代にIMFや世界銀行からの融資を受けた国に課されていた安定化・構造調整プログラムの融資条件として盛り込まれていた．

新自由主義の経済学者により提唱された市場志向型の原理や政策は，これらのプログラムが特徴づけられる上で絶大な影響力を発していた．

ウィリアムソンは，「ワシントンが世界の他の地域に強要している」経済政策を，「賢明なマクロ経済政策，外的志向性，自由市場資本主義」と要約している(Williamson, 1990: 20)．政策手段には，財政規律，（特に初等教育やプライマリーヘルスケアを中心とする）教育や保健衛生に対する公的支出の拡大，課税基準の拡大および限界税率の引き下げを目指す税制改革，市場決定利率，為替レートの単一化と競争化，自由化，海外直接投資の促進，民営化の促進，規制緩和，財産権の保障という，改革に関して10項目の要素が含まれている．概括すれば，市場はその他の仕組みに比べより効率的に資源を配分できる原理で，市場に介入しないことで，市場は最適に機能する，というのがワシントン・コンセンサスの信念であり，民営化や貿易の自由化を目的とする政策が支持されている．ワシントン・コンセンサスの見解では，国家は，例えばレント・シーキング（政治的圧力）など，不適切な経済的利害を反映するものとみなされ，他方で，市場はそうした影響を受けない．したがって，ワシントン・コンセンサスは，市場の力に依存し，国家による介入および支出を最小限にすることを目的としている(Fine, 2001a, 2001b)．

人的資本論は，20年の時を経て世界銀行において主流となり，1980年代前半にはその本領を発揮し始めた．1981年のジョージ・サカロポロス(George Psacharopoulos)の教育セクター研究部の責任者への就任は，この重要な転機に深く関係していた．サカロポロスによる計量研究やさまざまな研究結果の要約にも示されているように，教育の収益率に関する分析を重視する傾向はますます顕著になっていく(Psacharopoulos, 1973, 1981, 1985, 1994)．初等教育における収益率は最も高く，社会的収益率と私的収益率の差が初等教育レベルにおいて最も大きい（特に女子に関してはその傾向が強い）という推計結果を根拠に，初等教育への投資は促された．また，教育における収益率は，発展途上国における資本投資の機会費用として使われる尺度である10%を上回ると推計された．ジョーンズ(Jones, 1992)が指摘しているように，世界銀行にとっては，教育への融資の特徴や質を決めるための研究が組織として必要だったのであり，サカロポロスはまさに，そのような研究を世界銀行にもたらしたのである．

人的資本論が収益率の適用と結びついて支配的な勢力として台頭してきた時期がワシントン・コンセンサスの出現と一致したのは，偶然ではない．人的資

本論は，新自由主義的アジェンダが教育に適用される機会をもたらし，これにより世界銀行は，構造調整プログラムの一環として導入されていた緊縮財政政策をよそに，教育セクターへの関与を継続し，さらにその勢力を拡大することができたのである．基礎教育や基本的な保健衛生は，ワシントン・コンセンサスの時代においても公的支出の優先分野として考えられていたが，実際にはこうした考え方は，財政支出の全体的な削減を目指すというワシントン・コンセンサスの原理とは対立するものであった．この事実は，教育予算を保護しようとする各国政府によるできる限りの努力にもかかわらず，教育への支出にはさまざまな困難が伴ってきたことを意味している (Stewart, 1994; Woodhall, 1994)．

人的資本論を根拠とした「生産性向上がもたらす利益」こそが，世界銀行による教育セクターへの融資拡大をもたらす論拠であった．世界銀行による教育への融資額は，1980年代前半から1990年代前半にかけて倍増し，劇的な増加を遂げた (表1)．さらに，世界銀行による融資は，同時期における二国間援助機関 (これらの機関は相対的に援助額の変化が世界銀行に比べ少なかった) による教育援助出額の16%から30%にまで増加し，国際的に非常に大きな役割を果たした (Mundy, 1998; World Bank, 1999b)．こうした事実は，国際的に教育分野において世界銀行が資金力による支配を拡大したことを示唆するものである．ただ，1980年代における初等教育への融資の割合は，特にこの時期において初等教育への重点的な取り組みが主張されていたにもかかわらず，教育に対する融資総額の4分の1前後にとどまっていた．

人的資本論の高まりは，世界銀行が自らの教育分野への参入を正当化するのに役立っただけでなく，教育分野における政府・市場それぞれの相対的役割が，世界銀行により見直される根拠を与える役割を果たした．世界銀行による研究では，受益者による負担を正当化する目的で，効率性と公平性に関する議論が前面に出る傾向がある (例えば Thobani, 1984; Mingat and Tan, 1986; Jimenez, 1986, 1987; Psacharopoulos et al., 1986 を参照のこと)．教育サービスの利用に対して料金を支払うこと自体は1980年以前にも行われてきたが，公教育における学費徴収を正当化する目的で市場原理が正式に導入されたのは1980年代に入ってからであった．しかし，政府が教育分野から完全に撤退することは，決して支持されることはなかった．その理由としては，教育には健康面での改善や出生率の低下などを通し社会全体に利益をもたらすといった「外部効果」が存在すること，資本・労働市場は不完全であること，そして将来に期待される利益

に関する情報が不十分であること，などがあげられる．

しかし，ファインとローズ (Fine and Rose, 2001) の主張にもある通り，こうした外部効果の存在や市場の不完全性を認めることは，受益者負担の実施に大きな疑問を投げかけることになる．たとえこれらの外部効果や市場の不完全性が認識されたとしても，以下のマラウイにおける事例にも見られるように，受益者負担の適用を裏づけている条件の正当性自体が疑問視されている場合，教育の価格設定を市場原理に委ねることの妥当性はますます危ういものになる．特に，学費徴収が正当化されるには需要超過および需要の非弾力性という条件が必要となる．これらの条件に基づけば，学費徴収を通し教育対象を拡大することでこれまで満たされなかった需要を満たすことができ，学費上昇による需要減はそれほど大きくはないと想定される．また，別の方法として，教育の質を向上させるために追加的な資源を利用することも考えられる．教育の拡大は，教育の普及や質的改善が最も困難な遠隔地に利益をもたらすため，こうした取り組みにより公平性が損なわれるとは考えにくい，とも論じられる．

ワシントン・コンセンサスと教育：マラウイの事例

1970 年代後半，その他の多くのアフリカ国家と同様に，マラウイ経済は危機的状況に陥っていた．そして，1981 年に構造調整プログラムがマラウイに導入された．ワシントン・コンセンサスの原理に基づき適用された条件は，特に小農による農業の自由化を求めるものであった（構造調整プログラムについてはHarrigan, 2001; Gulhati, 1989 を参照）．1970 年代後半の経済危機をもたらした要因の 1 つとして，不十分な人的資本があげられた (Gulhati, 1989)．その結果，1980 年代における主な焦点は経済改革に置かれていたにもかかわらず，教育セクターにも同様の関心が向けられるようになった．教育に対する公的支出は，原則として優先されてきた．しかし実際には，経常支出総額に占める教育支出の割合は，1970 年代半ばにはおよそ 14% であったが，1980 年代半ばには 9% 以下に減少している（表 2）．

構造調整プログラムにおいて初等教育への経常支出の拡大が優先されていたにもかかわらず，初等教育への支出の伸びは，入学者数の増加とほぼ同じ程度しか増加しなかった．その結果，1990 年代初頭には，児童 1 人当たりの支出額が 1980 年代初頭の支出額を下回り，1970 年代初頭における支出額に比べるとその差はさらに大きいものであった．この時期における初等教育レベルを対象

表2 マラウイにおける教育への政府経常支出：1973/74-1997年（クワチャ，1995年価格）

	教育部門全体	初等教育		
	経常支出総額に占める教育への経常支出額の割合（％）	就学者数（人）	経常支出	児童1人あたりの支出額
1973/74	16.2	481,461	140,503,467	292
1975/76	14.2	576,590	137,764,538	239
1980/81	11.4	754,590	154,874,450	205
1985/86	8.8	890,523	184,149,524	207
1990/91	11.6	1,267,009	233,341,409	184
1995/96	28.3	2,887,107	562,925,757	195
1997	21.9	2,905,950	556,049,062	191

出所：マラウイ教育省教育統計（各年次）およびマラウイ政府による承認・修正後の経常支出推定額（各年次），GDPデフレーター（IMF, 1999）に基づき筆者が計算を行なった．

とする公的経常支出は，そのほぼ全額が教員給与費にあてられていた．1980年代における教師1人当たりに対する児童数は，65人から70人の間で推移し，依然として高いものであった（教育省，各年次）．さらに，教員給与の額面上の増額は行われていたものの，それはインフレの速度に見合うものではなく，結果として10年間で教員給与は実質3分の1も減少した．その結果，教員給与の実質的な価値は，1970年代前半の給与の半分にまで下落した（マラウイ政府による承認・修正後の経常支出推定額，各年次）．

　構造調整プログラムを実施している国で，社会セクターにおける開発支出がその扱いやすさゆえに削減対象になることはよくあることだが（Stewart, 1994; Woodhall, 1994），1980年代のマラウイに関しては，世界銀行によりこのセクターに対する多額の融資が行われたこともあり，それには該当しなかった．主に国際開発協会（IDA）の資金が増加されたことが原因とされているが，開発プログラムへの支出額は年率6％の割合で伸び続け，その額は10年間で2倍に膨れ上がった．しかし，1980年代終わりにおける初等教育レベルへの政府開発プログラムによる配分額の割合は1％にとどまり，小学校の建設は自助努力に委ねられていた．したがって，1980年代に政府と世界銀行が提唱した初等教育を中心とする取り組みは，実際の財政支出には反映されていなかったことになる．

　児童1人あたりの公的支出が下落し続けるなか，「初等教育優先」の目的を達成するためには，その代わりとなる資金源を探す必要があった．世界銀行の調

査によると，マラウイは，初等教育レベルを含め，「需要超過と非弾力的需要」という条件を満たしていた (Thobani, 1984; Mingat and Tan, 1986). トバニ (Thobani) は，定員を上回る数の子どもがひしめき合う教室（政府目標の1学級当たりの児童数は50人であるのに対し，実際の1学級当たりの平均児童数は66人であった）は，教育への需要超過を示すものであると指摘した．トバニはさらに，南部，中央地域に比べ，最貧地域と見なされていた北部地域における就学率が最も高い点も指摘している．つまり彼は，児童が就学できない理由は，その学費を支払う能力がないからではなく，南部，中部地域において学校数が絶対的に不足しているためであるということを根拠に，需要超過の存在を証明しようとしたのである．

トバニはまた，比較的裕福な家庭の子どもが学校で費やす時間の機会費用は（もしもその子どもが自営農場で働けばよりよい条件で雇用されるであろうから高賃金を得るため）高くなり，そのため，比較的裕福な家庭の子どもに期待される教育の収益率は，貧しい家庭の子どもに期待される収益率を下回るという仮説を提示している．また，初等教育の授業料増額は，機会費用が高い子どもの就学を最も妨げる可能性があると指摘している．しかし，機会費用が高い子どもは必ずしも最貧層に属しているわけではないため，授業料の増額が不公平な政策であるとは言えない，というのが彼の主張である．ただ，この仮説を裏づける機会費用の推計は試みられなかったという点は注意しておかねばならない．むしろ，より最近の研究によれば，機会費用は貧困層においてより高く，貧困層の方が中退や不就学に陥りやすいとするクリーズ (Klees, 1984) の見解を支持する結果となっている．さらに，無報酬の家事労働をもし計算に入れれば，学校で費やされる時間の女子の機会費用は，男子のそれを大幅に上回ることになる．しかし，社会的便益が認められるという根拠に基づき女子の教育促進に関心が向けられるようになったにもかかわらず，授業料の増額がジェンダー平等にいかなる意味を持つかは，1980年代は世界銀行の経済学者によって考慮されることがなかった．

トバニ (Thobani, 1984: 417) はさらに，授業料の増額により，マラウイの教育システムの内部効率が改善するだろうと提言した．特に，彼は教育の質の悪さから小学校の最初の2年間に多数の中退が発生することを指摘している．教育の質が低いと2年間で基本的な読み書きを習得することは不可能であり，「おそらくこの時間は他の場所で費やされた方がよかった」としている．したがっ

て，彼は，高い授業料により一部の子どもの就学が阻害されることを認めてはいるものの，実際に入学した子どもたちは，（授業料の増額により）向上した教育の質からより多くの利益を得ようとするため，最終的に中退者が減少すると考えた．トバニによる分析では，就学者数が減少する可能性は認めている．これは，彼が初等教育学齢児童の半数すら就学していない国においては就学者数を増やす必要を強くは感じていなかった，ということを示している．

マラウイにおける初等教育の授業料を増額させるという提案は，同国の政治的，経済的，社会的条件に関する適切な分析に基づいてはいなかった．例えば，教育の発展は，北部における宣教師の活動に強い影響を受けていた（McCracken, 1977）．それとは対照的に，南部や中央地域における教育の拡大は，それらの地域に深く根差した文化的な慣習もあって，比較的ゆっくりと進んでいった（Kadzamira and Chibwana, 2000）．さらに，授業料の増額が各家庭が経済危機に苦しんでいる時期と重なったため，需要超過や非弾力的需要の存在は，さまざまな主張にもあるように明確には確認されなかった．興味深いのは，1981年に導入された最初の構造調整プログラムの一環として提唱された授業料の導入は，トバニによる分析以前から主張されていたことである（例えば，World Bank, 1982を参照）．これはつまり，技術的モデル（technical model）が後付けされたことを意味し，トバニの分析は，すでになされた決定を後で裏づけるために行われたものであることを意味している．

不適切な分析の結果，初等教育の授業料は世界銀行の助言に基づき増額され，教育には悪影響が及んだ．授業料の増額後2年間（1982–84年）で，就学者は年間2%の割合で減少した．初等教育の就学者数減少の初期段階では1年生への影響が最も大きく，2年間で就学者数がほぼ半減した（図1）．その結果，初等教育粗就学率は70%から63%に低下した．さらに，北部における就学者数は伸び続けた一方で，授業料の増額以前から就学率が最低だった地域（南部および中央地域）で就学者が減少し，これらの地域における需要超過や非弾力的需要は存在しないことが示唆される結果となった．就学者数はその後増加し，1980年代の終わりには粗就学率が84%に達したが，政府の目標であった初等教育普遍化は達成されなかった．さらに，1990年代前半には，貧困家庭の女子の就学率が最低となり，授業料の導入が公平な結果につながらなかったことが明らかになった（表3）．

児童1人当たりの公的支出は減少していたため，授業料による収入は公的支

図1 マラウイにおける初等教育への就学者数：1971/72-1997年

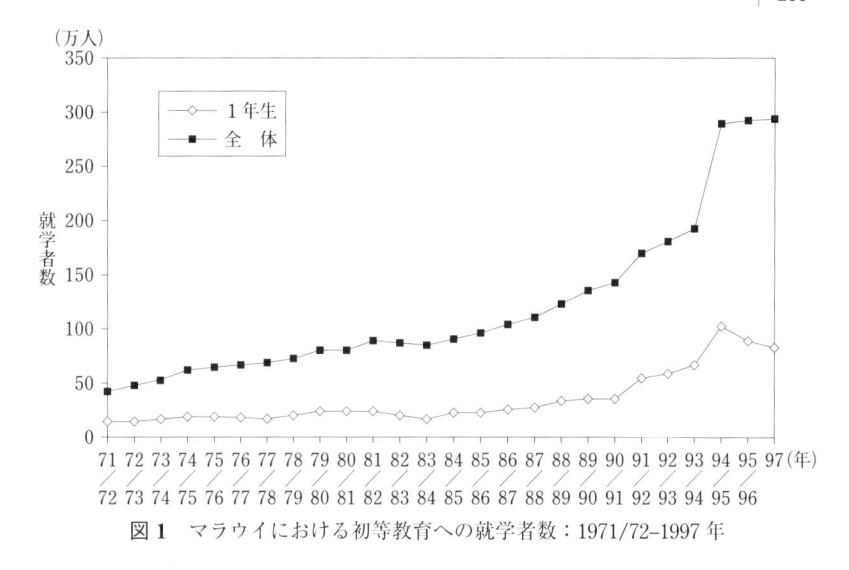

表3 初等教育への粗就学率および純就学率：所得，性別別
(%)

	粗就学率				純就学率			
	1990/91年		1997年		1990/91年		1997年	
	男子	女子	男子	女子	男子	女子	男子	女子
I（最貧層）	65	51	115	106	34	31	70	72
II	83	69	125	111	50	45	75	75
III	88	83	124	116	52	57	76	78
IV	104	89	127	117	66	61	78	79
V（最富裕層）	113	106	124	115	76	75	81	79
全体	86	75	123	112	52	50	76	76

出所：Castro-Leal (1996), Al-Samarrai and Zaman (2002).

出の代わりとして費やされてしまい，公的支出に加算されることはなかった．したがって，これらの収入は，このモデルが意図していた効率的で公平な結果に必要とされる新たな学校建設や教育の質の向上には使われなかった．トバニの期待に反して，学校を中退する子どもの割合は授業料の増額に伴い上昇し，教育システムの内部効率は悪化していった．初等教育の修了率は授業料増額以前から決して高いものではなかったが，1982年の授業料増額以降さらに低下し

た．結果として，1980年代半ばまでには，1年生の児童のうち初等教育の修了が見込める子どもの割合は，女子でわずか13％，男子で23％となってしまった．初等教育への需要の減少と初等教育中退者の増加は，授業料の増額に加え，干ばつ，農業生産の低下により最貧世帯の実収入が減少したこと，そして構造調整プログラムの結果として起こったメイズ価格の上昇，などが相俟って生じた結果であると考えられている (Fuller, 1989; Moyo, 1992).

4 ── ポスト・ワシントン・コンセンサスと教育：人間の顔を持った新自由主義

1980年代の終わりには，ワシントン・コンセンサスに基づく構造調整政策が社会に負の影響を及ぼすとの認識が高まり，こうした政策は厳しい批判の対象とされるようになった (Cornia *et al*., 1987). また，東アジアの新興工業国 (NICs) の成功は，貿易や国内市場の規制，政府のオーナーシップ，教育分野への多額の投資など，政府が果たした積極的な役割に起因するという認識がますます広がっていた．実際，NICsは世界市場に参入をしたが，一方では自分たちの都合のいいように条件を巧みに操って参入を行なったのである (Fine *et al*., 2001).

こうした要因が引き金になり，1990年代には，元世界銀行主席エコノミストであるスティグリッツ (Stiglitz, 1998) が言う「ポスト・ワシントン・コンセンサス」への移行が生じた．ポスト・ワシントン・コンセンサスは，少なくとも言葉の上では，国家対市場の取り組みから国家・市場間の相互補完的な関係への移行を伴う，経済成長に限らない，より多くの手段と幅広い目的の包含を謳っている．しかし，ポスト・ワシントン・コンセンサスは，ワシントン・コンセンサスに関する批判的な分析またはその本質に関する注意深い考慮に基づくものではない (Hildyard, 1997; Standing, 2000; Fine, 2001a, 2001b). 基本的な政策では，自由貿易と民営化に代表されるワシントン・コンセンサスの原理が現在に至るまで基本とされており，唯一の重大な変化は，こうした政策の効果的かつ人道的な実施における政府の役割が見直されていることだけである (Hildyard, 1997; Gore, 2000). 市場の不完全性に関する認識はワシントン・コンセンサス以前の開発経済学の影響がみられる一方で，ポスト・ワシントン・コンセンサスは，経済の全体的な構造や開発の全体的なプロセスやそれらの相互関係を見るというよりは，すべてを市場と市場以外の要素の不完全性に還元する点でワシントン・コンセンサスと異なっている．

人的資本の概念は，特に世界銀行による教育プロジェクトの優先順位づけに用いられる収益率分析においてその存在価値がますます認められていることもあり，現在でも教育分野へ投資する根拠としての機能を果たし続けている (Bennell, 1996)．この手法に対する批判は高まりつつあるにもかかわらず，最近の『世界銀行教育セクター戦略 (Education Sector Strategy)』(World Bank, 1999b) では，いまだに収益率に基づき教育への投資が正当化されている．『世界銀行教育セクター戦略』では，ポスト・ワシントン・コンセンサス時代においても人的資本の概念や収益率の適用の重要性がいまだに主張されており，こうした概念を批判することなく受け入れ続けていることがわかる．たとえば，「1960 年代以来の人的資本論の高まりは，徹底した議論を経て今では広く受け入れられており，概念的基盤と統計的論拠を提供してきた．ノーベル経済学賞受賞者による計測によると，教育は最高の投資のひとつであり，物的資本への多くの投資を上回る収益を見込めるということを示している」(World Bank, 1996: 6) といった記述は，それを示すものである．

人的資本論への固執は継続したが，ポスト・ワシントン・コンセンサスがより多くの政策手段と幅広い目的を重視したことにより，教育には，これまで以上に高い優先順位が与えられるようになった．教育は，手段であると同時に目的と見なされるようにもなったのである．例えばスティグリッツ (Stiglitz, 1997: 22) は，人的資本の向上による経済開発，平等性，参画，民主主義の推進を指摘しており，ゆえに教育は「開発の中核」であると主張している．初等教育は世界銀行の中心的な優先事項であり続けたが，1990 年代に入ると，貧困削減がより重視されるようになった．1990 年にタイのジョムティエンで，2000 年にセネガルのダカールで開催された「万人のための教育世界会議」でも明らかにされたように，焦点が貧困問題に移されたことで，初等教育の重要性が国際機関や各国政府により広く認められるようになり，人権を根拠とする議論と経済的な根拠に基づく議論の両方がこれらの機関により主張されるようになった．世界銀行においては，現在でも後者（経済的な根拠に基づく議論）が優勢である．これらの結果として，教育分野における世界的な合意は，ミレニアム開発目標で掲げられている「2015 年までの初等教育の普遍化」に見られるように明らかとなったのである．

初等教育を優先させるという取り組みは，世界銀行の融資の優先順位における変化からも明らかである．1980 年代から 1990 年代にかけて教育への融資が

倍増されたのに並行し，初等教育に配分される割合も4分の1から3分の1に増加した（表1参照）．しかし，1990年後半における世界銀行による教育分野への融資の4分の3が，少数の限られた国（17カ国）に割り当てられている（World Bank, 1999b）．さらに，カルクロウ（Colclough）ら（近刊）によると，世界銀行による教育への融資総額は，1990年代にわたって劇的に減少（15.5%の減少）しており，なかでもサハラ以南のアフリカ地域への融資は大きく減少した（44%の減少）．この事実は，初等教育の普遍化達成という目標が最も困難な地域においても，融資の拡大を維持することが不可能であったことを意味する．また，世界銀行の資金が教育分野においてより重要性を帯びてきているのとは対照的に，1995年の『教育における優先順位と戦略——世界銀行レビュー（Priorities and Strategies in Education: a World Bank Review）』によれば，世界銀行の教育への支出額は発展途上国自身による教育支出に比べれば微々たるもので，総額の0.6%にすぎないとしている．「全体の融資額に占める教育への融資の割合の低さは，世界銀行が，各国政府によるそれぞれの国の状況に合った教育政策の策定を促すことを目的とする助言の提供に専念すべきであることを意味している」（World Bank, 1995: 153）という見解は，皮肉でも何でもないのである．

初等教育の優先度の高まりにより，少なくとも建前上は，世界銀行は福祉，貧困緩和，ジェンダー，住民参加などに関する問題により積極的に対応する機関であるというイメージを与えることになった（Ilon, 1996; Puiggros, 1997; Klees, 2002）．しかし，世界銀行はこれらの問題を狭く解釈しており，せいぜいそれはグローバル市場に関連する従来の目標を達成するための戦略に過ぎない（Ilon, 2002）．例えば，ポスト・ワシントン・コンセンサス時代においては，住民参加は教育の成果を向上するための手段として見なされ，教育は住民による参加を促すものと考えられている（Stiglitz, 1997）．しかし，「われわれは人的資本論およびその手法を認めており，われわれが貧困削減に重点的に取り組むのは当然のことである……言い換えれば，貧困層の生産性を向上することによりこうした人々の権利の拡大を目指すことは……教育分野における世界銀行の目標である」（Bernett and Patrinos, 1996: 276）という主張からも明らかであるように，新たな政策の焦点は従来の人的資本論に組み込まれてしまっている．

初等教育段階の授業料に関しては世界銀行もその他の国際機関も，それを直接的には支持していないが，多くの最貧国は教育の資金調達に関して多くの問題に直面しているのが現実である．こうした状況は，「万人のための教育」とい

う指針に基づき1990年代に教育が急速に拡大した結果，初等教育の質の低下が問題にされるようになったマラウイのような国に特に当てはまる．したがって，教育サービスの価格設定に関する問題は，常に世界銀行による教育に関する研究の中核を成してきた (Mundy, 2002)．一方では，家庭による学校教育への支出額は経済状況によって規定される．よって，家庭の教育への投資はまだ過少であり，「教育に対する未開発の支払い意思」が存在する，という見解も根強くある (Patrinos, 1999: 6)．また他方では，公立学校教育の無償化が提唱されている．サービス利用者による貢献を促進する手段として，需要サイドへの資金提供メカニズム（バウチャー制，同額補助金制度 (matching grant scheme) など）の導入が提案されている．低所得者層の負担を軽減する必要があるという認識はますます高まっており，子どもを就学させられるだけの金銭的な余裕がない家庭に奨学金を直接支給する制度の導入が提唱されている (Patrinos and Arias-ingam, 1997; World Bank, 1995)．また，世界銀行は，1980年代以降の新自由主義的政策方針に起因する貿易の自由化により増加が懸念されている搾取的な児童労働を抑制するための戦略としては，児童の就学を経済的に可能にするための奨学金の導入が最も効果的である，という見解を示している．

初等教育の授業料に関する政策の転換は，必ずしも1980年代の新自由主義的政策の理論的根拠に関わる問題の認識に基づいているわけではないようである．こうした政策が世界銀行の文書で明確に言及されることはなくなったが，政策の根拠となっている仮定や概念は，世界銀行が提唱するコスト・シェアリング（費用の共同負担）という形で比較的最近の政策に反映されている．人的資本への投資は，現在でも受益者負担政策を推進する原動力としての役割を担っている．この文脈において政府の役割が何であるかは，未解決かつ不明確である．ポスト・ワシントン・コンセンサスの一環としての教育における民間部門の役割に対する関心が高まる一方で，政府の役割は引き続き国家目標の設定と教育水準の維持であると考えられている (World Bank, 1999b)．特に初等教育においては，政府に資金調達に関して一定の役割を担うことが期待されている．しかし，政府が財政難に直面しているという認識が広がっているのも事実である．「政府は国庫への要求を競い合わなければならないという財政上の困難から，すべての教育段階において国民に『無償』の教育を提供することは，それを国家的な方針としているような政府でさえ困難である」(World Bank, 1999b: 18)．

こうした状況のなか，コスト・シェアリングに関する取り組みは，1980年代

には政府と家庭の共同負担が中心であったが，1990年代にはより多様で間接的な共同負担制度に拡大された．特に分析単位として個人／世帯から地域社会に焦点が移行していったのは明らかである．これに関し，世界銀行の見解は以下の通りである (World Bank, 1995: 105, 傍点は筆者による)．

　公立校に割り当てられる公的資金が十分でない場合，地域社会による公立校に対する金銭的，物的なリソースの提供が妨げられるようなことがあってはならない．地域社会により提供されるこうした資源は，教育の質の向上を達成するための唯一の手段であるからである……地域社会とのコスト・シェアリングは通常，無償基礎教育のみに適用される例外的な施策である．貧しい地域社会でも，特に初等教育に関しては，教育費の支出に前向きである場合が多い．

　デール (Dale, 1997: 275) が指摘しているように，学校の管理運営や財政における地域社会の役割は常に存在しており，教育財政，規制，サービス提供／供給に関する責任のすべてが政府に委ねられたことはない．しかし，デールも指摘するように，政府，地域社会それぞれの役割は，地域社会の役割が制度化され，より多くの責任が地域社会に委ねられる方向に変化してきている．地域住民による参加の理論的根拠はオーナーシップと説明責任の観点から説明されるが，世界銀行の主な目的はあくまで，資源を動員しそれをより効率的に使用することにある．

　住民参加は，教育への需要が高いにもかかわらず政府による供給が十分でない地域において特に積極的に推奨される．したがって，住民参加を重視する政策が経済危機と同時に発生してきたことは，決して偶然ではないのである．経済危機は1980年代以降，サハラ以南アフリカの教育システムに悪影響を及ぼしたが，その後，1990年代には初等教育普遍化の達成や授業料の廃止に向けて進んでいく動きのなかで，さらなる追加的な資金源の模索を余儀なくされた (Bray, 1996)．ポスト・ワシントン・コンセンサスの時代には，住民参加に関して特にトップダウン的解釈を採用し，国際的合意への盛り込み，各国の政策における推進を通して制度化するようになった．近年の国際機関の関心は，地域社会が以前は自発的に行なっていた貢献活動に価値を与えることを通じ，住民参加を市場システムに統合することによって住民参加の性質を変化させた (Rose,

2003).こうした市場化の拡大は,地域社会内の勢力関係に悪影響を及ぼし,さらなる分裂をもたらす.そして,住民による協力を促すよりはむしろ利用可能な資源をめぐる住民間の争いにつながることも多い (Sayed, 1999).その結果として,住民参加は,集団的行為ではなく個人の責任である,という考え方へ移行していった.これは,当初目指されていた説明責任,オーナーシップ,エンパワーメントといった目標とは矛盾するものである.このことは,1980年代における授業料徴収に向けた取り組みにもはっきりと表れているように,ポスト・ワシントン・コンセンサス時代における教育への重点的な取り組みには,社会的ニーズを満たすことについて個人の責任が強調される新自由主義的原理が,依然として反映されていることを示している.

ポスト・ワシントン・コンセンサスと教育:マラウイの事例

1990年代のマラウイの教育政策に関して世界銀行が与えた影響は,それ以前ほど直接的なものではなかったが(その原因の1つにはその他の国際機関の関与が強化されたことがある),国際機関の政策転換は1990年代以降のマラウイにおける変化にも影響を及ぼし続けた.1980年代に実施された改革がマラウイ経済に悪影響を及ぼしたことについては,世界銀行やIMFを含め,広く知られている.1980年代の終わりには,国内総生産 (GDP) の実質成長率が人口増加率を下回り,数年間はマイナスを示していた (Harrigan, 2001).世界銀行は,1980年代における改革の失敗は,政府がプログラムを遵守しなかったことに起因すると主張している.ゆえに,政治改革の必要性が検討された.1994年,非人道的援助の撤退をちらつかせていた世界銀行をはじめとする国際機関からの圧力を受け,民主的選挙が実施された.

1994年には新たな政権が選出され,世界銀行を資金提供者とする貧困削減プログラムが計画された (Ministry of Economic Planning and Development, 1995).貧困削減プログラムでは,貧困削減における教育の重要性が強調されていた.しかし,新自由主義的原理は依然として優勢であった.マラウイ政府は,プログラムに対する敵意を感じながらも,国際収支について援助に依存している事情から,(ほとんど選択肢がなく) IMFや世界銀行が推し進める自由化や民営化を,1990年以降も継続せざるを得なかった (Harrigan, 2001).小学校の授業料廃止は,選挙公約の重要な項目の1つであった.新政権は,就任後この公約を果たすべく初等教育の無償化を実施した.この政策は国際的アジェンダに一致

していたことから，援助機関からの支援も予定されていた．授業料の廃止を受け，就学者数は約50%増加し（図1），教員数も同様の割合で増加したが，その大半が訓練を受けていない教員であった．

　1994年の授業料全面廃止後，政府の財政は，就学者数の大幅な増加に対応するための追加的資源を提供することと，授業料収入を失った分を埋め合わせること，という二重の課題に直面することになった．政府は，特に初等教育段階を中心に，教育に対する配分額を増加させることでこの問題に対処した．教育への経常支出総額は，1980年代後半の10%以下から1994年には21%に増加し，そのうち60%以上が初等教育に配分された（表2）．これが達成されたのは，教育資金の約40%を提供していた国際機関からの支援に大きく起因するものである．しかしながら，当初は，初等教育に対する支出増額は就学者数の増加分を賄うのに十分なものではなかった．その結果，児童1人当たりの支出額は4分の1低下した（ただし，その後は1990年代前半と同様のレベルにまで再び上昇している）（表2）．

　マラウイでは，毎年膨大な数の児童が小学校に入学し，ほぼすべての児童がいくらかの時間を学校で過ごしているが，その多くがおそらく基礎的な識字能力や計算能力を身につけることなく退学してしまっている．初等教育における中退率や留年率から考えれば，わずか半数の子どもが3年生に達するにすぎず，卒業まで至るのは5分の1にすぎないと予想される．修了率は女子のほうが男子より低い．先に述べたように，継続在学率の低さは初等教育無償化（FPE: Free Primary Education）の導入以前から見られたものであったが，1982年の授業料の増額後はさらに悪化した．つまり，残存率の低さはそのままであるにもかかわらず，授業料の廃止は，初等教育を修了する児童の絶対数を倍増させたのである．授業料の廃止により就学者数の増大には成功したが，それによりもともと低かった教育の質がさらに悪化した．それに加え，初等教育の重視は，他の教育段階にも影響を与え，他の教育段階の財政を悪化させる結果となった．私立小学校は増大したが，それは，計画によるものではなく主として公立校の質の悪さなどから発生したもので，政府の怠慢によるところが大きい．ただ，私立学校がどの程度普及しているかについては，こうした教育機関が政府に登録されておらず，政府による規制対象ではないため明らかではない．

　教育における住民参加は，世界銀行の出資によるセクター横断的組織である「マラウイ社会活動基金」（Malawi Social Action Fund），貧困削減戦略文書（PRSP:

Poverty Reduction Strategy Paper)，英国国際開発省（DFID）と米国国際開発庁（USAID）の共同出資による地域社会学校プログラム，および，教育政策投資計画（Education Policy Investment Framework）などを含むさまざまな経路を通して，マラウイにおいて多くの関心を集めるようになった．授業料廃止後の財政難に関する懸念があったため，教育の提供に対して地域社会が果たせる，または，果たすべき役割が政府の教育政策においても注目を集めるようになった．しかし，皮肉なことに，住民参加が政策上は継続的かつ重点的に取り組まれていたのとは対照的に，教師，保護者，地域社会，地域の指導者，NGO など，教育に関わるさまざまな利害関係者による政策策定への関与は認められず，政策立案・決定はすべて教育省や国際機関によって支配されてきた（Kadzamira and Rose, 2001）．したがって，参加の形態に関する決定はすべて，トップダウンで行われてきた．最近の研究で明らかにされているように，1990 年代におけるマラウイの住民参加は，オーナーシップや説明責任の向上という当初の目標を達成するためではなく，むしろ資源を搾り出す手段として使われていたのである（Rose, 2003）．

5 ── ポスト・ポスト・ワシントン・コンセンサス？：「グローバル教育産業」

　教育は，21 世紀のグローバル経済という文脈において，一大産業としてますます注目を集めている．例えば，世界銀行のスタッフの報告によると，世界の教育市場の規模は 2 兆ドルに相当し，そのうち 15％ が発展途上国に存在している（Patrinos, 2000）．教育サービスの貿易の大部分が，他国の高等教育機関や訓練機関に通う，あるいは，他国の大学の遠隔教育を受講する外国人学生により発生している．1990 年代以降，世界銀行は明らかに初等教育を優先させてきたにもかかわらず，「グローバル教育産業」の影響により，技術教育・高等教育を再び強調するようになった．これは例えば，基礎教育は「グローバル市場における 1 つの重要な要素ではあるが，国家の関心を独占するほどのものではない」とする 1998/99 年版の『世界開発報告──開発における知識と情報（World Development Report on Knowledge for Development）』にも明らかに見て取れる．むしろ，新たな情報基盤技術に適応し，そしてそれを適用する必要性を考えれば，高等レベルの教育こそ，より高い関心に値すると主張されている．

　ここ数年，「グローバル教育産業」に関心が集中したことで，国際舞台におけ

る教育の民営化がより一層重要視されるようになった．この現象は，商品やサービスの自由貿易の促進に関連して生じてきた (WTO, 1998; Patrinos, 1999)．例えば世界銀行 (World Bank, 2000) は，各国政府に民間による教育サービスの提供に関する規制の排除を提案することで，高等教育の規制緩和を呼びかけている．世界貿易機構 (WTO) のサービスの貿易に関する一般協定 (GATS) は，教育の市場化促進に大きな影響を与えている．WTO の「教育サービス」に関する覚書 (1998) には，教育市場の一層の自由化，高等教育を中心とする教育サービスの提供を行う市場システムの構築の実現に向けた意志がうかがえる．WTO や世界銀行は，教育市場における障壁を取り除き，競争を促すことが重要であると考えている（例えば，Patrinos, 1999）．しかし WTO は，教育セクターにおける自らの目的に関して守勢に立たされている．WTO が提案した教育事業に積極的に取り組んでいる加盟国が 50 に満たないことが指摘されているように，多くの国において教育は本質的に国家の役割と見なされていることがわかる．WTO による活動が実際に教育に及ぼしうる影響についてはほとんど知られていないが，同機関の活動により，教育にまつわる商品やサービスを扱う市場の構築に向けた議論が強化されていることは明らかである．

1000 人に 1 人しか電話回線を所有せず，またその取得にはキャンセル待ちリストに 9 年間登録されていなければならず，1000 人に 1.2 人しかパソコンを所有せず，人口 1000 万人のうちインターネット接続サービス業者により提供されるアドレスを所有しているのはわずか 1 万 5000 人に過ぎない (World Bank, 2002) マラウイのような国では，情報通信技術 (ICTs) が近い将来大部分の国民にとって重要な役割を果たせるとは考えにくい．こうした背景を考慮すると，情報通信技術の役割が国際的に強調されることは，地域間・国際間の不平等の拡大につながり，マラウイのような最貧国が苦しむ結果をもたらし得る．これは，緊急に検討されるべき問題であるといえよう．

6──結　論

人的資本論の炎は，教育支出に関する費用便益分析を通し自らの妥当性を証明することに専心するアナリストの人的資本論に対する情熱と共に，世界銀行において燃え続けてきた……人的資本論は，理論面では時代遅れで，限界があるにもかかわらず，世界銀行の政策上の目的にかなう役割を果たして

きたのである (Jones, 1992: 234).

　収益率分析の適用に基づく人的資本の概念は，1980年代以降の世界銀行による教育分野における役割を正当化する機能を果たしてきた．世界銀行が「銀行」の規則により運営されており，その融資には経済的な正当性が証明される必要があることを考えれば，この概念が世界銀行により常に重視されてきたことは特に驚くほどのことではない．しかし，経済効率と公平性のみに焦点を絞った取り組みには，教育の重要な側面が無視される危険性が伴う．インプットとアウトプットの間に存在する教授・学習過程は，世界銀行による教育への取り組みには依然として含まれておらず，教育過程のブラック・ボックスは堅く閉ざされている．（世界銀行による）人的資本論の強調と初等教育の重視は，マラウイのような国では教育の大幅な拡大につながった．しかし，そうした拡大は，世界銀行からは十分な支援が行われていない「教育の質」の犠牲の上に成り立ってきた．さらに，人的資本論に基づく一連の取り組みは，社会的な統合や結合を促進し，シチズンシップや国民アイデンティティを形成するという教育の役割に関する伝統的な考え方を，個人的または集団的な経済的成功を達成する手段に変容させてしまった (Green, 1997).

　人的資本論に関する議論は，世界銀行の文書で指摘されている以上に論争的であるが（例えば Bowles and Gintis, 1976; Blaug, 1976），予想されたほどは批判されなかった．新自由主義の経済学者は，個人に対しても社会に対しても，教育を単に費用から便益への一連の流れとして扱う．それは，教育に内在する，あるいはそれを取り巻く社会関係を無視しており，教育過程で何が起こっているかに関してまったく理解を示さない．教育が実際どのように提供されているのかが隠されているブラック・ボックスは堅く閉ざされたままで，箱の上には費用と便益が示されたラベルだけが貼り付けられているのである (Fine and Rose, 2001).

　先にも述べたように，教育に関わる社会的要因は，1990年代以降ますます強く認識されるようになっている．ポスト・ワシントン・コンセンサスにより新自由主義というポピュリズム的概念が普及したのと同様に，世界銀行は教育分野において「参加」という決まり文句を振りかざして，自らの活動に人間性を与えてきた．しかしながら，人的資本論とそれに関連する収益率の適用こそが，世界銀行による教育分野への参入を経済的に正当化する役割を果たしてきたの

である．社会的要因に関する認識が高まり，「参加」という決まり文句によってより自らの活動に人間性を与えれば与えるほど，人的資本論は，費用・便益という観点から教育を理解するという自身の分析手法の原点を失ってしまいかねない．人的資本論者は，教育を取り巻く歴史的環境，政治的環境，経済的環境，社会的環境を幅広く論ずるというよりは，社会的要因を教育の内部に位置づけようとしてきた．その結果，社会的ニーズを満たすために，個人的責任が強調され続けることになったのである．

個人化・グローバル化と日本の教育
解説にかえて

広田照幸・吉田文・本田由紀・苅谷剛彦

1──はじめに

　本書および本書と同時に刊行される第2巻は，英国の教育社会学者たちが編んだリーディングス（論文集），Hugh Lauder, Phillip Brown, Jo-Anne Dillabough, and A. H. Halsey (eds.), *Education, Globalization and Social Change* (Oxford University Press, 2006) の抄訳である．原著は，全10部に分けて71本の論文が収録され，その冒頭に70頁に及ぶ長大な序論が，書き下ろしで付けられている．

　編者の1人であるA. H. ハルゼーは，今回のリーディングスを含め，これまで4回，定評のある教育社会学のリーディングスを編んできている．過去の3つのリーディングスも，日本語の抄訳本が刊行され，日本の教育社会学の展開や発展に，大きな影響を与えてきた．過去の3つのリーディングスは次の通りである．

①　A. H. Halsey, Jean Floud, and C. Arnold Anderson (eds.), *Education, Economy, and Society: a Reader in the Sociology of Education*, Free Press of Glencoe, 1961（清水義弘監訳『経済発展と教育──現代教育改革の方向』東京大学出版会，1963年）

②　J. Karabel. and A. H. Halsey (eds.), *Power and Ideology in Education*, Oxford University Press, 1977（潮木守一ほか編訳『教育と社会変動──教育社会学のパラダイム展開』（上・下）東京大学出版会，1980年）

③　A. H. Halsey, Hugh Lauder, Phillip Brown, and Amy Stuart Wells (eds.), *Education: Culture, Economy, and Society*, Oxford University Press, 1997（住田正

樹・秋永雄一・吉本圭一編訳『教育社会学——第三のソリューション』九州大学出版会，2005年)

　今回のものも含め，過去の4つのリーディングスを並べてみると，教育社会学の視点や関心の変化と，その背景にある社会・教育の現実の変化が浮かび上がってくる．

　第2次大戦後の経済成長を経験しつつあった時期に編まれた①では，それぞれの国民国家内部の教育機会の拡大と経済成長との関わりや，社会階層的な教育機会の不平等の問題が中心に据えられていた．1960年代末の異議申し立ての時代，70年代初頭のオイルショックを経た時期に編まれた②では，研究の進化に伴って理論的な志向性を強めながら，権力と再生産の問題が焦点に据えられていた．1980年代以降の英米での教育改革の進展を背景にした③では，旧来の階級・階層と並んでジェンダーやエスニシティの視点が不平等問題の視点に加わるとともに，ポストモダンとグローバル化による教育の変容が関心の焦点になっていた．

　そして，今回のリーディングスでは，個人化とグローバル化による教育の変容が中心的な関心となっている．

　1997年に刊行された③では，英国を中心としたネオリベラルな教育改革が及ぼす影響の考察に重点が置かれていた．その点は，今回のリーディングスにも引き継がれている．ただ，③では，あまりに急激に変化する教育の現実に，研究が対応していくことに精力が割かれ，まだ事態を整理できていない感じがあった．それから10年近くを経た今回のリーディングスでは，ようやく，大きな見取り図に位置づけていく作業が進んできた印象を受ける．序論における議論のまとめ方が，政治算術（③）からシティズンシップのための教育（今回）へと変化したのは，端的にそれを示している．それは，英国の国内的な教育の危機からグローバルな危機へと，編者たちの視点や問題意識が拡大していることを意味している．グローバル化が教育にとって持つ意味を，個々の国家における個々の政策課題を通して把握していこうとするスタンスだけでなく，「われわれの世界」のトータルな危機や変容を描き出そうという姿勢が強まっているのである．もちろん，シティズンシップのための教育がそれに適した解答かどうかは別問題であり，十分な議論が必要ではある．

　ここで簡単に，原著の編者たちについて紹介しておこう．ヒュー・ローダー

は現在，イギリスのバース大学教育学部の教授であり，教育と経済，とりわけ雇用との関係について専門的に研究をしている．バース大学に移るまでは，ニュージーランドのウェリントン・ヴィクトリア大学の教育学部長を務めていた．次に紹介する編者であるフィリップ・ブラウンとの共著も多い．また現在は，*Journal of Education and Work* という雑誌の編集長の役割も担っている．

フィリップ・ブラウンは，ウェールズにあるカーディフ大学社会科学大学院の優等研究教授を務めている．ウェールズのスウォンジー大学の社会学・人類学科で博士号取得後，ケンブリッジ大学やケント大学などで教育・研究に従事したあと，現職のカーディフ大学に赴任した．雇用者の技能形成の問題を中心に，グローバル化という視点から，教育と雇用，経済との関係について数多くの論文や著書を出版している．近著に，ローダーらとの共著で *The Global Auction* という著作がある．

ジョアンヌ・マーガレット・ディラボーは，現在，ケンブリッジ大学教育学部で准教授(reader)の職にある．ケンブリッジに赴任する以前，彼女は，カナダのブリティッシュ・コロンビア大学教育学部の准教授を務めていた．ジェンダーと教育，シティズンシップの関係について明らかにした *Challenging Democracy* という著書を 2000 年に出版している．現在は，学際的な視点から，教育の不平等問題について，質的な方法を用いた，ミクロ文化社会学的な研究に関心があるという．また，教育言説や，教育理論，方法論についての論文も執筆している．

A. H. ハルゼーは，4 人の編者の中では最年長で，イギリスを代表する教育社会学者であり，現在，オックスフォード大学のフィールドカレッジの名誉教授および名誉フェローの地位にある．先述したとおり，本書に連なる，イギリスでこれまで出版された教育社会学関係の代表的な論文集 3 冊の編者を務めてきた．その意味では，イギリスにおける教育社会学の発展史を自ら示してきた研究者であり，ほぼ 10 年ごとに教育社会学の論文集を編纂するという，この長年にわたるプロジェクトの屋台骨的存在である．

ハルゼーは 1923 年に労働者階級の子どもとして生まれ，その後，衛生検査官の徒弟や空軍での戦闘機のパイロットなどの経歴を経て，第 2 次大戦後にロンドン・スクール・オブ・エコノミックスで学び，その後オックスフォード大学の教授となった．1950 年代からずっとイギリスの教育社会学をリードしてきた学者であり，教育機会と社会階層，社会移動の問題を，実証的に，また，「政治

算術」的に探究してきた第一人者である．1996年には *No Discouragement: An Autobiography* という自伝を出版している．

さて，本訳書第1巻・第2巻の構成について触れておこう．

原者の全体の構成は表1のようになっている．訳書第1巻（すなわち本巻）では，それらのうちから，序論と，第3・4部および第9・10部から選び出した章とを訳出して収録した．教育と国民国家（第3部），知識と労働市場（第4部），高等教育と生涯学習（第9部），教育と発展（第10部）に関わる主題が集められている．高等教育や労働市場，国家レベルでの問題など，マクロな構造や関係について論じたものを集めた形になっている．ただし第3部に収録されていた原著第14章だけは，内容的な関連性を考え，訳書第1巻ではなく第2巻に収録した．

別に刊行する訳書第2巻では，第5-8部から選び出した章を訳出した．家族や文化の構造や変容（第5・6部），初中等教育に関わる諸課題（第7・8部）が扱われている．相対的にではあるがミクロな視点で国民国家内部の課題を扱った論考が多いといえる．

なお，やや分量の大きな章については，全体の議論を損なわない範囲で抄訳にした章もある（目次に＊で表示した）．原著の各章につけられている注については，訳者の判断で適宜捨象し，日本の読者にとって意義の大きいものについては訳出し，他は省略した．訳出した章で引用・言及されている文献は，文献リストの形で，訳書第1巻・第2巻それぞれの巻末に収録した．

2 ── 個人化・グローバル化と国民国家の教育：日本の文脈

ここではまず，原著のいくつかの章に触れつつ，ローダーらによる序論の議論を考察の軸に据えながら，個人化・グローバル化と国民国家の教育との関係の問題について論じる（第2節）．近年おきつつあるマクロな構造変動の何がいったい教育にとって問題なのか，そして，日本の文脈で考えたとき，それはどういう問題として考察されていかねばならないか，という点が焦点となる．次いで，本書に収録した原著第4部と第9部に対応させて，労働市場と教育の問題（第3節），高等教育の問題（第4節）について論じる．最後に，研究の方法論のレベルでの問題に少し触れる（第5節）．

表1　原著の構成と訳出した章の数

序論　（第1巻に訳出）
第1部　古典のテクスト［4］
第2部　社会変動の現代的理論［8］
第3部　教育，グローバル化，国民国家［6］（第1巻1, 第2巻1）
第4部　教育，知識，グローバル労働市場［8］（第1巻3）
第5部　家族，機会，社会移動［10］（第2巻4）
第6部　権力，文化，アイデンティティの政治［8］（第2巻3）
第7部　変化する教育と教職［6］（第2巻3）
第8部　カリキュラム，学習，評価［9］（第2巻2）
第9部　大学，高等教育，生涯学習［8］（第1巻3）
第10部　教育と発展［6］（第1巻2）

注：［　］は原著の章数，（　）は訳出した章数．

(1) なぜ，個人化とグローバル化という視点なのか？

　ローダーらによる序論の枠組みは，個人化（individualization）とグローバル化（globalization）という視点である．彼らが参照するベックやギデンズの著作がそうであるように，この両者には密接な関係がある．三上剛史（2007）が指摘している通り，これら2つの探索的な概念が共通に示しているのは，個人と社会との関係の大きな構造的変化が進んできていることである．一方では自律的なシステムとしての自己言及的な個人がその自律性を高めており，それが「社会的なもの」（the social）の終焉や〈連帯の喪失〉が危惧される事態を生んでいる．他方では，国民国家の自律性や完結性が弱まり，連帯の単位の枠組みが多元化・流動化してきている．個人と集団の間の関係や集団間の境界線が絶えず引き直され，個人と社会との関係が流動化してきている——そのミクロ／マクロな両過程が，個人化とグローバル化であるとみることができる．

　個人化に関しては，ローダーらが，次のように述べている点に注意が必要である．「おそらく，後期近代に関するベックやギデンズやその他の人々の議論がいかなるものであれ，当今における最も本質的な変化は，利潤動機やマーケットシェアの拡大への欲望に駆動されたネオリベラリズムおよび経済グローバル化と結びついていることは確かであり，それらは市場メカニズムをわれわれの生活のあらゆる局面に浸透させようとしている」（序論，33頁）．もちろん，個人化の動きはネオリベラリズムの興隆以前から進展してきていたとみることはできるし，たとえばベック（1998）は，個人化の趨勢の歴史的な源泉を資本主義の登場と進展にみている．だから，ローダーらの議論は，個人化の進展はグロー

バルな資本主義の展開と無縁でないということ，そして，特に近年はそれがネオリベラリズムの席巻によって顕著な特徴を帯びていると理解するべきだろう．この点を見失うと，目の前の個人化の動きを「社会化の失敗」（たとえば，規範意識の喪失や道徳の欠如）とみなしたり，「歪んだ教育の結果」（たとえば，左翼的教員組合の悪影響）などとみなしたりする短絡に陥ってしまう．

　グローバル化についても，いくつか注意すべき点がある．1つは，「グローバル化は政治的プロジェクトである」（序論，46頁）という点である．ローダーらが序論で論じている通り，グローバル化の具体的な展開は，国際政治・国内政治の両過程によって現実化している．国際政治のレベルでは，米国のヘゲモニーのもとでの国際的なアジェンダ設定，ルール設定が，グローバル化の過程を大きく規定してきているし，多国間の協定やEUなどのリージョナルな政体，OECDや世界銀行など国際機関・超国家的組織の活動も，グローバル化の過程に大きな影響を持っている．国内政治レベルでは，規制緩和や市場化に関わる政策決定をめぐる政治的葛藤が，世界中の多くの国で国内問題として展開している．

　各国の教育政策もまた，今やグローバルな変動に巻き込まれている．そこでは，教育のグローバル化は自然史的な過程ではなく，国際・国内両面での政治的な葛藤や選択を含んだものである．マラウィの教育政策を扱ったローズ（Rose, 訳書第1巻第9章）は，国際的な教育改革スキーム——1980年代の構造調整路線と90年代以降のポスト・ワシントン・コンセンサス——が，このアフリカの小国にいかなるインパクトを与えたのかを描き出している．マンディら（Mundy et al., 原著第69章）は，世界銀行などの国際機関がトップダウンで押しつけてくる教育政策に対して，NGOや市民団体・労働組合などによる対抗的なネットワークの可能性をさぐっている．

　もう1つ重要なのは，グローバル化には多様な側面があるという点である．ローダーらは，「グローバル化は客観的，主観的およびイデオロギー的な側面をもつ」（序論，47頁）といい，さらに次のように述べている．「技術と知識経済，帝国とアメリカ合衆国，そして多国籍企業の成長という，少なくとも3つの重要な要素が，グローバル化をめぐる政治と経済に関わっている．……これらの要素をどのように理解するかによって，グローバル化のプロセスを，そのなかでの教育の役割についての一致した見解を生み出すような一種の進歩とみなすか，それとも新しい形態の圧政や，教育をめぐる葛藤を生み出すものと捉える

のかが，左右されることになる」(同，49–50頁)と述べている．グローバル化は単一の過程ではないし，単純に客観的な出来事でもない．グローバル化をめぐる議論には，しばしば，記述命題や趨勢予測が，安易に規範命題として扱われてしまう罠に陥りがちな部分がある．われわれは，グローバル化の多様な側面のどの部分に焦点を当て，どのように価値づけるかによって，グローバル化と教育との関係の見え方はまったく異なって映ることになることを，強く意識しておく必要がある．

(2) 国家をどう位置づけるか

ローダーらの議論の焦点のひとつは，国家をどう位置づけるかという問題である．「ここでグローバルな変化に関わる政治や，実践や，政策について見取り図を描こうとしている理由は，それらが教育の国家システムに及ぼす影響を明らかにするためである」(序論，49頁)と彼らはいう．国家の自律性がグローバル化によってどう変容し，それが教育にどのような争点や帰結をもたらしているのかが，編者たちの中心的な関心となっている．すなわち，「将来労働者となり市民となる世代の社会的アイデンティティや社会化，そして選抜に対して，グローバル化が何をもたらすか」「教育と国家との関係がいかに変容を遂げているか」(同，49頁)といった問いが，このリーディングスを貫く主題となっているのである．この問題を扱ったグリーン (Green，原著第 13 章) は，市民形成や社会的連帯など国家が教育に関して果たしてきた旧来の役割が依然として重要だとみている．それに対してマッカーシーら (McCarthy et al., 訳書第 2 巻第 13 章) は，社会的連帯に関して国家の教育が果たしてきた役割が失われるとみている．

グローバル化の中で国家が教育に対してどの程度の関与を行いうるのか，あるいは，どういう関与を行うべきなのかは，難しい問いである．現実的にみると，国家が提供する教育が，弱者にとってポジティブな意味もネガティブな意味も同時に持っているからである．オーストラリアのフェミニズムを扱ったブラックモア (Blackmore，原著第 15 章) は，「国家から市場へ」の動きが女性の権利保障の後退をもたらしていることを指摘している．デービス (Davies，原著第 71 章) は，国家の教育システムが暴力や社会的分断を支える装置になっていることを認めながら，にもかかわらず，それに抗して民主主義を生んでいく可能性をさぐっている．

個人化もグローバル化も，両義的な動きである．新たなチャンスを手に入れたり，既存の抑圧からの解放を経験する人たちや集団がいる一方で，チャンスを失ったり生活が脅かされたりする人たちや集団もいる．あるいは，ポジティブな面とネガティブな面とを同時に経験する人たちや集団も多い．個人にとって，アプリオリに国家が悪で市場や中間集団が善であるわけではない．むろん，その逆でもない．

その中で，国家も市場も共同体も，いずれも大きな変容を経験しつつあることだけは確かである．これらの大きな社会変動を，教育研究者がどのように理解し，どのように教育研究に結びつけていくかは，これからきちんと考えられるべき重要な問題である．

そして，この問いは，日本という国家の内に関心を閉ざされてきたわれわれが，グローバル化に伴う諸変動に直面して，考えざるをえなくなってきている問いでもある．

ここでは，以下，個人化とグローバル化という視点から，日本の教育および教育を対象とした研究における課題について考えていく．

(3) 日本における個人化と教育

現代日本においても，個人化のあらわれやその帰結を見出すのは容易である．教育の分野においても，一方では，制度につなぎとまらない個人をめぐる諸問題が登場している．他方では，個人が制度に先だって存在すると考えられるようになり，そうした個人が制度の改善や改革を要求するようにもなっている（広田，2004）．個々の研究者が意識していようがいまいが，現在の教育問題や青少年問題を扱った研究の多くは，個人化の進展に伴う諸問題を扱っているといってもよいかもしれない．

個人化のさまざまな側面をどういうものとみなすかによって，改革すべき方向は異なってくる．保守派の教育改革は，道徳や規範で共同体的まとまりを再構築しようとするのだが，その一方で，彼らが進める学校改革——個人のパフォーマンスや選好を重視するネオリベラルな改革——は，個人化をいっそう推し進めるものでもある．その意味では相互補完的でもあり，矛盾しているともいえる（児美川，2000）．

もう一方で，左派の教育学者たちは，制度につなぎとまらない個人を国家が道徳的に統合していく動きに対する警戒心を，依然として弱めていない．しか

し，同時に，彼らは流動的な状況の中に個々人がむき出しで放り込まれる事態への危惧も抱いている．国家の抑圧性や中間集団の抑圧性と，個人の不確かさ・不安定さとの間で，難しいジレンマを抱えているといえる．共同体論がしばしば道徳や規範の面での一元化を帰結してしまいがちなため，近年の左派の論者は，共同体論とは異なるビジョンとして，多文化主義や市民社会的公共性論に注目するようになっている．ただし，理論的な練り上げはまだ十分ではない．

(4) 日本における「教育とグローバル化」という主題の登場

「国際化」という語が，国家レベルでの主体的な選択による，国家の外部との関係についての戦略的対応を意味しているとすると，「グローバル化」という語は，自国だけでなく，他の国々も含めた，トータルな構造変動 (あるいはそれについての見通し) を意味している．日本が「国際化」ではなく，グローバル化を切実な主題として意識し始めたのは，おそらく，1980年代の末から90年代の初頭のことだろう．臨時教育審議会 (1984–87 年) では，まだ「国際化」という語で議論がなされていた．

「教育＆グローバル化」または，「教育＆グローバリゼーション」というキイワードで国立国会図書館の雑誌記事索引と国立情報学研究所の CiNii (論文情報ナビゲータ) とを検索すると，一番古い文献が，1989年2月刊行の論文である．ただし，タイトルをみていくと，1990年代半ばまでの時期は，「教育とグローバル化」という主題で論じられていたのは，もっぱら，科学技術の開発と，企業における経営や人材育成とに集中していた．

科学技術 (工学や医学など理科系の諸分野) は，人文社会科学の諸分野とは異なって，知的生産のツールや知的生産物の市場が，早くから国境を越えた広がりをもっていた．だから，ローカルな文化や社会との関係が深い人文学や社会科学と異なって，国際的な競争にさらされやすいという性格がある．1990年代以降の情報通信技術やデータベースの飛躍的な発達は，国際戦略の枢要な道具として知的財産権が扱われるようになったことと相まって，科学技術の進展が経済発展を左右する度合いを決定的に高める，という認識を浸透させることになった．1991年に大学審議会が「大学院の量的整備について」という答申を出し，2000年までに大学院学生の数を倍増させることを打ち出したのは，その1つの対応であった．

また，企業経営も，この時期に急速にグローバル対応に転じていった．1985

年のプラザ合意によって円高が進むことで，日本企業の多国籍化が進展していった．その一方で，91年にバブルがはじけて以降，円高と不況による業績低迷に苦しむ日本企業は，旧来の「日本的経営」と呼ばれるさまざまな慣行の見直しを，本格的に進め始めた．経済同友会が「日本的経営」路線を捨て，ネオリベラリズムのスタンスに転じたのは1980年代半ばだが，財界主流の経団連（日本経済団体連合会），労使関係の問題に中心をおいていた日経連（日本経営者団体連盟）が，方針転換をしたのは1993–94年ごろだったとされている（菊池，2005）．

グローバル化への対応の国家戦略的な改革プランとして打ち出されたのが，ネオリベラルな改革プランだった．政策構想としては細川護熙政権（1993–94年）の頃から浮上してきていたが，それが本格的に進展したのは1990年代後半以降である．

1996年1月には経団連が2020年を見通した『魅力ある日本──創造への責任』（いわゆる豊田ビジョン）を発表した．それは，「官から民へ」「中央から地方へ」の原則のもとで，「脱規制社会」「脱行政依存社会」「透明で小さく効率的な政府」の実現をめざした，ネオリベラルな国家構想の提案であった．同年11月には，橋本龍太郎内閣が，豊田ビジョンを下敷きにした，行政改革，財政構造改革，金融システム改革などの「5大改革」の方針を表明した（後に教育改革がつけ加わり，「6大改革」とされた）．このネオリベラルな方向はさらに2001–06年の小泉純一郎政権のもとで，強力に実現が図られていった．小泉政権では，内閣府に設置された経済財政諮問会議や総合規制改革会議などが，教育分野を含めたあらゆる政策分野についてのネオリベラルな改革プランを，政策決定の場に投げ込む役割を果たした（清水，2005）．

教育の分野では，ネオリベラルな教育改革という形でグローバル化のインパクトを強く受けるようになったのは，2000年前後からである．1つには，小泉政権の時期になって行財政改革の一環として，新たな教育政策のプランが内閣府主導で上から進められるようになった（広田・武石，2009）．もう1つには，米英などにおける教育改革の事例を「先進事例」とみなし，教育行政や教育実践のレベルでそれらを借用・模倣しようとするような動きが盛んになった．あるいは，PISAテストや高等教育の国際的な質保証の動きなど，国境を越えたシステムがもつインパクトも強くなった．

この10年ほどの間に，「教育とグローバル化」という主題で語られるべき領域は，日本の教育をめぐっても飛躍的に拡大した．たとえば初中等教育をみれ

ば，制度レベルや学校経営のレベルでも，指導法や評価のレベルでも，グローバル化という文脈に沿いながら，諸外国の改革や事例を導入しようという動きが強まっている．あるいは高等教育でも，諸外国での改革や事例が，研究開発のレベルから，大学組織や経営，カリキュラムや評価などへと，広範な影響を与えるに至っている．また，グローバル化が労働市場に対してもつ影響についての問題，外国籍の子どもの増加という問題，ナショナリズムの再活性化の問題など，多くの教育問題が，グローバル化と密接に関わって浮上している．

(5) グローバル化をめぐる対立

しかしながら，ここで注意しておかないといけないことは，グローバル化に対する教育の変革や変容は，あらかじめ決まった方向があるわけではない，ということである．グローバル化が世界じゅうのシステムを単一のものに収斂させてしまうとみる立場から，グローバル化を虚像とみる立場まで多様にあることは，ローダーらが序論で，D.ヘルドらの議論を引きながら論じているとおりである．そのこと自体が，グローバルな変動が個々の国民国家の社会や文化に与える影響の複雑さを示している．

社会科学者らしく，慎重さを欠いた収斂論の立場をとらないとすると，われわれは少なくとも以下の2つの点に留意する必要がある．

1つには，経路依存性の問題やシステムの固有の文脈に，もっと注意が払われる必要がある．ローダーらが序論で言うように，資本主義のさまざまなタイプによって，教育のあり方は異なっている．この点をふまえない研究は危険である．すなわち，それぞれの社会の諸システムは歴史的に形成された経路依存性をもっているから，それを視野に入れる必要がある．欧米諸国の職業教育主義（vocationalism）の組織化のされ方を検討したグラブら（Grubb *et al.*, 訳書第第1巻第2章）は，「教育の福音」がレトリックとして広がりつつも，実際には，多様なモデルが存在していることを示している．企業の訓練システムを比較研究したブラウンらも，多国籍企業の展開が旧来の多様なシステムを1つに収斂させていっているわけではないことを明らかにしている（Brown *et al.*, 2001）．

教育制度であれ教育実践であれ，さまざまな要素が絡み合って「システム」を形成している．そこでは，複雑な要素やシステムが相互に絡み合うことで，あるシステムの一定のパフォーマンスが確保されている．だから，他の国や地域で効果があった改革や手法が，そのままどの国や地域でも効果をあげるとは

限らない．ネオリベラルな改革論者は，しばしばこの点を無視している．もちろん，昔のシステムに戻せ，というのも暴論である．高度成長期に形成された社会システム全体が揺らぐ中で，教育の変化も進んでいるからである（矢野，2000；小玉，2000）．

　もう1つは，ローダーらがいう「グローバル化の主観的およびイデオロギー的な側面」に，十分な注意が払われねばならない，ということである．

　1990年代の日本で，なぜグローバル化がラディカルな政治改革をもたらしてこなかったのかを考察したガオは，単なる利害だけではなく未来に関する見通しの点で対立するイデオロギーの付置状況が一国レベルでのグローバル化への対応を決める，ということを強調している．ガオは「グローバル化は，構造的現実であると同時に，社会的構築物——価値判断とイデオロギー的立場を含んだ想像された将来の経済秩序——でもある」（Gao, 2000: 436）と述べ，1990年代の日本では，日本社会の現状の評価と将来予測に関して鋭い対立があったことが，ラディカルな改革の進展を妨げたのだ，と分析している．

　また，社会民主主義の諸バリエーションを考察したトーマス・マイヤーは，それぞれの国民経済に「埋め込まれていた」市場がグローバルに統合されていくにあたって，3つの選択肢があるという（マイヤー，2005: 31-32）．グローバルな市場への「再埋め込み」戦略，「国民社会をグローバル化の新しい条件に合わせて調整する」戦略，および「両者をさまざまな形で組み合わせる」戦略である．それらのどれを強調するかによって，目指すべき方向は異なってくる，というのである．そこには競合するイデオロギー間の対立がはらまれている．

　このようなグローバル化のイデオロギー的側面に注意を払うと，教育改革をめぐる対立もまた，将来の社会秩序をめぐる政治的な葛藤であることが浮かび上がる．たとえば，1990年代後半から，日本でも学校選択制の導入・拡大やバウチャー制の導入などをめぐって一連の議論の対立が続いてきているのだが，それは単に生徒や親にどれだけの満足度をもたらすかという点が争点になっているのではない．そうではなくて，機会の開放性／閉鎖性や労働市場の構造などへの影響を含めた，想像された将来の社会秩序をめぐる対立なのである（広田，2009）．

　個人化やグローバル化の過程は，ここで述べてきたような政治的な対立や未来構想に関する対立を含んでいる．教育社会学者の研究は，どういう主題を扱おうと否応なしにそれとの対峙が迫られている．

(6) 世界金融危機と政権交代のインパクト

2008年9月のリーマン・ショックから始まった世界金融危機は，グローバル資本主義の新しい段階を到来させることになった．近年の教育改革をめぐる議論は，むき出しの経済グローバリズム礼賛論が主軸となっていたから，グローバルな経済システムの頓挫は，議論の磁場を変えることになる．実際，構造改革論者の退潮によって，市場原理を志向する教育改革論はいったんは沈静化した観がある（広田，2009）．

また，2009年8月の総選挙で民主党が大勝し，政権交代が起こったことも，教育改革をめぐる議論のあり方を変えることになった（広田・武石，2009）．全国学力テストの抽出への転換や，教員免許更新制の廃止が，方針として打ち出され，前者は実施に移された．教育政策内容だけでなく，教育政策を決定する仕組みも大きく変わり，「政治主導」のスローガンのもと，旧来とはまったく異なる力学で教育政策が決定されていくことになった．

流れは変わった．では，本訳書で考察されているような主題は，もはや過去のものとなったのだろうか．いや，そうではあるまい．

グローバル化やそれに伴う社会変動は，今後もさらに進んでいくだろう．国際政治のレベルでは，先進国中心の合議体制（G8）から，多くの新興国を含めたより大きな枠組み（G20）へと拡大されたという点で大きな転換はあったが，グローバル資本主義のルールや活動の大枠は維持されたままである．それゆえ，グローバルな変動が，今後も各国の教育政策や教育実践に大きな影響を与え続けることになるだろう．ただし，グローバル資本主義や市場原理主義を手放しで礼賛する議論は減ったものの，代わって新たなグローバル秩序に関する特定のオルターナティブな像が有力になってきているわけではないという点で，先行きの見通しははなはだ不鮮明である．

政権交代が教育政策に与える影響も，単純ではない．民主党の内部は一枚岩ではなく，ネオリベラル，リベラル，伝統的な保守派，社民派など，多様なイデオロギーの勢力を含んでいる．政権発足後の教育政策の歩みは，目指すべき明確な国家像の定まらないまま，そのときどきの力学で動いているようにみえる（なお，この点は，地方の自治体レベルで進められている教育改革についても同様である）．未来社会に関する多様なイデオロギーが対立する中で，教育改革のプランをめぐるかけひきが続いている．

また，政策決定の力学も大きく変容してきている．内閣への一元化から内閣・

与党の二元化へ，政治主導から政官の協調へ，上からの改革から諸アクターの利害や意見の調整へ，という揺り戻しの流れが読みとれる．教育政策についても，1990年代頃までの状況と同様に，多様な関係者・アクターの間での意見や利害の調整が，方向を決めるカギになってきている．

このように考えてくると，「個人化」と「グローバル化」という大きな趨勢の中で，日本の社会や日本の教育がどのように進んでいくべきかについて，多様なイデオロギーが並立した状況であることがわかる．ネオリベラルな改革（構造改革）への熱狂や，政権交代への熱狂を経てきて，われわれは冷静に観察し，思考し，議論すべき段階に来ている．未来に向けて教育システムは何をなしつつあるのか，また，これから何をなしていくべきなのか．ローダーらが序論で掲げた「グローバルな破局の恐れがある技術的経済的諸力の制御」「繁栄のパラドックス」「機会の罠」という3つの重要な問題は，われわれ日本に住む者にとっても依然として解決策のみえない課題である．「日本の教育をより良いものにする」という課題は，個人のアイデンティティや社会化のレベルから，グローバルな世界秩序の展望のレベルまで，複数の次元で展開されている多種多様な考え方を，われわれがどう判断しどう選択するのかという問題と切り離せなくなっている．教育研究者や教育に携わる者の見識や志操が問われる時代といえるだろう．

(広田照幸)

3 ── 欧米諸国と日本の〈教育と労働市場〉

(1) 〈教育と労働市場〉を捉える視点

このリーディングスでは，経済・労働市場と教育のグローバル化（序論，Olssen，訳書第1巻第1章）や，知識経済化の進行（Guile，訳書第1巻第4章）など，〈教育と労働市場〉をめぐる地球大で付加逆的な変動が，問題関心の根幹に据えられている．こうした巨大な変動は，すべての社会を，各々固有の歴史的経路や発展段階に即して異なった度合いや内容ではあれ，広く巻き込む形で生じている．だとすれば，日本における〈教育と労働市場〉の現状を把握する上で，リーディングスに含まれる諸知見の多くが適用可能なはずだと考えられても不思議はない．

しかしながら，リーディングスにおける欧米諸国の〈教育と労働市場〉に関する諸指摘と，日本の現状との間には，様々な相違点が見出される．それらの

相違点は，欧米諸国において日本よりも顕著に観察される事柄と，逆に日本において欧米諸国よりも顕著に，あるいは異質な形で観察される事柄とに大別される．それゆえリーディングスの諸指摘は，日本に直接適用できるというよりも，むしろそれらに照らして彼我の何がどう異なっているかを比較検討することにより，双方の特殊性を浮き彫りにするという形で利用するべきであろう．本節では，上記2つの方向での相違点をそれぞれ検討したのち，日本の教育社会学研究が〈教育と労働市場〉についていかなる研究を蓄積し，そこにはどのような限界・課題があるかを論じる．

(2) 日本よりも欧米で顕著な〈教育と労働市場〉の現実

本リーディングスにおいてもっとも印象的な鍵概念のひとつは，「教育の福音」である（序論，Grubb and Lazerson，訳書第1巻第2章）．「教育の福音」とは，「すべての人の教育達成水準を向上させて高等教育へのより多くの人々の入学を促進し，グローバルな労働市場で価値が与えられている資格・知識・技術で労働力を武装させる」（Brown and Lauder，訳書第1巻第3章）ことにより，経済的活力の維持と社会的平等が達成される，というレトリックであり，それが欧米の政策を支配しているとされる．このレトリックを支えているのは，先に触れたグローバル化と知識経済化の進行についての認識，より具体的には，グローバル経済の中で先進諸国が後発諸国の追い上げに抗して経済的に勝ち残るためには「高度技術・高賃金の職種を引き寄せるマグネット経済になる」（Brown and Lauder，訳書第1巻第3章）必要性があるという認識である．リーディングスの編者たちは，こうした支配的な見方について批判的な立場をとっている．ブラウンとローダーは，「教育の福音」や「マグネット経済」というレトリックが「神話」にすぎず，教育の拡大や改革を通じてはグローバルな知識競争の脅威や不平等などの諸問題は解決されないと論じている（前掲章）．さらにブラウン（Brown，原著第26章）は，やはり「教育の福音」批判の一環として，「機会の罠」という概念を提起している．「機会の罠」とは，教育機会——ことに高等教育の機会——が拡大され，かつ労働市場における「よい仕事」が拡大しない場合には，教育競争への参入が地位達成の必要条件化するとともに，教育歴と職業的地位の対応はいっそう弱まるという矛盾を表す概念である．これらの批判は，「教育の福音」が欧米諸国においていかに支配的であるかを，逆に映し出している．

また,「教育の福音」から派生する現象としてグラブとレザーソン (Grubb and Lazerson, 訳書第 1 巻第 2 章) が指摘するのは,「職業教育主義」(vocationalism) である．これは, 中等・高等教育の目的が職業準備をより重視するようになる傾向を指している．特に高等教育機関においては専門職教育化に力点が置かれるようになり, それと連動して中等教育全体の再編が模索されているという．さらに,「教育の福音」が, 人生の初期における学校教育のみならず個人の一生にわたるものとして時間的に延長されたところに帰結するのは,「生涯学習」の称揚である (Rees *et al.*, 訳書第 1 巻第 7 章).

　このようにリーディングスでは,「教育の福音」を中心として, それと密接に関連する様々な事象が, 欧米諸国の〈教育と労働市場〉に関して報告されている．それにいくぶん類似した現象は, 日本でも見出すことができる．たとえば広田 (2003) は, 犯罪などの青少年問題が「教育の失敗」の結果として説明される傾向が強まっていることを指摘し, それは裏返しの「教育万能神話」の表れであると指摘している．そうした「教育万能神話」は, 教育を通じた諸問題の解決を掲げている点で, 欧米における「教育の福音」と共通性をもつ．

　しかし, 両者の間には看過してはならない違いがある．それは, 欧米諸国の「教育の福音」が主に経済を牽引する高度人材の育成に照準しているのに対し, 日本の「教育万能神話」は, 子供や若者に対する規範的社会化に力点を置いているということである．ただし, 日本においても, 教育は経済・労働の問題をも解決する役割を期待されている面がないわけではない．たとえば「キャリア教育」がその典型例だが, 日本の「キャリア教育」は, 労働市場価値をもつ職業専門的な知識やスキルの形成ではなく, 道徳教育的な職業意識の形成を主眼としている．日本の中等教育・高等教育においては, グラブとレザーソンが指摘するような「職業教育主義」は進んでいない．さらに,「教育の福音」は教育機会の実質的な拡大や平等化の政策的推進を含んでいるが, 日本ではそれもきわめて弱体である．日本の大学進学率は 90 年代に入学定員規制の緩和により上昇したものの, 2000 年代末時点においても OECD の平均水準を大きく下回る (OECD の Education at a Glance 2010 によれば, 2008 年において OECD 平均が 55.9% であるのに対し, 日本は 48.2% である). しかも, 日本の高等教育に対する公的支出は低水準なままであるため, 大学進学機会は個々の家庭の経済条件に著しく左右される．こうした明白な不平等を打開するための積極的な取り組みは, 日本ではほぼまったく実現していない．

加えて指摘しておくべきは，欧米諸国では現実的な脅威として「教育の福音」を惹起している他国からの労働者や学生の流入は，日本ではいまだ量的にも少なく，実態把握や政策上の方針も不透明なままであるということである．安価な単純労働力としての研修生や看護・介護労働力の受け入れがなし崩し的に拡大しつつあり，「高度人材」の受入れの推進が声高に叫ばれてはいるものの，高度労働力の流入は大きな存在感をもつほどの規模にはいたっておらず，データ上も人材の流出入の水準は欧米と比べてきわめて低い．労働市場の国際化に対応すべく国内の教育や労働市場をいかに設計し直すかについての関心や議論も，日本では顕著に高まってはいない．

このように，経済や産業のマクロな変化に即応した形で教育を政策的に強力にギア・アップするという意味での「教育の福音」は，日本では欧米ほど明確に観察されない．日本における「教育万能神話」は，より新保守主義的であり，かつ財政支出の拡大を伴っていないという点で，高度労働力の育成にも，社会的平等の達成にも，実質的に寄与するところが欧米よりもいっそう希薄である．

(3) 欧米よりも日本で顕著な／異質な〈教育と労働市場〉の現実

他方で反対に，リーディングスにおける諸指摘の中には，欧米でも観察され始めてはいるが，むしろ日本において，より顕在化している事象も見られる．それらは前節で指摘した日本の特徴と，表裏一体をなしている．その中核に位置づけられるのは，ブラウンが指摘する，「機会の罠」に伴う「人格資本」(personal capital) の重要化である (Brown, 原著第 26 章)．すなわち，高等教育機会の拡大によって高等教育修了者が大量供給されるようになると，雇用主は採用の際に「学位の質」にいっそう注目するだけでなく，個々人の人格的な資質にも大きな関心を注ぐようになる．ブラウンは，前回のリーディングスの収録論文「文化資本と社会的排除」(Brown, 1995) においても，企業組織の編成原理が「官僚制的パラダイム」から「柔軟なパラダイム」に移行したことが，高度に順応的でルール遵守的な「官僚制的パーソナリティ」よりも「カリスマ的リーダーシップ」の価値を高める結果をもたらしたと論じている．そうした「カリスマ的」資質の養成にとっては親の果たす役割が大きくなることから，社会の地位達成原理が「メリトクラシー」から「ペアレントクラシー」へと移行しつつあるとブラウンは指摘している．こうした選抜の強化と選抜基準の多元化の背景には，国際競争の激化がもたらす「よい仕事」の減少という事実がある

ことは言うまでもない (Brown and Lauder, 訳書第 1 巻第 3 章).

このような，教育機会の拡大と産業構造・企業組織の変化およびグローバル経済化により，教育歴が一方では職業的地位の獲得のためのより強力な必要条件になるとともに十分条件ではなくなり，教育歴以外の人格的資質が重要な選抜基準として浮上するという現象は，教育歴と職業的地位との対応性を重視してきた欧米社会にとって，〈教育と労働市場〉を結びつける枠組み自体を揺るがす重大な事態である．

しかし日本においては，教育歴＝教育内容と職業的地位＝職業内容とが明確に対応しないという現象は，欧米より早く高度経済成長期からすでに生じていた．新規学卒一括採用の普及・定着，採用後の柔軟な配置転換と OJT (On the Job Training) による育成，職能資格制度による一般的・潜在的能力を基準とする処遇などを特徴とする日本的雇用慣行は，70 年代のオイルショックを経て確立され，80 年代には黄金期を迎えた．その間に進んでいたのは，個人の教育歴が訓練可能性の代理指標としてスクリーニング機能のみに特化するという事態である．欧米的な「教育の福音」が日本では弱体であることの背景には，〈教育と労働市場〉の関係性そのものが過去数十年にわたって欧米とは異質な形で成立していたという事実がある．

さらに 90 年代以降の日本では，上記の日本的雇用慣行が該当する層の規模が縮小するという新しい現象が加わった．大学進学率の上昇にもかかわらずバブル経済崩壊後の長期不況下で新規学卒採用が抑制されたことに加えて，グローバル経済競争の圧力を受けつつサービス経済化・製造業内部の多品種少量生産化と新製品開発の加速化などの産業構造の変化が生じたことにより，人格的資質，特に対人能力や意欲，問題解決能力などの柔軟な感情的能力が，同一の教育歴をもつ者の間でのさらなる選抜基準として重要化するという，ブラウンの指摘に合致する現象が日本で顕在化した．本田 (2005) は，この現象を「ハイパー・メリトクラシー」と名付けている．

このように，ブラウンらが欧米に関して危惧する，教育と職業との内容的対応の弛緩，個人的資質の重要化という現象は，日本ではより早期から発生しており，現在ではいっそう極端な形で現れている (本田, 2010).

また，それと関わる「よい仕事」の減少という点についても，90 年代以降の日本は欧米よりも顕著な面がある．欧米ではオイルショック以降，若年を中心とする雇用問題が深刻化してきたが，特にヨーロッパにおいてはそうした事態

に対して「仕事の質」すなわち労働条件自体に関する規制は可能な限り保持しつつ，社会的排除に陥った層に対して政策的手当てを講じるという対策がとられてきた．それに対して日本では，雇用問題が80年代までは潜在化しており，90年代に「仕事の質」の低下が一気に噴出するという経緯をたどった．その結果，現在の日本の労働市場，特に若年労働市場においては，正社員の内部労働市場と非正社員の流動的外部労働市場が極度に分断された状態を維持したまま，前者の縮小および労働条件の劣悪化，後者の拡大が進んでいる．それ以前の時期にも内部労働市場と不安定で低賃金の外部労働市場の分断は性別役割分業と密接に結びついていたが，現在もそうした性別分業と労働条件格差を温存したまま，相対的に低い教育歴の者を中心としつつ広く高学歴者の一部にも及ぶ形で，若年者が非正社員・周辺的正社員の労働市場に大量に流入するようになっている．欧米諸国のような企業横断的職種別労働市場や労働者の採用と処遇・労働条件に関する強固な法的規制を欠き，90年代以降の新自由主義的政策方針によっていっそうの規制緩和と市場化が進んでいる日本においては，内部労働市場・流動的外部労働市場のいずれについても，「よい仕事」の稀少化が，欧米よりもさらに剝き出しの形で現出している（本田，2010）．

(4) 〈教育と労働市場〉をめぐる日本の教育社会学研究

以上に見てきたように，リーディングスにおける欧米諸国の〈教育と労働市場〉についての諸指摘は，日本においてはそれぞれ過小な／過大な状態へとデフォルメされて現れている．このような，日本の〈教育と労働市場〉の特殊性について，日本の教育社会学研究はこれまで一定の顧慮を払ってきたことは確かである．その典型例は，70年代後半から80年代にかけて興隆をみた「学歴社会」論である．そこでは日本が著しい「学歴社会」であるという前提のもとに国際比較を含む様々な実証研究が行われたが，その結果見出されたのは，日本が客観的事実としては職業的地位に対する学歴の決定力が他の諸国と比べてそれほど大きいわけではないという事実であった．

その後の〈教育と労働市場〉研究の成果として注目されるのは，新規学卒就職の日本的メカニズムを論じた苅谷剛彦による一連の研究である．苅谷は日本の高卒就職・大卒就職を対象として，「教育に委ねられた選抜」，「セミフォーマル・ネットワーク」等の概念を生み出し，その「日本的」特徴が効率性や公平性，学習への動機付け等の点で有効性をもつことに力点を置いた議論を展開し

た．英語による論文も複数発表されたことから，日本的な〈教育と労働市場〉の特徴と有効性に対して広く国際的な関心を喚起する役割を果たした．ただし，90年代以降の若年労働市場状況の激変のもとで，苅谷の議論に対する批判や，より踏み込んだ検討も現れている（本田・平沢，2007）．

また，特に90年代以降における日本の〈教育と労働市場〉の変化に関する実証研究の中核として，厚生労働省所管の労働政策研究・研修機構（旧・日本労働研究機構）における一連の調査研究をあげることができる．新規学卒就職や若年の初期キャリアの変化に関して，同機構は国際比較を含む多くの基礎データを蓄積し，実態解明に貢献してきた．

さらに，階層研究の文脈においては，出身階層・教育達成・到達階層の間の関連を問うという伝統的関心に基づき，国際比較を含む〈教育と労働市場〉研究が蓄積されてきた．ただし階層研究は，社会事象の変数化や統計分析において高度の抽象化を免れず，個々の社会の具体的な文脈・慣行・制度等については捨象しがちであったといえる．

このように，日本の〈教育と労働市場〉に関しては少なからぬ研究蓄積がある．しかし，それらは総じて，日本の現実や他国との相違を事実として指摘することには寄与しながらも，そうした相違がなぜ，いかにして成立してきたかについての包括的な説明や，日本がたちいたっている今日的状況の特徴や問題点についての総合的な把握検討については，必ずしも精力的な取り組みがなされてきたとは言えない．日本の〈教育と労働市場〉が特殊であるということは繰り返し確認されながらも，それをモデルとして洗練し，欧米諸国の状況を逆に相対化するとともに，双方のメリット・デメリットや可能な選択肢およびその条件について総合的に議論する作業は，たちおくれてきた．

その理由の1つには，教育社会学全体としては教育内部のメゾレベル・ミクロレベルの研究に比重が偏り，教育と労働市場の接点に関する研究に従事する者はごく一部に限られてきたということがある．また，実証研究に価値が置かれがちであり，国際比較調査は随時実施されながらも，各社会の歴史的経路や社会内部の諸領域間の関係をも視野に入れたマクロかつ理論的な研究は敬遠される傾向があったことも一因であろう．

ただし，ごく近年にいたって，比較歴史社会学的観点から，〈教育と労働市場〉を含む日本社会の固有性の由来を解き明かそうとする研究も現れている．たとえば苅谷（2008）は，欧米諸国と日本の職業構造の変動と教育拡大の過程に

関するデータを長期的にたどり直すことにより，社会的選抜や職業的地位配分において教育歴がもつ意味の相違の歴史的由来を明らかにしている．また，武川（2007）は，福祉国家形成という主題をめぐって，日英韓の相違が生まれた歴史的背景を明らかにしている．いずれの研究においても，社会間の相違を説明する枠組みとして重要な意味を与えられているのは，各社会内部の諸領域が発展・変動する過程のタイミングとスピード，および社会外部の国際的な環境条件である．こうした，実証研究・歴史研究・比較研究・理論研究のすべてを併せ持つような「大柄な」研究のさらなる展開が，単なる「特殊」というレッテルを超えた日本社会の理解のためには不可欠であろう．さらに，そうした日本社会の理解に基づいて，欧米諸国の「特殊性」をも逆照射することが可能であり必要である．

(5) 小 括

本節が試みてきた欧米諸国と日本の往復作業にとって，残された問いは数多い．研究面での問いのみならず，日本社会の成員――特に若い成員――にとって喫緊の実践的な問いは，日本の〈教育と労働市場〉のあり方は今後も「特殊」なままでありうるのか，そしてそれは成員にとって望ましいことなのか，という問いである．世界大の構造変動や，日本社会の現況を視野に入れれば，上のどちらについても懐疑的な答えを示すことは可能である．しかし，各社会の歴史的な経路への依存性の強さや，グローバル化の中でも国家という単位は役割を変容させつつも依然として重要であり続けるという見方（訳書序論）に立てば，別の答えが浮かび上がる．

そして答えはどこかに正解が隠れているというものではなく，為政者と広く社会成員全体による認識と行為によって選びとられる．そうした認識と行為に何がしかの影響を及ぼすものとしての研究にとって，リーディングスの諸指摘を踏まえつつ日本の文脈から咀嚼し，日本社会の成員にとっての選択肢の可能性をより開くことが求められている． （本田由紀）

4　高等教育の教育社会学研究

(1) グローバル化・ネオリベラリズムと高等教育

教育社会学研究を高等教育という対象に焦点化し，第1に，このリーディン

グスにおける課題と主たる知見を要約し，第2に，それと対照した日本における高等教育研究を検討し，第3に，今後深めるべき研究領域を考察しよう．

　高等教育を対象にした欧米の近年における教育社会学研究の主要な関心は，否応なく進む経済グローバル化に高等教育システムはどのように対峙しているか，また，そうしたグローバル化への対応策として国家は高等教育システムをどのように位置づけようとしているのかという2点に集約することができる．グローバル化やネオリベラリズムを基盤とする市場化政策が課題になるのは，これらの現象が，高等教育（とくに，大学）が中世以来の伝統のなかで培い維持してきた理念，価値，社会的役割などにドラスティックな変更を迫る圧力となっているからにほかならない．

　高等教育は，一方で，学問の普遍性というそもそも国境に固執しない特性をもち，他方で，研究による知識生産が経済的財の生産に結びつく可能性が高いため，他のどの教育段階よりもグローバル化との親和性は強い．また，大学は，近代国家の成立以前に起源をもち，大学の自治と学問の自由を掲げ，国家からの自律の度合いは相対的に高い．それゆえ，高等教育は，グローバル化の影響を受けやすいが，しかし，英米を中心に展開されるネオリベラリズム政策への抵抗力を内在させているという立ち位置にある．

　このリーディングスにおいても，Universities, Higher Education, and Lifelong Learning として1つのパートを構成し8本の論考が収められ，それ以外のパートにおいても高等教育に関する論考は多い．それらの多くは，グローバル化とネオリベラリズム政策を念頭に置き，高等教育の制度的自律性が各側面で損われ，システムが変容する様態を明らかにすることに分析の主眼が置かれている．それらをあえて分類すれば，1つには，グローバル化やネオリベラリズム政策を所与として，その影響が高等教育システムにどのように及び，システムがどのように変容しているかを分析した研究と，もう1つには，国民国家の内部に閉じた意思決定やガバナンス機構をもっていた高等教育が，国境を越えた諸活動に関わることで，従来の国家と高等教育との関係図式が変容する実態を分析した研究とに二分することができる．

　前者の高等教育システムの変容の例でいえば，研究における産学連携の推進がもたらした知的財産権問題は，その1つである．知識経済化が進むなかで，企業は大学の知識が経済的財を生み出すことに一層敏感になり，大学も研究成果に対する知的財産権を主張することで対応するようになる．そこで生じたこ

とは知識の私有化であり，そのことによって大学の知識の公共性という前提が掘り崩されていくことをマックシェリーは分析している (McSherry，原著第59章).

教育という領域がネオリベラリズムにもとづく例外なき改革の対象とされてきたことは，市場メカニズムの導入によるアカウンタビリティの要請に端的に表れている．教育の質をステークホルダーにわかりやすく示すということは，これまで閉じた空間で行われてきた教育が，外部の改革圧力にさらされるようになることを意味する．大学教育は消費者である学生の嗜好に合わせることが求められ，モジュール化され標準化されたカリキュラムが売れ筋商品になるという．ナイドゥーとジェイミーソンは，そうした変化を「消費者主義」と呼んで警鐘を鳴らしている (Naidoo and Jamieson，訳書第1巻第6章).

後者の高等教育そのもののグローバル化に関しては，超国家的組織の存在が注目される．WTOが推進する高等教育のサービス貿易化は，学生や教員など「人」の移動 (これ自体は中世大学に遡り，大学の知識の普遍性を示すものと認識されてきた) に加えて，ITの発達もあって教育プログラムの国境を越えての移動という新たな現象を生じさせた．それは教育の商品化を進めるとともに，国家の自律性を阻害するものであることが，ロバートソンらによって指摘されている (Robertson *et al.*，原著第16章). 同様にOECDも，教育の質の向上をネオリベラリズムの立場から訴え，グローバルな教育政策の空間を構築していると，リズヴィらは指摘している (Rizvi *et al.*，原著第17章). これら超国家的組織の活動は，教育内容や教育達成水準のグローバルな統一化，標準化に収斂する傾向をもつが，換言すれば，アメリカの高等教育の世界標準化である．超国家的組織の影響力が強くなることで，国民国家はこれまでどおりに高等教育の存立基盤になりうるのか否かが問われている (序章).

(2) 日本の高等教育政策と改革

このように欧米の研究動向を踏まえたとき，日本の高等教育に関する教育社会学研究も，高等教育のグローバル化やネオリベラリズム政策を研究課題としているが，欧米でそれらが研究のキーワードとなりはじめた時期と比較すれば数年のタイムラグがある．それは，日本の高等教育システムが1990年代以降に大きく構造転換を遂げ，しかも，政府主導による矢継ぎ早の改革がなされたという変動期を経験し，そこであらためてシステムの構造転換や政策の意味を問

い返したとき，グローバル化やネオリベラリズム政策が日本の経験を世界的な動向に位置づけて説明するキーワードとして意味をもつようになったからだと考えられる．

天野（2002, 2008），市川（2001, 2003），金子（2000, 2006），矢野（2000）が問題にしたのは，日本の高等教育システムの構造転換と高等教育外部からの圧力によるネオリベラリズム政策の批判的検討である．研究の知見を総括すれば，以下のように素描することができよう．

90年前後を臨界点として，日本の高等教育システムは，その構造を大きく転換した．90年代に入り高等教育進学率は，再度上昇局面に転じてユニバーサル段階に至ったが，それは，進学率をベースにしたエリート，マス，ユニバーサルという段階的移行とだけでは捉えられない構造的な転換であった．それは，1つには，高等教育と高校との接続面で生じた変化であり，もう1つは，高等教育と労働市場の接続面で生じた変化からみることができる．この時期の進学率の上昇は，18歳人口の減少に対して高等教育収容力が維持されたことによるものであり，その結果，進学需要は供給を下回り，他方で，バブル崩壊以降の経済不況下における雇用状況の悪化のなかで，労働需要が供給を下回るという状況が生じている．戦後半世紀の一貫した進学需要の伸びと増大する労働需要との双方に支えられた高等教育と経済システムとの良好な関係は，90年代に初めて綻びを見せるに至ったと分析されている．

高等教育が規模の縮小に転じたその時期に，他のシステムとの接続の不整合があらわになったため，高等教育に対する外側からの改革圧力は必然的に高まっていった．しかし，現在につながる高等教育改革は，80年代半ばの臨時教育審議会の自由化路線に端を発している．それは，大学設置基準などの規則が大学の多様化や個性化を阻む原因であるとし，大学に各種の自由裁量権を与えて，教育の質を向上させることを改革の目的としていた．

90年代後半からは，大学の活性化による日本経済の復活という財界の期待が，さらなる改革圧力として加わった．これはグローバル化する経済競争において大学の知の効用が再発見されたことによるということができるが，大学に企業と同様の市場原理をもちこみ，競争によってシステム全体の活力を高めようとする，いわゆるネオリベラリズムの論理で進められた．これらの政策を主導したのは内閣府に置かれた諸会議や財界のバックを受けた経済産業省であり，文部省とは別ルートであった（Yoshida, 2009）．

教育の質の向上を目的とする改革と，経済競争での勝利を目的とする改革との2つの路線は「規制緩和」という合言葉でもって共鳴したことで，改革の圧力は強化されスピードは上昇したのであった．前者の改革は，大学設置基準の大綱化（1991年）に始まる規制緩和，事前規制から事後チェックへというスローガンを掲げる認証評価制度の導入（2004年），小さな政府をめざし公務員削減の標的にされた国立大学の法人化（2004年）などであり，後者の路線は，科学技術基本法の制定（1995年）とその後の3期にわたる科学技術基本計画，大学等技術移転促進法（TLO法）（1998年），産業活力再生特別措置法（1999年）の制定などであり，先行するアメリカより20年遅れて大学の科学技術研究を経済生産性の向上に直結させる道筋が作られた．

　こうした現実を引き起こしている基底にグローバル化といったメガトレンドがあり，欧米とくにアメリカに端を発する地球規模の変動から日本も無縁ではないという，きわめてマクロな視点から日本の高等教育をめぐる改革を位置づけることができる．

　2008年のリーマン・ショック，2009年の政権交代と近年の政治経済の動きは激しい．リーマン・ショックによって，資産運用においてデリバティブ取引を行っていた私立大学は多額の損失を被る結果となった．文部科学省は異例ともいえる「学校法人における資産運用について」（2009）を発表し，公教育を担う学校法人はその資産運用に関して安全性の確保を怠らない旨を通知するに至った．財務という点で，日本の大学がグローバル化した経済に大きく巻き込まれている日常があることが浮き彫りにされたといえよう．

　高等教育関係者の間では，「コンクリートから人へ」をスローガンに掲げる民主党への政権交代が，OECD諸国においてGDP比で最低の高等教育予算の増額につながることを期待する声が高いが，40%の大学が定員割れを生じているなかでそれを実現させるためには，財務省をはじめとして誰もが納得する論理構築が求められる．高等教育政策に関して，民主党は教員養成6年制をマニフェストに掲げているが，戦後，教員養成大学と開放制による教員免許取得との二元的な教員養成制度をとってきたこと，加えて制度化された教職大学院の存在を考えると，政策の実現までには相当の制度的な調整が必要だろう．政権交代というこの時期は，ドラスティックな改革を求めるよりも，これまでの改革の実効性を検証しつつ継続性をもった改革を目指すべきであろう．

(3) 高等教育システムの変容の問題

　規制を緩和してアカウンタビリティを求める一連の改革は，高等教育システムの内部組織，教員と学生との関係，カリキュラム，研究内容などシステムのソフトな部分の変容を余儀なくし，その結果，文部科学省の大学に対する管理統制は逆に強化されることになると，諸研究は予見している．それが予見に留まっているのは，新たな制度の制定からの時間経過が短いこと，ある改革の影響を十分に検証する間もなく次の改革がなされるという事態に振り回されていたこと，研究者自身が改革の当事者であることなどによる．『高等教育研究』第12集（2009）では，「大学像の変容」という特集でもって，改革を相対的に評価する試みがなされているが，こうしたスタンスでの実証研究の蓄積が一層必要とされよう．

　その場合，日本の政治的・社会的文脈や高等教育の構造的な特徴を踏まえた分析の視点をもつことが不可欠である．たとえば，日本の高等教育は私学セクターの比重が高いという構造的特徴がある．学生の獲得競争，授業料の設定，外部資金の獲得などにおいて，すでに私学セクターは市場競争にさらされており，ヨーロッパとの対比でいえば，日本の高等教育システムの方が早くから市場化が進んでいる（天野，2002）．そうした状況下において，政策的に市場競争メカニズムを導入することには抵抗が少ないことが日本の特徴であるとも指摘されている（金子，2006）．市場化政策そのものが始まる時期はやや遅いとはいえ，日本の高等教育システムの市場化は，国公立セクターを巻き込んで，今後急速に進んでいくのか（そのように見えるが），あるいは，高等教育システムが国家との緊張関係をもってその自律性を主張するようになるのかは検討課題であろう．

　また，国立大学の法人化のもつ問題点として，それが歴史的に形成されてきた格差構造を前提として競争させるだけであれば，その格差構造は国立セクターにおいて一層拡大するだけでなく，公私立セクターにも広がり，結果として日本の高等教育システム全体の活力をそぐものとなることが懸念されている（天野，2008）．

　また，欧米では主要な課題の1つであるが日本ではあまり議論されない問題として，高等教育機会の平等の問題がある．ヨーロッパでは高等教育進学率が，アメリカや日本よりも低い状態が長く続き，進学率が上昇しない社会層にその機会をいかに拡大していくかが社会的な課題となっていたこと，アメリカでは，

エスニック・マイノリティやジェンダー（女性）に対して教育機会を開くことが社会的公平性の観点から重要であったという，それぞれの社会が抱える平等の問題が高等教育と関わって議論されたという経緯がある．他方，日本では，戦後，急激に進学率が上昇して高等教育の機会を享受する層が拡大したため，機会の平等の問題はあまり議論されないままであった．しかし，日本の高等教育はもっとも家計に依存した構造をもつため，奨学金などを縮減してきた政策は，教育機会の不平等の度合いを高める方向で働いてきたことが，近年ようやく体系的に明らかにされるようになった（小林，2009）．

これらの予見の適否を明らかにすることが課題であるとともに，それを通じて日本の高等教育システムを今後どのように設計するのか，とりうる方向性を模索し，そのために必要な政策に関する議論が可能となろう．

(4) グローバル化の問題

日本の諸研究では，市場化政策の批判的検討が重要なテーマであるが，そこにおいてグローバル化の問題は，その政策を誘引する背後の勢力として位置づけられ，高等教育に対する直接的影響や高等教育そのものが越境する問題に関する扱いはやや弱い．

確かに，日本においては，高等教育における人や教育プログラムの国境を超えた移動の量的な規模は大きくはなく，欧米と発展途上国との間でみられるような国家の教育制度間のコンフリクトといった現象は顕著には生じておらず，この範囲でのグローバル化は喫緊の政策課題，研究課題ではなかった．しかし，日常的にはそれと意識されることはあまりないが徐々に影響を及ぼす可能性のあるグローバル化の問題については，一定の考慮が必要だろう．

教育面でいえば，現在生じている地球規模での移動は，先進国の教育供給に対する発展途上国の教育需要という経済的な互恵関係で成立しているとはいえ，他方で，先進国の教育内容や教育資格の優位性をますます高める方向に進むことに対する認識が必要である．たとえば，日本においても，ABET（Accreditation Board for Engineering and Technology）に倣ったJABEE（Japan Accreditation Board for Engineering Education）による工学教育の認定，経営学のAACSB（Association to Advance Collegiate Schools of Business）による認証評価，日本の公認会計士資格をアメリカのCPA（Certified Public Accountant）に連動させる動向などは，いずれもアメリカの高等教育を国際標準とし，それに日本の教

育や職業資格を適合させていくものである．それをアメリカ化だと拒否することは，日本の高等教育のグローバルな通用性の低下にもなりかねないというジレンマを含む問題である．

研究面でいえば，日本でも進められている科学技術の基礎研究への投資や産学連携は，グローバル化に遅れをとらないための対処である．これが，利益相反問題や知的財産権の拡大による知の公共性の喪失などをもたらすことは，先行するアメリカの状況から多々指摘されている．転ばぬ先の杖とすべきではあるが，他方で，科学技術研究のネットワークがグローバル化（＝欧米化）しているなかでは，日本の研究もそれに伍していくことが求められる．

いずれにせよ，グローバル化の問題は，裏を返せばきわめてナショナルな選択の問題になる．それは，高等教育が国家の枠組みから自由になってグローバル化するものではないことを示しているともいえるが，そうであるからこそ国家の戦略はますます重要になるのである．

また，欧米で議論されている超国家機関のもつ問題性に関しては，これまでほとんど分析課題にのぼってこなかった．たとえば，PISA（Programme for International Student Assessment）テストの順位には一喜一憂しても，PISAテストのもつ問題点はあまり論じられていないし，現在進行中の高等教育版学習成果テストプロジェクト（AHELO）に関しても関心は限定されている．しかし，WTOによる関税障壁除去の要請が，国内基準により各種学校の資格しか付与されていなかったアメリカ大学の日本校を，大学と同等とする圧力となって2004年に大学設置基準が改正されたことは，国際機関のグローバル化戦略が日常で生じていることを示す事例である．

2009年には，OECDが日本の高等教育に関するレビューを出版した（OECD, 2009＝2009）．そこでは，文部科学省は高等教育機関の管理運営の自主裁量権を個別機関に委ね，高等教育機関は運営の自立性を一層高めるべきこと，資源配分はインプットからパーフォーマンスにシフトすべきこと，大学が柔軟に授業料を決められるようにすることなどが提言されている．これらは，グローバル化する経済と労働市場への橋頭堡として高等教育を重視し，高等教育機関の競争を促進し自立性を高めようとするOECDのスタンスにもとづくものである．この報告書が，今後の日本の高等教育政策にどのような影響を及ぼすのかは未知数であるが，これまでの改革をさらに促進させるものとなるように思えてならない．

(5) 高等教育の理念の再考

　グローバル化やネオリベラリズム政策がわれわれに突きつけている現実とは，それらが近代大学の掲げる「孤独と自由」という理念を揺るがせ，もはや伝統的理念が絶対的な価値ではないということである．高等教育を対象にする教育社会学研究では，高等教育システムの変容の実態と問題点を分析するともに，将来の高等教育システムの方向性を考えることが重要だと述べたが，それは換言すれば，高等教育の使命や理念を再考することでもあるということになる．なぜなら，現在の問題点や将来のシステム設計を判断する根拠には，高等教育とはどのような理念に支えられ，どのような社会的役割を果たすのかについての一定の合意が必要だからである．グローバル化やネオリベラリズム政策を批判する研究は，暗黙のうちに伝統的な大学理念を準拠枠としているが，準拠枠が今後も準拠枠であり続けるべきなのか，実際に準拠枠を維持していくことは可能なのか，どのような選択肢がありうるのかを考えることが必要になっているように思う．

　たとえば，日本の大学は「知の共同体」から「知の経営体」，「知の企業体」（天野，2002）へと変容しつつあるといわれるなかで，経営体や企業体としてのあり方に一定の合理性が認められるのであれば，そのもとで最適なシステムを構築するという方法は1つの選択肢であるといってよいだろう．

　今，問われているのは，高等教育を変容させている諸力を見分けることであるともに，そうした状況を踏まえ，まさにグローバルな視野にたって「未来形の大学」（市川，2001）を考えることではないだろうか． 　　　　（吉田　文）

5 ── 教育社会学研究のこれから：取り残されてきた3つの主題

　ここでは，個人化・グローバル化と教育との関わりについての一般的な考察と，労働市場および高等教育という主題について検討してきた．個人化とグローバル化を大きな社会変動として経験しているという点では，日本と英語圏の社会とで大きな違いはない．ネオリベラルな教育改革が，少し遅れたテンポで導入されつつあるという点でも，英語圏での教育システムが直面してきた状況と，よく似た経験をしつつあるといえるのかもしれない．研究に関しても，ほぼ同じ主題を同じような関心と手法で考察しているような領域もある．

　しかしながら，リーディングスの全体を眺めてみたとき，日本の教育社会学

が取り残してきた，3つの主題に気づかないわけにはいかない．

1つは，「政治」への視点の欠落である．ローダーらの序論の最後に出てくるのは，「シティズンシップのための教育」という処方箋である．そこでは「自分の行為や国益に沿って企図された諸行為のグローバルな結果を，生徒たちが反省的にとらえ行為することを促すような教育」（序論，93頁）が提起されている．また，彼らがデューイを「古典」として挙げている（Dewey，原著第4章）こともそれと無関係ではない．彼らが「個人や社会に突きつけられている根本的な問題」と呼ぶ問題群——「グローバルな破局の恐れがある技術的経済的諸力の制御」，「国家内部の不平等と国家間の不平等が同時に増大すること」（繁栄のパラドックス），および「機会の罠」——に，人々が対処していくためには，これまでの教育社会学が十分目を向けてこなかった，教育と民主主義との関係に目を向ける必要がある，ということである．

教育のこの側面を「政治」と呼ぶべきかどうかはいささか微妙だが，社会的な問題に対して集合的に関与する，政治的主体としての市民の形成に教育が関わっているという点には，疑問を要しないだろう．もしも多文化主義の条件や熟議民主主義の要件として，反省的市民の形成が必要であるとすると，その役割は教育に与えられることになる．

日本の教育社会学は，政治的主体の形成-市民形成の問題に，これまでまったくといってよいほど注意を払ってこなかった．しかも，グローバル化の問題は，ニューカマー児童の教育や異文化理解などの主題を除くと，経済と教育，特に，経済グローバリズムの進展に対してどう対応していくかというスタンスのものがほとんどであった．そこには，暗黙のナショナリズムと，教育を地位達成の手段としてのみとらえる一面的な教育観とが，前提仮説として埋め込まれている．

相対立する社会構想間の政治的葛藤が教育政策や教育実践をどう規定しているのか，また，教育が（主体形成を通じて）結果的にいかなる政治を作り出せるのかについて，そして，そもそも，子どもや若者に対して，何が何のために教えられるべきなのかといったことについて，日本の教育社会学はきちんと考察していく必要があるだろう．

第2に，「世界」についての視点も欠落してきた．1つには言語の壁が，もう1つには国内のアカデミズム市場のそれなりの広さが，結果的に，国内の教育問題を国内向けに研究していくという，「内向きの研究」ばかりを生んできたと

いえるのかもしれない．

　もちろん，もう一方で，層は薄いとはいえ，外国を研究する研究者はそれなりに存在してきた．しかし，「欧米の研究から学んで日本の現実に適用する」という輸入業者的なスタンスや，目的のはっきりしない海外教育事情の紹介，日本の対外援助と結びついた技術者的なスタンスなどが，いまだに色濃く続いてきているように思われる．

　グローバル化は，「われわれの社会＝国民国家」という自明の境界をこわす動きである．ブラジル農民の焼畑が日本に住む者の未来の環境に関わりを持つし，アラブの女性の教育機会の問題が，テロをめぐる国際的なシステム構築の問題と関わっていたりもする．教育制度の改革や教育実践のモデル，教育目的の設定など，教育のあらゆる部分で，現在の動きは，グローバルな動きとつながっている．そうであるとすると，研究者は，目の前の事象を研究するにあたって，その事象をグローバルな広がりの中に位置づけながら研究していく視野を持つ必要がある．

　第3に，にもかかわらず，日本の教育社会学は，日本の教育の特徴をもっと考察していく必要があるだろう．本巻で扱った労働市場と教育システムの関わりにせよ，高等教育にせよ，これまでのシステムの特徴や論理を，われわれはどこまで深く明らかにしてきたといえるのか．90年代以降の教育改革をめぐる議論で目につくのは，「海外でこういう良い政策がなされているから日本に導入しよう」という一面的な政治的議論に対して，これまでのシステムの持つ固有の特徴や論理（プラス面もマイナス面も含めて）を，研究者から十分発信できてこなかったという点である．その結果，「問題だらけの現状か，それともネオリベラルな改革か」という単純な選択肢で教育改革が議論されてしまう結果をもたらしてきた．政策論議の質を高めるためにも，これまでの日本の教育が何であったのか（あるのか）を，もっときちんと説明する必要があるだろう．

（広田照幸）

【文献】

天野郁夫，2002，「高等教育の構造変動」『教育社会学研究』第70集：39-57．
天野郁夫，2008，『国立大学・法人化の行方——自立と格差のはざまで』東信堂．
ベック，U.，1998，『危険社会——新しい近代への道』東廉・伊藤美登里訳，法政大学出版局．
Brown, P., 1995, "Cultural Capital and Social Exclusion: Some Observations on Recent

Trends in Education, Employment and the Labour Market," *Work, Employment and Society*, 9: 29–51.
Brown, P., A. Green and H. Lauder, eds., 2001, *High Skills: Globalization, Competitiveness, and Skill Formation*, Oxford University Press.
Gao, B., 2000, "Globalization and Ideology: The Competing Images of the Japanese Economic System in the 1990s," *International Sociology*, Vol. 15, No. 2, SAGE: 435–453.
広田照幸, 2003, 『教育には何ができないか』春秋社.
広田照幸, 2004, 『思考のフロンティア 教育』岩波書店.
広田照幸, 2009, 『格差・秩序不安と教育』世織書房.
広田照幸・武石典史, 2009, 「教育改革を誰がどう進めてきたのか──1990年代以降の対立軸の変容」『教育学研究』第76巻第4号.
本田由紀, 2005, 『多元化する「能力」と日本社会』NTT出版.
本田由紀, 2010, 「ポスト近代社会化のなかの『能力』」本田由紀編『労働再審1 転換期の労働と〈能力〉』大月書店.
本田由紀・平沢和司, 2007, 「学歴社会・受験競争 序論」本田由紀・平沢和司編『リーディングス日本の教育と社会2 学歴社会・受験競争』日本図書センター.
市川昭午, 2001, 『未来形の大学』玉川大学出版部.
市川昭午, 2003, 「高等教育システムの変貌」『高等教育研究』第6集: 7–26.
金子元久, 2000, 「周縁の大学とその未来──高等教育のグローバル化」『教育社会学研究』第66集: 41–55.
金子元久, 2006, 「高等教育における市場化──国際比較からみた日本」『比較教育学研究』第32集: 149–163.
苅谷剛彦, 2008, 「高度流動化社会」直井優・藤田英典編『講座社会学13 階層』東京大学出版会.
菊池信輝, 2005, 『財界とは何か』平凡社.
小林雅之, 2009, 『大学進学の機会』東京大学出版会.
小玉重夫, 2000, 「公教育の構造変容」『教育社会学研究』第70集.
児美川孝一郎, 2000, 『新自由主義と教育改革──日本の教育はどこに向かうのか』ふきのとう書房.
マイヤー, T., 2005, 「社会民主主義とソーシャル・ガヴァナンス」山口二郎ほか編著『ポスト福祉国家とソーシャル・ガヴァナンス』ミネルヴァ書房.
三上剛史, 2007, 「『社会的なもの』の純化か終焉か?」『社会学評論』第57巻第4号.
文部科学省, 2009, 「学校法人における資産運用について」(http://www.mext.go.jp/component/a_menu/education/detail/_icsFiles/afieldfile/2009/04/02/1249657_030.pdf, 2009.11.2最終アクセス).
日本高等教育学会, 2009, 『高等教育研究』第12集, 玉川大学出版部.
越智康詞, 2006, 「グローバリゼーションと教育の地殻変動──教育の新しい可能性をグローバリズムの罠から救うために」『近代教育フォーラム』第15号, 教育思想史

学会.
OECD, 2009, *OECD Reviews of Tertiary Education, JAPAN,* OECD（森利枝訳・米澤彰純解説，2009,『日本の大学改革』明石書店).
清水真人，2005,『官邸主導』日本経済新聞社.
武川正吾，2007,『連帯と承認』東京大学出版会.
矢野眞和，2000,「グローバリゼーションと教育」『教育社会学研究』第 66 集.
Yoshida, Aya, 2009, "The Triumvirate Govering Japan's Higher Education Policy since the 1990s: Perspectives on neo-liberalism," *Higher Education Forum,* Vol. 6: 103–118.

文献リスト

【A】

Abu-Absi, S. (1984), "Language Planning and Education in the Arab World", *International Education Journal*, 1/2: 113–132.

Achieving the Lisbon Goal: The Contribution of VET (2004), (London: Qualifications and Curriculum Authority).

Achtenhagen, F. and Grubb, W. N. (2001), "Vocational and Occupational Education: Pedagogical Complexity, Institutional Indifference", in V. Richardson (ed.), *Handbook of Research on Teaching*, 4th edn. (Washington, DC: American Educational Research Association), 176–206.

Adick, Ch. (1992), "Modern Education in 'Non-Western' Societies in the Light of the world Systems Approach in Comparative Education", *International Review of Education*, 38/3: 242–255.

Africa and Human Rights Watch (1995), *Children in Sudan: Slaves, Street Children and Child Soldiers* (New York: Human Rights Watch).

Ahier, J. and Moore, R. (1999), "Post 16 Education, Semi-Dependent Youth and the Privatisation of Inter-age Transfers: Re-theorising Youth Transition", *British Journal of Sociology of Education*, 20/4: 515–530.

Ahleit, P. (1994), *Taking the Knocks: Youth Unemployment and Biography — a Qualitative Analysis* (London: Cassell).

Al-Krenawi, A. and Lightman, E. S. (2000), "Learning Achievement, Social Adjustment, and Family Conflict Among Bedouin-Arab Children from Polygamous and Monogamous Families", *Journal of Social Psychology*, 140/3: 345–355.

Al-Misnad, Sh. (1985), *The Development of Modern Education in the Gulf* (London: Ithaca Press).

Alcorn, N. (1999), *To the Fullest Extent of Hi Powers: C. F. Beeby's Life in Education* (Wellington: Victoria University Press).

Alexander, R. J. (2001), *Culture and Pedagogy: International Comparisons in Primary Education* (Malden, Mass.: Blackwell).

Allman, P., McLaren, P. and Rikowski, G. (2003), "After the Box People: The Labour-Capital Relation as Class Constitution and Its Consequences for Marxist Educational Theory and Human Resistance", in J. Freeman-Moir and A. Scott (eds.), *Yesterday's Dreams: International and Critical Perspectives on Education and Social Class* (Christchurch (NZ): University of Canterbury Press).

Althusser, L. (1972), "Ideology and Ideological State Apparatuses", in B. Cosin (ed.), *Educa-

tion, Structure and Society (Milton Keynes: Open University Press).

Anderson, B. (1983), *Imagined Communities: Reflections on the Origin and Spread of Nationalism* (London: Verso) (ベネディクト・アンダーソン『定本 想像の共同体——ナショナリズムの起源と流行』白石隆・白石さや訳, 書籍工房早山, 2007).

Antikainen, A., Houtsonen, J., Kauppila, J. and Huotelin, H. (1996), *Living a Learning Society: Life Histories, Identities and Education* (London: Falmer).

Appadurai, A. (1996), *Modernity at Large: Cultural Dimensions of Globalization* (Minneapolis: University of Minnesota Press) (アルジュン・アパデュライ『さまよえる近代——グローバル化の文化研究』門田健一訳, 平凡社, 2004).

Apple, M. (1996), "Power, Meaning and Identity: Critical Sociology of Education in the US", *British Journal of Sociology of Education*, 17: 125–144.

Archer, M. S. (1995), *Realist Social Theory: The Morphogenetic Approach* (Cambridge University Press) (マーガレット・S. アーチャー『実在論的社会理論——形態生成論アプローチ』佐藤春吉訳, 青木書店, 2007).

Archibugi, D. (1998), "Principles of Cosmopolitan Democracy", in D. Archibugi, D. Held and M. Köhler (eds.), *Reimagining Political Community* (Cambridge: Polity/Blackwell), 198–228 (D. ヘルド, M. K. アーキブージ編『グローバル化をどうとらえるか——ガヴァナンスの新地平』櫻井純理ほか訳, 法律文化社, 2004).

Arnot, M., David, M. and Weiner, G. (1999), *Closing the Gender Gap: The Post War Era and Social Change* (Cambridge: Polity).

Arnot, M. and Dillabough, J. (1999), "Feminist Politics and Democratic Values in Education", *Curriculum Inquiry*, 29: 159–189.

Arnot, M. and Reay, D. (2004), "The Framing of Pedagogic Encounters: Regulating the Social Order of Classroom Learning", in J. Muller, B. Davies and A. Morais (eds.), *Reading Bernstein, Researching Bernstein* (London, Routledge Falmer).

Aronowitz, S. and De Fazio, W. (1994), *The Jobless Future Sci-Tech and the Dogma of Work* (Minneapolis: University of Minnesota).

Ashton, D., Maguire, M. and Spilsbury, M. (1990), *Restructuring the Labour Market: The Implications for Youth* (London: Macmillan).

Asplund, R. and Leijola, L. (2005), "Education and Wage Inequality in Finland: A Review of the Empirical Evidence", in R. Asplund and E. Barth (eds.), *Education and Wage Inequality in Europe* (Helsinki: ETLA B206).

ATKearney (2003), "U.S. Financial Services Firms to Move More Than 500,000 Jobs Overseas Over the Next Five Years", Current News Release at (http://www.atkearney.com/).

【B】

Badran, N. (1980), "The Means of Survival: Education and the Palestinian Community, 1948-1967", *Journal of Palestine Studies*, 36: 44–74.

Baker, J., Lynch, K., Cartillon, S. and Walsh, J. (2004), *Equality: From Theory to Action* (Basingstoke: Palgrave).

Ball, S. J. (2003), *Class Strategies and the Education Market: The Middle Classes and Social*

Advantage (London: Routledge Falmer).
Banks, M., Bates, I., Breakwell, G., Bynner J., Elmer, N., Jamison, L. and Roberts, K. (1992), *Careers and Identities: Adolescent Attitude to Employment, Traning and Education, Their Home Life, Leisure and Politics* (Milton Keynes: Open University Press).
Beck, U. (1992), *Risk Society: Towards a New Modernity* (London: Sage)（ウルリヒ・ベック『危険社会——新しい近代への道』東廉・伊藤美登里訳, 法政大学出版局, 1998).
Becker, G. (1975), *Human Capital*, 2nd edn. (Chicago: Chicago University Press).
Becker, G. (1993), *Human Capital: A Theoretical and Empirical Analysis with Special Reference to Education*, 3rd edn. (Chicago: University of Chicago).
Becker, G. (2002), "The Age of Human Capital", in E. P. Lazear (ed.), *Education in the Twenty-First Century*, The Hoover Institute, available at〈http://media.hoover.org/sites/default/files/documents/0817928928_3.pdf〉.
Bell, D. (1973), *The Coming of the Post-Industrial Society* (New York: Basic Books)（ダニエル・ベル『脱工業社会の到来——社会予測の一つの試み』（上・下）内田忠夫ほか訳, ダイヤモンド社, 1975).
Bell, D. (1979), *Cultural Contradictions of Capitalism* (New York: Basic Books)（ダニエル・ベル『資本主義の文化的矛盾』（上・下）林雄二郎訳, 講談社, 1976–77).
Bellamy, R. and Castiglione, D. (1998), "Between Cosmopolis and Community: Three Models of Rights and Democracy within the European Union", in D. Archibugi, D. Held and M. Köhler (eds.), *Reimagining Political Community* (Cambridge, Polity/Blackwell), 152–178.
Ben-David, J. (1962), *Scientific Growth*, ed., by Gad Freudental (Berkeley: University of California Press, 1991).
Ben-David, Y. (1994), "Adaptation through Crisis: Social Aspects of Urbanisation of Negev Bedouins", in D. Grossman and A. Meir (eds.), *The Arab Locality in Israel: Geographical Processes* (Tel-Aviv, Ramat-Gan, and Beer-Sheva: University Presses) (Hebrew).
Bennell, P. (1996), "Using and Abusing Rates of Return: A Critique of the World Bank's 1995 Education Sector Review", *International Journal of Educational Development*, 16/3: 235–248.
Bernstein, B. (1971), "Education Cannot Compensate for Society", in B. Cosin *et al.* (eds.), *School and Society* (London: Routledge & Kegan Paul).
Bernstein, B. (1990), *Class, Codes and Control*, i, *Theoretical Studies Towards a Sociology of Language* (St. Albans: Paladin).
Bernstein, B. (1996), *Pedagogy, Symbolic Control and Identity: Theory, Research, Critique*, 1st edn. (London: Taylor & Francis).
Bernstein, B. (1997), "Class and Pedagogies: Visible and Invisible", in A. H. Halsey *et al.* (eds.), *Education, Culture, Economy and Society* (Oxford: Oxford University Press), 59–79.
Blackstone, T. (1999), "Students Are Now 'Critical Consumers'", Dfee press release, 16 September.
Blaug, M. (1976), "The Empirical Status of Human Capital Theory: A Slightly Jaundiced Survey", *Journal of Economic Literature*, 14: 827–855.
Bloom, A. (1997) "Introduction: On Virtue", in A. H. Halsey *et al.* (eds.), *Education, Culture, Economy and Society* (Oxford: Oxford University Press), 498–508.

Boudon, R. (1974), *Education, Opportunity, and Social Inequality: Changing Prospects in Western Society* (New York: Wiley).
Bourdieu, P. (1974), "The School as a Conservative Force: Scholastic and Cultural Inequalities", in J. Eggleston (ed.), *Contemporary Research in the Sociology of Education* (London: Methuen).
Bourdieu, P. (1977), *Reproduction in Education, Society, and Culture* (London: Sage) (ピエール・ブルデュー, ジャン゠クロード・パスロン『再生産――教育・社会・文化』宮島喬訳, 藤原書店, 1991).
Bourdieu, P. (1977), *Outline of a Theory of Practice* (Cambridge: Cambridge University Press).
Bourdieu, P. (1984), *Distinction: A Social Critique of the Judgment of Taste*, trans. R. Nice (Cambridge, Mass.: Harvard University Press) (ピエール・ブルデュー『ディスタンクシオン――社会的判断力批判』石井洋二郎訳, 新評論, 1989).
Bourdieu, P. (1986), "The Forms of Capital", in J. G. Richardson (ed.), *Handbook of Theory and Research for the Sociology of Education* (New York: Greenwood), 241–258.
Bourdieu, P. (1988), *Homo Academicus* (Cambridge: Polity).
Bourdieu, P. (1996), *The State Nobility: Elite Schools in the Field of Power*, trans. L. C. Clough (Cambridge: Polity).
Bowe, R., Ball, S. and Gold, A. (1992), *Reforming Education and Changing Schools: Case Studies in Policy Sociology* (London: Routledge).
Bowles, S. and Gintis, H. (1976), *Schooling in Capitalist America* (London: Routledge and Kegan Paul) (S. ボウルズ, H. ギンタス『アメリカ資本主義と学校教育――教育改革と経済制度の矛盾』(1・2) 宇沢弘文訳, 岩波書店, 1986–87).
Bradbury, B., Jenkins, S. and Micklewright, J. (2001), *The Dynamics of Child Poverty in Industrialised Countries* (Cambridge: Cambridge University Press).
Brah, A. and Minhas, R. (1985), "Structural Racism or Cultural Difference: Schooling for Asian Girls", in G. Weiner (ed.), *Just a Bunch of Girls: Feminist Approaches to Schooling* (Milton Keynes: Open University).
Brandon, R. (2000), *Articulating Reasons: An Introduction to Inferentialism* (Cambridge, Mass.: Harvard University Press).
Bray, M. (1996), *Decentralization of Education: Community Financing* (Washington, DC: World Bank).
Bredo, I., Foersom, T. and Laursen, P. F. (1993), "Student Choice: A Model", *Higher Education Review*, 26/1: 64–73.
Brint, S. (2001), "Professionals and the 'Knowledge Economy': Rethinking the Theory of Post Industrial Society", *Current Sociology*, 49/4: 101–132.
Brown, G. (2004), Full text: Gordon Brown's Confederation of British Industry Speech, 9 November (http://news.ft.com/cms/s/eb4dc42a-3239-11d9-8498-00000e2511c8.html).
Brown, P. (2000), "The Globalization of Positional Competition?", *Sociology*, 34/4: 633–653.
Brown, P. (2003), "The Opportunity Trap: Education and Employment in a Global Economy", *European Education Research Journal*, 2/1: 142–180.
Brown, P., Green, A. and Lauder, H. (2001), *High Skills: Globalization, Competitiveness and*

文献リスト | 333

Skill Formation (Oxford: Oxford University Press).
Brown, P., Hesketh, A. and Williams, S. (2004), *The Mismanagement of Talent: Employability and Jobs in the Knowledge Economy* (Oxford: Oxford University Press).
Brown, P. and Lauder, H. (1991), *Education for Economic Survival* (London: Routledge).
Brown, P. and Lauder, H. (1997), "Education, Globalization and Economic Development", in A. Halsey *et al.* (eds.), *Education, Culture, Economy and Society* (Oxford: Oxford University Press).
Brown, P. and Lauder, H. (2001), *Capitalism and Social Progress: The Future of Society in a Global Economy* (Basingstoke: Palgrave Press).
Brown, P., and Lauder, H. (2003), *Globalization and the Knowledge Economy: Some Observations on Recent Trends in Employment, Education and the Labour Market*, Cardiff School of Social Science, Working Paper Number 43.
Brown, P. and Scase, R. (1994), *Higher Education and Corporate Realities* (London: UCL Press).
Bruegger, U. and Knorr Cetina, K. (2000), "Global Microstructures: The Interactional Order of Financial Markets", *Canadian Journal of Sociology*, 25/2: 141–168.
Brynin, M. (2002), "Graduate Destiny, Gender and Employment", *British Journal of Sociology*, 53/3: 363–381.
Burgat, F. (1988), "L'Algérie: de la laicité islamique à l'Islamisme", *Monde Arabe: Maghreb-Machrek*, 121: 43–57.
Burnett, N. and Patrinos, H. A. (1996), "Response to Critiques of Priorities and Strategies for Education: A World Bank Review", *International Journal of Educational Development*, 16/3: 273–276.

【C】

Calhoun, C. (2000), "Resisting Globalization or Shaping It?", *Prometheus*, 4: 29–47.
Carapico, Sh. (1998), *Civil Society in Yemen: The Political Economy of Activism in Modern Arabia* (Cambridge: Cambridge University Press).
Carneiro, R. (1968), *International Encyclopedia of the Social Sciences* (New York: Macmillan/ Free Press).
Carnevale, A. P. and Porro, J. D. (1994), *Quality Education: School Reform for the New American Economy* (Washington, DC: US Department of Education).
Carnoy, M. and Marshall, Jeffery (2005), "Cuba's Academic Performance in Comparative Perspective", *Comparative Education Review*, 49/2: 230–261.
Castells, M. (1996), *The Rise of Network Society* (Cambridge: Blackwell).
Castells, M. (1997), *The Information Age: Economy, Society and Culture,* ii. *The Power of Identity* (Oxford: Blackwell).
Castells, M. (1998), *The Information Age: Economy, Society and Culture,* iii. *End of Millennium* (Oxford: Blackwell).
Castells, M. (2000), *The Rise of the Network Society*, 2nd edn. (Oxford: Blackwell).
Castells, M. (2001), "Information Technology and Global Development", in J. Muller, N.

Cloete and S. Badat (eds.), *Challenges of Globalization: South African Debates with Mannuel Castells* (Cape Town: Maskew Miller/Longman).

Charafeddine, F. (1996), "Social Change in Lebanon after the Recent War and Perspectives for a Solution", Paper presented at the UNESCO Conference on the Management of Social Transformations in the Arab States Region, Tunis, 26–28 February.

Chatty, D. (1996), *Mobile Pastoralists: Development, Planning and Social Change in Oman* (New York: Columbia University Press).

Cheriet, B. (1996), "The Evaluation of the Higher Education System in Algeria", in R. Cowen (ed.), *The Evaluation of Higher Education Systems* (London: Kogan Page).

Chevalier, A. and Conlon, G. (2003), *Does it Pay to Attend a Prestigious University?* (London: Centre for the Economics of Education, London School of Economics).

Chevit, B. (1994), "Politique linguistique: un processus de Dépossession", *Les Cahiers de L'Orient*, 35: 133–161.

Christina, R., Mehran, G. and Mir, Sh. (1999), "Education in the Middle East: Challenges and Opportunities", in R. F. Arnove and C. A. Torres (eds.), *Comparative Education: The Dialectic of the Global and the Local* (New York: Rowman & Littlefield).

Chua, A. (2003), *World on Fire: How Exporting Free-Market Democracy Breeds Ethnic Hatred and Global Instability* (London: Random House).

Chubb, J. and Moe, T. (1997), "Politics, Markets, and the Organization of Schools", in A. H. Halsey et al. (eds.), *Education, Culture, Economy and Society* (Oxford: Oxford University Press), 363–381.

Clark, N. (2003), "The Play of the World", in M. Pryke, G. Rose and S. Whatmore (eds.), *Using Social Theory* (London: Sage).

Clarke, J. Gerwitz, S., Hughes, G. and Humphrey, J. (2000), "Guarding the Public Interest? Auditing Public Services", in J. Clarke, S. Gerwitz and E. McLauchline (eds.), *New Managerialism, New Welfare* (London: Open University/Sage).

Coffield, F. (1997), "A Tale of Three Little Pigs: Building the Learning Society with Straw", *Evaluation and Research in Education*, 11: 1–15.

Coffield, F., Borrill, C. and Marshall, S. (1986), *Growing Up at the Margins: Young Adults in the North East* (Milton Keynes: Open University Press).

Collins, A., Brown, J. and Newman, S. (1989), "Cognitive Apprenticeship: Teaching the Craft of Reading, Writing, and Mathematics", in L. Resnick (ed.), *Knowing, Learning, and Instruction: Essays In Honour of Robert Glaser* (Hillsdale, NJ: Erlbaum), 453–494.

Collins, R. (1979), *The Credential Society: An Historical Sociology of Education and Stratification* (New York: Academic Press) (R. コリンズ『資格社会――教育と階層の歴史社会学』大野雅敏・波平勇夫訳, 有信堂高文社, 1984).

Collins, R. (2002), "Credential Inflation and the Future of Universities", in S. Brint (ed.), *The Future of the City of Intellect: The Changing American University* (Stanford, Calf.: Stanford University Press).

Connell, R. (1997), "Why is Classical Theory Classical?", *American Journal of Sociology*, 102/6: 1511–1557.

Connor, H., Burton, R., Pollard, E., Regan, J. and Pearson, R. (1999), *How Students Choose Universities and Colleges* (London: Institute for Employment Studies and CVCP).
Corlett, W. (1993), *Community Without Unity: A Politics of Derridean Extravagance* (Durham: Duke University Press).
Cornia, G., Jolly, R. and Stewart, F. (1987), *Adjustment with a Human Face* (Oxford: Clarendon).
Cox, M. (2003), "America and the World", in R. Singh (ed.), *Governing America: The Politics of a Divided Democracy* (Oxford: Oxford University Press).
Cox, R. (2004), "Navigating Community College Demands: Contradictory Goals, Expectations, and Outcomes in Composition", Unpublished doctoral dissertation, School of Education, University of California, Berkeley, USA.
Critchley, S. (1999), "Habermas and Derrida Get Married", in *The Ethics of Deconstruction*, 2nd edn. (Edinburgh: Edinburgh University Press), 267–280.
Crossan, B., Field, J., Gallacher, J. and Merrill, B. (2003), "Understanding Participation in Learning for Nontraditional Adult Learners: Learning Careers and the Construction of Learning Identities", *British Journal of Sociology of Education*, 24/1: 55–67.

【D】

Dale, R. (1989), *The State and Education Policy* (Buckingham: Open University Press).
Dale, R. (1997), "The State and the Governance of Education: An Analysis of the Restructuring of the state-education Relationship", in A. Halsey *et al.*, *Education, Culture, Economy, and Society* (Oxford: Oxford University Press).
Dale, R. and Robertson, S. (2002), "The Varying Effects of Regional Organisations as Subjects of Globalisation of Education", *Comparative Education Review*, 46/1: 10–36.
Davies, S. and Guppy, N. (1997), "Globalization and Education Reforms in Anglo-American Democracies", *Comparative Education Review*, 41/4: 435–459.
Dean, M. (1999), "Normalizing Democracy: Foucault and Habermas on Democracy, Liberalism and Law", in S. Ashenden and D. Oven (eds.), *Foucault contra Habermas* (London: Sage), 166–194.
Deem, R. (2001), "Globalisation, New Managerialism, Academic Capitalism and Entrepreneuralism in Universities: Is the Local Dimension Still Important?", *Comparative Education*, 37/1: 7–20.
Dehli, K. (1996), "Between 'market' and 'state': Engendering Education in the 1990s", *Discourse: Studies in the Cultural Politics of Education*, 17/3: 363–376.
Delanty, G. (2001), *Challenging Knowledge* (Buckingham: Open University Press).
Dennett, D. (1987), *The Intentional Stance* (Cambridge, Mass.: MIT).
Department for Education and Employment (1995), *Life-long Learning: A Consultation Document* (London: HMSO).
De Ridder-Symoens, H. (ed.) (1992), *A History of the University in Europe, Vol. 1, Universities in the Middle Ages* (Cambridge: Cambridge University Press).
Devine, F., Savage, M., Scott, J. and Crompton, R. (eds.) (2005), *Rethinking Class: Culture,*

Identities and Lifestyles (Basingstoke: Palgrave Macmillan).
Dewey, J. (1916), *Democracy and Education* (New York: Macmillan) (J. デューイ『民主主義と教育』(上) 松野安男訳, 岩波書店, 1975).
Dewey, J. and Dewey, E. (1915), *Schools of Tomorrow* (New York: E. P. Dutton) (J. デューイ, E. デューイ『明日の学校教育』杉浦宏・田浦武雄・三浦典郎ほか訳, 明治図書出版, 1978).
DfEE (1998a), *From Targets to Action* (London: DfEE).
DfEE (1998b), *The Learning Age* (London: The Stationery Office).
DfES (2003), *The Future of Higher Education*, White Paper (London: HMSO).
Diamond, J. (2005), *Collapse: How Societies Choose to Fail or Survive* (London: Allen Lane).
Dill, D. D. (1997), "Higher Education Markets and Public Policy", *Higher Education Polisy*, 10: 167–185.
Dillabough, J.-A. and Arnot, M. (2001), *Challenging Democracy: International Perspective on Gender and Citizenship* (Routledge: Farmer).
Doremus, P. N., Keller, W. W., Pauly, L. W. and Reich, S. (1998), *The Myth of the Global Corporation* (Princeton: Princeton University Press) (ポール・ドアマスほか『グローバル経営の神話――米・日・独の多国籍企業に見る比較政治経済分析』藤田隆一訳, トッパン, 1999).
Drucker, P. (1969), *The Age of Discontinuities* (London: Transaction Publications) (P. F. ドラッカー『断絶の時代――来たるべき知識社会の構想』林雄二郎訳, ダイヤモンド社, 1969).
Drucker, P. (1993), *Post-Capitalist Society* (London: Butterworth/Heinemann) (P. F. ドラッカー『ポスト資本主義社会――21世紀の組織と人間はどう変わるか』上田惇生・佐々木実智男・田代正美訳, ダイヤモンド社, 1993).
Durkheim, É. (1956), *Education and Sociology*, trans. S. D. Fox (New York: Free Press) (E. デュルケーム『教育と社会学』佐々木交賢訳, 誠信書房, 1976).
Durkheim, É. (1977 [1904]), *The Evolution of Educational Thought* (London: Routledge & Kegan Paul) (E. デュルケーム『フランス教育思想史』小関藤一郎訳, 行路社, 1981).

【E】

EC (2001), *Lifelong Learning Memorandum* (Brussels: EC).
El Hachem, B. (1989), "Education and Plurality in Lebanon", in A. Badran (ed.), *At the Crossroads: Education in the Middle East* (New York: Paragon House).
El-Sanabary, N. (1992), *Education in the Arab Gulf States and the Arab World: An Annotated Bibliography* (New York: Garland).
Elbedour, S., Bart, W. M. and Hektner, J. M. (2000), "Scholastic Achievement and Family Marital Structure: Bedouin-Arab Adolescents from Monogamous and Polygamous Families in Israel", *Journal of Social Psychology*, 140/4: 503–514.
Ensor, P. (2001), "Curriculum", in N. Cloete, R. Fehnel, P. Maassen, T. Moja, H. Perold and T. Gibbon (eds.), *Transformation in Higher Education: Global Pressures and Local Realities* (Cape Town: CHEPS/Juta).

Eraut, M. (2004), "Informal Learning in the Workplace", *Studies in Continuing Education*, 26/2: 247–273.
Ermisch, J. and Francesconi, M. (2002), "The Effect of Parents", Employment on Children's Educational Attainment", *ISER Working Paper*, 21 (Colchester: University of Essex).
Esping-Andersen, G. (1990), *The Three Worlds of Welfare Capitalism* (Princeton: Princeton University Press) (G. エスピン = アンデルセン『福祉資本主義の三つの世界——比較福祉国家の理論と動態』岡沢憲芙・宮本太郎監訳, ミネルヴァ書房, 2001).
Estevez-Abe, M., Iversen, T. and Soskice, D. (2001), "Social Protection and the Formation of Skills: A Reinterpretation of the Welfare State", in Hall and Soskice (eds.), *Varieties of Capitalism: The Institutional Foundations of Comparative Advantage* (Oxford: Oxford University Press).
Etzioni, A. (1969), *The Semi-Professions and Their Organization* (New York: Free Press).
Etzkowitz, H. and Leydesdorff, L. (1997), "Introduction: Universities in the Global Knowledge Economy", in H. Etzkowitz and L. Leydesdorff (eds.), *Universities and the Global Knowledge Economy* (London: Pinter).
European Commission (1996), *Teaching and Learning: Towards the Learning Society* (Luxembourg: Office for Official Publications of the EC).

【F】

Fabos, B. and Young, M. (1999), "Telecommunications in the Classroom: Rhetoric Versus Reality", *Review of Educational Research*, 69/3: 217–260.
Fägerlind, I. and Saha, L. J. (1983), *Education and National Development: A Comparative Perspective* (Oxford: Pergamon Press).
Fairbrother, P. (2000), *Unions at the Crossroads* (London: Mansell).
Farag, I. (1994), "L'Enseignement en question — enjeux d'un débat", *Egypt/Monde Arabe*, 18-19: 241–329.
Feinstein, L. (2003), "Inequality in the Early Cognitive Development of British Children in the 1970 Cohort", *Economica*, 70/277: 73–98.
Fergany, N. (1994), "L'Education feminine en Egypte", *Egypte/Monde Arabe*, 18–19: 101–113.
Fevre, R., Rees, G. and Gorard, S. (1999), "Some Sociological Alternatives to Human Capital Theory and their Implications for Research on Post-Compulsory Education and Training", *Journal of Education and Work*, 12/2: 117–140.
Fine, B. (2001a), "Neither the Washington nor the post-Washington Consensus: An Introduction", in B. Fine, C. Lapavitsas and J. Pincus (eds.), *Development Policy in the Twenty-First Century: Beyond the Post- Washington Consensus* (London: Routledge).
Fine, B. (2001b), *Social Capital versus Social Theory: Political Economy and Social Science at the Turn of the Millennium* (London: Routledge).
Fine, B. and Rose, P. (2001), "Education and the Post-Washington Consensus", in B. Fine, C. Lapavitsas and J. Pincus (eds.), *Development Policy in the Twenty-First Century: Beyond the Post-Washington Consensus* (London: Routledge).
Fine, M. and Wiess, L. (1998), *The Unknown City: Lives of Poor and Working-Class Young Adults*

(Boston, Mass.: Beacon).
Finegold, D. (1999), "Creating Self-Sustaining High Skill Ecosystems", *Oxford Review of Economic Policy*, 15/1: 60–81.
Foucault, M. (1977 [1991]), *Discipline and Purnish: The Birth of the Prison*, trans. A. Sheridan (London: Penguin) (ミシェル・フーコー『監獄の誕生――監視と処罰』田村俶訳, 新潮社, 1977).
Foucault, M. (1991), "Governmentality", in G. Burchell, C. Gordon and P. Miller (eds.), *The Foucault Effect: Studies in Governmentality* (Chicago: University of Chicago) (M. フーコー『生性治・統治』(フーコー・コレクション 6) 石田英敬訳, ちくま学芸文庫, 2006, 所収).
Foucault, M. (2001), *Fearless Speech* (Los Angeles: Semiotext(e)) (ミシェル・フーコー『真理とディスクール――パレーシア講義』中山元訳, 筑摩書房, 2002).
Fraser, N. (2000), "Rethinking Recognitidn", *New Left Review*, 3 (May/June): 107–120.
Friedman, M. and Friedman, R. (1980), *Free to Choose* (London: Penguin) (M. フリードマン, R. フリードマン『選択の自由――自立社会への挑戦』西山千明訳, 日本経済新聞社, 2002).
Friedman, T. (2005), *The World is Flat* (New York: Farrar, Straus & Giroux) (トーマス・フリードマン『フラット化する世界――経済の大転換と人間の未来』伏見威蕃訳, 日本経済新聞社, 2006).
Friedson, E. (1986), *Professional Powers* (Chicago: University of Chicago Press).
Fromm, E. (1942), *The Fear of Freedom* (London: Routledge & Kegan Paul) (エーリッヒ・フロム『自由からの逃走』日高六郎訳, 東京創元社, 1965).
Fuller, B. (1989), "Eroding Economy, Declining School Quality: The Case of Malawi", *IDS Bulletin*, 20/1: 11–16.
Furlong, J. (1991), "Disaffected Pupils: Reconstructing the Sociological Perspective", *British Journal of Sociology of Education*, 12/3: 293–307.

【G】

Gage, N. (1978), *The Scientific Basis of the Art of Teaching* (New York: Teachers College Press) (N. L. ゲイジ『授業の実践力を高める方法――教授法の科学的基礎』山本芳孝訳, 田研出版, 1995).
Galindo-Rueda, F. and Vignoles, A. (2003), *Class Ridden or Meritocratic? An Economic Analysis of Recent Changes in Britain* (London: LSE Centre for Economics of Education).
Gambetta, D. (1987), *Were They Pushed Or Did They jump? Individual Decision Mechanisms in Education* (Cambridge: Cambridge University Press).
Gellner, E. (1983), *Nations and Nationalism* (Oxford: Blackwell) (アーネスト・ゲルナー『民族とナショナリズム』加藤節監訳, 岩波書店, 2000).
Gellner, E. (1994), *Conditions of Liberty: Civil Society and Its Rivals* (London: Hamish Hamilton).
Gerth, H. and Mills, C. W. (1947), *From Max Weber: Essays in Sociology* (New York: Oxford University Press) (H. ガース, ライト・ミルズ『マックス・ウェーバー――その人と業

績』山口和男・犬伏宣宏訳, ミネルヴァ書房, 1962).
Ghabra, Sh. (1997), "Kuwait and the Dynamics of Socio-economic Change", *Middle East Journal*, 51: 358-372.
Gibbons, M., Limoges, C., Newtony, H., Schwartsman, S., Scott, P. and Trow, M. (1994), *The New Production of Knowledge: The Dynamics of Science and Research in Contemporary Societies* (California: Sage) (マイケル・ギボンズ編『現代社会と知の創造――モード論とは何か』小林信一監訳, 丸善, 1997).
Giddens, A. (ed.) (1972), *Emile Durkheim: Selected Writings* (Cambridge: Cambridge University Press).
Giddens, A. (1984), *The Constitution of Society* (Cambridge: Polity).
Giddens, A. (1991), *Modernity and Self-Identity: Self and Society in the Late Modern Age* (Cambridge: Polity) (アンソニー・ギデンズ『モダニティと自己アイデンティティ――後期近代における自己と社会』秋吉美都・安藤太郎・筒井淳也訳, ハーベスト社, 2005).
Giddens, A. (1994), *Beyond Left and Right: The Future of Radical Politics* (Cambridge: Polity Press) (アンソニー・ギデンズ『左派右派を超えて――ラディカルな政治の未来像』松尾精文・立松隆介訳, 而立書房, 2002).
Giddens, A. (1998), *The Third Way: The Renewal of Social Democracy* (Cambridge: Polity Press) (アンソニー・ギデンズ『第三の道――効率と公正の新たな同盟』佐和隆光訳, 日本経済新聞社, 1999).
Gillborn, D. (1994), "The Micro-Politics of Macro Reforms", *British Journal of Sociology of Education*, 15: 147-164.
Gillborn, D. and Youdell (2000), *Rationing Education: Policy, Practice, Reform and Equity* (Buckingham: Open University Press).
Girdwood, A. (2004), "The Formulation and Implementation of Policy for Tertiary Education Reform in Ghana, 1986-1998: A Case Study", University of Bath, Ph.D.
Gitlin, A., Buenida, E., Crosland, K. and Dumbia, F. (2003), "The Production of Margin a Centre: Welcoming-Unwelcoming of Immigrant Students", *American Educational Review Journal*, 40/1: 91-122.
Gorard, S., Fitz, J. and Taylor, C. (2003), *Schools, Markets and Choice Policies* (London: Routledge Falmer).
Gore, C. (2000), "The Rise and Fall of the Washington Consensus as a Paradigm for Developing Countries", *World Development*, 28/5: 789-804.
Gramsci, A. (1971), *Selections from Prison Notebooks*, trans. Q. Moare and G. Nowell-Smith (London: Lawrence & Wishart) (A. グラムシ著, V. ジェルラターナ編『グラムシ獄中ノート』獄中ノート翻訳委員会訳, 大月書店, 1981).
Granovetter, M. and Swedberg, R. (eds.) (1992), *The Sociology of Economic Life* (Boulder: Westview).
Green, A. (1990), *Education and State Formation: The Rise of Education Systems in England, France and the USA* (Basingstoke: Macmillan).
Green, A. (1997), *Education, Globalization and the National State* (London: Macmillan) (A. グ

リーン『教育・グローバリゼーション・国民国家』大田直子訳,東京都立大学出版会, 2000).
Green, A., Preston, J. and Sabates, R. (2003), "Education, Equality and Social Cohesion: A Distributional Approach", *Compare*, 33/4, 451–468.
Grubb, W. N. (ed.) (1995), *Education Through Occupations in American High Schools* (New York: Teachers College Press), i and ii.
Grubb, W. N. (ed.) (2004), *The Anglo-American Approach to Vocationalism: The Economic Roles of Education in England*, Research Paper 52 (Oxford: Oxford University Centre on Skills, Knowledge, and Organisational Performance).
Grubb, W. N. and Lazerson, M. (2004), *The Education Gospel: The Economic Value of Schooling* (Cambridge, Mass.: Harvard University Press).
Grubb, W. N. and Sweet, R. (2005), "Alternative to Universities Revisited", *Education Policy Analysis 2004* (Paris: OECD).
Guile, D. (2002), "Work, Skill, and Work Experience in the European Knowledge Economy", *Journal of Education and Work*, 15/1: 25–76.
Guile, D. (2006), *Knowledge and Learning in the Knowledge Economy* (Amsterdam: Sense).
Guile, D. (forthcoming), *Knowledge, Reflection and Higher Education: A "Holy" Yet Problematic Trinity?*
Gulhati, R. (1989), "Malawi. Promising Reforms. Bad Luck", *EDI Development Policy Case Series*, Analytical Case Study 3 (Washington, DC: Economic Development Institute, World Bank).

【H】

Haig, B. (1987), "Scientific Problems and the Conduct of Research", *Educational Philosophy and Theory*, 19/2: 22–32.
Hall, M. (2001), "Education and the Margins of the Network Society", in J. Muller, N. Cloete and S. Badat (eds.), *Challenges of Globalization: South Africa Debates with Mannuel Castells* (Cape Town: Maskew/Longman).
Hall, P. and Soskice, D. (eds.) (2001), *Varieties of Capitalism: The Institutional Foundations of Comparative Advantage* (Oxford: Oxford University Press) (P. ホール, D. ソスキス編『資本主義の多様性——比較優位の制度的基礎』遠山弘徳ほか訳,ナカニシヤ出版, 2007).
Halsey, A. H. (1995), *Decline of Donnish Dominion* (Oxford: Oxford University Press).
Halsey, A. H. and Floud, J. (1961), "Introduction", in A. H. Halsey, J. Floud and J. Anderson (eds.), *Education, Economy and Society* (New York: Free Press).
Halsey, A. H., Heath, A. F. and Ridge, J. M. (1980), *Origins and Destinations: Family, Class and Education in Modern Britain* (Oxford: Clarendon).
Harrigan, J. (2001), *From Dictatorship to Democracy: Economic Policy in Malawi 1964–2000* (Hampshire: Ashgate).
Harris, A. (2004), *Future Girl: Young Women in the Twenty-First Century* (New York: Routledge).

Held, D. (1995), *Democracy and the Global Order: From Modern State to Cosmopolitan Governance* (Cambridge: Cambridge University Press) (D. ヘルド『デモクラシーと世界秩序――地球市民の政治学』佐々木寛ほか訳, NTT 出版, 2002).
Held, D. *et al.* (1999), *Global Transformations: Politics, Economics and Culture* (D. ヘルドほか『グローバル・トランスフォーメーションズ――政治・経済・文化』古城利明ほか訳, 中央大学出版部, 2006).
Hesketh, A. J. and Knight, P. T. (1999), "Postgraduates Choice of Programme: Helping Universities to Market and Postgraduates Choose", *Studies in Higher Education*, 24/2: 151–163.
Hildyard, N. (1997), *The World Bank and the State: A Recipe for Change?* (London: Bretton Woods Project).
Hirsch, F. (1977), *Social Limits to Growth* (Cambridge, Mass: Harvard University Press) (フレッド・ハーシュ『成長の社会的限界』都留重人監訳, 日本経済新聞社, 1980).
Hirschman, A. (1989), *Rival Views on the Market* (Cambridge, Mass.: Harvard University Press).
Hirst, P. (2000), "Globalization, the Nation State and Political Theory", in N. O'Sullivan (ed.), *Political Theory in Transition* (London: Routledge), 172–189.
Hirst, P. and Thompson, G. (1999), *Globalization in Question: The International Economy and the Possibilities of Governance*, hbk, pbk, 2nd ed. (Cambridge: Polity).
Hobson, J. and Ramesh., M. (2002), "Globalisation Makes of States What States Make of It: Between Agency and Structure in the State/Globalisation Debate", *New Political Economy*, 7/1: 5–22.
Hodkinson, P., Sparkes, A. and Hodkinson, H. (1996), *Triumphs and Tears: Young People, Markets and the Transition From School to Work* (London: David Fulton).
Hunter, L., Bernhardt, A., Hughes, L. and Skuratowicz, E. (2001), "Its Not Just the ATMs: Technology, Firm Strategies, Jobs and Earnings in Retail Banking", *Industrial and Labour Relations Review*, 54/2A: 402–424.

【I】

Illich, I. and Verne, E. (1976), *Imprisoned in the Global Classroom* (London: Writers and Readers).
Ilon, L. (1996), "The Changing Role of the World Bank: Education Policy as Global Welfare", *Policy and Politics*, 24/4: 413–424.
Ilon, L. (2002), "Agents of Global Markets or Agents of the Poor? The World Bank's Education Section Strategy Papers", *International Journal of Educational Development*, 22.
Ingham, G. (1996), "The 'New Economic Sociology'", *Work, Employment and Society*, 10/3: 549–564.
Istance, D. and Rees, T. (1994), *Women in Post-Compulsory Education and Training in Wales* (Manchester: Equal Opportunities Commission).

【J】

James, H. (2001), *The End of Globalization: Lessons from the Great Depression* (Cambridge

Mass: Harvard University Press）（ハロルド・ジェイムズ『グローバリゼーションの終焉——大恐慌からの教訓』高遠裕子訳, 日本経済新聞社, 2002).
James, P., Veit, W. and Wright, S. (eds.) (1997), *Work of the Future: Global Perspectives* (St. Leonards, NSW: Allen & Unwin).
Jayasuriya, K. (2001), "Globalization, Sovereignty, and the Rule of Law: From Political to Economic Constitutionalism?", *Constellations*, 8/4: 442–459.
Jimenez, E. (1986), "The Public Subsidization of Education and Health in Developing Countries: A Review of Equity and Efficiency", *World Bank Research Observer*, 1/1: 110–129.
Jimenez, E. (1987), *Pricing Policy in the Social Sectors: Cost Recovery for Education and Health in Developing Countries* (Baltimore: Johns Hopkins University Press).
Jones, P. (1992), *World Bank Financing of Education: Lending, Learning and Development* (London: Routledge).

【K】

Kadzamira, E. C. and Chibwana, M. (2000), "Gender and Primary Schooling in Malawi", *IDS Research Report*, 40 (Brighton: IDS).
Kadzamira, E. C. and Rose, P. (2001), "Educational Policy Choice and Policy Practice in Malawi: Dilemmas and Disjunctures", *IDS Working Paper*, 124 (Brighton: IDS).
Kamrava, M. and Mora, F. O. (1998), "Civil Society and Democratisation in Comparative Perspective Latin America and the Middle East", *Third World Quarterly*, 19/5: 893–916.
Kapur, D. and Lewis, J. *et al.* (1997), *The World Bank: Its First Half Century*, i. *History* (Washington, DC: The Brookings Institute).
Kenway, J. and Bullen, E. (2001), *Consuming Children* (Buckingham: Open University Press).
Kerr, C. (1963), *The Uses of the University* (Cambridge, Mass.: Harvard University Press).
Kerr, C., Dunlop, J., Harbinson, F. and Myers, C. (1973), *Industrialism and Industrial Man* (Harmondsworth: Penguin).
King, K. (1993), "Education policy in a Climate of Entitlement: The South African Case", Unpublished discussion paper.
Klees, S. (1984), "The Need for a Political Economy of Educational Finance: A Response to Thobani", *Comparative Education Review*, 28/3.
Kless, S. (2000), "The Implications of the World Bank' Private Sector Development Strategy", *Transnational Women's and Gender Studies*, 15 Aug.
Kless, S. (2002), "World Bank Education Policy: New Rhetoric, Old Ideology", *International Journal of Educational Development*, 22/5: 451–474.
Knorr Cetina, K. (1999), *Epistemic Communities* (Harvard: Harvard Education Press).
Kobrin, S. (2000), "Development after Industrialization: Poor Countries in an Electronically Integrated Global Economy", in N. Hood and S. Young (eds.), *The Globalization of Multinational Enterprise Activity and Economic Development* (Basingstoke: Macmillan).
Kristol, I. (2003), "The neoconservative persuasion: What it was, and what it is", *The Weekly Standard*, 25 August.

【L】

Ladson-Billings, G., (2004), "Landing on the Wrong Note: The Price We Paid for Brown", *Educational Researcher*, 33/7: 3–13.

Landau, R. T., Taylor, T. and Wright, G. (1996), *The Mosaic of Economic Growth* (Stanford: Stanford University Press).

Landes, D. (1999), *The Wealth and Poverty of Nations* (London: Abacus) (D. S. ランデス『「強国」論』竹中平蔵訳，三笠書房，2000).

Larrain, J. (1989), *Theories of Development* (Cambridge: Polity).

Lasonen, J. and Young, M. (1998), *Strategies for Achieving Parity of Esteem in European Upper Secondary Education*, The Leonardo da Vinci Proiect, Post-16 Strategies (Jyväskylä: Institute for Education Research, University of Jyväskylä).

Lauder, H., Brown, P. and Halsey, A. H. (2004), "Sociology and Political Arithmetic: Some Principles of a New Policy Science", *British Journal of Sociology*, 55/1.

Lauder, H., Egerton, M. and Brown, P., (2005), *A Report on Graduate Earnings: Theory and Empirical Analysis* (Cardiff: National Assembly for Wales).

Lauder, H. and Hughes, D. et al. (1999), *Trading in Futures: Why Markets in Education Don't Work* (Buckingham: Open University Press).

Lave, J. and Wenger, E. (1991), *Situated Learning: Legitimate Peripheral Participation* (New York: Cambridge University Press)(ジーン・レイヴ，エティエンヌ・ウェンガー『状況に埋め込まれた学習――正統的周辺参加』佐伯胖訳，産業図書，1993).

Lewis, R. (1993), *Leaders and Teachers: Adult Education and the Challenge of Labour in South Wales, 1906–1940* (Cardiff: University of Wales Press).

Livingstone, D. (1998), *The Education-Jobs Gap: Underemployment or Economic Democracy* (Boulder: Westview).

Lloyd, C. and Payne, J. (2003), "What is the 'High Skills Society'?: Some Reflections on Current Academic and Policy Debates in the UK", *Policy Studies*, 24/2–3: 115–133.

Lovering, J. (1990), "A Perfunctory Sort of Post-Fordism: Economic Restructuring and Labour Market Segmentation in Britain in the 1980s", *Work, Employment and Society*, Special Issue, 9–28.

Lowe, J. (2000), "International Examinations, National Systems and the Global Market", *Compare*, 29/3: 317–330; 363–377.

Lynch, K. and Baker, J. (2005), "Equality in Education: An Equality of Condition Perspective", *Theory and Research in Education*, 3/2: 131–164.

Lyotard, J. F. (1984), *The Postmodern Condition: A Report on Knowledge* (Manchester: Manchester University Press).

【M】

Mahshi, Kh. and Bush, K. (1989), "The Palestinian Uprising and Education for the Future", *Harvard Education Review*, 59: 470–483.

Manson, H. (2004), "Parliament? Does it mean a Bunch of People in a Big House? Conceptions of Citizenship of the Pre-First Time Voter — Background and a Preliminary Sampling", Education Department, University of Bath.

Martinelli, A. and Smelser, N. (eds.) (1990), "Economy and Society: Overviews in Economic Sociology", *Current Sociology*, 38/2-3.

Mason, E. and Asher, R. (1973), *The World Bank since Bretton Woods* (Washington, DC: The Brookings Institute).

Massialas, B. G. and Jarrar, S. A. (1983), *Education in the Arab World* (New York: Praeger).

Massialas, B. G. and Jarrar, S. A. (1987), "Conflicts in Education in the Arab World: The Present Challenge", *Arab Studies Quarterly*, 9: 35-53.

Massialas, B. G. and Jarrar, S. A. (1991), *Arab Education in Transition* (New York: Garland).

Mave, R. D. (1982), "Change and Stability in Educational stratification", *American Sociological Review*, 46: 72-87.

Mazawi, A. E. (1994), "Teachers' Role Patterns and the Mediation of Sociopolitical change: The Case of Palestinian Arab School Teachers", *British Journal of Sociology of Education*, 15: 497-514.

Mazawi, A. E. (1999), "The Contested Terrains of Education in the Arab States: An Appraisal of Major Research Trends", *Comparative Education Review*, 43/3: 332-352.

McCracken, J. (1977), *Politics and Christianity in Malawi* (Cambridge: Cambridge University Press).

McGrew, A. (2000), "Democracy Beyond Borders?", in D. Held and A. McGrew (eds.), *The Global Transformations Reader: An Introduction to the Globalization Debate* (Cambridge: Polity), 405-419.

McNay, L. (2000), *Gender and Agency: Reconfiguring the Subject in Feminist Social Theory* (Cambridge: Polity).

Michaels, E., Handfield-Jones, H. and Axelrod, B. (2001), *The war for Talent* (Boston: Harvard Business School Press) (エド・マイケルズ, ヘレン・ハンドフィールド=ジョーンズ, ベス・アクセルロッド『ウォー・フォー・タレント——"マッキンゼー式"人材獲得・育成競争』渡会圭子訳, 翔泳社, 2002).

Middleton, C. (2000), "Models of State and Market in the Modernisation of Higher Education", *Britich Journal of Sociology of Education*, 21/4: 537-554.

Miller, D. (2000), *Citizenship and National Identity* (Cambridge: Polity).

Mingat, A. and Tan, J.-P. (1986), "Expanding Education through User Charges: What Can be Achieved in Malawi and Other LDCs?", *Economics of Education Review*, 5/3: 273-286.

Ministry of Economic Planning And Development (1995), *Policy Framework for Poverty Alleviation Programme* (Lilongwe: MEPD).

Mirza, H. (1992), *Young, Female, and Black* (Milton Keynes: Open University Press).

Mirza, H. S. (ed.) (1997), *Black British Feminism: A Reader* (London: Routledge).

Mishel, L., Bernstein, J. and Boushey, H. (2003), *The State of Working America 2002/2003* (Ithaca, NY: Cornell University Press).

Mitchell, K. (2001), "Education for Democratic Citizenship: Transnationalism, Multiculturalism and the Limits of Liberalism", *Harvard Educational Review*, 71/1: 51-78.

Moatassime, A. (1992), *Arabisation et Langue Française au Maghreb* (Paris: Presses Universitaires de France).
Moghaddam, F. and Taylor, D. (1985), "Psychology in the Developing World: An Evaluation through the Concepts of Dual Perception and Parallel Growth", *American Psychologist*, 40: 1144–1146.
Moore, R. and Young, M. F. D. (2001), "Knowledge and the Curriculum: Towards a Reconceptualisation", *British Journal of the Sociology of Education*, 22/4: 445–461.
Mouffe, C. (2000), "For an Agonistic Model of Democracy", in N. O'Sullivan (ed.), *Political Theory in Transition* (London: Routledge), 113–130.
Moyo, C. (1992), "Formal Education Policy and Strategy in Malawi, 1964–1990", in G. Mhone (ed.), *Malawi at the Crossroads: The Post-Colonial Political Economy* (Harare: Sapes Books).
Muller, J. (2000), *Reclaiming Knowledge: Social Theory, Curriculum and Education Policy* (London: Routledge, Falmer).
Muller, J. (2001), "Return to User: Responsivity and Innovation in Higher Education", Paper commissioned by N. Cloete, R. Fehnel, P. Maassen, T. Moja, H. Perold and T. Gibbon (eds.), *Transformation in Higher Education: Global Pressures and Local Realities* (Cape Town: CHEPS/Juta).
Mundy, K. (1998), "Educational Multilateralism and World (Dis) Order", *Comparative Education Review*, November, 448–478.
Mundy, K. (2002), "Retrospect and Prospect: Education in a Reforming World Bank", *International of Educational Development*, 22/5: 483–508.
Mundy, K. and Iga, M. (2003), "Hegemonic Exceptionalism and Legitimating Bet Hedging: Paradoxes and Lessons from the US and Japanese Approaches to Education Services under the GATs", *Globalization, Societies and Education*, 1/3: 281–319.
Murphy, R. (1984), "The Structure of Closure: A Critique and Development of the Theories of Weber, Collins and Parkin", *British Journal of Sociology*, 35: 547–567.

【N】

Naidoo, R. (2003), "Repositioning Higher Education as a Global Commodity: Opportunities and Challenges for Future Sociology of Education Work", *British Journal of Sociology of Education*, 24/2: 249–259.
Nakhleh, Kh. (1979), *Palestinian Dilemma: Nationalist Consciousness and University Education in Israel* (Detroit: Association of Arab-American University Graduates).
Nash, R. and Harker, R. (2005), "The Predicable Failure of School Marketization: The Limitations of Policy Reform", in J. Codd and K. Sullivan (eds.), *Education Policy Directions in Aotearoa New Zealand* (Melbourne: Thomson-Dunmore).
National Research Council (2003), *Engaging Schools: Fostering High School Students' Motivation to Learn* (Washington, DC: National Academies Press).
Neef, D. (ed.) (1998), *The Knowledge Economy* (Boston: Butlerworth Heinemann).
Nelson, R. and Winter, S. (1972), "In Search of a Useful Theory of Innovation", *Research Policy*, 6/1: 36–77.

Noble, D. (1979), *America by Design: Technology and the Rise of Corporate Capitalism* (Oxford: Oxford University Press).
Noble, D. (1999), *The Religion of Technology: The Divinity of Man and the Spirit of Invention* (London: Penguin).
Nonaka, I. and Takeuchi, H. (1995), *The Knowledge Creating Company* (New York: Oxford University Press).
Nowotony, H., Scott, P. and Gibbons, M. (2002), *Re-Thinking Science* (London: Polity).
Nussbaum, M. (1992), "Human Functioning and Social Justice: In Defence of Aristotelian Essentialism", *Political Theory*, 20/2: 202–246.

[O]

OECD (1998), *Redefining Tertiary Education* (Paris: OECD).
OECD (2001a), *Science and Technology Labour Markets* (Paris: OECD).
OECD (2001b), *Education Policy Analysis: Education and Skills* (Paris: OECD).
OECD (2001c), *Early Childhood Education and Care Policy in Finland* (Paris: OECD).
OECD (2002), *Education At a Glance* (Paris: OECD) (『図表でみる教育——OECD インディケータ〈2002年版〉』経済協力開発機構 (OECD) 教育研究革新センター編, 明石書房, 2002).
OECD (2005), *OECD Work on Education 2005–2006* (OECD website).
Olssen, M. (2002), "Michel Foucault as 'Thin' Communitarian: Difference, Community, Democracy", *Cultural Studies-Critical Methodologies*, 2/4: 483–513.
Olssen, M. (2004), "Foucault and Marxism: Rewriting the Theory of Historical Materialism", *Policy Futures in Education*, 2/3–4: 454–482.
Olssen, M., Codd, J. and O'Neill, A.-M. (2004), *Education Policy: Globalization, Citizenship and Democracy* (London: Sage).
Osborne, T. (1998), *Aspects of Enlightenment* (London: University College Press).

[P]

Parkin, F. (1979), *Marxism and Class Theory: A Bourgeois Critique* (London: Tavistock).
Parsons, T. (1961), "The School Class as a Social System: Some of its Functions in American Society", in A. H. Halsey, J. Floud and J. Anderson (eds.), *Education, Economy and Society* (New York: Free Press) (T. パーソンズ『社会構造とパーソナリティ』武田良三監訳, 新泉社, 1985, 所収).
Parsons, T. and Platt, G. M. (1973), *The American University* (Cambridge, Mass.: Harvard University Press).
Passmore, J. (2000), *The Perfectibility of Man*, 3rd edn. (Indianapolis: The Liberty Fund).
Patrinos, H. (1999), "Market Forces in Education", Mimeo (Washington, DC: World Bank).
Patrinos, H. (2000), "Global Education Market", Available online at 〈http//www.worldbank.org/edinvest/〉.
Patrinos, H. and Ariasingam, D. L. (1997), *Decentralization of Education: Demand-Side Financing* (Washington, DC: World Bank).

Penrose, E. (1959), *The Theory of Growth of the Firm* (Oxford: Blackwell).
Perrucci, R. and Wysong, E. (1999), *The New Class Society* (Oxford: Rowman & Littlefield).
Pettit, P. (1997), *Republicanism: A Theory of Freedom and Government* (Oxford: Oxford University Press).
Polanyi, K. (1957), *The Great Transformation* (Boston: Beacon) (カール・ポランニー『大転換——市場社会の形成と崩壊』吉沢英成ほか訳, 東洋経済新報社, 1975).
Polanyi, M. (1958 [1973]), *Personal Knowledge: Towards a Post-Critical Philosophy* (London: Routledge & Kegan Paul) (マイケル・ポランニー『個人的知識——脱批判哲学をめざして』長尾史郎訳, ハーベスト社, 1985).
Pollitt C. (1990), *Managerialism and the Public Services: The Anglo-American Experience* (Oxford: Basil Brackwell).
Power, M. (1999), *The Audit Society: Rituals of Verification* (Oxford: Oxford University Press) (マイケル・パワー『監査社会——検証の儀式化』國部克彦・堀口真司訳, 東洋経済新報社, 2003).
Power S., Edwards, T., Whitty, G. and Wigfall, V. (2003), *Education and the Middle Class* (Buckingham: Open University Press).
Prawat, R. S. (1999), "Cognitive Theory at the Crossroads: Head Fitting, Head Splitting, or Somewhere in Between?", *Human Development*, 42/2: 59–77.
Pryor, F. and Schaffer, D. (2000), *Who's Not Working and Why? Employment, Cognitive Skills, Wages and the Changing U.S. Labour Market* (Cambridge: Cambridge University Press).
Psacharopoulos, G. (1973), *Returns to Education: An International Comparison* (Amsterdam: Elsevier).
Psacharopoulos, G. (1981), "Returns to Education: An Updated International Comparison", *Comparative Education*, 17/3: 321–341.
Psacharopoulos, G. (1985), "Returns to Education: A Further International Update and Implications", *Journal of Human Resources*, 24/4: 583–604.
Psacharopoulos, G. (1994), "Returns to Investment in Education: A Global Update", *World Development*, 22/9: 1325–1343.
Psacharopoulos, G., Tan, J. P. and Jimenez, E. (1986), *Financing Education in Developing Countries* (Washington, DC: World Bank).
Puiggros, A. (1997), "World Bank Education Policy: Market Liberalism Meets Ideological Conservatism", *International Journal of Health Services*, 27/2: 217–226.

【Q】

Quality Assurance Agency (2000), *Code of Practice for the Assurance of Quality and Standards in Higher Education* (Gloucester: Quality Assurance Agency).

【R】

Rainbird, H. (ed.) (2000), *Training in the Workplace: Critical Perspectives on Learning at Work* (Basingstoke: Macmillan).
Rees, G. (1997a), "Vocational Education and Training and Regional Development: An Ana-

lytical Framework", *Journal of Education and Work*, 10/2: 141–149.
Rees, G. (1997b), "Making a Leaning Society: Education and Work in Industrial South Wales", *Welsh Journal of Education*, 6/2: 4–16.
Rees, G., Fielder, S. and Rees, T. (1992), "Employees" Access to Training Opportunities: Shaping the Social Structure of Labour Markets", Paper presented at the ESRC Seminar on Training and Recruitment, Royal Society of Arts, 3 April, mimeo.
Rees, G. and Thomas, M. (1991), "From Coal-Miners to Entrepreneurs? A Case-Study in the Sociology of Re-industrialization", in M. Cross and G. Payne (eds.), *Work and the Enterprise Culture* (Lewes: Falmer).
Rees, G., Williamson, H. and Istance, D. (1996), "'Status Zero': Jobless School-Leavers in South Wales", *Research Papers in Education*, 11/2: 219–235.
Rees, T. (1992), *Women and the Labour Market* (London: Routledge).
Reich, R. (1991), *The Work of Nations: A Blueprint for the Future* (New York: Vintage)（ロバート・B. ライシュ『ザ・ワーク・オブ・ネーションズ──21世紀資本主義のイメージ』中谷巌訳, ダイヤモンド社, 1991).
Reid, A. (2005), "Natural Capital in Education and Economics: Predicaments and Potential", *Environmental Education Research*, 11/1: 3–20.
Rigby, A. (1995), *Palestinian Education: The Future Challenge* (Jerusalem: Palestinian Academic Society For the Study of International Affairs).
Rizvi, F. (2004) "Transnational Identity and the Uses of International Education", paper presented to the Globalisation, Culture, Society and Education seminar, American Educational Research Association Conference, San Diego.
Robinson, W. (2004), *A Theory of Global Capitalism* (Baltimore: Johns Hopkins University Press).
Room, G. (2000), "Globalisation, Social Policy and International Standard Setting: The Case of Higher Education Credentials", *International Journal of Social Welfare*, 9: 103–119.
Rorty, R. (1998), "Justice as a Larger Loyalty", in P. Cheah and B. Robbins (eds.), *Cosmopolitics: Thinking and Feeling Beyond the Nation* (Minneapolis: University of Minnesota Press), 45–58.
Rose, N. (1999), *Governing the Soul: The Shaping of the Private Self*, 2nd edn. (London: UCL Press).
Rouse, J. and Smith, G. (1999), "Accountability", in M. Powell (ed.), *New Labour, New Welfare State* (Bristol: Policy), 235–255.
Rugman, A. and Verbeke, A. (2004), "A Perspective on Regional and Global Strategies of Multinational Enterprises", *Journal of International Business Studies*, 35/1: 3–8.

[S]

Sacks, P. (1996), *Generation X Goes to College: An Eye Opening Account of Teaching in Postmodern America* (Chicago: Open Court).
Samoff, J. (1992), "The Intellectual/Financial Complex of Foreign Aid", *Review of African Political Economy*, 19/53.

Samoff, J. and Stromquist, N. (2001), "Managing Knowledge and Storing Wisdom? New Forms of Foreign Aid?", *Development and Change*, 32: 631–656.
Sanyal, B., El-Koussy, A., Noonan, R., Harby, M., Balbaa, Sh. and Yaici, L. (1982), *University Education and the Labour Market in the Arab Republic of Egypt* (Oxford: UNESCO International Institute for Educational Planning and Pergamon Press).
Sargant, N. and Aldridge, F. (eds.) (2003), *Adult Learning and Social Division: A Persistent Pattern* (Leicester: NIACE).
Sargant, N., Field, J., Francis, H., Schuller, T. and Tuckett, A. (1997), *The Learning Divide* (Leicester: NIACE).
Sassen, S. (2005), "New Global Classes: Implications for Politics", in A. Giddens and P. Diamond (eds.), *The New Egalitarianism* (Cambridge: Polity).
Saxenian, A. (1994), *Regional Advantage, Culture and Competition in Silicon Valley and Route 128* (Cambridge, Mass.: Harvard University Press).
Saxenian, A. (2000a), "The Bangalore Boom: From Brain Drain to Brain Circulation?", in K. Kenniston and D. Kumar (eds.), *Bridging the Digital Divide, Lessons from India* (Bangalore: National Institute of Advanced Study).
Saxenian, A. (2000b), "Bangalore: The Silicon Valley of East Asia?", Paper presented at the Conference on Indian Economic Prospects, Stanford, May.
Saxenian, A. (2002), "Transnational Communities and the Evolution of Global Production Networks: The Case of Taiwan, China and India", *Industry and Innovation*, Special Issue on Global Production Networks (Fall).
Sayed, Y. (1999), "Discourses of the Policy of Educational Decentralisation in South Africa since 1994: An Examination of the South Africa Schools Act", *Compare*, 29/2: 141–152.
Schiller, D. (1997), "The Information Commodity: A Preliminary View", in J. Davis, T. Hirschal and M. Stack (eds.), *Cutting Edge Technology: Information Capitalisms and Social Revolution* (Cambridge, Mass: MIT).
Schultz, T. W. (1960), "Capital Formation in Education", *Journal of Political Economy*, 68/6: 571–583, reproduced in T. W. Schultz (1993), *Investing in People: The Economics of Population Quality* (Berkeley: University of California Press)（セオドア・W. シュルツ『「人間資本」の経済学』伊藤長正・大坪檀訳, 日本経済新聞社, 1985）.
Schultz, T. (1961), "Investment in Human Capital", *American Economic Review*, 51/1: 1–17.
Scott, W. and Gough, S. (2003), *Sustainable Development and Learning: Framing the Issues* (London: Routledge Falmer).
Sebaa, R. (1996), *L'Arabisation des Sciences Sociales: le cas de l'université algérienne* (Paris: Harmattan).
Seely Brown, J. and Duguid, P. (2000), *The Social Life of Information* (Cambridge, Mass.: Harvard Business Press).
Seltzer, K. and Bentley, T. (1999), *The Creative Age: Knowledge and Skills for the New Economy* (London: Demos).
Sen, A., (1999), *Development As Freedom* (Alfred A Knopf, Inc.)（A. セン『自由と経済開発』石塚雅彦訳, 日本経済新聞社, 2000, 第4章「潜在能力の欠如としての貧困」）.

Sennett, R. (1998), *The Corrosion of Character* (New York: W. W. Norton & Company) (R. セネット『それでも新資本主義についていくか——アメリカ型経営と個人の衝突』斎藤秀正訳, ダイヤモンド社, 1999).
Sennett, R. and Cobb, J. (1972), *The Hidden Injuries of Class* (New York: Norton).
Shain, F. and Ozga, J. (2001), "Identity Crisis? Sociology of Education", *British Journal of Sociology of Education*, 22/1 (March), 109–120.
Shapin, S. (1994), *A Social History of Truth: Civility and Science in Seventeenth Century England* (Chicago: University of Chicago Press).
Shavit, Y. and Blossfeld, H. P. (eds.) (1993), *Persistent Inequality* (Boulder: Westview).
Shaw, K. (1996), "Cultural Issues in Evaluation Studies of Middle Eastern Higher Education", *Assessment and Evaluations in Higher Education*, 21/4: 313–324.
Shumar, W. (1997), *College for Sale: A Critique of the Commodification of Higher Education* (London: Falmer).
Simmel, G. (1990 [1907]), *The Philosophy of Money*, ed., by David Frisby (London: Routledge).
Sklair, L. (2001), *The Transnational Capitalist Class* (Oxford: Blackwell).
Slanghter, S. and Leslie, L. (1997), *Academic Capitalism: Politics, Policies, and the Entrepreneurial University* (Baltimore: Johns Hopkins University Press).
Smith, A. (1976), *An Inquiry into the Nature and Causes of the Wealth of Nations*, ed., by R. H. Campbell and W. Todd (Oxford: Clarendon).
Spender, J.-C. (1996), "Competitive Advantage from Tacit Knowledge: Unpacking the Concept and its Strategic Implications", in B. Moingeon and A. Edmondson (eds.), *Organizational Learning and Competitive Advantage* (London: Sage).
Standing, G. (2000), "Brave New Words? A Critique of Stiglitz"s World Bank Rethink", *Development and Change*, 31: 737–763.
Starrett, G. (1998), *Putting Islam to Work: Education, Politics, and Religious Transformations in Egypt* (Berkeley: University of California Press).
Stehr, N. (1994), *Knowledge Societies* (London: Sage).
Stern, N. and Ferreira, F. (1997), "The World Bank as 'Intellectual Actor'", in D. Kapur, P. Lewis and R. Webb (eds.), *The World Bank: Its First Half Century*, ii. *Perspectives* (Washington, DC: The Brookings Institution).
Stewart, F. (1994), "Education and Adjustment: The Experience of the 1980s and Lessons for the 1990s", in R. Prendergast and Stewart (eds.), *Market Forces and World Development* (London: Macmillan Press).
Stewart, T. A. (2001), *The Wealth of Knowledge* (London: Nicholas Brealey) (トマス・A. スチュワート『知識構築企業』大川修二訳, ランダムハウス講談社, 2004).
Stiglitz, J. (1997), "An Agenda for Development for the Twenty-First Century", *Ninth Annual Bank Conference on Development Economics* (Washington, DC: World Bank).
Stiglitz, J. (1998), "More Instruments and Broader Goals: Moving Toward the Post-Washington Consensus", *The 1998 WIDER Annual Lecture* (Helsinki: WIDER).
Stiglitz, J. (2002), *Globalization and Its Discontents* (London: Penguin) (ジョセフ・E. スティグリッツ『世界を不幸にしたグローバリズムの正体』鈴木主税訳, 徳間書店, 2002).

Strathdee, E. (2005), *Social Exclusion and the Remaking of Social Networks* (Aldershot: Ashgate).
Strauss, A. (1962), "Transformations of Identity", in A. Rose (ed.), *Human Behaviour and Social Processes: An Interactionist Approach* (London: Routledge & Kegan Paul).
Swedberg, R., Himmelstrand, U. and Brulin, G. (1990), "The Paradigm of Economic Sociology", in S. Zukin and P. DiMaggio (eds.), *Structures of Capital: The Social Organization of the Economy* (Cambridge: Cambridge University Press).

【T】

Tansel, A. and Kazemi, A. (2000), "Educational Expenditure in the Middle East and North Africa", *Middle Eastern Studies*, 36/4: 75–98.
Tawney, R. (1982), *The Acquisitive Society* (Brighton: Wheatsheaf).
Taylor, J. J. (1979), *From Modernization to Models of Production: A Critique of the Sociologies of Development and Undevelopment* (London: Macmillan).
Thobani, M. (1984), "Charging User Fees for Social Services: Education in Malawi", *Comparative Education Review*, August: 402–423.
Thompson, J. (1998), "Community Identity and World Citizenship", in D. Archibugi, D. Held and M. Köhler (eds.), *Re-imagining Political Community* (Cambridge: Polity/Blackwell), 179–197.
Thompson, P. (2002), *Schooling the Rustbelt Kids* (London: Trentham Books).
Thompson, P. and Warhurst, C. (eds.) (1998), *Workplaces of the Future* (Basingstoke: Macmillan).
Thorpe, C. (1999), "Science Against Modernism: The Relevance of the Social Theory of Michael Polanyi", *British Journal of Sociology*, 52/1: 19–35.
Thrupp, M. (1999), *Schools Making a Difference: Let's Be Realistic* (Milton Keynes: Open University Press).
Todorov, T. (2003), *Hope and Memory: Reflections on the Twentieth Century* (London: Atlantic).
Torres, R. M. (2000), *One Decade of Education for All: The Challenge Ahead* (Buenos Aires: International Institute of Educational Planning and UNESCO).
Troman, G. (2000), "Teacher Stress in the Low Trust Society", *British Journal of Sociology of Education*, 21/3: 331–353.
Truscot, B. (Edger Allison Peers) (1943), *Redbrick University* (London: Penguin).
Turner, R. (1961), "Modes of Social Ascent Through Education: Sponsored and Contest Mobility", in A. H. Halsey, J. Floud and C. A. Anderson (eds.), *Education, Economy, and Society* (New York: The Free Press).

【U】

UNESCO (1995), *World Education Report* (Paris: UNESCO).
Unicef (2005), "The Big Picture", (http://www.unicef.org/earlychildhood/index_bigpicture.html) accessed 23 September 2005.

【W】

Wade, R. H. (2003), "The Invisible Hand of the American Empire", *Ethics and International Affairs*, 17/2: 77–88.
Walker, R.B.J. (1988), *One World, Many Worlds: Struggles for a Just World Peace* (Boulder: Lynne Rienner).
Walker, R.B.J. (1995), "International Relations and the Concept of the Political", in K. Booth and S. Smith (eds.), *International Relations Theory Today* (Cambridge: Polity), 306–327.
Ward, S. (1996), *Reconfiguring Truth* (Lanham Md: Rowan & Littlefield).
Waters, M. (1995), *Globalization* (London: Routledge).
Weber, M. (1948), *From Max Weber*, ed., by H. Gerth and C. W. Mills (London: Routledge) (H. ガース，ライト・ミルズ『マックス・ウェーバー——その人と業績』山口和男・犬伏宣宏訳，ミネルヴァ書房，1962).
Weber, M. (1968), *Economy and Society*, 3 vols. eds. G. Roth and C. Wittich (New York: Bedminster).
Webster, F. (1997), "Information, Urbanisms and Identity: Perspectives on the Current Work of Manuel Castells", *City*, 7: 105–121.
Weeden, K. (2002), "Why Do Some Occupations Pay More than Others? Social Closure and Earnings Inequality in the United States", *American Journal of Sociology*, 108/1: 55–101.
Wehbé, N. and El Amine, A. (1980), *Système d'Enseignement et Division Sociale au Liban* (Paris: Le Sycomore).
Weil, S. W. (1986), "Non-Traditional Learners within Traditional Higher Education Institutions: Discovery and Disappointment", *Studies in Higher Education*, 11/3: 219–235.
Weis, L. (1990), *Working Class without Work: High School Students in a De-industrializing Economy* (New York: Routledge).
Weis, L. and Fine, M. (1996), "Narrating the 1980s and 1990s: voice of Poor and Working-Class White and African American Men", *Anthropology and Education Quarterly*, 27: 493–516.
Wiener, J. (2001), "Globalization and Disciplinary Neoliberal Governance", *Constellations*, 8/4: 462–479.
Williams, G. (1997), "The Market Route to Mass Higher Education: British Experience 1979–1996", *Higher Education Policy*, 10: 275–289.
Williamson, J. (1990), "What Washington Means by Policy Reform", in J. Williamson (ed.), *Latin American Adjustment: How Much Has Happened?* (Washington, DC: Institute for International Economics).
Willis, P. (1977), *Learning to Labour: How Working Class Kids Get Working Class Jobs* (Farnborough: Saxon House) (ポール・ウィリス『ハマータウンの野郎ども——学校への反抗・労働への順応』熊沢誠・山田潤訳，筑摩書房，1985).
Wilson, W. J. (1997), "Studying Inner-city Social Dislocation: The Challenge of Public Agenda Research", in Halsey *et al.* (eds.), *Education, Culture, Economy and Society*, (Oxford: Oxford University Press), 750–764.
Wolf, A. (1989), "Markets and Society as Modes of Moral Obligation", *Acta Sociologica*, 32:

221-236.
Wolf, A. (2002), *Does Education Matter?: Myths About Education and Economic Growth* (London: Penguin).
Woodhall, M. (1994), "The Effects of Austerity and Adjustment on the Allocation and Use of Resources: A Comparative Analysis of Five Case Studies", in J. Samoff (ed.), *Coping with Crisis: Austerity, Adjustment and Human Resources* (London: Cassell).
World Bank (1982), "Malawi. Growth and Structural Change: A Basic Economic Report", Report No. 3082a-MAI (Washington, DC: World Bank).
World Bank (1995), *Priorities and Strategies for Education: A World Bank Review* (Washington, DC: World Bank).
World Bank (1999a), *World Development Report: Knowledge for Development* (Washington, DC: World Bank)(世界銀行『開発における知識と情報』海外経済協力基金開発問題研究会訳, 東洋経済新報社, 1999).
World Bank (1999b), *Education Sector Strategy* (Washington, DC: World Bank)(世界銀行人間開発ネットワーク『世界銀行の教育開発戦略』黒田一雄・秋庭裕子訳, 広島大学教育開発国際協力研究センター, 2001).
World Bank (2002), (http://www.worldbank.org/data/countrydata/countrydata.html) (accessed 17 June 2002).
WTO (1998), "Education Services: Background Note by the Secretariat", S/C/W/49, 23 September 1998 (Geneva: WTO).

【Y】

Yamamoto, M. (2004), "Will India Price Itself Out of Offshore Market?", at (http://news.com.com/Will+India+price+itself+out+of|+offshore+market/2100-10223-5180589.html).
Young, M. F. O. (2003), "Curriculum Studies and the Problem of Knowledge: Updating the Enlightenment?" Paper presented to the Education, Policy, Innovation and Change Research Group (EPIC), Department of Education, University of Bath, 14 March.
Young, M. F. O. (ed.) (1971), *Knowledge and Control: New directions for the Sociology of Education* (London: Collier MacMillan).

【Z】

Zuboff, S. (1988), *In the Age of the Smart Machine: The Future of Work and Power* (New York: Basic Books).

翻訳者一覧

吉田　　文（よしだ・あや）　　　　　早稲田大学教育・総合科学学術院教授

本田　由紀（ほんだ・ゆき）　　　　　東京大学大学院教育学研究科教授

広田　照幸（ひろた・てるゆき）　　　日本大学文理学部教授

田原　宏人（たはら・ひろと）　　　　札幌大学法学部教授

筒井　美紀（つつい・みき）　　　　　法政大学キャリアデザイン学部准教授

中村　高康（なかむら・たかやす）　　東京大学大学院教育学研究科准教授

潮木　守一（うしおぎ・もりかず）　　名古屋大学名誉教授・桜美林大学名誉教授

橋本　鉱市（はしもと・こういち）　　東京大学大学院教育学研究科教授

児美川孝一郎（こみかわ・こういちろう）　法政大学キャリアデザイン学部教授

苅谷　剛彦（かりや・たけひこ）　　　オックスフォード大学社会学科及びニッサン現代日本研究所教授

浜野　　隆（はまの・たかし）　　　　お茶の水女子大学大学院人間文化創成科学研究科准教授

編訳者紹介

広田照幸　（ひろた・てるゆき）
日本大学文理学部教授
［主要著作］『教育学』（岩波書店，2009 年），『格差・秩序不安と教育』（世織書房，2009 年）．

吉田　文　（よしだ・あや）
早稲田大学教育・総合科学学術院教授
［主要著作］『職業と選抜の歴史社会学』（共編，世織書房，2004 年），『航行をはじめた専門職大学院』（共著，東信堂，2010 年）．

本田由紀　（ほんだ・ゆき）
東京大学大学院教育学研究科教授
［主要著作］『教育の職業的意義』（筑摩書房，2009 年），『若者の気分 学校の「空気」』（岩波書店，2011 年）．

グローバル化・社会変動と教育 1
市場と労働の教育社会学

2012 年 4 月 23 日　初　版

［検印廃止］

編訳者　広田照幸・吉田文・本田由紀

発行所　財団法人　東京大学出版会
　　　　代 表 者　渡辺　浩
　　　　113-8654 東京都文京区本郷 7-3-1 東大構内
　　　　電話 03-3811-8814　Fax 03-3812-6958
　　　　振替 00160-6-59964
印刷所　研究社印刷株式会社
製本所　牧製本印刷株式会社

© 2012 Teruyuki Hirota, et al., translators
ISBN 978-4-13-051317-3　Printed in Japan

Ⓡ〈日本複写権センター委託出版物〉
本書の全部または一部を無断で複写複製（コピー）することは，著作権法上での例外を除き，禁じられています．本書からの複写を希望される場合は，日本複写権センター（03-3401-2382）にご連絡ください．

学校・職業・選抜の社会学	苅谷剛彦	A5・5000円
若者と仕事	本田由紀	A5・3800円
教育改革と公共性	小玉重夫	A5・5200円
大衆化とメリトクラシー	中村高康	A5・4400円
大学進学の機会	小林雅之	A5・6000円
日本のメリトクラシー	竹内洋	A5・4200円
教育社会の設計	矢野眞和	46・2000円
大卒就職の社会学	苅谷剛彦・本田由紀(編)	A5・3200円
学校・職安と労働市場	苅谷剛彦・菅山真次・石田浩(編)	A5・6200円
教育改革の社会学	ジェフ・ウィッティー著／堀尾・久冨(監訳)	A5・4000円
スクールホーム	J.R.マーティン著／生田久美子(監訳・解説)	A5・4200円
基礎学力を問う	東京大学学校教育高度化センター(編)	46・2800円
キーワード 現代の教育学	田中智志・今井康雄(編)	A5・2800円

ここに表示された価格は本体価格です．御購入の
際には消費税が加算されますので御了承ください．